高职高专规划教材

汽车机械基础

主　编　胡如夫

副主编　马天源　刘　瑛　朱仁学

浙江大學出版社

内容提要

本书以应用为目的，整合了汽车材料、工程力学、机械设计基础和液压传动等内容，理论适度，讲清概念，突出重点。全书共分七章，内容包括汽车常用材料、静力学基础、材料力学、常用机构、机械传动、轴系零部件和液压传动。

本教材可作为普通高等教育、高职高专教育中汽车运用工程专业、汽车检测与维修专业、汽车运用技术专业、汽车电子与电器专业、汽车技术服务与营销专业、交通运输专业等相近专业的通用教材，也可作为汽车制造、汽车营销、汽车运输、汽车维修、汽车检测等企事业单位的工程技术人员及管理人员的培训教材和参考书。

图书在版编目（CIP）数据

汽车机械基础／胡如夫主编．—杭州：浙江大学出版社，2006.11（2014.9 重印）

ISBN 978-7-308-05017-3

Ⅰ.汽… Ⅱ.胡… Ⅲ.汽车—机械学 Ⅳ.U463

中国版本图书馆 CIP 数据核字（2006）第 134151 号

汽车机械基础

胡如夫 主编

丛书策划 樊晓燕
封面设计 刘依群
责任编辑 王 波
出版发行 浙江大学出版社
（杭州市天目山路 148 号 邮政编码 310007）
（网址：http://www.zjupress.com）
排 版 杭州中大图文设计有限公司
印 刷 富阳市育才印刷有限公司
开 本 787mm×960mm 1/16
印 张 19.75
字 数 398 千
版 印 次 2006 年 11 月第 1 版 2014 年 9 月第 7 次印刷
书 号 ISBN 978-7-308-05017-3
定 价 26.00 元

浙江大学出版社发行部联系方式：0571－88925591；http://zjdxcbs.tmall.com

总　序

汽车行业的国家"十一五"规划的重点之一是解决发展的规模和速度问题。关于"十一五"汽车发展愿景，比较权威的信息是：1000万辆左右的年产量，10%左右的增长速度；5500万辆左右的汽车保有量，40辆/千人左右的汽车化水平；工业增加值占GDP的比重提高到2.5%。而面对当前国内汽车行业的现状，我们可以看出，汽车工业要在"十一五"期间的短短5年里实现如此巨大的增幅、如此强劲的增速，对汽车人才的需求十分迫切。据中国汽车人才研究会2006年预测，未来5年，根据汽车发展的水平和需要，汽车后服务技能型人才供求矛盾不是渐增，而是激增，这意味着人才供求的结构性矛盾非常突出，不是哪类人才比较重要，而是各类人才都很重要；不是哪类人才紧缺，而是全面紧缺。理性地看，汽车研发人才重要、汽车制造业人才重要、汽车维修业人才重要，而汽车营销和服务技能型人才等同样重要。

2005年国家教育部在高等职业技术学院设置指导意见中专门设立了汽车类专业，把汽车检测与维修技术、汽车电子技术、汽车技术服务与营销等专业划归其中，这为加强我国汽车后服务产业技能型人才的培养提供了一个很好的专业平台。

汽车后服务技能型人才培养的数量重要，质量更重要。所以，在大力发展汽车后服务技能型人才培养的过程中，广泛开展教学改革，认真搞好教材建设，是非常重要的。

为了适应当前汽车后服务技能型人才培养的需要，充分体现高等职业教育特点，有利于培养出当前以及今后我国汽车行业急需的人才，浙江大学出版社依托浙江省高教研究会及高职高专汽车类专业协作组，在对多年相关专业课程与教材建设及教学经验的认真研讨和总结的基础上，组织编写了这套"高职高专汽车类专业规划教材"。

本系列教材以国家教育部颁发的"高等职业教育汽车专业领域技能型

紧缺人才培养指导方案”为依据，具有以下特点：

1. 以就业为导向，以培养汽车后服务技能型人才为目标，以技术应用能力为主线，注重理论联系实际，注重实用，突出反映新知识、新技术、新设备和新方法的应用。同时，加强实验、实训的内容和要求，加强对学生实际操作能力的培养。

2. 针对当前我国汽车行业各类人才都紧缺的现状，本系列教材的教学对象涉及汽车类专业的各个方向，包括汽车检测与维修技术、汽车电子技术、汽车技术服务与营销等。编写的教材中既有《汽车检测与诊断技术》、《汽车底盘构造与检修》、《汽车发动机构造与检修》、《汽车自动变速箱原理与检修》等技术类的，也有《汽车营销实务》、《汽车信贷、保险与理赔》、《汽车文化》等涉及市场营销及服务类的，符合当前汽车人才培养的新的课程体系。

3. 针对高职高专学生的学习特点，注意“因材施教”，教材内容力求通俗易懂，深入浅出，易教易学，有利于改进教学效果，体现人才培养的实用性。

本系列教材的开发与出版将有利于促进高职高专汽车后服务类专业的教学改革、师资建设和专业发展，为我国汽车后服务产业高技能人才的培养做出贡献。

丛书编委会主任

陈丽能

2006 年 9 月

前　言

本书是高等职业技术学院和高等专科学校汽车类专业教材，也是汽车运用与维修专业技能型紧缺人才培训教材。由浙江省高职教育研究会汽车专业组根据高职高专应用型、技能型人才培养对《汽车机械基础》课程基本要求，在总结多年教学经验基础上编写的。

本书共分七章，主要讲述汽车常用材料、工程力学基础、汽车常用机构、汽车常用机械传动，汽车典型液压液力元件与典型液压系统等。

本书的主要特色有以下几点：

(1)整合了多门专业基础课程，教学内容的选取，保证了汽车运用技术类专业所需的最主要、最基本内容，避免了相关内容的交叉与重叠，缩减了教学学时，提高了课堂教学效果。

(2)基本知识点的选取以“必须”、“够用”为原则，简化了过多的理论推导，加强了汽车工程实例的运用，强化应用，突出实用。

(3)在内容叙述上力求通俗易懂，深入浅出，注意吸收其他教材的优点，结合专业特点，对各种基本概念和基本原理的阐述力求简明扼要。

参加本书编写工作的有宁波工程学院胡如夫、马天源(第 4、5 章)，杭州职业技术学院刘瑛(第 3 章)，杭州万向职业技术学院朱仁学、黄爱文(第 7 章)，浙江工商职业技术学院黄仕彪(第 2 章)，浙江经济职业技术学院谢颂京(第 1 章)，厦门华夏职业技术学院孟颖(第 6 章)，由胡如夫任主编，马天源、刘瑛、朱仁学任副主编。

本书的出版得到了宁波工程学院教材出版基金的资助，在此表示感谢。

限于水平和时间，书中难免有不妥之处，敬请广大读者批评指正。

编　者

2006 年 8 月

前　言

目　　录

第1章

汽车常用材料

汽车工程材料是汽车制造、使用以及维修中常用的材料，是材料科学的一个分支。目前，汽车正朝着高速、经济、舒适、安全、环保的方向发展，特别是近年来人们对环保的高度重视，对汽车工程材料提出了更高的要求，因而在汽车产品设计及其制造与维修过程中，材料的选用问题将日趋突出。这使汽车工业的发展与材料学科之间的关系更为紧密。

汽车工业已是世界各国的支柱产业之一，在汽车制造工业中应用最广泛的仍是金属材料（约占总质量的70%～90%）。在我国，汽车工业每年所用的钢铁材料占钢铁年产量的10%左右。金属材料之所以获得广泛的使用，是因为金属材料不仅来源丰富，而且具有耐用性好、工艺性好等优点。金属材料还可通过不同成分配制、不同的加工和热处理方法来改变组织与性能，以扩大其使用范围。随着科学技术的不断进步，高性能金属材料和高性能非金属材料在汽车上的应用范围将逐渐扩大。

1.1 材料的性能

材料的性能包括使用性能和工艺性能。

材料的使用性能，是指在正常使用条件下，零部件材料所表现出来的性能。主要包括物理性能、化学性能、工艺性能和力学性能。材料的使用性能决定了材料的使用范围、安全可靠性和使用寿命。

材料的工艺性能，是指材料在各种加工过程中适应加工的性能。对于金属材料来讲，工艺性能主要包括铸造性能、锻造性能、焊接性能、切削加工性能和热处理性能。材料的工艺性能直接影响着零部件的质量，是零部件选材和制订加工工艺路线时必须考虑的因素之一。

汽车应用材料主要以金属材料和非金属材料为主。由于非金属材料在性能指标及测试方法上与金属材料相同或相似，所以本节主要以金属材料为例来阐述工程材料的一般性能及主要指标。

1.1.1 材料的物理性能

材料的物理性能，是指材料的固有属性，如密度、熔点、导热性、导电性、热膨胀性、磁性和色泽等。常用金属材料的物理性能见表1-1。

表1-1 常用金属材料的物理性能

金属	铝	铜	镁	镍	铁	钛	铅	锡	锑
元素符号	Al	Cu	Mg	Ni	Fe	Ti	Pb	Sn	Sb
密度$(kg/m^3)\times10^3$	2.70	8.94	1.74	8.9	7.86	4.51	11.34	7.3	6.69
熔点(℃)	660	1083	650	1455	1539	1660	327	232	631
线膨胀系数$(1/℃)\times10^{-6}$	23.1	16.6	25.7	13.5	11.7	9.0	29	23	11.4
导电率(%)	60	95	34	23	16	3	7	14	4
导热系数(J/m·s·℃)	2.09	3.85	1.46	0.59	0.84	0.17	—	—	—
磁化率χ	21	抗磁	12	铁磁	铁磁	182	抗磁	2	—
抗拉强度σ_b(MPa)	80~110	200~240	200	400~500	250~330	250~300	18	20	4~10
伸长率δ(%)	32~40	45~50	11.5	35~40	25~55	50~70	45	40	0
断面收缩率ψ(%)	70~90	65~75	12.5	60~70	70~85	76~88	90	90	0
布氏硬度HB	20	40	36	80	65	100	4	5	30
色泽	银白	玫瑰红	银白	白	灰白	暗灰	苍灰	银白	银白

1. 密度

在机械制造中，一般将密度小于$5.0\times10^3kg/m^3$的金属称为轻金属，如铝、镁、钛及其合金；将密度大于$5.0\times10^3kg/m^3$的金属称为重金属，如铁、铅、钨等（见表1-1）。非金属材料其密度相对更小，如陶瓷的相对密度为$2.2\times10^3\sim2.5\times10^3kg/m^3$，塑料的相对密度则多数为$1.0\times10^3\sim1.5\times10^3kg/m^3$。

在实际生产中，一些零部件的选材必须考虑材料的密度，如汽车发动机中要求采用质量轻、运动时惯性小的活塞，因此活塞多采用低密度的铝合金制成。

2. 熔点

熔点，是指材料由固态向液态转变的温度。各种金属都具有固定的熔点（见表1-1）。熔点高的金属（如钨、钼、铬等）常用来制造耐高温的零件，如汽车、拖拉机的发动机排气阀（40Cr10Si2Mo、4Cr9Si2）等；熔点低的金属（如锡、铅、锌等）常用来制造熔丝等零件。对于非金属材料来说，陶瓷材料的熔点一般都显著高于金属及合金的熔点，而高分子材料、复合材料一般没有固定的熔点。

3. 导热性

导热性，是指材料在加热和冷却时传导热量的性能，常用热导率表示。材料的热导率越大，导热性就越好。例如，制造散热器、热交换器与活塞等零件应选用导热性好的材料。

4. 导电性

导电性，是指材料传导电流的能力，常用电阻率表示。电阻率越小，导电性越好。金属中，银的导电性最好，铜、铝次之，合金的导电性较纯金属差。在非金属材料中，高分子材料通常是绝缘体，而导电高分子材料一般都是复合型复分子材料。陶瓷材料一般情况下是良好的绝缘体，但某些特殊成分的陶瓷如压电陶瓷却是具有一定导电性的半导体材料。

5. 热膨胀性

热膨胀性，是指材料随着温度的变化产生膨胀、收缩的特性，常用线膨胀系数来表示。

由线膨胀系数大的材料制造的零件，在温度变化时，尺寸和形状变化较大。轴和轴瓦之间要根据线膨胀系数来控制其间隙尺寸；在热加工和热处理时也要考虑材料的热膨胀影响，以减少工件的变形和开裂。一般来说，陶瓷的线膨胀系数最低，金属次之，高分子材料最高。

6. 磁性

磁性，是指材料能被磁场吸引或磁化的性能，常用磁导率表示。目前，应用较多的磁性材料有金属和陶瓷两类。金属磁性材料又分为铁磁材料、顺磁材料和抗磁材料。铁、钴、镍等金属及合金为铁磁材料，它们在外磁场中能强烈地被磁化，主要用于制造变压器和继电器的铁心、电动机的转子和定子等零部件；锰、铬等材料在外磁场中呈现十分微弱的磁性，称为顺磁材料；铜、锌等材料能抗拒或削弱外磁场的磁化作用，称为抗磁材料。抗磁材料多应用于仪表壳等要求不易磁化或能避免电磁干扰的零件。

陶瓷磁性材料统称为铁氧体，常用于制作电视机、电话机、录音机及动圈式仪表的永磁体。磁性只存在于一定的温度内，在高于一定温度时，磁性就会消失。如铁在770℃以上就会失去磁性。

1.1.2　材料的化学性能

材料的化学性能，是指材料在化学作用下表现出来的性能。对于金属材料来说，化学性能一般指耐腐蚀性和抗氧化性。对于非金属材料来说，还存在着化学稳定性、抗老化能力和耐热性等问题。

1. 耐腐蚀性

材料在常温下抵抗周围介质（如大气、燃气、水、酸、碱、盐等）腐蚀的能力称为耐腐蚀性。金属材料在腐蚀性介质中常会发生化学腐蚀或电化学腐蚀。碳钢、铸铁的耐腐蚀性较差;钛及其合金、不锈钢的耐腐蚀性较好;铝和铜也有较好的耐腐蚀性。因此,对金属制品的腐蚀防护十分重要。对于汽车上易腐蚀的零部件,一方面要采用耐腐蚀性好的不锈钢、铝合金等材料制造;另一方面,要采用适当的涂料进行涂覆,起到防腐蚀、填平锈斑的作用。

大多数高分子材料如陶瓷材料和塑料等都具有优良的耐腐蚀性。被誉为塑料王的聚四氟乙烯,不仅耐强酸、强碱等强腐蚀剂,甚至在沸腾的王水中其性能也非常稳定。

2. 抗氧化性

材料在高温下抵抗氧化的能力称为抗氧化性,又称为热稳定性。在钢中加入 Cr、Si 等元素,可大大提高钢的抗氧化性。如在高温下工作的发动机气门、内燃机排气阀等轿车零部件,就是采用抗氧化性好的 4Cr9Si2 等材料来制造的。

1.1.3 材料的工艺性能

汽车上使用的大多数零件是采用金属材料制造的。金属材料的工艺性能,是指金属材料在工艺过程中所具有和表现出来的成形的性能,它包括铸造性能、锻造性能、焊接性能、切削加工性能和热处理性能等。

1. 铸造性能

铸造性能,是指金属熔化成液态后,在铸造成形时所具有的一种特性,它常用金属的液态流动性、冷却时的收缩率和偏析等指标衡量。轿车上的曲轴、凸轮轴、转向器壳体、缸体等均是由金属材料铸造而成的。

2. 锻造性能

锻造性能,是指金属材料对采用压力加工方法成形的适应能力,是衡量材料通过塑性加工获得优质零件难易程度的工艺性能。一般来说,纯金属的锻造性能比合金的好。如纯铁比碳钢的锻造性能好;铸铁的锻造性能则很差,根本不能采用锻造工艺加工;铜合金和铝合金在室温状态下就具有很好的锻造性能。

3. 焊接性能

焊接性能,是指金属材料在一定的焊接工艺条件下,获得优质焊接接头的难易程度。焊接性能好的金属能获得没有裂纹、气孔等缺陷的焊缝,并且焊接接头具有比较好的机械性能。

4. 切削加工性能

切削加工性能,是指对材料进行切削加工的难易程度和切削加工后的表面质量,其难易程度与金属的强度、硬度、塑性和导热性有关。切削加工性能好的金属对刀具磨损量小、切削用量大、加工表面精度高。

5. 热处理性能

热处理性能，是指金属进行热处理时所表现出来的性能，一般可以通过热处理来提高金属材料的机械性能。

1.1.4　材料的力学性能

材料的力学性能，是指材料在外加载荷作用下所表现出来的性能。材料的力学性能主要决定于材料的化学成分、组织结构、冶金质量、表面和内部的缺陷等内在因素，但一些外在因素如载荷性质、应力状态、温度、环境介质等也会有较大的影响。材料的力学性能包括强度、塑性、硬度、韧性、疲劳强度及断裂韧度等。

要研究材料的力学性能，必须先了解零件所承受的载荷的性质和作用方式。根据载荷的性质，一般分为静载荷、冲击载荷和交变载荷。静载荷，是指载荷的大小和方向不变或变动极缓慢的载荷，如汽车在静止状态下，车身对车架的压力属于静载荷；冲击载荷，是指以较高速度作用于零部件上的载荷，如汽车在不平的道路上行驶时，车身对悬架的冲击即为冲击载荷；交变载荷，是指大小与方向随时间发生周期性变化的载荷，如运转中的发动机曲轴、齿轮等零部件所承受的载荷均为交变载荷。根据载荷形式的不同，载荷也可分为拉伸载荷、压缩载荷、弯曲载荷、剪切载荷和扭转载荷等。

1. 强度

强度，是指材料在静载荷作用下，抵抗永久变形和(或)断裂的能力。根据所加载荷形式的不同，强度可分为抗拉、抗压、抗弯、抗剪和抗扭强度等，其中抗拉强度为最基本的强度指标，抗拉强度可通过拉伸试验方法测定(可参考有关材料力学教材)。

2. 材料的强度指标

根据材料的变形特点，表征材料强度的指标主要有弹性模量 E、弹性极限 σ_e、屈服点 σ_s 和抗拉强度 σ_b 等。

(1)弹性极限 σ_e 与弹性模量 E

材料产生完全弹性变形时所承受的最大应力值称为弹性极限，用符号 σ_e 表示。

$$\sigma_e = F_e / A_0$$

式中，F_e 是试样不产生塑性变形时的最大载荷；A_0 是试样的原始横截面积。

弹性零件在使用过程中，其工作应力不允许大于其弹性极限，否则将导致零件的失效和损坏，所以它是弹性零件设计与选材的重要依据。例如，设计车用弹簧时应根据弹性极限来选材，以保证工作应力不超过材料的弹性极限。

工程材料选用时还常考虑材料的弹性模量 E，它表示材料抵抗弹性变形的能力，也称为刚度，单位为 MPa。弹性模量 E 越大，材料保持其原有形状与尺寸的能力也越大。高分子材料的弹性模量低，约为 2～20MPa；金属材料抵抗弹性变形的能力要比高分子材料高出很多。

(2)屈服点 σ_s

在屈服阶段,材料产生屈服时的应力称为屈服强度(屈服点),用符号 σ_s 表示。

不少脆性材料如铸铁等,在拉伸试验时没有明显的屈服(塑变)现象,难以测算其屈服点,此时规定用试样标距部分的残余伸长量(塑变量)为试验标距长度的 0.2%时的应力值作为屈服强度,即规定残余伸长应力,用符号 $\sigma_{0.2}$表示,又称为名义屈服强度。

(3)抗拉强度 σ_b

材料被拉断前所承受的最大应力值称为抗拉强度,用符号 σ_b 表示。

抗拉强度 σ_b 是设计和选材的主要依据之一,是工程技术上的主要强度指标。一般来说,在静载荷作用下,只要工作应力不超过材料的抗拉强度,零件就不会断裂。

3. 材料的塑性指标

塑性,是指材料在外力作用下,断裂前产生永久变形(塑性变形)而不被破坏的能力。材料的塑性通常采用伸长率 δ 和断面收缩率 ψ 两个指标来表示。

(1)伸长率 δ

伸长率 δ,是指试样被拉断后,标距的伸长量与原始标距的百分比。即

$$\delta=\frac{l_1-l_0}{l_0}\times 100\%$$

式中,l_1 是试样断裂后的标距(mm),l_0 是试样的原始标距(mm)。

(2)断面收缩率 ψ

断面收缩率 ψ,是指试样被拉断后,横截面积的缩减量与原始横截面积之比。即

$$\psi=\frac{A_0-A_1}{A_0}\times 100\%$$

式中,A_1 是试样断裂处的最小横断面积(mm^2);A_0 是试样的原始横断面积(mm^2)。

由上式可知,δ、ψ 值越大,材料的塑性越好,零件在使用过程中偶然过载时,若发生一定的塑性变形,就不至于突然断裂,造成事故。同时,对于金属材料来讲,具有一定的塑性才能顺利地进行各种变形加工。例如,汽车车身外用钢板件,只有采用具有优良塑性的冷轧钢板,才能确保加工出各种复杂的形状。

对于高分子材料来说,其弹性和金属材料的弹性在数量上有巨大差别。高分子材料的弹性变形很大可达到 100%~1000%,而一般金属材料只有 0.1%~10%。

4. 硬度

硬度是衡量材料软硬的一个指标,通常是指材料抵抗其他硬物压入其表面的能力。常用硬度指标有布氏硬度(HB)、洛氏硬度(HR)和维氏硬度(HV)等,工业生产中常用布氏硬度和洛氏硬度。硬度测试简便,造成表面损伤相对较小,可直接用于零件的表面硬度测定。

5. 冲击韧性

许多机械零件和工具在工作中,往往要受到冲击载荷的作用,如活塞销、锤杆、冲

模等。在冲击载荷作用下，材料抵抗破坏的能力称为冲击韧性。常用一次摆锤冲击弯曲试验来测定，用冲击吸收功除以试样缺口处截面积来得到材料的冲击韧性。

6. 疲劳极限

轴、齿轮、轴承、弹簧等零件，在工作过程中各点的应力随时间做周期性的变化，这种随时间做周期性变化的应力称为交变应力（也称循环应力）。在交变应力作用下，虽然零件所承受的应力低于材料的屈服点，但经过较长时间的工作而产生裂纹或突然发生完全断裂的过程称为材料的疲劳。材料承受的交变应力（σ）与材料断裂前承受交变应力的循环次数（N）之间的关系可用疲劳曲线来表示，如图 1-1 所示。材料承受的循环应力越大，则断裂时应力循环次数 N 越少。当应力低于一定值时，试样可以经受无限周期循环而不被破坏，此应力值称为材料的疲劳强度。一般钢铁材料的循环基数取 10^7 次，当材料承受对成循环应力时，材料的疲劳极限用 σ_{-1} 表示。

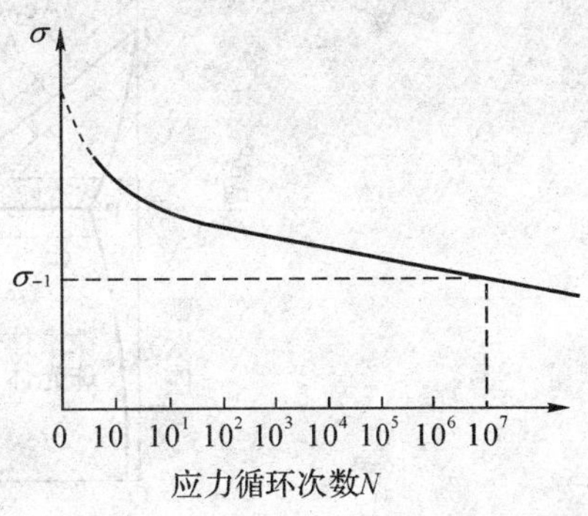

图 1-1　疲劳曲线示意图

1.2　钢的热处理

钢的热处理，是指将钢在固态范围内采用适当的方式进行加热、保温和冷却，从而获得所需的组织结构与性能的工艺。

热处理在汽车制造工业中有十分重要的地位。它不仅能提高材料的使用性能，以充分发挥其潜力；还能提高机械零件的寿命，并能提高产品质量，节约金属材料。此外，热处理还可用来改善工件的加工工艺性能，提高劳动生产率。

根据加热、保温和冷却的方式不同，热处理可分为退火、正火、淬火以及化学热处理等基本方法。热处理工艺过程中的加热、保温和冷却三个阶段，通常可用温度一时间坐标表示，称为热处理工艺曲线。由于加热温度、保温时间和冷却速度的不同，将使钢产生不同的组织转变。

$Fe-Fe_3C$ 状态图中的 PSK、GS、ES 线是钢在加热和冷却时相变的临界线。在热处理时，要经常使用这些特性线，并且把 PSK 线称为 A_1 线，GS 线称为 A_3 线，ES 线称为 A_{cm}线，如图 1-2 所示。

在实际生产中，加热速度和冷却速度不是极其缓慢的，受“过热度”和“过冷度”的影响，加热时实际的相交临界线时 Ac_1、Ac_2 和 Ac_{cm}。

钢的热处理就是把钢在固态下加热到一定温度后保温一段时间，再以适当的冷却

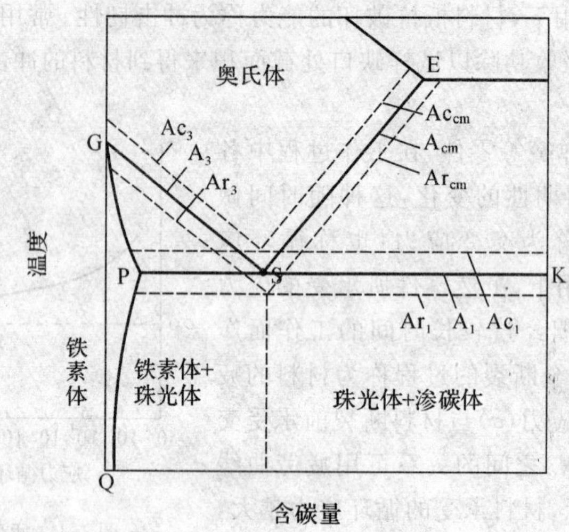

图 1-2 加热和冷却时 $Fe\text{-}Fe_3C$ 相图上临界点的位置

速度进行冷却，从而改变钢的组织，以获得预期性能的工艺方法。热处理由加热、冷却和保温三个阶段构成。钢的热处理工艺曲线如图 1-2 所示。

对钢加热的目的一般是使钢奥氏体化，由图 1-2 可知，共析钢在 A_1 线温度以下时为珠光体，要使珠光体变为奥氏体，必须把钢加热到 A_1 线以上的某个温度（Ac_1 以上），保温一段时间，使其内外温度一致，成分均匀，以便在冷却后得到均匀的组织和稳定的性能。

珠光体全部转变为奥氏体初期的晶粒细小，但加热温度高或保温时间长，奥氏体晶粒都会长大，这就会影响材料的力学性能。所以，热处理时加热温度不可太高，保温时间不能过长，才能获得细小晶粒的奥氏体，冷却后就得到细晶粒组织。

冷却过程是钢的热处理的关键工序，其冷却转变温度决定了冷却后的产物。冷却后的产物不同，其性能也不同。

1.2.1 退火

退火，是指将钢加热到 Ac_3 或 Ac_1 以上 30～50℃，保温一定时间，然后缓慢冷却的热处理工艺。

退火的目的在于调整和改善钢的机械性能与工艺性能，使其降低硬度，易于切削；提高塑性和韧性，降低脆性，便于深冲和冷拔加工；减少钢的化学成分及组织的不均匀性，消除或减少内应力，以及为后续热处理做准备。

常用的退火方法有完全退火、球化退火和去应力退火等。

(1)完全退火

完全退火，是指将钢件加热到 A_3（或 A_1）以上 30～50℃，保温一定时间后，随炉缓慢冷却至500℃以下出炉，在空气中冷却的热处理工艺。其主要用于亚共析钢铸锻件的热处理，可作为一般工件的最终热处理和重要工件的预先热处理。

(2)球化退火

球化退火，是指为使钢中碳化物球化而进行的退火工艺。球化退火的目的是降低硬度，使之易于切削加工；减少淬火时变形和开裂的倾向，为淬火做准备，常作为高碳钢零件淬火前或切削加工前的预先热处理。它适用于碳素工具钢、合金刀具钢、弹簧钢和轴承钢等。

(3)去应力退火

去应力退火，是指为了去除由于塑性加工、焊接等造成的应力以及铸件内存的残余应力而进行的退火工艺。去应力退火主要用于消除铸件、锻件、焊接结构的内应力，以稳定尺寸和减小变形。

1.2.2　正火

正火，是指将钢件加热到Ac_3(或Ac_{cm})以上30～50℃，保温一定时间后，在静止的空气中自然冷却的热处理工艺。把钢件加热到Ac_3以上100～150℃的正火称为高温正火。

正火可以细化晶粒，均匀组织，增加硬度、韧性，减少内应力，改善切削加工性能。主要用于低碳钢、中碳钢和铸件。

1.2.3　淬火

淬火，是指将钢件加热到Ac_3或Ac_1以上某一温度范围，保温一定时间，以大于临界冷却速度v_k的冷速在水、盐水或油中冷却，获得马氏体或贝氏体的热处理工艺。

淬火的目的，对于工具、模具等耐磨件来说，可以提高硬度和耐磨性；有些零件的淬火，是使强度和韧性得到良好的配合，以适应不同工作条件的需要。但是对于碳的质量分数很低的钢，由于淬火后强度和硬度提高不大，进行一般的淬火没有意义。

淬硬性和淬透性是衡量淬火质量的两个重要指标。

(1)淬硬性

淬硬性，是指钢在理想条件下进行淬火硬化所能达到的最高硬度的能力。钢的淬硬性主要取决于其碳含量。

(2) 淬透性

淬透性，是指在规定条件下，决定钢材淬硬深度和硬度分布的特性。淬透性是工件选材时考虑的重要因素之一。对于尺寸较大、又要求整个截面淬透的零件以及形状复杂、截面尺寸变化较大的零件，应选用淬透性较好的钢材。对于只要求表面性能比较高的零件，可采用淬透性较低的钢材。当冷却速度较大时，将获得较深的淬硬层。

某些在冲击载荷、交变载荷及摩擦条件下工作的零件，如曲轴、凸轮轴、齿轮等，其表面承受较高的应力，因此要求工作表面具有高强度、硬度、耐磨性及疲劳强度，而心部要具有足够的塑性和韧性。为了达到上述的性能要求，生产中广泛应用表面淬火。

表面淬火是通过快速加热使钢的表层奥氏体化，在心部组织尚未发生相变时，立即予以淬火冷却，使表层获得硬而耐磨的马氏体组织，而心部仍保持原来的塑性和韧性较好的退火、正火或调质状态组织。

表面淬火加热可采用感应加热、火焰加热、激光加热等不同的加热方法。由于感应加热速度快，生产效率高，产品质量好，易于实现机械化和自动化，所以感应加热表面淬火应用广泛，但设备较贵，多用于大批量生产的形状较简单的零件。

1.2.4 回火

回火是指钢件经淬火后再加热到 A_1 以下某一温度，保温一段时间，再以适当的冷却速度冷却到室温的热处理工艺。淬火钢回火的目的是为了消除淬火时产生的内应力，调整钢的力学性能，稳定钢件的组织和形状尺寸。在热处理生产中，通常按回火温度把回火分为低温回火、中温回火和高温回火。

低温回火(150～250℃)主要是为了降低淬火钢中内应力和脆性，保证淬火后达到的高硬度和耐磨性。用于高硬度、高耐磨性的零件和各种工具，如滚动轴承、活塞销、锉刀、钻头等。

中温回火(350～500℃)主要是为了使零件在足够的韧性下，同时获得高弹性和高屈服强度。主要用于弹性零件及热锻模具的热处理。

高温回火(500～650℃)后得到的组织的强度、塑性、韧性等都具有较好的综合机械性能。淬火加高温回火相结合的热处理称为调质处理。调质处理后零件的强度、塑性、韧性均高于正火处理，故重要零件常采用调质处理而不采用正火处理。调质处理广泛用于各种重要的结构零件，特别是在交变载荷作用下工作的连杆、螺栓、齿轮及轴类等。如汽车的半轴、连杆、齿轮等均采用调质处理。

1.2.5 化学热处理

把钢制零件放在化学介质中，加热到预定的温度，保温一定的时间，使该介质元素渗入到零件的表面层中，从而改变表面层的成分、组织和性能，这种工艺称为化学热处理。

化学热处理和表面淬火都是对零件的表面进行热处理，但是表面淬火只是改变工件表层的组织，而化学热处理则能同时改变工件表层的成分和组织，因而能有效提高表层的性能，并能获得许多新的性能。因此，在许多情况下，廉价的碳钢或低碳钢经过化学热处理后可以代替昂贵的高合金钢，所以，化学热处理已成为目前发展最快的几种热处理工艺之一。

化学热处理的种类很多，一般都以渗入的元素来命名，如渗碳、渗氮、碳氮共渗等。钢的最常用的化学热处理方法及其作用见表 1-2。

表 1-2　钢的常用化学热处理方法及其作用

工艺方法	渗入元素	作用	应用举例
渗碳(900～950℃) 淬火＋回火	C	提高钢件表面硬度、耐磨性和疲劳强度，使能承受重载荷	齿轮、轴、活塞销、万向节、链条等
渗氮(500～600℃)	N	提高钢件的表面硬度、耐磨性、抗胶合性、疲劳强度、耐蚀性以及抗回火软化能力	汽缸、精密轴、齿轮、量具、模具等
碳氮共渗 淬火＋回火	C、N	提高钢件表面硬度、耐磨性和疲劳强度。低温碳氮共渗还能提高工具的热硬性。	齿轮、轴、链条、工模具、液压件。

1.3　常用金属材料

1.3.1　铁基金属材料

铁基金属材料有钢和铸铁。钢是指以铁为主要元素，碳的质量分数在 2.11％以下，并含有其他元素的材料。其品种多、规格全、价格低，并且可用热处理的方法改善性能，所以是工业中应用最广的材料。钢的品种很多，分类较细。如按化学成分来分，钢可分为碳素钢和合金钢；按含碳量高低可分为低碳钢(含碳量小于 0.25％)、中碳钢(含碳量 0.25％～0.6％)和高碳钢(含碳量 0.6％～1.3％)，又如按用途来分，钢可分为结构钢、工具钢和特殊性能钢等。以下介绍几种最常用的钢。

(一)一般工程结构用钢

1. 普通碳素结构钢

普通碳素结构钢的含碳量一般在 0.06％～0.38％，硫、磷等有害杂质含量较高，这类钢出厂时主要保证力学性能，使用时一般不经过热处理。因其价格便宜，产量较大，具有良好的焊接性和压力加工性能，所以大量用于金属结构构件和一般机械零件。碳素结构钢牌号由 Q(屈服点的“屈”字汉语拼音字首)、屈服点值、质量等级和脱氧方法四部分组成。质量等级有 A、B、C、D 四种。脱氧方法用拼音字首表示：“F”——沸腾钢、“B”——半镇静钢、“Z”——镇静钢、“TZ”——特殊镇静钢，通常“Z”和“TZ”可省略。汽车常用普通碳素结构钢的牌号、性能和应用举例见表 1-3。

表 1-3 普通碳素结构钢在汽车上的应用

牌 号	应用举例	
	车 型	零件名称
Q235-A	EQ1092	百叶窗联动杠杆、传动轴中间轴承支架等
	2000GSI	发动机前后支架、后视镜支杆、油底壳加强板等
Q235-A.F	奥迪 100	机油滤清器凸缘、固定发电机的连接板、前钢板弹簧夹子
Q235-B	2000GSI	3、4、5 档同步锥盘,差速器螺栓锁片等
	CA7100	车轮轮辐、轮辋、驻车制动操纵杆棘抓与齿板等
Q235-B.F	CA7100	放水龙头手柄夹持架、消声器、后支架、百叶窗叶片等

2. 优质碳素结构钢

优质碳素结构钢具有较好的机械性能,主要用于制造各种机械零件。优质碳素结构钢的牌号用两位数字表示钢的平均含碳量的万分之几,如 40 钢,表示该钢的平均含碳量为 0.4%。若钢中锰的含量较高,则在两位数字后面加符号 Mn,若为沸腾钢,则在两位数字后面加符号 F,如 65Mn、08F 等。常用的优质碳素结构钢在汽车上的应用如表 1-4 所示。

表 1-4 优质碳素结构钢在汽车上的应用

牌 号	应用举例
08F	驾驶室、油底壳、油箱、离合器等
15	发动机气门头、离合器调整螺栓、曲轴箱调整螺栓、消声器前托架螺栓、由轴箱通风阀体、气门弹簧座及旋转套、车轮螺母及螺栓
20	离合器分离杠杆、风扇叶片、驻车制动杆等
35	曲轴正时齿轮、半轴螺栓锥型套、前后轴头螺母、车轮螺栓、机油泵轮、连杆螺母、汽缸盖定位销、拖曳钩、螺母、驻车制动蹄片臂拉杆等
45	气门推杆、同步器锁销、变速杆、凸轮轴、曲轴、变速叉轴、齿环、转向节主销、离合器踏板轴及分离叉等。
50	离合器从动盘

3. 碳素工具钢

碳素工具钢碳的含碳量为 0.65%～1.35%,一般需热处理后使用。这类钢经热处理后具有较高的硬度和耐磨性,但韧性、塑性较差。主要用于制造低速切削刃具以及对热处理变形要求低的一般模具。牌号用“T”和数字组成。数字表示钢的平均含碳量为千分之几。如 T8 钢，表示平均含碳量为 0.8%的碳素结构钢。若牌号末尾加“A”，则表示为高级优质钢，如 T10A。常用碳素工具钢的牌号、成分和用途如表 1-5 所示。

表 1-5　常用碳素工具钢的牌号、成分和用途

牌号	化学成分（%）					应用举例
	C	Mn	Si	S	P	
			不大于			
T7	0.65～0.74	≤0.40	0.35	0.30	0.035	凿子、模具、锤子、木工工具等
T8	0.75～0.84					简单模具、木工工具、剪切金属用剪刀、冲头等
T8Mn	0.80～0.90	0.40～0.60				
T9	0.85～0.94	≤0.40				刨刀、冲模、丝锥、丝刀、手锯锯条、卡尺等
T10	0.95～1.04					
T11	1.05～1.14					要求较高硬度的工具、钻头、丝锥、锉刀、刮刀等。
T12	1.15～1.24					
T13	1.25～1.35					

4. 铸钢

在实际生产中，许多形状复杂的零件很难用锻压等方法成形，而用铸铁又难以满足性能要求，这时常需要铸钢，采用铸造的方法来获得铸钢件。因此，铸钢在机械制造中，尤其是在重型机械制造业中应用非常广泛。

铸钢的牌号用“ZG＋两组数字”表示，ZG 是铸钢二字汉语拼音首位字母，两组数字分别表示最低屈服点和最低抗拉强度的值，单位是 MPa。如 ZG200－400，表示屈服点不小于 200MPa，抗拉强度不小于 400MPa 的铸钢。常见的铸钢性能和用途如表 1-6 所示。

表 1-6　常见的铸钢性能和用途

牌号	主要性能	主要用途
ZG200－400	良好的塑性、韧性和焊接性能	用于受力不大，要求韧性好的机械零件，如机座、变速箱壳体、减速器壳体等
ZG230－450	有一定的强度和较好的塑性、韧性，焊接性能良好	用于受力不大，要求韧性好的机械零件，如砧座、外壳、轴承盖、底板、阀体、箱体等。
ZG270－500	有较高的强度和较好的塑性，铸造性能好，焊接性能尚好，切削性能好	用途广泛，用做轧钢机机架、轴承座、连杆、箱体、曲轴、缸体、飞轮等。

（二）合金钢

合金钢，是指在碳钢的基础上，为了获得某些特定的性能，有目的地加入一种或多种元素的钢材。加入的元素称为合金元素，常加入的合金元素有硅、铬、锰、钼、钛及稀土等。合金结构钢的牌号一般由三部分组成(低合金钢、滚动轴承钢除外),即"数字+元素+数字"。其中前面的数字由两位数字表示,表示钢的平均含碳量的万分数;合金元素以化学元素符号表示;元素后面的数字表示元素在钢中的含量,以百分数表示,当平均含量低于1.5%时,牌号中一般只标元素符号而不标明含量。如12CrNi3A表示平均含碳量为0.12%,含Cr量小于1.5%,含Ni量约3%的优质合金结构钢。

常用合金钢包括合金结构钢、合金工具钢和特殊性能钢。

1. 合金结构钢

合金结构钢,是指在碳素结构钢的基础上加入适量的合金元素的钢。按照用途不同,合金结构钢可分为:普通低合金结构钢、渗碳钢、调质钢、弹簧钢和滚动轴承钢等。

(1)普通低合金结构钢,是在碳素结构钢的基础上加入少量的合金元素制成的。具有良好的塑变能力,良好的焊接性能,良好的加工工艺性能。广泛用于船舶、桥梁、汽车纵横梁、车辆、高压容器、管道、井架、大型屋架等。常用的普通低合金结构钢有09Mn2、16Mn、15MnV等。

(2)合金渗碳钢的化学成分为低碳(Wc一般在0.15%~0.25%),主要加入锰、铬、硼等合金元素。经过渗碳、淬火、回火处理,既可获得很硬的表面层,又保持心部有很高的塑性、韧性。适于制造易磨损而又承受较大冲击载荷的零件,如汽车与拖拉机的齿轮、内燃机凸轮轴、气门顶杆等。常用的渗碳钢有20Cr、20Mn2B、20CrMnTi、20MnVB。

(3)合金调质钢的化学成分为中碳(Wc一般在0.3%~0.5%),主要加入锰、硅、铬、钼、钒等合金元素,改善了钢的淬透性。经调质处理后,具有良好的综合力学性能。适用于制造性能要求高及截面尺寸较大的重要零件,如机床主轴、汽车底盘半轴、连杆、曲轴等零件。常用的合金调质钢有40Cr、40Mn2、35CrMnSi和40MnB等。

(4)合金弹簧钢主要用于制造各种弹簧和弹性元件,弹簧主要在冲击、振动、周期性扭转、弯曲等变化应力下工作。碳的化学成分为中碳偏高(Wc一般在在0.45%~0.70%),经过淬火及中温回火后,能获得高的弹性。重要的或大断面的弹簧,都采用合金弹簧钢制造,如机车车辆、汽车与拖拉机上的螺旋弹簧及板弹簧、阀门弹簧等。常用的合金弹簧钢有60Si2Mn、50CrVA、55Si2Mn等。

(5)滚动轴承钢是制造滚动轴承的内、外圈和滚动体的专用钢,也可用于制造工具、量具、冷冲模、机床丝杠等耐磨件,具有高的接触疲劳强度、高的硬度、足够的韧性和淬透性。其成分特点是高碳(Wc一般在0.95%~1.15%),加入硅、锰、钒等合金元素可进一步提高淬透性,便于制造大型轴承,常用的滚动轴承钢有GCr6、GCr9、GCr15、GCr15SiMn等。

2. 合金工具钢

合金工具钢,是指在碳素工具钢的基础上,再加入适量的合金元素的钢。与碳素工具钢相比,合金工具钢具有淬透性好、耐磨性好、热硬性高和热处理变形小的优点。按用途可分为刃具钢、量具钢和模具钢三类。

(1) 合金刃具钢:主要用来制造金属切削刀具,如车刀、铣刀、钻头等。根据切削对象和切削条件可分为低合金刃具钢和高速钢两类。所有的合金刃具钢都必须具有高的硬度和耐磨性,高的热硬性,足够的韧性。

1)低合金刃具钢:化学成分为高碳(W_C 为 0.8%~1.5%),以保证淬硬性和形成合金碳化物。常加入的合金元素有铬、锰、硅、钨、钒等。主要目的是提高淬透性、耐磨性和热硬性。常用的低合金刃具钢有 9SiCr、9Mn2V、CrMn、CrWMn、CrW5 和 Cr2 等,用于制造要求变形小的铰刀、铣刀、低切削量的拉刀,并可用于制造量具和模具。

2)高速钢:高速钢是高速工具钢的简称。主要用于制造各种用途和各种类型的高速切削刃具,主要合金元素有钨、钼、钒等,具有很高的淬透性。热处理后具有高的红硬性和足够的强度,高的硬度和耐磨性。当以较高的切削速度进行加工时,仍能保持刃口锋利,故俗称为“锋钢”。高速钢在刀具材料中占有十分重要的位置。

高速钢的品种繁多,主要有钨系高速钢和钨钼系高速钢。钨系高速钢以 W18Cr4V 为代表,它具有较高的热硬性,过热和脱碳倾向小,但碳化物较粗大,韧性较差;钨钼系高速钢以 W6MoSCr4V2 为代表,它是在钨系高速钢的基础上,以钼代替部分钨而制成的。钼的碳化物细小,韧性较好,耐磨性也较好,但热硬性稍差,过热与脱碳倾向较大。经淬火、回火后,韧性和耐磨性均优于钨系高速钢,且通用性强,使用寿命长,价格低,故应用日益广泛。除可代替 W18Cr4V 制造麻花钻、滚刀、铣刀、插齿刀和扩孔刀等外,还适合制造薄棱刃及大截面的刀具。

(2)量具钢:主要用来制造各种测量工具,如卡尺、千分尺、螺旋测微仪、块规和塞规等。因此,要求它的工作部分应具有高的硬度、耐磨性和高的尺寸稳定性。

精度要求较低、形状简单的量具,可采用 T10A、T12A 制造。CrWMn 的淬透性较高,淬火变形很小,可用于制造精度要求高且形状复杂的量规及块规;GCr15 耐磨性、尺寸稳定性较好,多用于制造高精度块规、螺旋塞头、千分尺;在腐蚀介质中工作的量具,则可用不锈钢 9Cr18、4Cr13 制造。

(3)模具钢:按模具工作条件不同,可分为冷作模具钢和热作模具钢。冷作模具钢是用来制造冷冲模、下料模、剪切模、拉丝模等冷态工作的模具。工作时,要求模具具有高的硬度(50~60HRC)、耐磨性和一定的韧性,同时要求在热处理时变形小,通常可以采用 T10A、T12A、9Mn2V 和 9SiCr 等。对于形状复杂,要求高精度、高耐磨性的模具,则选用 Cr12 和 Cr12MoV 等来制造。

热作模具钢(如热锻模、热压模)在工作过程中常常受到加热和冷却的交替作用,因此,除要求模具有足够的室温强度和韧性外,还应具有高的高温强度和耐热疲劳性。目前,常用的热作模具钢有 5CrMnMo 和 5CrNiMo 等。

3. 特殊性能钢

具有特殊用途和特殊物理、化学性能的钢，称为特殊性能钢。

(1)不锈钢：通常所说的不锈钢是指不锈钢和耐酸钢的总称，亦是不锈耐酸钢的简称。所谓不锈钢，是指在大气及弱腐蚀介质中耐腐蚀的钢。所谓耐酸钢，是指在各种强酸腐蚀介质中耐腐蚀的钢。对不锈钢的性能要求，除具有良好的耐蚀性外，还要有良好的工艺性能(冷热变形、切削、焊接性能等)及力学性能。

不锈钢的性能主要是通过合金化的途径获得的，铬是不锈钢中的关键元素，其含量一般不低于12%，此外还含有其他元素。

铬不锈钢的主要钢号有1Cr13、2Cr13、3Cr13和4Cr13，主要用来制造医疗工具、量具、阀门和滚动轴承配件等。

铬镍不锈钢主要钢号有0Cr18Ni9、1Cr18Ni9和2Cr18Ni9等。这类钢不仅具有良好的抗蚀能力，而且还能耐酸，可以用来制造盛酸类的容器与管道等。

(2)耐热钢：是指具有高温强度和高温下抗氧化的综合性能的钢，主要用于制造在高温下使用的零件。

常用的耐热钢有：15CrMo是典型的锅炉钢，可制造在350℃以下工作的零件；4Cr9Si2、4Cr10Si2Mo，又称阀门钢，用以制造在500℃以下工作的排气阀。

(3)耐磨钢：主要用于在运转过程中承受严重磨损和强烈冲击的零件，如拖拉机履带板、挖掘机铲齿、颚式破碎机的颚板和球磨机衬板等。耐磨钢最常用的是高锰钢，牌号为ZGMn13(“Z”、“G”是“铸”、“钢”二字的汉语拼音字首)。这类钢极易产生加工硬化，使切削加工困难，大多数高锰钢零件采用铸造成形。在铸造后经“水韧处理”即可使用。其方法是把钢加热到1050～1100℃保温，然后迅速把钢水冷至室温。水韧处理后，高锰钢组织为单一奥氏体，能提高钢的韧性和塑性，但是硬度并不高，当零件受到剧烈冲击作用，便产生加工硬化现象，使硬度大大提高，因而具有耐磨性。

部分合金钢的牌号和应用举例见表1-7。

表1-7 部分合金钢的牌号和应用举例

牌 号	应用举例
Q390	车架前横梁、车架中横梁、前保险杠、车架角撑
20CrMnTi	用于制造承受高速、中等或重负荷以及冲击磨损等的重要零件，如滑动齿套、变速器齿轮、万向节、差速器十字轴等
40Cr	发动机支架固定螺栓、差速器壳螺栓、减速器销、齿轮、连杆、转向臂、传动轴、花键轴等
65Mn	气门弹簧、转向纵拉杆弹簧、摇臂轴回位弹簧、拖曳钩弹簧、空压机排气阀波形弹簧垫圈、风扇离合器阀片等。

续表

牌号	应用举例
35SiMn	耐磨、耐疲劳，可代替 40Cr 做轴、齿轮等零件及在 430℃以下工作的重要紧固件等
GCr15	用于制造各种滚动轴承内、外套圈及滚动体，也可用来制造刀具及部分耐磨零部件如喷油嘴、针阀、套筒等
W18Cr4V	制造一般高速切削车刀、刨刀、钻头、绞刀、铣刀等
9Cr2	主要做冷轧辊、钢印冲孔凿、尺寸较大的绞刀、木工工具
5CrNiMo	用于制造形状复杂、冲击载荷重的各种大中型锤锻模
4Cr5W2VSi	用于制造寿命要求高的热锻模、高速锤用模具与冲头、热挤压模具及芯棒、有色金属压铸模等

（三）铸铁

铸铁是碳的质量分数大于 2.11％的铁碳合金，工业上常用铸铁的碳的质量分数一般为 2.5％～4.0％，此外，还含有较多的硅、锰、硫、磷等杂质。铸铁具有良好的铸造性、耐磨性、消振性和切削加工性，生产工艺简便，成本低廉。因此，常用来制造床身、机架、箱体和轴承座等零件。

目前，铸铁在汽车工业中应用十分广泛，约占汽车总重量的 50％以上。铸铁与钢相比，其抗拉强度低，塑性和韧性差，压力加工性和可焊性也较差，但是铸铁具有良好的耐磨性、减振性和切削加工性，特别是优良的铸造性能和低廉的价格，所以应用广泛。

根据碳的存在形式不同，铸铁可分为白口铸铁、灰口铸铁、可锻铸铁和球墨铸铁等。

1. *灰口铸铁*

灰口铸铁中的碳多以片状石墨形式存在，它是铸铁中用量最大的一种。牌号用“灰铁”两字汉语拼音的首字母“HT”＋“数字”组成，数字表示最低抗拉强度，如 HT150 表示最低抗拉强度为 150MPa 的灰口铸铁。常用灰口铸铁在汽车上的应用如表 1-8 所示。

表 1-8　常用灰口铸铁在汽车上的应用

牌号	应用举例	
	车型	零件名称
HT150	EQ1092	汽缸盖、曲轴、飞轮、变速器壳体、进排气歧管、水泵叶轮等
HT200	EQ1902	飞轮壳、凸轮轴正时齿轮、进排气歧管、汽缸盖等
	CA1903	飞轮壳、凸轮轴正时齿轮、汽缸体、前后制动鼓等
HT250	CA1903	飞轮、汽缸体、曲轴、皮带轮等

2. 可锻铸铁

可锻铸铁是由白口铸铁经可锻化退火而获得的具有团絮状石墨的铸铁。牌号用KT(可铁)及其后的H(表示黑心可锻铸铁)或Z(表示珠光体可锻铸铁),再加上分别表示其最小抗拉强度和伸长率的两组数字组成,如KTH300-06即表示最小抗拉强度为300MPa、伸长率为6%的黑心可锻铸铁,常用可锻铸铁在汽车上的应用如表1-9所示。

表1-9 常用可锻铸铁在汽车上的应用

牌 号	应用举例	
	车型	零件名称
KTH350-10	EQ1902	后桥壳、差速器壳、减速器壳、后轮毂、转向器壳等
	CA1903	后桥壳、减速器壳及左右盖、轮毂、车轮制动蹄片等

3. 球墨铸铁

球墨铸铁中石墨呈球状,其牌号用QT+两组数字表示,QT是"球铁"二字的汉语拼音的简写,后面两组数字分别表示抗拉强度极限和延伸率。如QT450-10表示抗拉强度极限为450MPa,延伸率为10%的球墨铸铁。常用球墨铸铁在汽车上的应用如表1-10所示。

表1-10 常用球墨铸铁在汽车上的应用

牌 号	应用举例	
	车型	零件名称
QT450-10	EQ1902	前后轮毂、转向器壳及盘、制动蹄等
	CA1903	辅助钢板弹簧支架、拖曳钩衬套
QT600-13	EQ1902	曲轴、摇臂、钢板弹簧侧垫板、后牵引钩支承座
	CA1903	发动机摇臂

4. 合金铸铁

向铸铁中有目的地加入合金元素后,称为合金铸铁。如向灰铸铁中加入铬、铜、钼、磷、锰、钛等元素所得到的合金铸铁,提高了铸铁的耐磨性,这样的合金铸铁也称为耐磨铸铁,用来制造汽车发动机的汽缸套、活塞环等。

1.3.2 非铁基金属材料

在工程上通常将钢铁材料以外的金属或合金,通称为非铁金属或非铁合金。非铁金属具有特殊的物理、化学和力学性能,如钼、镁、钛等合金密度小,强度高,具有优异的耐腐蚀性能;铜具有优良的导电、导热、抗蚀、抗磁性等性能。因此,非铁金属及其合金也是现代工业生产中不可缺少的重要工程材料。

(一)铜及铜合金

1. 纯铜

纯铜俗称紫铜，虽强度不高，但具有优良的导电、导热性和抗腐蚀性，塑性极好。我国工业纯铜常用的牌号有T1、T2、T3、T4四种，代号中数字越大，表示杂质含量越高。T1、T2主要用做导电材料或配制高纯度的铜合金；T3、T4主要用于一般铜材和配制铜合金。

2. 铜合金

铜合金比纯铜强度高，且具有许多优良的物理、化学性能。铜合金按化学成分不同分为黄铜、青铜和白铜；按生产方法不同，分为压力加工铜合金和铸造铜合金。常用的铜合金是青铜和黄铜。

(1)黄铜

黄铜是铜和锌的合金，在铜中加入少量的锌后，机械性能得到改善，弹性和强度增加。黄铜的牌号用H(“黄”字的汉语拼音字首)及数字表示，其数字表示铜平均质量分数的百分数。例如，H68表示平均含铜量约为68%、含锌量约为32%的黄铜。

黄铜在轿车上用做转向节衬套、钢板弹簧衬套、轴套等耐磨件，也可用做散热器冷凝器、冷却管，还可用做装饰件、供水管、油管接头、制动接头、制动三通接头、垫片和垫圈等。

(2)青铜

铜与锌、镍以外的元素组成的合金称为青铜。青铜分为锡青铜和无锡青铜两种。

压力加工青铜的牌号由Q(“青”字的汉语拼音字首)、主加元素符号及其平均质量分数的百分数、其他元素平均质量分数的百分数组成。如QSn4-3表示锡的平均质量分数为4%、锌的平均质量分数为3%，其余为铜的锡青铜。铸造青铜的牌号由Z(“铸”字的汉语拼音字首)、铜及合金元素符号和合金元素平均质量分数百分数组成。如ZCuSn10Zn2。

锡青铜是由铜和锡构成的合金，它与黄铜相比具有较高的耐磨性和减磨性，而且铸造性能和加工性能良好，常用铸造方法制造耐磨零件，如汽车水箱盖出水阀弹簧等弹性件，也可用做发动机摇臂衬套、连杆衬套等耐磨件。

由于锡产量较小且价格较贵，所以有时青铜中不含锡而加入铝、铁、锰等元素，组成无锡青铜。无锡青铜具有较高的强度和耐磨性，是锡青铜的良好代用品，如硅青铜可做弹簧，铝青铜可做轴套、齿轮、蜗轮，铅青铜可做轴承、曲轴止推垫圈。

（二）铝及其合金

纯铝具有良好的导电性和导热性，在空气中具有很好的耐蚀性，并且具有良好的塑性，但强度很低，一般用于导电、导热材料或耐蚀零件。现在汽车加热器、散热器、蒸发器、油冷却器多用铝制作，另外纯铝还可用做装饰件、铭牌等。

纯铝的强度很低，但在纯铝中加入Si、Cu、Mg、Zn、Mn等元素后就形成铝合金。不仅强度提高，还可通过变形、热处理等方法进一步强化，以至有些铝合金可超过$\sigma_b=600$MPa，与低碳钢相当，比强度（强度与密度之比）则超过某些合金钢。同时，还保持铝耐蚀性好、质量轻的优点。铝合金可以用来制造汽车的汽缸体、汽缸盖等零件，特别是广泛用来制造发动机的活塞。

（三）轴承合金

在滑动轴承中，用于制造轴瓦或内衬的合金称为轴承合金。滑动轴承具有承压面积大、工作平稳、无噪声以及修理、更换方便等优点，应用广泛。按其化学成分不同，常用滑动轴承分为锡基、铅基、铝基和铜基滑动轴承合金等。锡基、铅基轴承合金又称为巴氏轴承合金。常用轴承合金的牌号、化学成分、力学性能及其用途如表1-11所示。

表1-11 常用轴承合金的牌号、化学成分、力学性能及其用途

类别	牌号	化学成分（%）					硬度HBS（不小于）	用途举例
		Sb	Cu	Pb	Sn	杂质		
锡基轴承合金	ZSnSb12Pb10Cu4	11.0～13.0	2.5～5.0	9.0～11.0	余量	0.55	29	一般发动机的主轴承，但不适用于高温工作。
	ZSnSb8Cu4	7.0～8.0	3.0～4.0	—	余量	0.55	24	一般大机器轴承合金及高载荷汽车发动机的双金属轴承。
铅基轴承合金	ZPbSb15Sn10	14.0～16.0	—	余量	9.0～11.0	0.5	24	中等压力的机械，也适用于高温轴承
	ZPbSb10Sn6	9.0～11.0	—	余量	5.0～7.0	0.75	18	重载荷、耐蚀、耐磨轴承
铜基轴承合金	ZCuPb30		余量	30			25	高速高压航空发动机、高压柴油机轴承
	ZCuSn10P1		余量		9.0～14.0	P：0.6～1.2	90	高速高载柴油机轴承

锡基轴承合金是以锡为基体元素，加入锑、铜等元素组成的合金。其优点是摩擦系数小，塑性、导热性好，是优良的减摩材料，常用做最重要的轴承，如汽轮机、发动机、内燃机等大型机器的高速轴承。它的主要缺点是疲劳强度较低，价格贵，使用温度不高于150℃。

铅基轴承合金是以铅-锑为基础，加入锡、铜等元素，其硬度、强度、韧性均较锡基合金低，且摩擦系数较大，但价格便宜。这种合金常用来制造承受中、低载荷的中速轴承，如汽车和拖拉机的曲轴轴承、连杆轴承及电动轴承。使用工作温度不超过120℃。

铜基轴承合金有铅青铜、锡青铜等。铜基轴承合金是硬的基体上均匀分布着软的质点，具有高的疲劳强度和承载能力、优良的耐磨性、导热性和低的摩擦系数，能在较高温度(250℃)下工作，因此可制造高速、重载的重要轴承，如航空发动机、高速柴油机的轴承等。

1.4　常用非金属材料

在汽车制造中，一直都以金属材料为主。但是非金属材料具有特殊的性能，能满足某些汽车零部件的特殊要求。特别是近年来，随着非金属材料的迅猛发展和汽车轻量化的要求，非金属材料已越来越多地应用在汽车上。

工程上常用的非金属材料包括高分子材料、陶瓷材料和复合材料。高分子材料(即分子量特别大的有机化合物)包括塑料、橡胶等；陶瓷材料包括陶瓷、玻璃等；复合材料包括金属和金属之间、非金属和金属之间、非金属和非金属之间的复合材料，但工程用复合材料大多以非金属复合材料为主。高分子材料、陶瓷材料和金属材料并称为三大工程材料，复合材料则是一种新兴的、具有广阔发展前景的工程材料。应用于汽车上的非金属材料除了塑料、橡胶等有机高分子材料外，还有陶瓷材料和复合材料。陶瓷材料不单是指陶瓷、玻璃等由天然硅酸盐矿物生产的硅酸盐材料，还指新型的特种陶瓷材料。玻璃是汽车上不可缺少的一种常用材料，而作为汽车新材料的陶瓷材料和复合材料在汽车上得到了越来越多的应用。

1.4.1　塑料

塑料是以有机合成树脂为主要组成的高分子材料，它通常可在加热、加压条件下塑造或固化成形，得到所需的固体制品，故称为塑料。塑料在汽车上的应用范围涉及汽车的内饰件、外装件、功能件，如保险杠、散热器格栅、仪表板、燃油箱等。

(一)塑料的组成和分类

1. 塑料的组成

塑料是以天然或合成的高分子化合物(树脂)为主要原料，并加入某些添加剂而制成的高分子材料。塑料在一定的温度和压力下，能塑造出各种形状的制品。它具有质量轻、耐磨、吸振、耐腐蚀、绝缘、可以着色、易于加工成形等优点，因而得到了广泛的应用。

(1)合成树脂：合成树脂，是指从煤、石油和天然气中提炼出来的高分子化合物。合成树脂是塑料的基本成分，它的种类、性质和含量决定了塑料的性能。塑料的名称大多是以合成树脂的名称来命名的。合成树脂的种类很多，常用的有酚醛树脂、环氧树脂、聚酯树脂、有机硅树脂、聚氯乙烯和聚苯乙烯等。

(2)添加剂:大多数塑料都在合成树脂中加入添加剂,以改善塑料的性能。添加剂的种类有很多,按其改善性能的目的不同,主要有填充剂、增塑剂、稳定剂、固化剂、润滑剂、抗静电剂、阻燃剂和着色剂等。

2. 塑料的分类

(1)工程塑料可分为热固性塑料和热塑性塑料两大类。

1)热固性塑料可在常温或受热后起化学反应、固化成形,再加热时不能恢复成形前的化学结构。这类塑料耐热性好,不易变形,但生产周期长,废旧塑料不能回收使用。热固性塑料主要有酚醛塑料、氨基塑料和环氧塑料等。

2)热塑性塑料受热软化,熔融、冷却后固化,可以多次反复而化学机构基本不变,但其耐热性相对较差,容易变形。常用的热塑性塑料有聚乙烯、聚丙烯、聚氯乙烯、ABS 塑料、聚甲醛、聚酰胺和有机玻璃等。

(2)按塑料的用途分,可分为通用塑料和工程塑料。

1)通用塑料,是指用于制造日常用品、农用品等的塑料。通用塑料主要有聚乙烯、聚氯乙烯、聚苯乙烯、聚丙烯、氨基塑料和酚醛塑料等。这类塑料产量大,成本低,应用广泛。

2)工程塑料,是指用于制造工程构件和机械零件的塑料。工程塑料主要有聚酰胺、聚甲醛、聚碳酸酯和 ABS 塑料等。这类塑料强度、刚度较高,韧性、耐热性、耐腐蚀性较好,可用来替代金属材料制造机械结构件。但在实际应用中,工程塑料和通用塑料的区分并无严格的界限。

(二)塑料在汽车上的应用

塑料在汽车上的应用越来越多,常用做内、外装饰件,结构零件和功能件等。目前,塑料在轿车上的用量约占全车重量的 9%左右。

常用塑料的主要特性及其在汽车上的应用如表 1-12 所示。

1.4.2 橡胶

橡胶属于粘弹性高分子材料,具有弹性模量低、弹性极限高、耐疲劳、易硫化粘结等性能;有些胶种还具有耐油、耐化学介质、气密性好及耐高低温等性能。

汽车上橡胶零件约有 300 多种,橡胶制品分布于汽车发动机及其附件、传动、转向、悬架、制动、电气仪表及车身等系统内,广泛用做密封、减振、胶管、传动带与轮胎。

1. 橡胶的组成和分类

橡胶是以生橡胶为主要原料,加入各种适量的配合剂制成的。

生橡胶简称生胶,它是橡胶的主要原料。按其来源不同,可分为天然橡胶和合成橡胶两大类。

表 1-12　常用塑料的主要特性及其在汽车上的应用

种类		代号	主要特性	应用举例
热塑性塑料	聚乙烯	PE	强度高,耐磨性、耐高温性、耐腐蚀性和绝缘性较好	汽油箱、挡泥板、门窗嵌条、保险杠等
	聚酰胺(尼龙)	PA	韧性好,强度高,耐磨性、耐疲劳性、耐油性等综合性能好,但吸水性和收缩率大	车窗摇柄、风扇叶片、里程表齿轮、衬套等
	聚甲醛	POM	综合机械性能优良,尺寸稳定性好,耐磨性、耐油性、耐老化性好,吸水性小	半轴齿轮和行星齿轮垫片、汽油泵壳、转向节衬套等
	ABS 塑料	ABS	综合机械性能优良,耐热性、耐腐蚀性、尺寸稳定性好,易于加工成形	方向盘、仪表板、挡泥板、行李箱等
	有机玻璃	PMMA	透明度高,耐腐蚀性、绝缘性好,有一定的机械性能,但耐蚀性差	灯盖件、仪表壳件等
	聚碳酸酯	PC	具有较高的抗冲击性、抗拉性及耐热性,还兼有优良的尺寸稳定性、电绝缘性和阻燃性	仪表盘、分电器壳、暖风机风扇叶、保险杠灯等
热固性塑料	酚醛塑料	PF	耐热性、绝缘性、化学稳定性、尺寸稳定性等性能优于热塑性塑料,但质地较脆,抗冲击性差	分电盘盖、分火头、制动摩擦片和离合器摩擦片等
	环氧塑料	EP	强度较高,塑性较好,收缩性低,绝缘性、化学稳定性、耐蚀性好	塑料量具、模具、电气和电子元件的密封等

(1)天然橡胶:天然橡胶,是指以天然橡胶为生胶组成的橡胶材料,属于通用橡胶,它具有优良的弹性,较高的强度和优异的抗疲劳性、耐磨性、防水性、绝热性与电绝缘性以及良好的加工性能。

(2)合成橡胶:合成橡胶,是指以石油、天然气和煤等为原料,通过化学合成的方法制成的与天然橡胶性质相似的高分子材料。合成橡胶的原料来源丰富,成本低廉,其品种和数量较多,产量已超出了天然橡胶。按其性能和用途不同,可分为通用橡胶和特种橡胶两大类。

通用橡胶的性能与天然橡胶相似,物理性能和机械加工性能较好,如丁苯橡胶、顺丁橡胶、异戊橡胶等。特种橡胶,是指具有耐热、耐寒、耐油和耐化学腐蚀等特殊性能的橡胶,如硅橡胶、氟橡胶、聚氨酯橡胶等。

2. 橡胶的主要特性

橡胶和其他材料相比较,其主要特性有以下几点:

(1)极高的弹性。橡胶具有独特的高弹性,其延伸率可高达1000%。橡胶在开始受力时会产生很大的变形，但随着外力的增加，橡胶又具有很强的抵抗变形能力，外力去除后又能恢复原形，因此，橡胶可作为弹性减振材料。例如，橡胶制成的汽车轮胎在汽车行驶时，能承受强烈的弯曲变形，并能缓冲减振。

(2)良好的热可塑性。橡胶在一定温度下会失去弹性而具有塑性，即具有热可塑性。

(3)良好的粘着性。粘着性，是指橡胶与其他材料粘结成一体而不易分离的能力。橡胶特别能与毛、棉、尼龙等纤维材料牢固地粘结在一起，例如，汽车轮胎就是利用橡胶和轮胎帘线牢固地粘结在一起，从而增强了轮胎的抗冲击、抗振动能力。

(4)良好的绝缘性。橡胶大多具有良好的绝缘性，因此，它是电线、电缆和电气设备良好的绝缘材料。

此外，橡胶还具有良好的耐腐蚀性、密封性和耐寒性等，但是橡胶的导热性能差，抗拉强度低，尤其容易老化。橡胶的老化，是指随着时间的增加，橡胶出现变色、发粘、变硬、变脆及龟裂等现象。为防止橡胶老化，延长橡胶制品的寿命，在橡胶制品的使用中应避免与酸、碱、油及有机溶剂接触，尽量减少受热、日晒和雨淋等。

3. 橡胶在汽车上的应用

橡胶是在汽车上得到大量应用的一种重要材料，它是其他材料所无法替代的。现代轿车中橡胶的用量约占轿车总重量的3%～6%，其中用量最大的是轮胎，它约占轿车中橡胶件总重量的70%。橡胶在汽车上除了用于制造轮胎外，还可用于制造各种胶管、胶带、减振件和密封件等。

常用橡胶的主要特性及其在汽车上的应用如表1-13所示。

表1-13 常用橡胶的主要特性及其在汽车上的应用

种类	代号	主要特性	应用举例
天然橡胶		强度较高，耐磨性、抗撕裂性、耐寒性、气密性和加工性能良好，但耐高温性、耐油性较差，易老化	轮胎、胶带、胶管和通用橡胶制品等
丁苯橡胶	SBR	耐磨性优良，耐老化性、耐热性优于天然橡胶，机械性能和天然橡胶相近，但加工性能和粘着性较天然橡胶差	轮胎、胶带、胶管、摩擦片和通用橡胶制品等
氯丁橡胶	CR	机械性能良好，耐老化性、耐腐蚀性、耐热性、耐油性较好，但密度大，绝缘性、耐寒性较差，加工时易粘连	广泛用于制造轮胎胎侧、耐热运输带、耐油耐蚀胶管、汽车拖拉机配件、门窗密封条等
丁基橡胶	ⅡR	气密性好，吸振能力强，化学稳定性、耐老化性、耐气候性、耐酸性、耐碱橡胶性良好，但耐油性、加工性能较差	轮胎内胎、胶管、电线护套和减振元件等

续表

种类	代号	主要特性	应用举例
丁腈橡胶	NBR	优良的耐油性，耐热性、耐磨性、耐老化性、气密性较好，但加工性能差	广泛用于耐油橡胶制品如油封、轴封、垫圈等，还可以制造耐油胶管、输送带等
己丙橡胶	EPDM	耐老化性能、耐蚀性优异，有很好的弹性，但加工性能差	制造耐热运输带、蒸气胶管、耐腐蚀密封件以及垫片、散热器胶管等汽车零件

1.4.3 玻璃

玻璃是由二氧化硅和各种金属氧化物组成的无机化合物，它是由石英等硅酸盐矿物材料经过配料、熔制而成的。

玻璃具有透明、隔音、隔热等特性及良好的化学稳定性，并且原料丰富，生产简单。它不仅是日常生活中常用的材料，在汽车上也是一种重要材料。玻璃在汽车上主要用于车窗、挡风玻璃等，轿车上玻璃的使用量约占轿车总重量的 3%。常用的玻璃主要有普通平板玻璃、钢化玻璃和夹层玻璃等。普通平板玻璃强度低，破碎后容易伤人，不宜作为汽车用玻璃。汽车用玻璃皆采用钢化玻璃、夹层玻璃等安全玻璃。

1. 钢化玻璃

钢化玻璃是由普通玻璃经一定的热处理后制成的。钢化玻璃的抗弯强度高，冲击韧性较高，而且在受到冲撞时，一旦冲撞点处的玻璃破碎，整个玻璃就像雪崩般破碎，形成不锋利的颗粒碎片，这样对人体的伤害大为减小，同时也可避免人体冲撞到玻璃。

普通的钢化玻璃也有缺点，就是在汽车行驶时若遇事故，挡风玻璃呈蜘蛛网状全面破碎，严重阻挡驾驶员的视线，从而容易引起二次事故。新型的区域钢化玻璃，弥补了上述缺点，在驾驶员视线范围内的玻璃经过特殊处理，能够控制碎片的形状和大小，从而保证不影响驾驶员的视线。在国外，汽车的前挡风玻璃采用区域钢化玻璃的较为广泛。

2. 夹层玻璃

夹层玻璃又称为安全玻璃，它是将两片以上的平板类玻璃用聚乙烯醇缩丁醛塑料衬片黏合合成，具有较高的强度，同时由于具有夹层安全膜，玻璃受冲撞破碎后呈辐射状碎裂，但仍能粘连在安全膜上。这样既避免了玻璃碎片脱落伤人，又能抑制对乘客头部的冲撞，具有很高的安全性。夹层玻璃属于高级的安全玻璃，常用于汽车的前窗玻璃，此外，夹层玻璃还用于高层建筑门窗和航空用的安全玻璃等。

此外，现代汽车用玻璃正向轻量化、绝热、安全和多功能的方向发展。目前，国外已开发出天线夹层玻璃、调光夹层玻璃、热反射玻璃、除霜玻璃等多功能车用玻璃，这些大都应用在高级轿车上。

1.4.4　陶瓷

陶瓷是以天然或合成的化合物为原料，经原料处理、成形、干燥、烧结而成的一种无机非金属材料。陶瓷不仅仅是指制作日用器皿的传统陶瓷材料，近年来随着陶瓷性能的不断改进，已发展成为金属材料和高分子材料以外的第三大类工程材料。陶瓷材料具有耐高温、耐腐蚀性、耐磨性好，抗压强度高等特点。目前它在汽车上得到了越来越多的应用。在汽车上应用的陶瓷材料主要有普通陶瓷、工程陶瓷和功能陶瓷。

1. 普通陶瓷

普通陶瓷是用黏土、石英或长石等天然硅酸盐材料（含 SiO_2 的化合物）为原料，经过配制、烧结而制成的。这类陶瓷质地坚硬，耐腐蚀性好，不导电，易于加工成形，是应用广泛的传统材料。日用陶瓷、建筑陶瓷和化工陶瓷等一般都属于这类普通陶瓷。汽车上的发动机火花塞就是由普通陶瓷制成的。

2. 工程陶瓷

工程陶瓷，是指具有优良的物理、化学和机械性能的陶瓷。它是以氧化铝、氧化硅、碳化硅或氧化硼等化合物为原料经过配制、烧结而制成的。工程陶瓷作为一种新型的高强度、高硬度、高耐热性、高耐磨性和高耐腐蚀性材料，是近年来大力开发研究的课题，它在汽车上也具有十分广阔的应用前景。目前，工程陶瓷已应用于燃气涡轮机零件、柴油机喷嘴、气门零件和活塞等。

3. 功能陶瓷

功能陶瓷，是指一些具有特殊的介电性、压电性、导电性、透气性和磁性等性能的陶瓷材料。它在汽车上主要用于各种电子设备的传感器、导电材料和显示元件等。

1.4.5　复合材料

复合材料是新发展起来的一种工程材料，它是由 2 种或 2 种以上性质不同的金属材料或非金属材料通过人工复合而制成的。广义复合材料应用的历史已很悠久，如建筑用的稻草粘土泥墙和钢筋混凝土等。但是复合材料作为一种新型工程材料，是从 20 世纪 40 年代开始使用玻璃纤维增强塑料（玻璃钢）后发展起来的。首先，复合材料主要应用于航空、航天工业中；近年来，随着汽车轻量化和高性能的发展趋势，在汽车上的应用开始日益增多。

复合材料是由基体材料和增强材料两部分组成的。基体材料主要有合成树脂、橡胶、陶瓷、石墨和有色金属等；增强材料主要有玻璃纤维、碳纤维等。复合材料兼有各种组成材料的性能，同时又具有新的特性。

复合材料种类很多，可分为高分子基、陶瓷基、金属基复合材料；也可分为纤维、层状、颗粒状增强复合材料。目前，发展最快、应用较广的复合材料是纤维增强塑料，它包括玻璃纤维增强塑料和碳纤维增强塑料。另外,广义上说汽车轮胎也属于复合材料,它是一种纤维增强橡胶。

1. 玻璃纤维增强塑料

玻璃纤维增强塑料又称为玻璃钢,是20世纪40年代开始发展起来的一种工程材料。它是以玻璃纤维作为增强材料,以工程塑料作为基体材料制成的复合材料。玻璃纤维柔软如丝,但抗拉强度却比高强度钢约高2倍,并且制取方便,价格低廉。玻璃纤维增强塑料的强度、抗疲劳性、韧性都比塑料大大提高,比强度高于铝合金,耐蚀性、隔热性好,且成形工艺简单,成本低。玻璃纤维增强塑料用做汽车零部件材料,可减轻汽车的自重,提高汽车的性能。目前,它在汽车上常用于仪表板、发动机罩、行李箱盖、挡泥板等。

2. 碳纤维增强塑料

碳纤维增强塑料是20世纪60年代开始发展起来的一种新型工程材料。它是以碳纤维为增强材料,以工程塑料为基体材料制成的复合材料。由于碳纤维比玻璃纤维具有更高的强度和刚性,且具有良好的耐疲劳性能,是比较理想的增强材料。碳纤维增强塑料强度与钢相近,化学稳定性好,摩擦系数小,自润性、耐热性好,其综合性能优于玻璃钢。碳纤维增强塑料主要用做航天工业材料,它在汽车上可用于传动轴、钢板弹簧、保险杠、发动机挺杆等结构件。

此外,还有纤维增强金属、纤维增强陶瓷等复合材料在汽车上也得到了开发和应用。随着对复合材料不断深入的研究,它在汽车上的应用会越来越多。

复习思考题与习题

1-1 什么是材料的强度、塑性和硬度?它们各有哪些主要指标?

1-2 什么是冲击韧性?怎么衡量材料的冲击韧性的大小?

1-3 金属的工艺性能包括哪些内容?

1-4 说明下列材料牌号或代号的含义及主要用途:Q235、45、T12A、2Cr13、9SiCr、W18Cr4V、65Mn、H60、GCr15、HT200、ZG270-500、KTH350-10、QT450-10

1-5 试简述合金钢的分类。

1-6 什么是钢的热处理?热处理的基本方法有哪几种?

1-7 试述退火的目的与分类。

1-8 什么是淬火?它的目的是什么?

1-9 试区别钢的淬硬性和淬透性这两个指标。

1-10 什么叫铸铁?根据碳在铸铁中存在形式的不同,铸铁可分为哪几类?

1-11 什么是黄铜，其牌号如何表示？什么是青铜，其牌号如何表示？

1-12 橡胶、陶瓷各有什么特点及用途？

1-13 什么是复合材料？它有何特点？

第 2 章

静力学基础

2.1 静力分析基础

静力学是研究物体在力系作用下的平衡条件的科学，静力学里研究的物体都被认为是刚体。所谓刚体，是指物体在力的作用下，其内部任意两点间的距离始终保持不变。刚体是一个理想化的力学模型，实际上是不存在绝对的刚体，任何物体受力后都会或多或少发生变形。当物体的微小变形对研究问题的结果没有显著影响时，可把物体认为是刚体；而当物体的变形成为所研究问题的主要方面而不应忽略时，就不能把物体抽象为刚体，应当作为变形体处理。

2.1.1 基本概念与公理

静力学中研究的物体都被认为是刚体，所以静力学又称为刚体静力学。

力是物体间的机械作用，这种作用使物体的机械运动状态发生改变或使物体变形，前者称为力的外效应或运动效应，后者称为力的内效应或变形效应。力对物体的施加方式有两种：一是通过物体间的直接接触而施力；二是通过力场对物体施力，如重力场、磁场等。力对物体的作用效果取决于力的大小、方向和作用点三个要素。在工程力学中采用国际单位制(SI)，力的单位是牛顿，用 N 表示，千牛为 kN。书中用黑体字 **F** 表示力矢量。

力系，是指同时作用在物体上的一群力。在保持力系对物体的作用效果不变的情况下，用另外一个力系代替原力系称为力系的等效替换。如果用一个简单的力系等效替换一个复杂的力系，则称为力系的简化。若一个力与一个力系的作用效果等效，则称该力为力系的合力。

平衡，是指物体相对于惯性参考系处于静止或匀速直线运动的状态。通常把固定于地球的参考系作为惯性参考系。

平衡力系，是指使物体处于平衡状态下的力系。研究作用在物体上的平衡力系所需满足的条件称为力系的平衡条件，它在工程中具体重要意义，是设计结构、构件和机械零件时静力计算的基础。

公理是人们在生活和生产实践中长期积累的经验总结，又经过实践反复检验，被确认是符合客观实际的最普遍、最一般的规律。静力学公理是人们关于力的基本性质的概括与总结，是静力学全部理论的基础。

公理一　二力平衡公理

作用在同一刚体上的两个力使刚体平衡的充要条件是：这两个力的大小相等、方向相反、作用在同一直线上。如图 2-1 所示，$\boldsymbol{F}_1=-\boldsymbol{F}_2$。

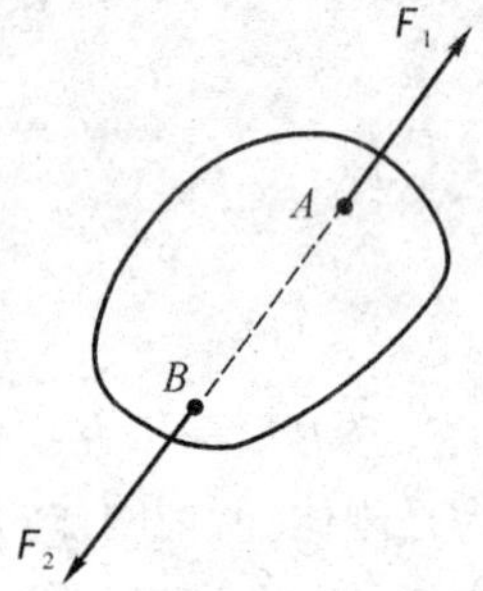

这个公理揭示了作用于物体上的最简单的力系平衡时所必须满足的条件。工程上，把只受两个力作用而处于平衡状态的物体称为二力构件（又称二力杆）。根据二力平衡公理，二力的方向必定在作用点的连线上，并且二力的大小相等、方向相反。

图 2-1

公理二　加减平衡力系公理

对于作用在刚体上的任何一个力系，可以增加或减少力系内的任意平衡力系，这并不会改变原力系对刚体的作用效果。这个公理是力系简化的重要理论依据。

推论一　力的可传递性原理

作用在刚体上的力，可沿其作用线移到刚体内任意一点，不改变力对刚体的作用效果。根据力的可传递性，力对刚体的作用效应与力的作用点无关。力矢可沿其作用线任意滑动而不影响作用效果。

证明：设力作用在刚体上的 A 点，如图 2-2(a)所示。在刚体上力的作用线上任意一点 B 加上一对平衡力 $\boldsymbol{F}_1$ 与 $\boldsymbol{F}_2$，且使 $\boldsymbol{F}_1=\boldsymbol{F}=-\boldsymbol{F}_2$，如图 2-2(b)所示。由公理二知，这并不改变原力 F 对刚体的作用。根据公理一，$\boldsymbol{F}$ 与 $\boldsymbol{F}_2$ 构成平衡力系，再由公理二，这个平衡力系可以去掉。最后剩下作用于点 B 的力 $\boldsymbol{F}_1$，如图 2-2(c)所示。可见 $\boldsymbol{F}_1$ 与 $\boldsymbol{F}$ 等效。又因 $\boldsymbol{F}_1=\boldsymbol{F}$，因此可将力 $\boldsymbol{F}_1$ 看作是力 $\boldsymbol{F}$ 从 A 点滑移至点 B 的结果，而点 B 是 F 作用线上任意一点。

公理三　力的平行四边形法则

作用于物体某一点的两个力的合力，作用点也在该点，其大小和方向可由这两个力为邻边所构成的平行四边形的对角线来确定。

如图 2-3 所示，设在物体的 A 点作用有力 $\boldsymbol{F}_1$ 与 $\boldsymbol{F}_2$，如果 $\boldsymbol{F}_R$ 表示它们的合力，则合

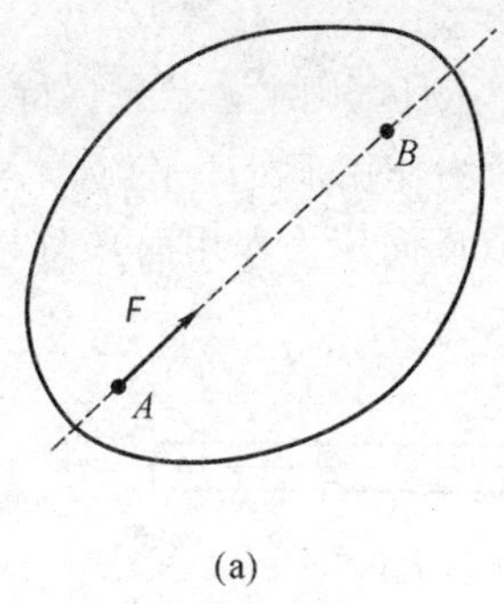

(a)

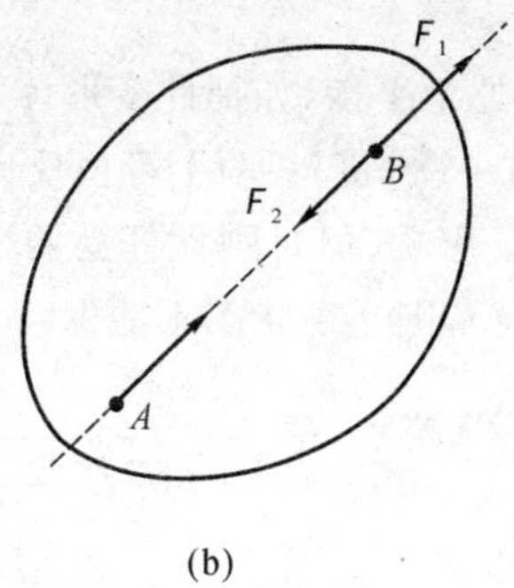

(b)

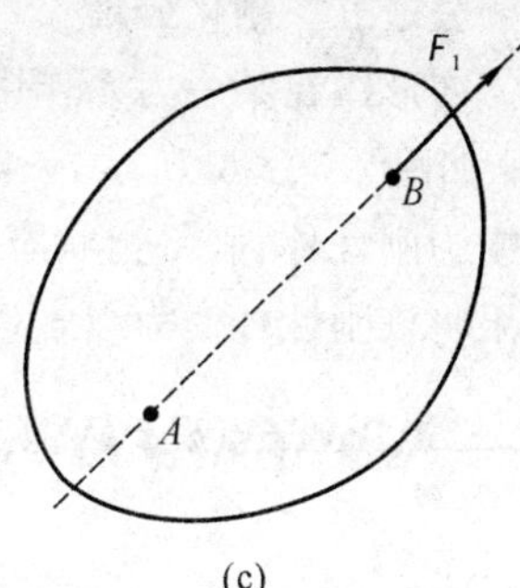

(c)

图 2-2

力 $\boldsymbol{F}_R$ 等于两个分力 $\boldsymbol{F}_1$ 与 $\boldsymbol{F}_2$ 的矢量和。即

$$\boldsymbol{F}_R=\boldsymbol{F}_1+\boldsymbol{F}_2$$

这个公理总结了最简单力系简化的规律，是复杂力系简化的基础。

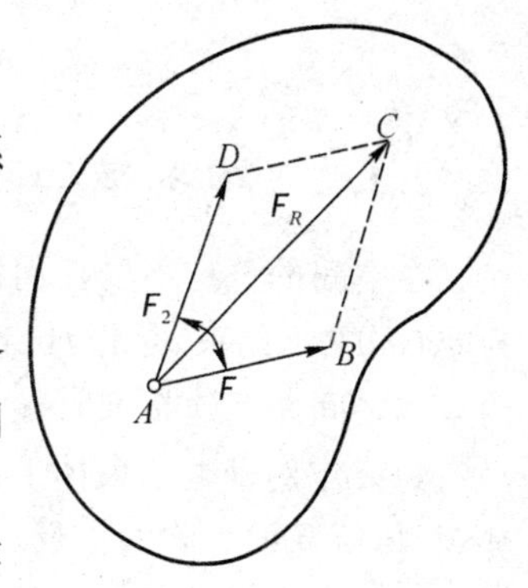

图 2-3

推论二　三力平衡汇交原理

当刚体在三个力作用下处于平衡时，若其中任意两个力的作用线相交于一点，则第三个力的作用线必定交于同一点，且三个力的作用线共面。

证明：如图 2-4 所示，在刚体的 A,B,C 三点上分别作用三个力 $\boldsymbol{F}_1$、$\boldsymbol{F}_2$ 和 $\boldsymbol{F}_3$，刚体处于平衡。根据力的可传递性，将力 $\boldsymbol{F}_1$ 和 $\boldsymbol{F}_2$ 移至汇交点 O，然后根据力的平行四边形法则，得合力 $\boldsymbol{R}_{12}$，则力 $\boldsymbol{F}_3$ 应与 $\boldsymbol{R}_{12}$ 平衡。

三力平衡汇交定理说明了不平行的三个力平衡的必要条件。若已知两个力的作用线，可用此定理来确定第三个力的作用线方位。

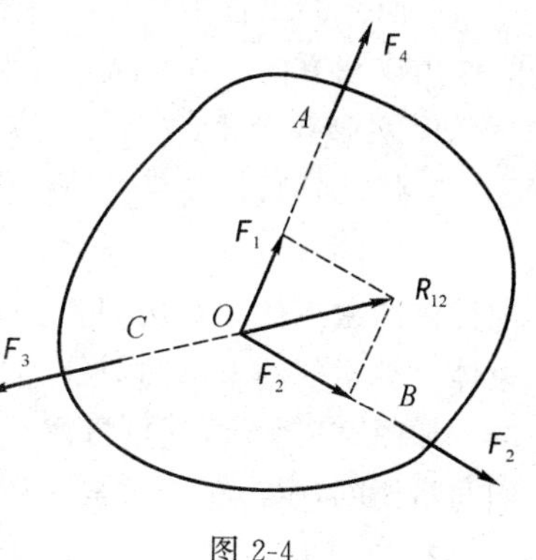

图 2-4

公理四　作用力与反作用力公理

两物体间相互作用的作用力与反作用力总是同时存在的，大小相等、方向相反、沿同一直线分别作用在两个物体上。由于作用力与反作用力分别作用在两个不同的物体上，这两个力并不能构成平衡力系，所以必须把作用力与反作用力公理和二力平衡公理区分开来。

这一公理表明作用力与反作用力总是成对出现。由于作用力与反作用力分别作用在两个物体上，所以不能视为平衡力系。

公理五　刚化公理

变形体在某一力系作用下处于平衡，如把此变形体刚化为刚体，则平衡状态保持不变。如图 2-5、2-6，所示，一段绳子（弹簧）在两个等值反向的拉力作用下处于平衡。若将其变为刚性体，则平衡状态不受影响；但对刚性杆受两个等值反向压力作用而平衡时，如果将该刚性杆变为绳索（弹簧），则平衡状态不能保持。

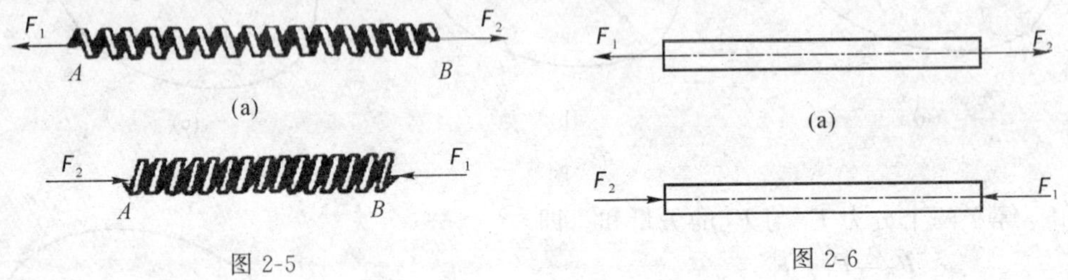

图 2-5　　图 2-6

2.1.2　约束与约束反力

在空间的位移不受任何限制，可自由运动的物体称为自由体；位移受限制的物体称为非自由体。约束，是指对自由体的位移起限制作用的周围物体。约束通常是通过与被约束体之间相互连接或直接接触而形成。

约束作用于被约束体上的力称为约束反力。约束反力阻碍物体沿某方向的运动趋势。物体所受的力除约束反力外，还有如重力、水压力、风力、电磁力等，它们是使物体运动或使物体有运动的趋势的力，称为主动力。约束反力通常是由主动力引起的，并且取决于约束本身的性质、主动力及物体的运动状态。

下面介绍工程中常见的几种典型的约束模型，根据它们的结构特点，分析约束反力的作用点和方向。

1. 柔性体约束

胶带、绳索、传动带、链条等均属于柔性体约束。理想化的柔性体约束柔软而不可伸长，忽略其刚性，不计其重力。这类约束的特点是只能承受拉力，不能承受压力和弯矩。柔性体约束的约束反力只能为拉力，作用在连接点上，方向沿着柔性体，指向背离被约束体。柔索的约束反力只能为拉力。

如图 2-7 所示，起重机用绳起吊大型机械主轴，主吊索及绳上的约束反力都通过它们与吊钩的连接点，沿着各吊索的轴线，指向背离吊钩。

2. 光滑接触面（线）约束

这类约束视接触处为理想光滑。其特点是不论接触表面的形状如何，只能承受压力。作用在接触表面的接触处，方向沿着接触处的公法线而指向被约束物体。光滑接触面的反力又叫法向反力。如图 2-8 所示为固定支承平面对圆球的约束、对杆件的约束、对滑块的约束。

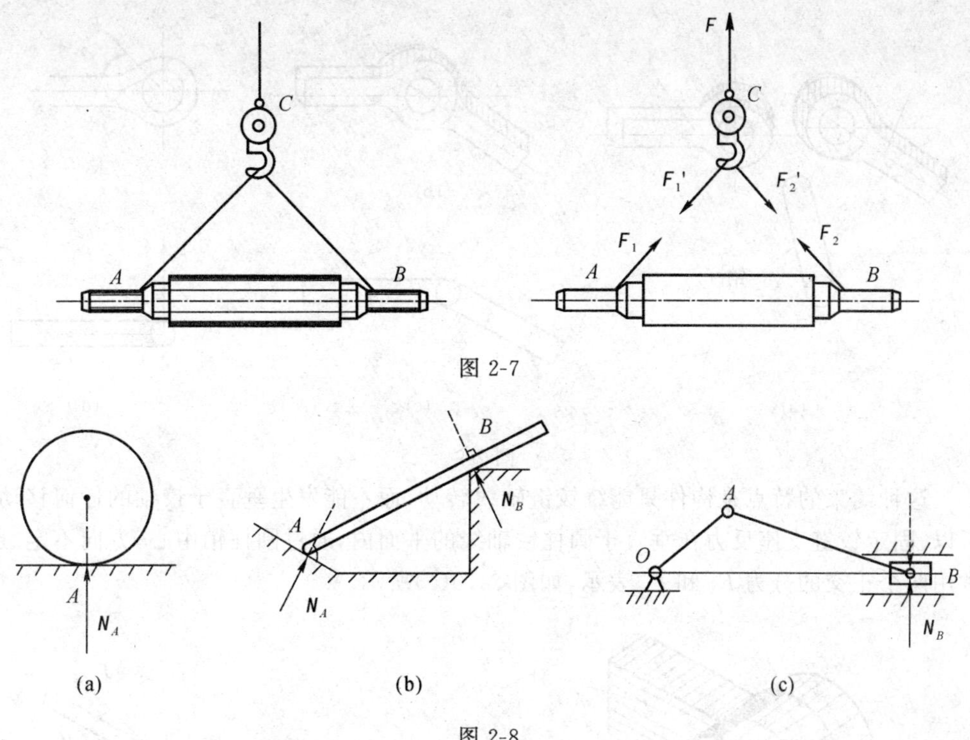

图 2-7

图 2-8

3. 铰链约束

铰链是工程结构和机械中通常用来连接构件或零件的一种结构形式，由一个光滑圆柱形销钉和两个带有圆孔的物体组成。这类约束的特点是只能限制物体的任意径向移动，不能限制物体绕圆柱销轴线的移动和平行于圆柱销轴线的移动，因此也称为圆柱形铰链约束。一般根据被连接物体的形状、位置和作用，铰链约束可分为以下几种形式：

(1) 中间铰链约束

两物体分别被钻上直径相同的圆孔并用销钉连接起来，忽略销钉与圆孔之间的摩擦，这类约束称为中间铰链约束，如图 2-9(a)、(b)所示。由于销钉与圆孔表面是光滑的，并且产生局部接触，本质上是光滑面约束，因此销钉对物体的约束力应通过物体的圆孔中心，但接触点不确定，结构简图如图 2-9(c)所示。所以中间铰链约束力的特点是：作用线通过销钉中心，垂直于销钉轴线，方向不定，如图 2-9(d)所示，约束反力 $\boldsymbol{F}$ 的角度未知，也可用两个正交分力 $\boldsymbol{F}_x$ 和 $\boldsymbol{F}_y$ 来表示。

(2) 固定铰链支座约束

支座是将构件或结构支承在固定支承物上的装置，如图 2-10(a)所示。用光滑圆柱销将构件与底座连接，并把底座固定在支承物上而构成固定铰链支座约束，结构简图如图 2-10(b)所示。

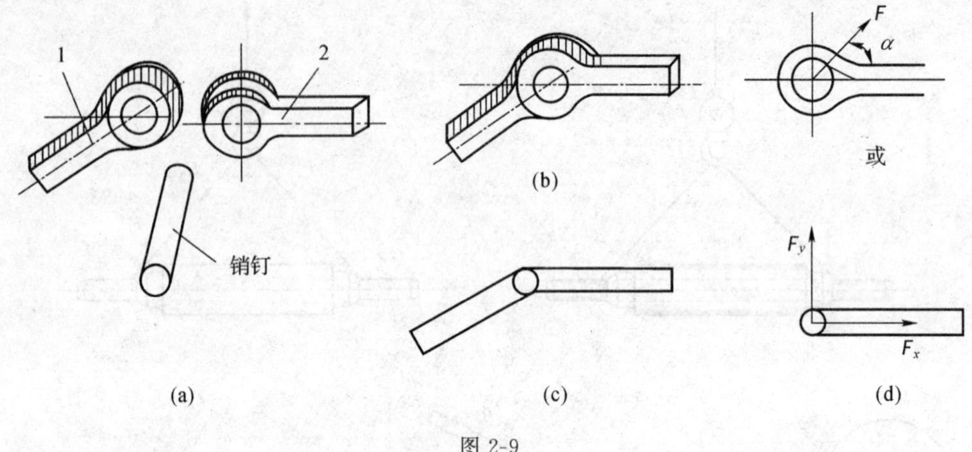

图 2-9

这种约束的特点是构件只能绕铰链轴线转动，而不能发生垂直于铰轴的任何移动。所以，固定铰链支座反力在垂直于圆柱铰轴线的平面内，通过圆柱销中心，方向不定。通常用两个正交的分力 F_x 和 F_y 表示，如图 2-10(c)所示。

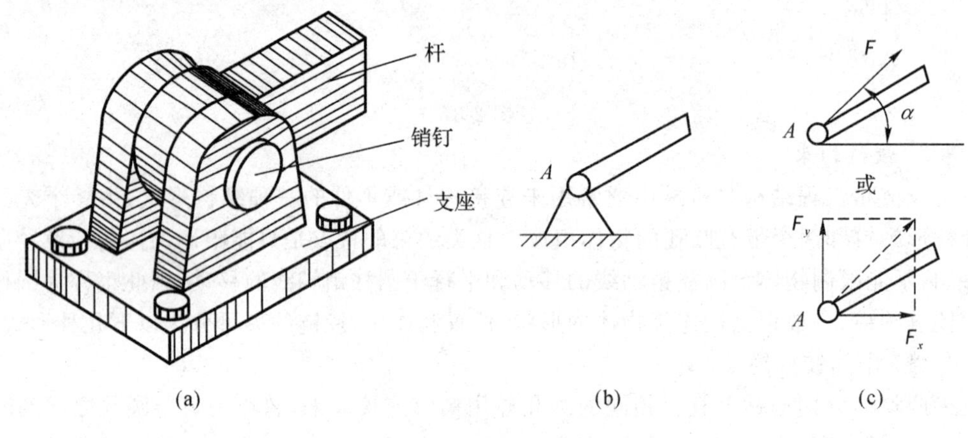

图 2-10

(3) 活动铰链支座约束

将固定铰链支座底部安放若干滚子支承在光滑的支承物上，并与支承面接触，则构成活动铰链支座，如图 2-11(a)、(b)所示。这类约束的特点是只能限制物体与圆柱铰连接处沿支承物法线方向的运动，而不能阻止绕圆柱铰的转动和沿支承面方向的运动。因此，活动铰支座的约束力通过销钉中心，垂直于支承面，指向不定，受力如图 2-11(c)所示。

(4) 链杆约束

两端用光滑铰链与其他构件连接，不考虑自身重力且不受其他外力作用的杆件称为链杆。如图 2-12(a)所示的 BC 杆。这种约束的特点是能限制物体与直杆连接点沿直

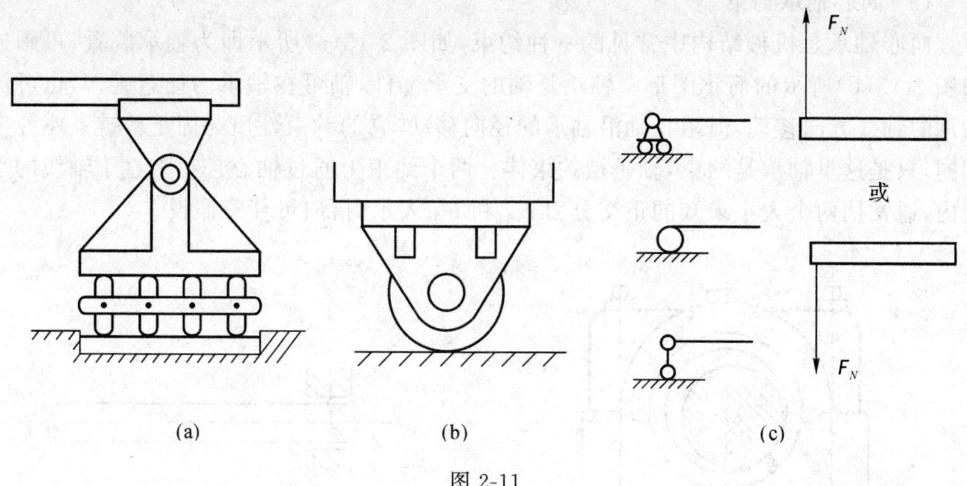

图 2-11

杆轴线方向的运动。由于链杆为二力杆，既能受压也能受拉。根据二力平衡公理，链杆的约束力必沿杆件两端铰链中心的连线，指向不定。一般假设为拉力，受力图如图 2-12(b)、(c)所示。

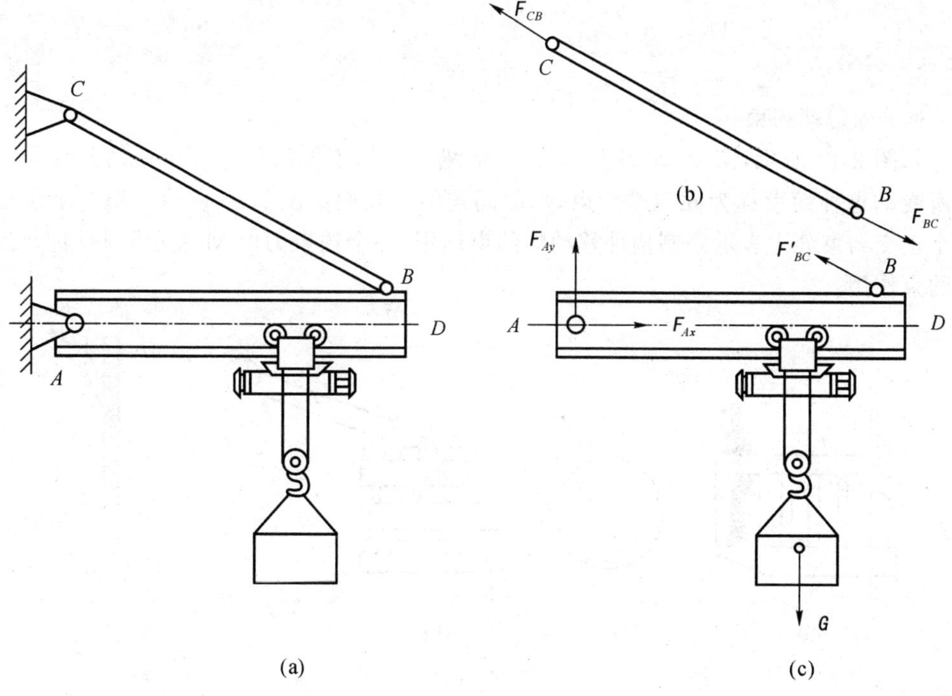

图 2-12

(5) 向心轴承约束

向心轴承是机械结构中常见的一种约束,如图 2-13(a)所示即为轴承装置,可画成如图 2-13(b)所示的简化图形。轴承是轴的支承部件,轴可在轴承内任意旋转,也可沿轴承的轴线方向移动,但阻止轴沿轴承的径向移动。它的约束性质与固定铰链支座性质相同,只是这里轴承是约束,轴是被约束体。两个约束力通过轴心且在垂直于轴线的平面内,通常用两个大小未知的正交分力 $\boldsymbol{F}_{Ax}$ 和 $\boldsymbol{F}_{Ay}$ 表示,指向可任意假设。

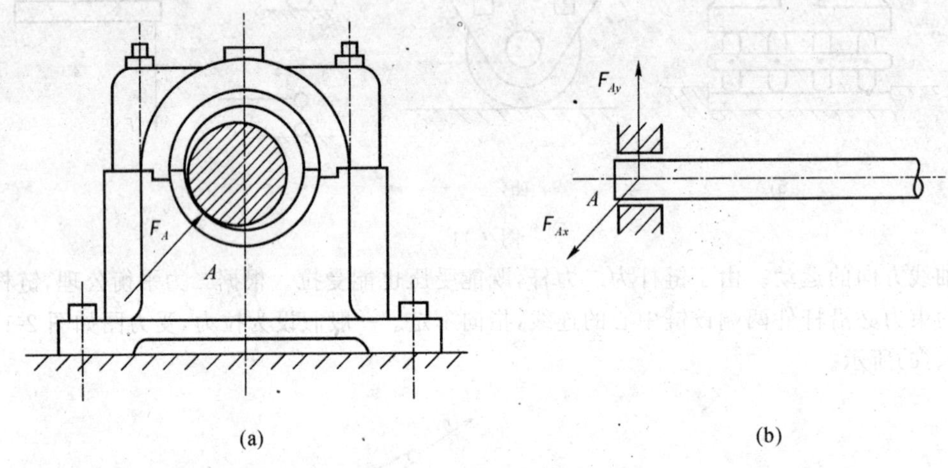

图 2-13

(6) 固定端约束

如图 2-14 所示,阳台、车刀上的刀具、电线杆等均不能沿任意方向移动和转动,构件所受的这种约束称为固定端约束,平面问题中一般用如图 2-15 所示简图符号表示,两个正交约束分力表示限制构件移动的约束作用,一个约束力偶 M 表示限制构件转动的约束作用。

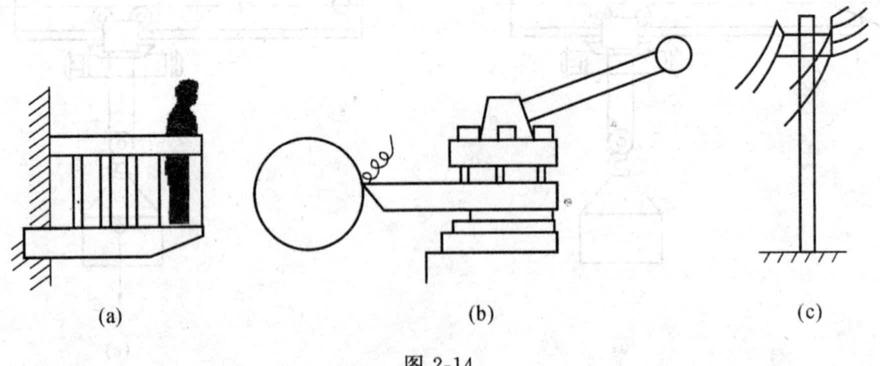

图 2-14

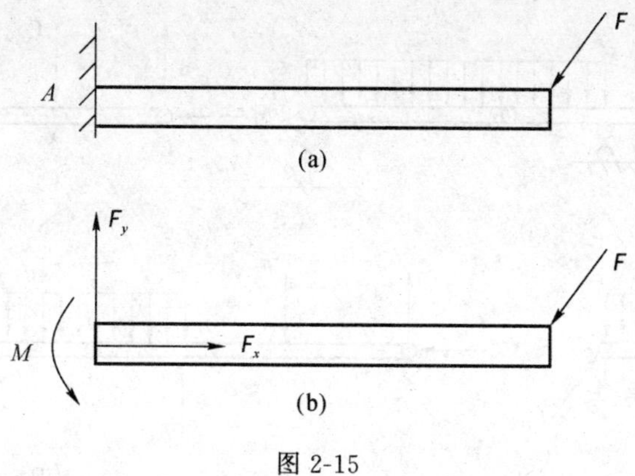

图 2-15

2.1.3　受力分析与受力图

解决力学计算问题时，首先要选定需要进行研究的物体，即确定研究对象，然后分析其受力情况，这个过程称为物体的受力分析。分析过程中，解除约束，把研究对象从周围物体中分离出来，画出其简图，称为分离体。将研究对象所受的所有的主动力和约束反力用力矢表示在分离体上，这种图形称为物体的受力图。

受力分析的基本步骤如下：

(1)根据题目恰当地选择研究对象，取分离体。研究对象可以是一个物体或这个系统。

(2)在分离体上标出所有主动力及名称。

(3)根据研究对象上所受的约束，确定约束反力的的作用点与方向，画在分离体上。

(4)灵活利用二力平衡共线、三力平衡汇交等平衡条件确定约束反力的方向。

【例题 2-1】　多跨梁用铰链 C 连接。载荷和支座如图 2-16(a)所示。试分别画出梁 AC、CD 和整体的受力图。

解　(1)画梁 AC 的受力图。以梁 AC 为分离体，画出主动力 $\boldsymbol{F}$ 和作用于 BC 梁段的均布载荷，其载荷集度为 q，固定铰支座 A 的约束力为 $\boldsymbol{F}_{Ax}$、$\boldsymbol{F}_{Ay}$，辊轴支座 B 的约束力为 F_B，铰链 C 的约束力为 $\boldsymbol{F}_{Cx}$、$\boldsymbol{F}_{Cy}$，受力图如图 2-16(b)所示。图中的所有约束力的指向都是任意假设的。

(2)画梁 CD 的受力图。作用于梁 CD 上的力有集度为 q 的均布载荷，辊轴支座 D 的约束力为 F_D，方向垂直于支承面，指向假设如图 2-16(c)所示。铰链 C 的约束力为 $\boldsymbol{F}_{Cx}'$、$\boldsymbol{F}_{cy}'$，其方向应分别与 $\boldsymbol{F}_{Cx}$、$\boldsymbol{F}_{Cy}$相反。梁 CD 的受力图如图 2-16(c)所示。

(3)画整体受力图。作用在整体上的力有：主动力 F 和作用于 BD 段的、集度为 q 均布载荷；约束反力 $\boldsymbol{F}_{Ax}$、$\boldsymbol{F}_{Ay}$、$\boldsymbol{F}_B$ 和 $\boldsymbol{F}_D$。受力图如图 2-16(d)所示。

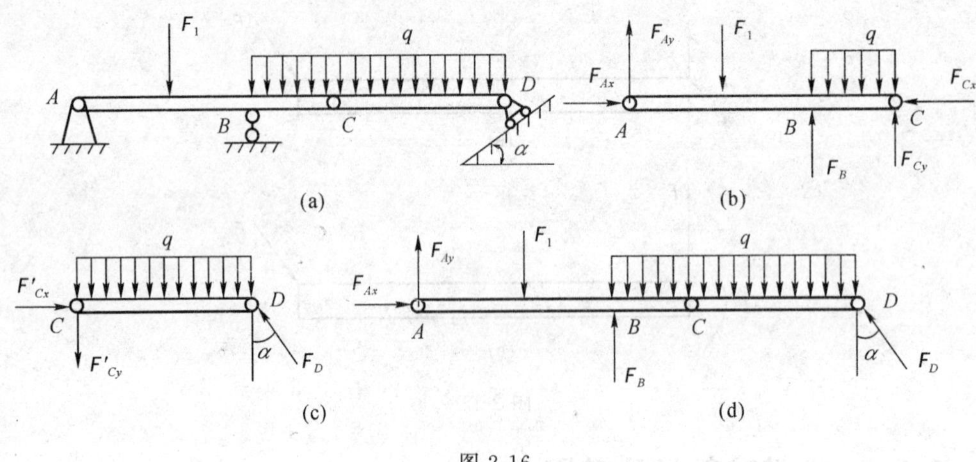

图 2-16

2.2 平面力系

力系有不同的类型，按照力系中各力作用线是否位于同一平面内来分，力系可分为平面力系和空间力系。平面力系又可分为平面汇交力系、平面平行力系、平面力偶系及平面任意力系。

2.2.1 平面汇交力系

平面汇交力系，是指力系中各力的作用线都在同一平面且都汇交于一点。平面汇交力系是最简单的基本力系之一。本节用几何法和解析法研究平面汇交力系的合成与平衡问题。

1. 几何法

设在某刚体上作用一个由力 $\boldsymbol{F}_1$、$\boldsymbol{F}_2$、$\boldsymbol{F}_3$、$\boldsymbol{F}_4$ 组成的平面汇交力系，四个力的作用线汇交于刚体上的 O 点，如图 2-17(a)所示，现求该力系的合成结果。

根据力的可传递性原理，将各力沿其作用线移到汇交点 O，移动后的力系与原力系等效，如图 2-17(b)所示。

根据力的平行四边形法则，逐步两两合成，最后求得一个通过汇交点 O 的合力 $\boldsymbol{F}_R$。求解过程如图 2-17(c)、(d)所示。

总之，平面汇交力系可合成为一个合力，合力的作用线通过各力的汇交点，合力的大小与方向等于各分力的矢量和。用矢量式表示为

$$\boldsymbol{F}_R = \boldsymbol{F}_1 + \boldsymbol{F}_2 + \cdots + \boldsymbol{F}_n = \sum \boldsymbol{F}_i \tag{2-1}$$

由平面汇交力系的合成结果可知，平面汇交力系的平衡的充要条件是该力系的合

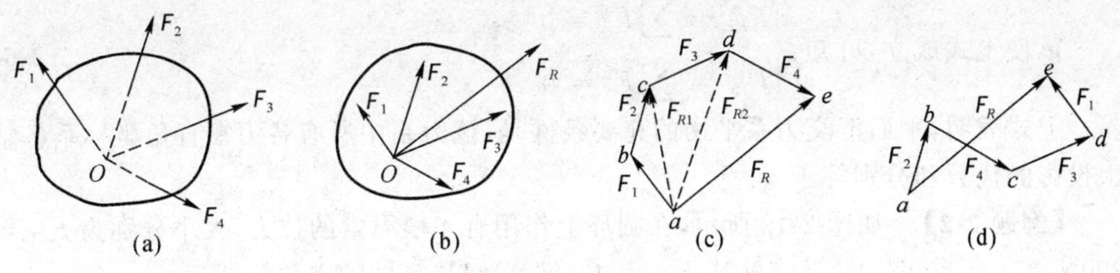

图 2-17

力等于零，即

$$\boldsymbol{F}_R = \sum \boldsymbol{F}_i = 0 \tag{2-2}$$

根据力的平行四边形法则，在平衡条件下即合力为零的条件下，力多边形中最后一个力的终点与第一个力的起点重合，构成自行封闭的多边形。因此可得出如下结论：平面汇交力系平衡的充要条件是该力系的力多边形自行封闭。这就是平面汇交力系平衡的几何条件。

2. 解析法

前面用几何法求汇交力系的合力简单明了，下面介绍解析法，即投影法。解析法是通过力矢在坐标上的投影来研究力系的合成及其平衡条件。

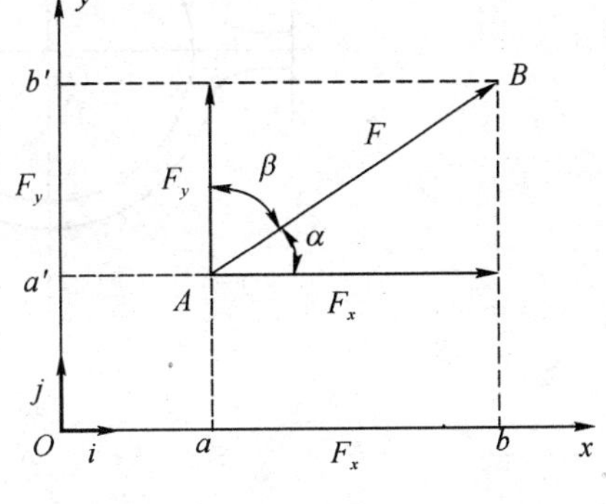

图 2-18

如图 2-18 所示，把力 F 沿直角坐标轴分解，沿 x 轴和 y 轴的两个分力 F_x、F_y 大小分别为

$$F_x = F\cos\alpha$$

$$F_y = F\cos\beta = F\sin\alpha$$

式中，α、β 分别为力矢 F 与 x、y 轴间的夹角。

因为力是矢量，所以力在坐标轴上的投影等于力的模乘以力与投影轴正向间夹角的余弦。力在轴上的投影为代数量。由高等数学可知，合矢量在坐标轴上的投影等于各分矢量在同一轴上投影的代数和。所以合力在任一轴上的投影等于各分力在同一轴上投影的代数和，这就是合力投影定理。

即

$$F_{Rx} = F_{1x} + F_{2x} + \cdots + F_{nx} = \sum F_x \tag{2-3}$$

$$F_{Ry} = F_{1y} + F_{2y} + \cdots + F_{ny} = \sum F_y \tag{2-4}$$

$$F_R = \sqrt{F_{Rx}^2 + F_{Ry}^2} \tag{2-5}$$

平面汇交力系平衡的充要条件是：该力系的合力等于零，即

$$|F_R| = \sqrt{F_{Rx}^2 + F_{Ry}^2} = 0$$

欲使上式成立,可知: $\begin{cases} F_{Rx} = \sum F_x = 0 \\ F_{Ry} = \sum F_y = 0 \end{cases}$ (2-6)

上式表明,平面汇交力系平衡的充要条件是:该力系中所有各力在直角坐标系各轴上投影的代数和分别等于零。

【例题 2-2】 如图 2-19 所示,在圆环上作用有 4 根绳索的拉力,大小分别为 $F_{T1} = 200\text{N}$,$F_{T2} = 300\text{N}$,$F_{T3} = 500\text{N}$,$F_{T4} = 400\text{N}$,它们与 x 轴的夹角分别为 $\alpha_1 = 30°$,$\alpha_2 = 45°$,$\alpha_3 = 0$,$\alpha_4 = 60°$,四个力的作用线共面且汇交于点 o,试求它们合力的大小和方向。

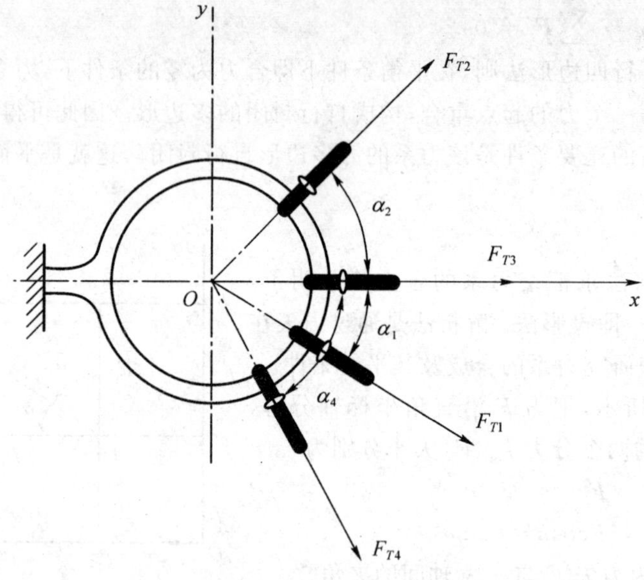

图 2-19

解:计算各力分别在轴和轴上投影的代数和。

$$\begin{aligned} F_{Rx} &= \sum F_x = F_{1x} + F_{2x} + F_{3x} + F_{4x} \\ &= F_{T1}\cos\alpha_1 + F_{T2}\cos\alpha_2 + F_{T3}\cos\alpha_3 + F_{T4}\cos\alpha_4 \\ &= 200\cos 30° + 300\cos 45° + 500\cos 0° + 400\cos 60° \\ &= 1085.3(\text{N}) \end{aligned}$$

$$\begin{aligned} F_{Ry} &= \sum F_y = F_{1y} + F_{2y} + F_{3y} + F_{4y} \\ &= -F_{T1}\sin\alpha_1 + F_{T2}\sin\alpha_2 + 0 - F_{T4}\sin\alpha_4 \\ &= -200\sin 30° + 300\sin 45° - 400\sin 60° \\ &= -234.3(\text{N}) \end{aligned}$$

则合力的大小和方向为:

$$F_R = \sqrt{(\sum F_x)^2 + (\sum F_y)^2} = \sqrt{(1085.3)^2 + (-234.3)^2}$$

$$= 1110.3(\text{N})$$

$$\tan\alpha = \left|\frac{\sum F_y}{\sum F_x}\right| = \left|\frac{-234.3}{1085.3}\right| = 0.2159 \quad \text{得}: \alpha = 12.2°$$

2.2.2　平面力偶系

1. 力矩

实践经验表明，力对刚体的作用效应，不仅可使刚体移动，而且可使刚体转动。其中移动效应用力矢来衡量，而转动效应用力对点的矩，即力矩来衡量。

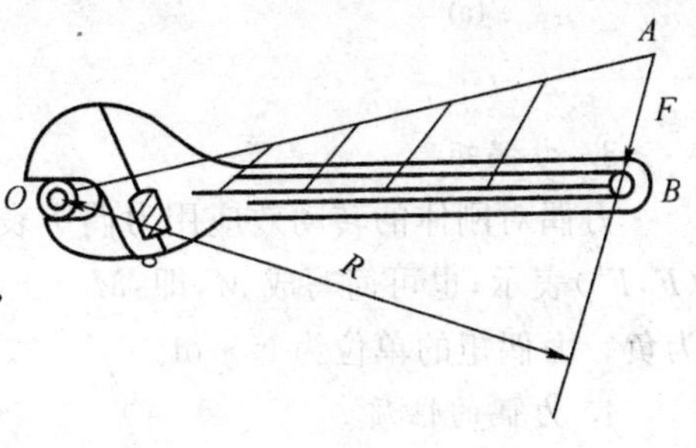

图 2-20

如图 2-20 所示，当扳手拧紧螺母时，力 F 对螺母拧紧的转动效应不仅与力 F 的大小有关，而且还与转动中心 O 到力 F 的垂直距离 R 有关。因此，以 F 与 R 的乘积及其转向来度量力使物体绕点 O 的转动效应，称之为力 F 对点 O 之矩，简称力矩。力矩是代数量，以符号 $M_o(F)$ 表示。即

$$M_o(F) = \pm FR \tag{2-7}$$

式中，点 O 称为矩心；R 称为力臂；正负号表示力矩在其作用面上的转向。一般规定力 F 使扳手绕 O 点逆时针转动为正，顺时针转动为负。力矩的单位为 N·m。

合力矩定理：平面力系的合力对任意一点之矩，等于各分力对同一点之矩的代数和，即

$$M_o(F_R) = \sum M_o(F_i) \tag{2-8}$$

式中，F_R 为各分力 F_i 的合力。

力对轴之矩：在图 2-20 中，扳手绕点 O 的转动，实际上是绕垂直于扳手平面过点 O 的 z 轴转动。所以由力对点之矩引进力对轴之矩。若以 $M_z(F)$ 表示力 F 对 z 轴之矩，则有：

$$M_z(F) = M_o(F) = \pm FR \tag{2-9}$$

2. 力偶

日常生活或工程实践中，常见到作用在物体上的两个大小相等、方向相反，而且作用线不重合的一对平行力所组成的力系，如司机对方向盘的操作、钳工对丝锥的操作等，如图 2-21(a)、(b)所示。这种力系称为力偶，记作 (F, F')，两力之间的垂直距离 d 称为力偶臂，力偶所在的平面称为力偶作用面，如图 2-21(c)所示。力偶对刚体的外效应是使刚体转动。

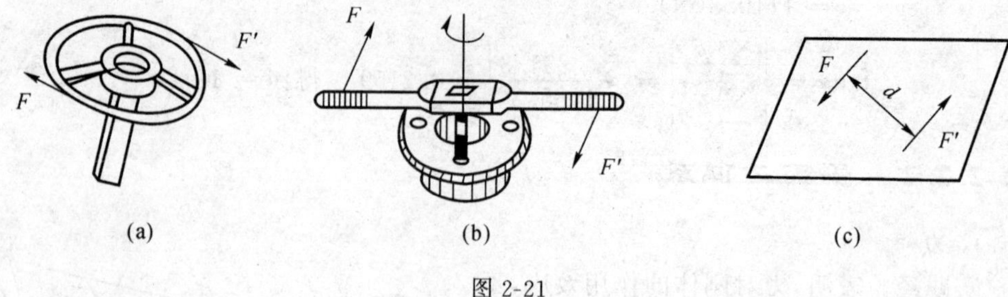

图 2-21

3. 力偶矩

力偶对刚体的转动效应用力偶矩表示。在平面问题里，力偶矩是代数量。以符号 $M(F,F')$表示，也可简写成 M，即：$M=\pm Fd$，其中正负号一般规定以逆时针为正，顺时针为负。力偶矩的单位为 N · m。

4. 力偶的性质

性质一 力偶既没有合力，也不能与一个力平衡。

力偶是由两个力组成的特殊力系，力偶不能合成为一个力，或用一个力来等效替换；力偶也不能用一个力来平衡。因此，力和力偶是静力学的两个基本要素。力偶对刚体只能产生转动效应或同时产生平移和转动效应。

性质二 力偶对其作用面内任意一点的矩恒等于该力偶的力偶矩，与矩心的位置无关。

证明：设有一力偶(F,F')，作用在刚体上某平面内，其力偶矩 $M=Fd$，如图 2-22 所示，在此平面内任意取一点 O，至力 F 的距离为 x，则

$$M_o(F,F')=F'(x+d)-Fx=Fd=M$$

可见，力偶矩与矩心无关。

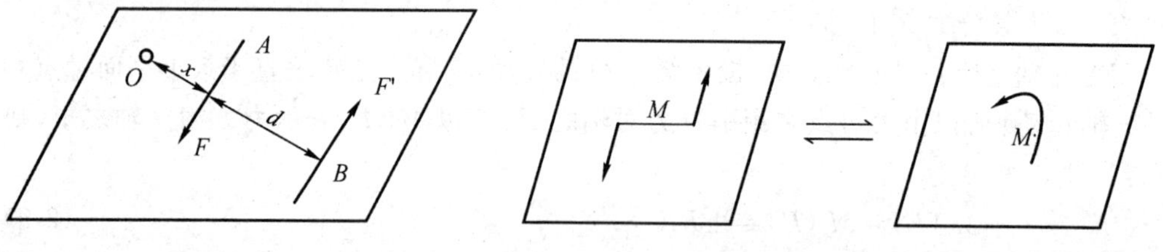

图 2-22　　　　图 2-23

性质三 只要保持力偶矩的大小和转向，则可改变力的大小和位置，而力偶对刚体的作用效应不会改变。

力偶的等效条件是：作用在同一平面内的两个力偶，只要其力偶矩大小相等、转向相同，则此两力偶彼此等效。

力偶可在其作用面内用一弯曲的箭头表示，如图 2-23 所示。箭头表示力偶的转向，

M 表示力偶矩的大小。

5. 平面力偶系的简化

在同一平面内作用有若干个力偶就构成了一个平面力偶系。设在同一平面内作用有两个力偶($\boldsymbol{F}_1,\boldsymbol{F}_1'$)和($\boldsymbol{F}_2,\boldsymbol{F}_2'$),他们的力偶臂分别为 d_1 和 d_2,如图 2-24(a)所示。其力偶矩分别为

$$M_1=F_1d_1,M_2=-F_2d_2$$

在保持力偶矩不变的情况下,将各力偶的臂都化为 d,并将它们在平面内转移,使力的作用线重合,如图 2-24(b)所示。于是得到与原力偶等效的两个新力偶(F_3,F_3')和(F_4,F_4')。它们的力偶矩分别为

$$M_3=F_3d,M_4=-F_4d$$

分别将作用在点 A 和点 B 的力合成(设 $F_3>F_4$),得 $F=F_3-F_4,F'=F_3'-F_4'$。显然 F 和 F' 构成一个与原力偶系等效的力偶(F,F'),如图 2-24(c)所示,其合力偶矩为

$$M=Fd=(F_3-F_4)d=M_3+M_4=M_1+M_2$$

若作用在同一平面内有 n 个力偶,则它们的合力偶矩为

$$M_1+M_2+\cdots+M_n=\sum M \tag{2-10}$$

式中表明,平面力偶系简化的结果为一合力偶,合力偶矩等于各分力偶矩的代数和。

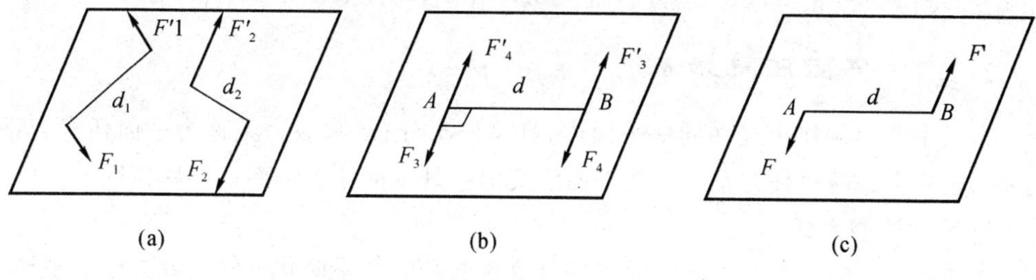

图 2-24

6. 平面力偶系的平衡条件

如上所述,平面力偶系简化的结果为一合力偶,因此平面力偶系平衡的必要与充分条件是合力偶矩等于零,即

$$\sum M=0 \tag{2-11}$$

上式称为平面力偶系的平衡方程,表明力偶系中各力偶矩的代数和等于零。

【例题 2-3】 如图 2-25(a)所示的机构,套筒 A 穿过摆杆 O_1B,用销子连接在曲柄 OA 上。已知 $OA=r$,其上作用一力偶,其力偶矩为 M_1。当 $\beta=30°$时,机构维持平衡,不计各杆自重,试求在摆杆上所加力偶的力偶矩 M_2。

解　分别选取曲柄 OA(包括套筒)、摆杆 O_1B 为研究对象。套筒与摆杆为光滑面约束,其约束反力应垂直于摆杆 O_1B。已知 OA 与 O_1B 分别作用有一矩为 M_1 和 M_2 的力

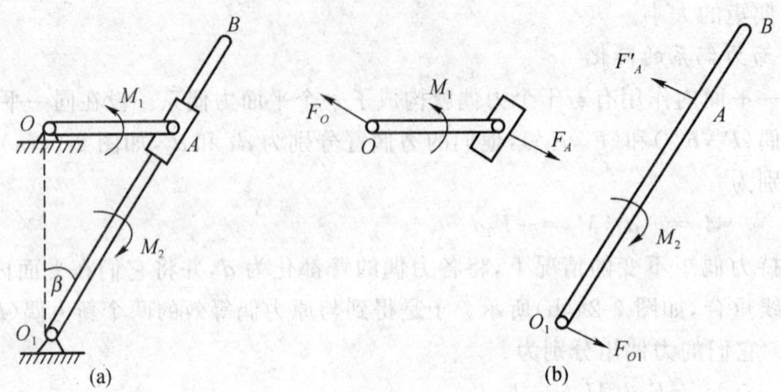

图 2-25

偶，根据力偶与力偶平衡，可知 O,O_1 处的约束反力必与 A 处反力组成一力偶，与 M_1、M_2 平衡，从而确定了 O,O_1 处的约束力方向，如图 2-25(b)所示。平衡方程为：

曲柄 OA：$\sum M = 0 \quad M_1 - F_A r\sin 30° = 0$

曲柄 OB：$\sum M = 0 \quad -M_2 + \dfrac{F_A'}{\sin 30°} = 0$

考虑到 $F_A = F_A'$，由以上两方程解得 $M_2 = 4M_1$，转向如图 2-25(b)所示。

2.2.3 平面任意力系

力系中各力的作用线在同一平面内，且呈任意分布，则该力系称为平面任意力系，它是工程中常见的一种力系。显然平面汇交力系是平面任意力系的特殊情况。

1. 力的平移定理

力系向一点简化是一种较为简单且具有普遍性的力系简化方法。此方法的理论基础就是力的平移定理。

力的平移定理：作用在刚体上某点的力，可以平行移动到该刚体上的任意一点，但必须同时附加一个力偶，该附加力偶的矩等于原来的力对新作用点的矩。

证明 设力 $\boldsymbol{F}$ 作用在刚体上的 A 点，如图 2-26(a)所示。在刚体上任意取一点 O，在该点加上一对等值、反向且与力 $\boldsymbol{F}$ 平行的力 $\boldsymbol{F}'$ 和 $\boldsymbol{F}''$，并且 $\boldsymbol{F}' = -\boldsymbol{F}'' = \boldsymbol{F}$，如图 2-26(b)所示。显然力系 $\boldsymbol{F}$、$\boldsymbol{F}'$、$\boldsymbol{F}''$ 与力 $\boldsymbol{F}$ 是等效的。其中 $\boldsymbol{F}$、$\boldsymbol{F}''$ 构成一力偶，于是原来作用在 A 点的力 $\boldsymbol{F}$，现在等效于一个作用在 O 点的力 $\boldsymbol{F}'$ 和一个力偶($\boldsymbol{F}$、$\boldsymbol{F}''$)，如图 2-26(c)所示。这样就把作用于 A 点的力平移到另一点 O，但同时附加了一个力偶，力偶矩为 $M = Fd$，其中 d 是附加力偶的力偶臂，也就是 O 点到力 $\boldsymbol{F}$ 作用线的垂直距离。

2. 平面任意力系向一点的简化

设刚体内作用一个平面任意力系 $\boldsymbol{F}_1$,$\boldsymbol{F}_2$,…,$\boldsymbol{F}_n$，如图 2-27(a) 所示。在平面内任意

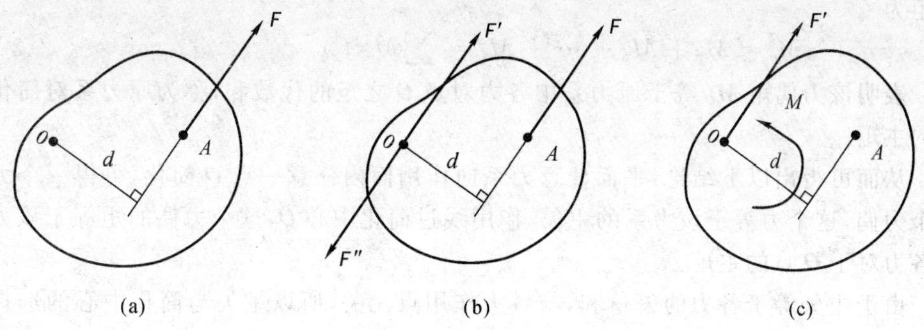

图 2-26

取一点 O，称为简化中心。应用力平移定理，将各力平移到 O 点，得到作用于 O 点的平面汇交力系 $\boldsymbol{F}_1',\boldsymbol{F}_2',\cdots,\boldsymbol{F}_n'$ 及一个附加的平面力偶系 $M_1,M_2,\cdots,M_n$，如图 2-27(b)所示。各力矢分别为 $F_1=F_1',F_2=F_2',\cdots,F_n=F_n'$；各力偶矩分别为 $M_1=M_o(F_1),M_2=M_o(F_2),\cdots,M_n=M_o(F_n)$。

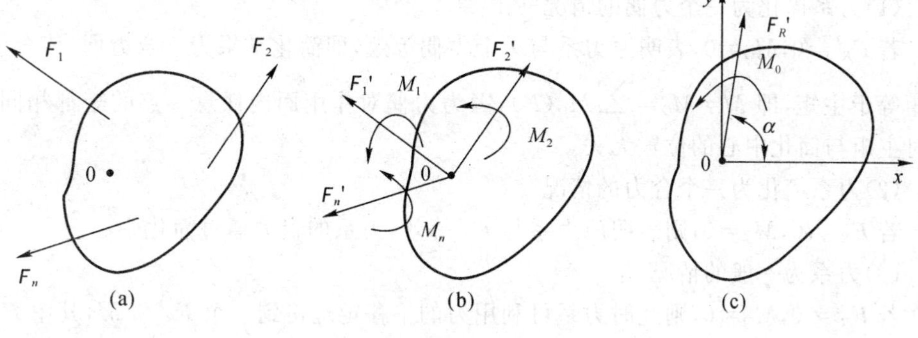

图 2-27

平面汇交力系 $\boldsymbol{F}_1',\boldsymbol{F}_2',\cdots,\boldsymbol{F}_n'$ 可合成为作用于 O 点的一个力 F_R'，如图 2-27(c)所示。这个力为

$$\boldsymbol{F}_R'=\boldsymbol{F}_1'+\boldsymbol{F}_2'+\cdots+\boldsymbol{F}_n'=\sum F$$

表明力矢 F_R' 等于原力系中各力的矢量和，称为原力系的主矢。在图 2-27(c) 中选取直角坐标系 Oxy，将上式向坐标轴投影，有

$$F_{Rx}'=\sum F_x, F_{Ry}'=\sum F_y$$

于是得主矢的大小 F_R' 和与 x 轴正向间的夹角为

$$F_R'=\sqrt{(\sum F_x)^2+(\sum F_y)^2}, a=\arctan\frac{\sum F_y}{\sum F_x} \tag{2-12}$$

附加的平面力偶系 $M_1,M_2,\cdots,M_n$ 可合成为一个力偶，如图 2-27(c) 所示。这个力

偶矩为

$$M_o = M_1 + M_2 + \cdots + M_n = \sum M_o(F) \tag{2-13}$$

表明该力偶矩 $\boldsymbol{M_O}$ 等于原力系中各力对点 $\boldsymbol{O}$ 之矩的代数和，称为原力系对简化中心的主矩。

从而可得出以下结论：平面任意力系向作用面内任意一点 $\boldsymbol{O}$ 简化，可得一个力和一个力偶，这个力等于该力系的主矢，作用线过简化中心 $\boldsymbol{O}$，这个力偶的矩等于该力系中各力对于 $\boldsymbol{O}$ 点的主矩。

由于主矢等于各力的矢量和，与各力作用点无关，所以主矢与简化中心的选择无关。而主矩等于各力对简化中心力矩的代数和，选不同的点作为简化中心时，各力臂改变，使得各力对简化中心的矩也改变，因而一般主矩与简化中心的选择有关。因此说到主矩时，必须指明是对哪一点的矩。

3. 平面任意力系简化结果的分析

平面任意力系向一点简化，可得到一主矢 $\boldsymbol{F_R}'$ 和一主矩 M_O，实际上可能出现的情况有四种，将这四种情况进一步分析可归结为以下结果：

(1)力系简化为一个力偶的情况

若 $\boldsymbol{F_R}'=0$，$M_O\neq0$，表明原力系与一个力偶等效，即简化结果为一合力偶，该合力偶的矩等于主矩，即 $M=M_O=\sum M_O(F)$，因为力偶对作用面内任意一点的矩都相同，故此时主矩与简化中心的位置无关。

(2)力系简化为一个合力的情况

若 $\boldsymbol{F_R}'\neq0$，$M_O=0$，则表明原力系与 $\boldsymbol{F_R}'$ 等效，力系的合力通过简化中心。

(3)力系为一般的情况

若 $\boldsymbol{F_R}'\neq0$，$M_O\neq0$，则此时力系可利用力的平移定理得到一个 $\boldsymbol{F_R}'$ 和 M，其中 $\boldsymbol{F_R}'$ 为原力系的主矢，作用点通过简化中心，M 为原力系中各力对简化中心的矩，即主矩。

(4)力系平衡的情况

若 $\boldsymbol{F_R}'=0$，$M_O=0$，则原力系平衡，下面将做进一步讨论。

4. 平面任意力系的平衡方程

平面任意力系的平衡的充要条件是：力系的主矢和对于作用面内任意一点的主矩都等于零。即

$$\begin{cases}\boldsymbol{F_R}'=0\\ M_O=0\end{cases} \tag{2-14}$$

由式(2-12)代入上式，可得

$$\begin{cases}\sum F_x = 0 \\ \sum F_y = 0 \\ \sum M_O(F) = 0\end{cases} \tag{2-15}$$

即平面任意力系平衡的充要条件是：力系中各力在任选的直角坐标系每一轴上投影的代数和分别等于零，且各力对平面内任意一点的矩的代数和也等于零。

式(2-15)为平面任意力系的平衡方程的基本形式，它包括两个投影方程和一个力矩方程，可求解三个未知量。此外，还有其他两种形式：

(a) 二力矩式（一个投影方程和两个力矩方程）

$$\begin{cases}\sum F_x = 0 \\ \sum M_A(F) = 0 \\ \sum M_B(F) = 0\end{cases} \tag{2-16}$$

其中 A，B 为平面内任意两点，但其连线不能垂直于 x 轴。

(b) 三力矩式（三个力矩方程）

$$\begin{cases}\sum M_A(F) = 0 \\ \sum M_B(F) = 0 \\ \sum M_C(F) = 0\end{cases} \tag{2-17}$$

其中 A，B，C 三点不共线。

式(2-16)和(2-17)都可用来求平面任意力系的平衡问题，究竟用哪个方程则要看具体情况确定。

【例题 2-4】　一端固定的悬臂梁 AB 如图 2-28(a)所示。梁上作用有力偶 M 和载荷集度为 q 的均布载荷，在梁的自由端还受一集中力 F 的作用，梁的长度为 L。试求固定端 A 处的约束反力。

解　(1) 取悬臂梁 AB 为研究对象。分析梁的受力，并作受力图（图 2-28(b)）。梁受主动力 F，$F_q(F_q = q\cdot L)$，M 和固定端约束反力 F_{Ax}，F_{Ay} 和 M_A 作用，这些力构成平面一般力系。

(2) 取坐标系 A_{xy}，建立平衡方程：

$$\sum F_x = 0, F_{Ax} = 0;$$

$$\sum F_y = 0, F_{Ay} - qL - F = 0;$$

$$\sum M_A(F) = 0, M_A - qL\cdot\frac{L}{2} - FL - M = 0。$$

(3) 解平衡方程，得

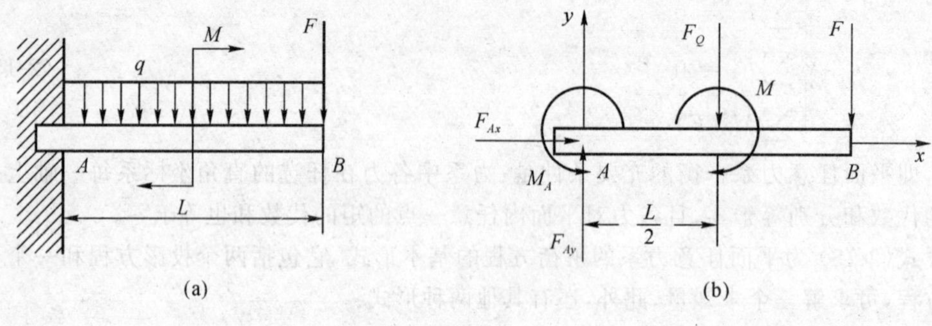

图 2-28

$$F_{Ax}=0, F_{Ay}=qL+F, M_A=qL\cdot\frac{L}{2}+FL+M。$$

复习思考题与习题

2-1 试画出下列各物体的受力图。(凡未标出自重的物体,质量不计。接触处都不计摩擦。)

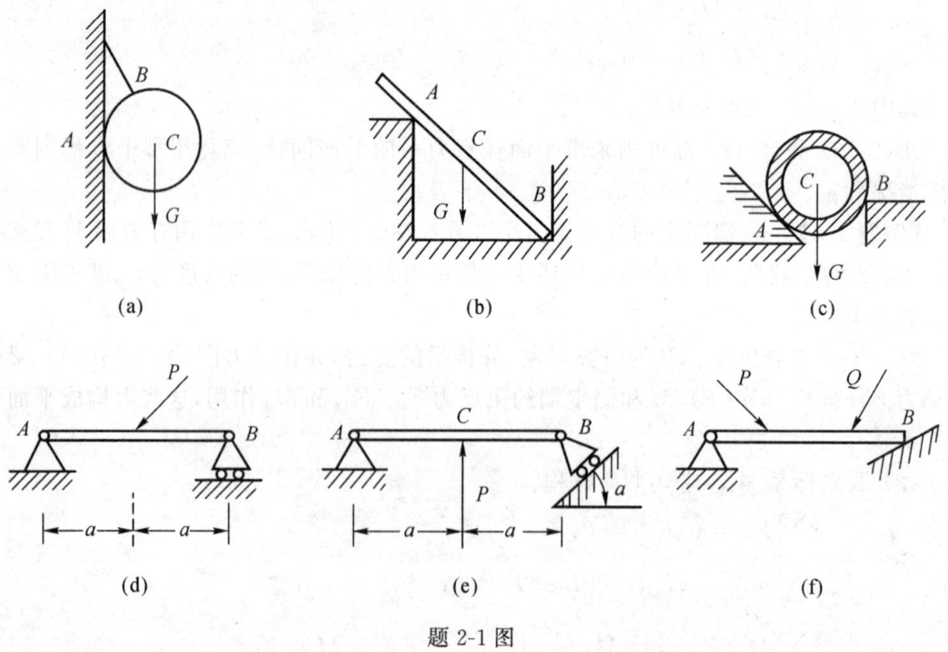

题 2-1 图

2-2　试分别画出下列各物体系统中的每个物体的受力图。

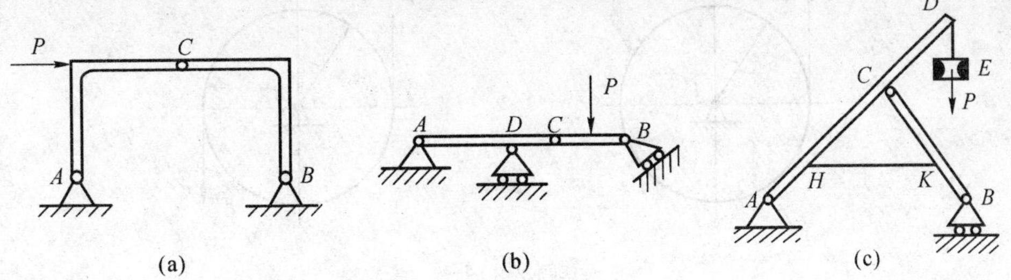

题 2-2 图

2-3　用解析法求平面汇交力系的合力时，若取不同的直角坐标轴，所求得的合力是否相同？为什么？

2-4　试比较力矩与力偶矩两者的异同？

2-5　工件放在 V 形铁内（题 2-5 图）。若已知压板夹紧力 $Q=400\text{N}$，求工件对 V 形铁的压力。

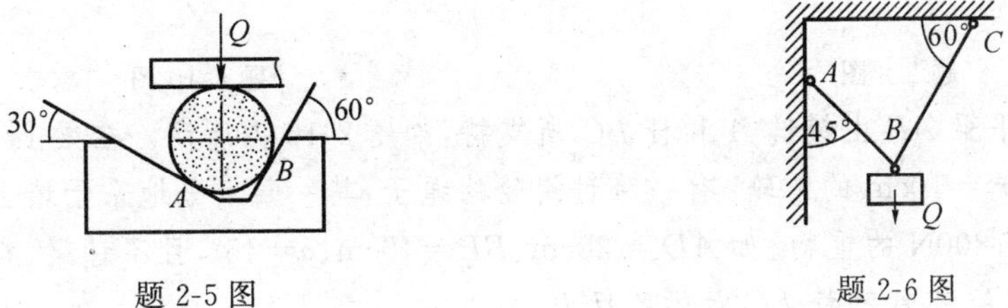

题 2-5 图　　　　题 2-6 图

2-6　重 10kN 的物体，用两根钢索悬挂，如题 2-6 图所示。设钢索重量不计，求钢索中的拉力。

2-7　已知梁 AB 上作用一力偶，力偶矩为 M，梁长为 l，求在题 2-7 图(a)、(b)两种情况下，支座 A 和 B 的约束反力。

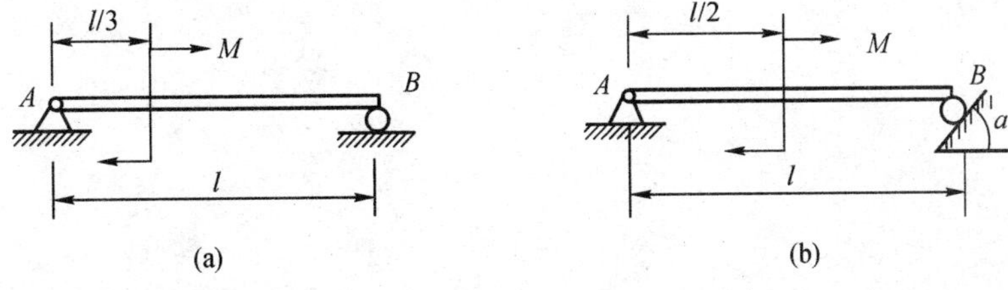

题 2-7 图

2-8　如题 2-8 图所示，力和力偶（$\boldsymbol{F}'$，$\boldsymbol{F}''$）对轮的作用有何不同？设轮的半径均为 r，且 $F''=F/2$。

2-9　水平梁的支承和载荷如题 2-9 图所示。已知力 $\boldsymbol{P}$、力偶矩为 M 的力偶和集度

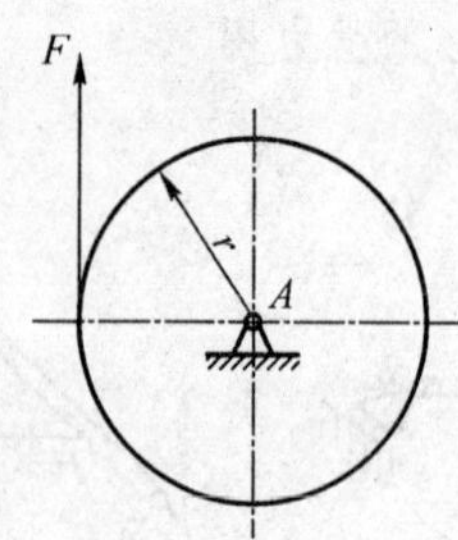

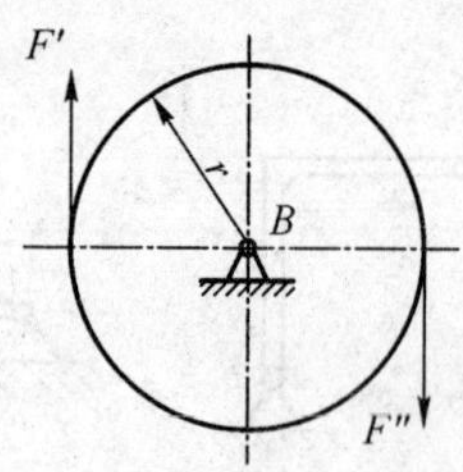

题 2-8 图

为 q 的均布载荷。求支座 A、B 处的约束反力。

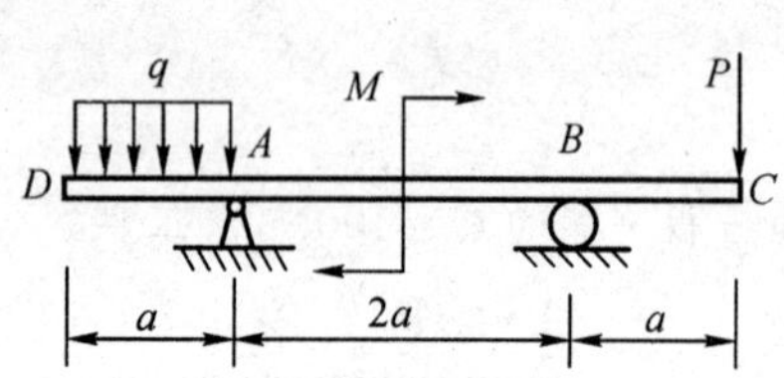

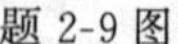

题 2-9 图

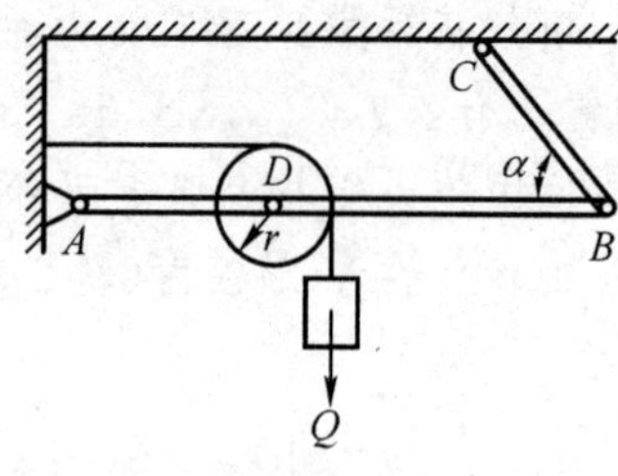

题 2-10 图

2-10　水平梁 AB 由铰链 A 和杆 BC 所支持，如题 2-10 图所示。在梁上 D 处用销子安装半径为 $r=10\text{cm}$ 的滑轮。有一跨过滑轮的绳子，其一端水平地系于墙上，另一端悬挂有重 $Q=1800\text{N}$ 的重物。如 $AD=20\text{cm}$、$BD=40\text{cm}$、$\alpha=45°$，且不计梁、杆、滑轮和绳的重量，试求铰链 A 和杆 BC 对梁的反力。

第3章

材料力学

一、材料力学研究的问题及其任务

在日常生活和工程实践中，人们常常会遇到材料力学问题，由此积累了丰富的感性知识。譬如，大家都知道，绳索承受拉力的能力与其粗细及材料性能有关。各种机器设备和工程结构，都是由若干构件组成。由于构件工作时往往承受载荷作用，在载荷作用下，构件必然产生变形（形状和大小发生变化），并可能发生破坏。为了保证构件正常安全工作，需要考虑下列三大问题：

(1) 强度问题。构件抵抗破坏的能力，称为强度。如果构件的尺寸、材料的性能与载荷不相适应，譬如机器中传动轴的直径太小，起吊货物的绳索过细，当传递的功率较大，货物过重时，就可能因强度不够而发生断裂，使机器无法正常工作，甚至造成灾难性的事故。因而首先要解决强度问题——即如何使构件具有足够的强度，以保证在载荷作用下不致破坏。

(2) 刚度问题。构件抵抗变形的能力，称为刚度。有些构件，如车床主轴AB(图3-1(a))，若变形过大(图3-1(b))，则影响加工精度，破坏齿轮的正常啮合，引起轴承的不均匀磨损，从而造成机器不能正常工作。因此，对这类构件，还需要解决刚度问题——即如何使其具有足够的刚度，以保证在载荷作用下，其变形量不超过正常工作所允许的限度。

(3) 稳定问题。受压的细长杆和薄壁构件，在载荷增加时，还可能出现突然失去初始平衡形态的现象，称为丧失稳定。例如，顶起汽车的千斤顶螺杆AB(图3-2(a))，长活塞杆CD(图3-2(b))，有时会突然变弯(图3-2(c))，甚至弯曲折断，由此酿成严重事故。这种场合应考虑稳定问题——即如何使构件具有足够的保持初始平衡形态的能力，即足够的稳定性。

因此，材料力学就是研究构件强度、刚度和稳定性计算的科学。

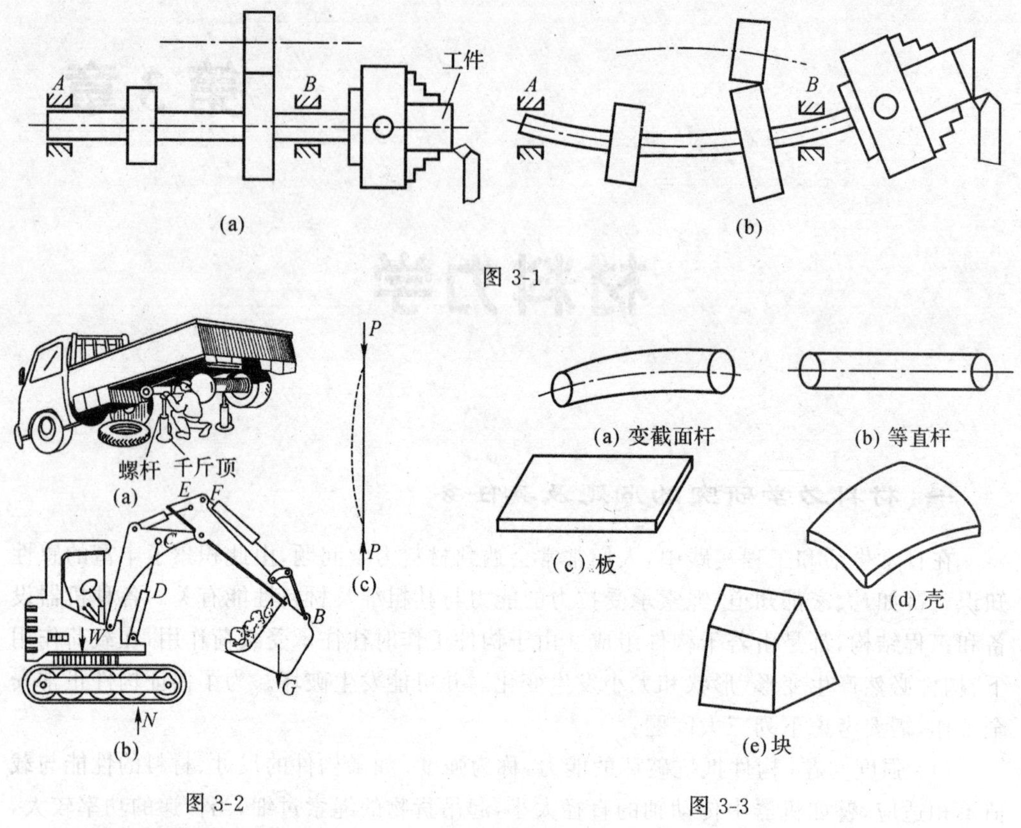

图 3-1

图 3-2

图 3-3

二、构件的分类

实际构件的形状是多种多样，大致可简化归纳为杆、板、壳和块四类(图 3-3)。

凡长度远大于其他两方向尺寸的构件，称为杆。杆的几何形状可用其轴线(截面形心的连线)和垂直于轴线的几何图形(横截面)表示。轴线是曲线的杆，称为曲杆；轴线是直线的杆，称为直杆。各横截面相同的直杆，称为等直杆，它是材料力学的主要研究对象。

三、构件的四大基本变形

构件受力后，其变形的基本形式有四种：①轴向拉伸和压缩；②剪切和挤压；③扭转；④弯曲(表 3-1)。其他复杂的变形形式，都是上述两种或两种以上基本变形的组合，称为组合变形。

表 3-1

变形形式	工程实例	受力简图
拉伸或压缩	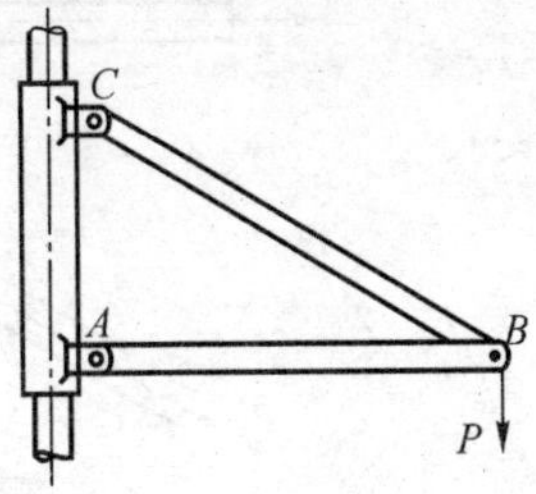 C A B P	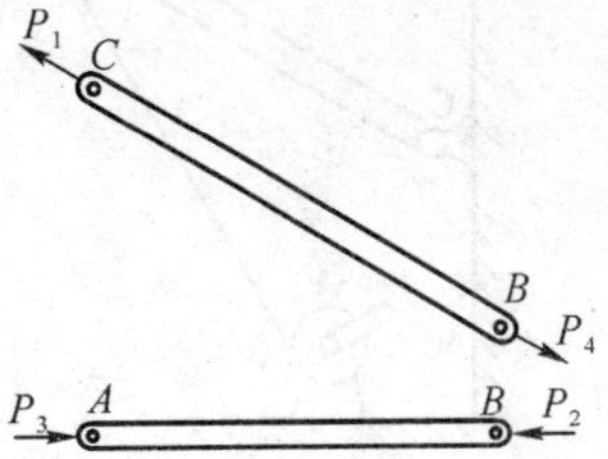 P_1 C B P_4 P_3 A B P_2
剪　切	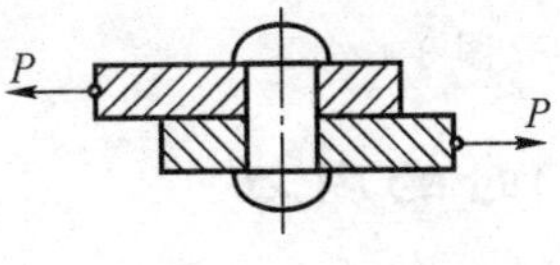 P P	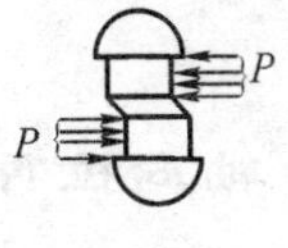 P P
扭　转	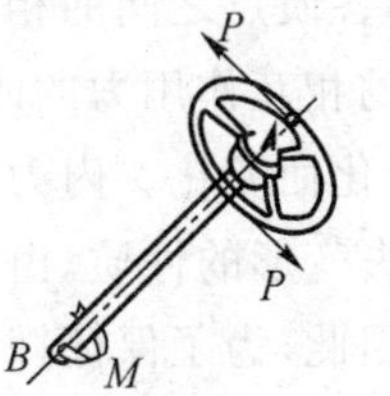 P P B M	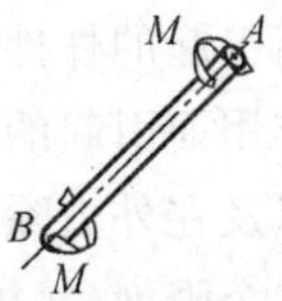 M A B M
弯　曲	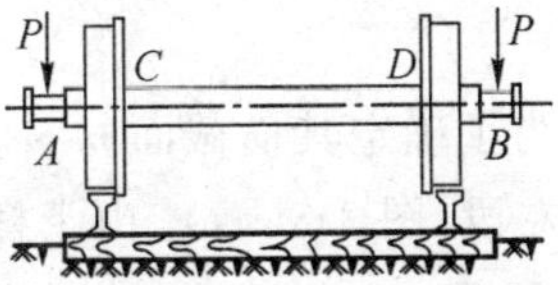 P C D P A B	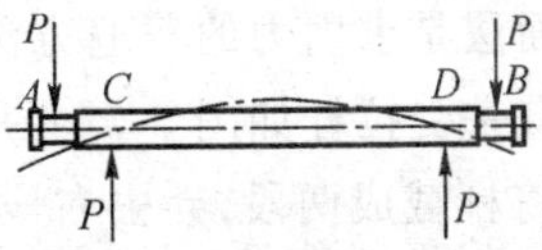 P A C D P B P P

3.1　轴向拉伸与压缩

在工程实际中，有很多构件在工作时是承受拉伸或压缩的。如图 3-4(a)所示的起重装置中，如果不考虑各杆自重，则杆 AB 是承受拉伸的构件，杆 BC 是承受压缩的构件，其受力如图 3-4(b)所示。可以看出，这类构件的受力特点是：作用于杆端的两力大小相等、方向相反，且作用线与杆的轴线重合；其变形特点是杆沿轴线方向伸长或缩短。构件的这种变形称为轴向拉伸或轴向压缩。

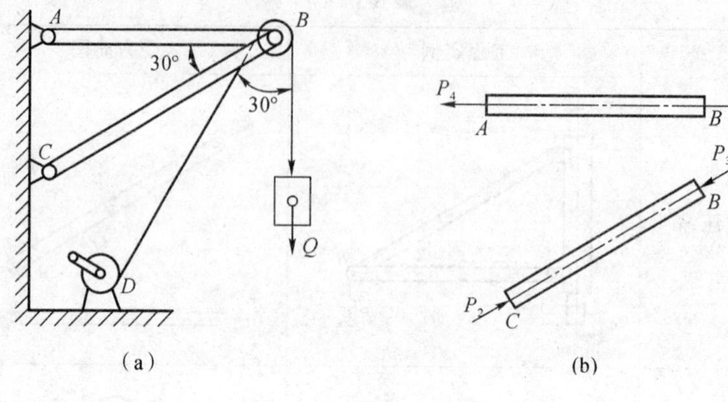

图 3-4

3.1.1 轴向拉伸(或压缩)时的内力

杆件受到外力作用而变形时,其内部各质点之间的相互作用力将发生改变。这种由于外力作用而引起的杆件内各质点之间的相互作用力的改变量,称为内力。可见内力是由于外力的作用而引起的,它随外力的变化而变化。内力具有抵抗外力、阻止外力使物体继续变形以及在外力除去后使物体消失变形的性质。由于内力的增大有一定的限度,如果超过了这个限度,物体就会被破坏。因此,为了保证杆件在外力作用下能安全、正常地工作,就必须研究杆件的内力。

截面法是求内力的普遍方法。

设有一受拉杆如图 3-5(a)所示。为了确定其横截面 m-n 上的内力,可假想沿横截面 m-n 将杆截成两段,弃去右段,研究左段(图 3-5(b))。由于杆在拉力 $\boldsymbol{P}$ 作用下原处于平衡状态,所以截开后的左段仍应保持平衡。由此可推断,横截面上必然有一个力 $\boldsymbol{N}$ 作用,它是杆右段对左段的作用力,以便与 $\boldsymbol{P}$ 力平衡。实际上内力是分布在整个横截面上的,所以这个力 $\boldsymbol{N}$ 应为横截面上内力的合力,通常就称 N 为截面 m-n 上的内力,它的大小可由平衡方程求得,即

$$\sum F_X = 0, \boldsymbol{N} - \boldsymbol{P} = 0$$

得 $\boldsymbol{N}=\boldsymbol{P}$

由于内力 $\boldsymbol{N}$ 的作用线与杆件的轴线重合,所以又称此内力为轴力。

如取右段研究,则可求得左段对右段的作用力 $N'=\boldsymbol{P}$(图 3-5(c))。$\boldsymbol{N}$ 与 $\boldsymbol{N}'$ 为左、右两段相互作用的内力,它们必然大小相等、方向相反。因此在求内力时,可取截面两侧的任一段来研究。同时不难看出,如改换横截面的位置,求得的结果都相同,可见此杆各横截面上的内力是相同的。

综上所述,求杆件内力的方法是:

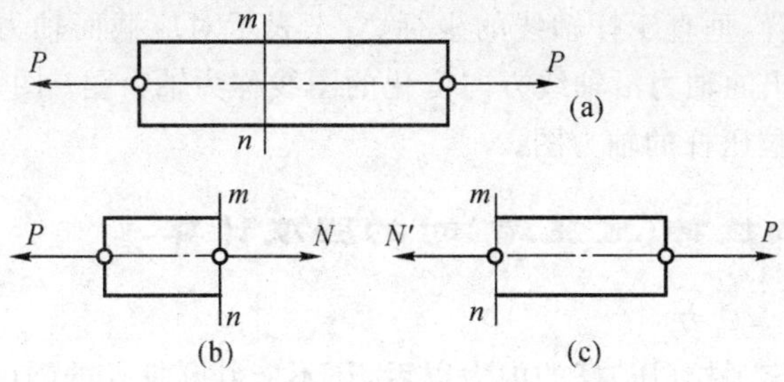

图 3-5

(1)在所要求的内力的截面处，假想将杆截分成两段。

(2)留下任一段，在截面上加上内力，即另一段对保留段的作用以力代之，使加上的内力与作用在该段上的外力相平衡。

(3)运用平衡方程求内力。这种方法称为截面法，在其他各种基本变形中也可应用此法求内力。下面通过例题说明截面法的应用。

【例题 3-1】 一拉压杆受力如图 3-6(a)所示，已知 $F_1=5\text{kN}$，$F_2=15\text{kN}$。求杆件 1-1、2-2 截面上的内力。

解 (1)平衡条件 $\sum F_X=0$，确定 A 端的约束力为 $F_A=10\text{kN}$。当外力全部确定后，即可用截面法分析杆件 1-1 截面上的内力。将杆件于 1-1 截面切开，取左段为研究对象，受力如图 3-6(b) 所示，列平衡方程：

$$\sum F_X=0 \quad F_A+N_1=0$$

得　$N_1=-F_A=-10\text{kN}$，负号表明 N_1 的实际方向应指向截面。

(2)将杆件于 2-2 截面切开，仍取左段为研究对象，如图 3-6(c) 所示，列平衡方程：

$$\sum F_X=0 \quad F_A-F_2+N_2=0$$

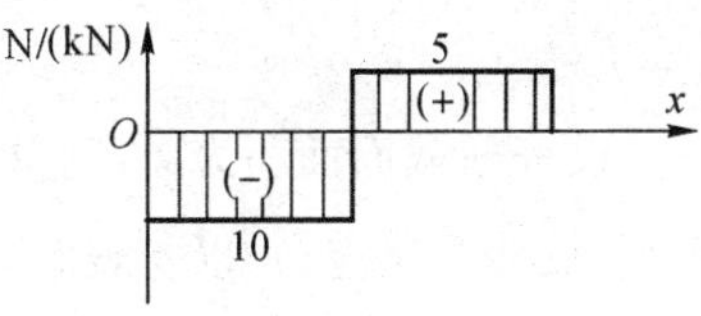

图 3-6

得 2-2 截面上的内力(轴力)为 $N_2=-F_A+F_2=(-10+15)\text{kN}=5\text{kN}$。

由上述计算结果可知，杆任意截面上的轴力等于截面一侧(左侧或右侧)所有外力的代数和。一般把产生拉伸变形的轴力(N 的箭头离开截面)规定为正，产生压缩变形的轴力(N 的箭头指向截面)规定为负。在用截面法求内力时，若始终将内力假设为正值，这样，所求内力的正负号就与上述规定相同。

为了直观、形象地表示轴力随横截面位置的变化规律，现取平行于杆件轴线的坐标

x 来表示横截面位置,垂直于杆轴线的坐标 N 来表示对应截面轴力的大小,在这一规定的坐标系中描绘出的轴力沿轴线方向变化的图线称为轴力图。图 3-6(d)所绘制的就是图 3-6(a)所示的拉压杆的轴力图。

3.1.2 轴向拉伸(或压缩)时的强度计算

1. 横截面上的正应力

在用截面法确定了拉(压)杆的内力以后,还不能判断杆件的强度是否足够。例如,两根材料相同的拉杆,一根较粗,一根较细,在相同的拉力作用下,它们的内力是相同的。但当拉力逐渐增大时,较细的杆先被拉断。这说明杆的强度不仅与内力有关,还与截面的面积有关。所以,应以单位面积上的内力来衡量杆的强度。

如果内力在截面上均匀分布,则单位面积上的内力称为应力。

为了研究截面上应力的分布规律,可先通过实验,观察杆的变形情况。在图 3-7(a)所示的杆上,预先刻画出两条横向直线 ab 和 cd(图中虚线),当杆受到拉力 P 作用时,可以看到直线 ab 和 cd 分别平移到了实线 a_1b_1 和 c_1d_1 处。

根据以上现象可设想,假想杆由许多纵向纤维组成,那么每根纵向纤维都受到了相等的拉伸。由此可推出:杆受拉伸时的内力,在横截面上是均匀分布的,其作用线与横截面垂直(图 3-7(b))。

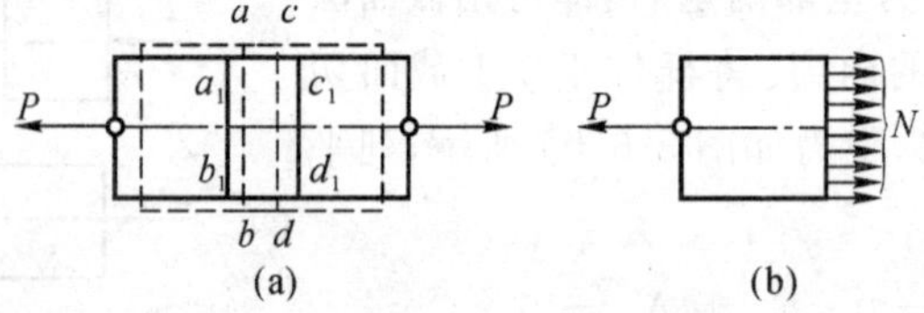

图 3-7

设杆横截面面积为 A,则单位面积上的内力(即应力)为 $\frac{N}{A}=\frac{P}{A}$。因为此应力与截面垂直,故称为正应力,以 σ 表示,于是

$$\sigma=\frac{N}{A}=\frac{P}{A} \tag{3-1}$$

上式是根据杆件受拉伸时推得的,它在杆件受压缩时也同样适用。

应力的单位:在国际单位制中是牛/米^2(N/m^2),称为帕斯卡,简称帕(Pa);常用的还有兆帕(MPa),$1MPa=10^6Pa=1N/mm^2$;吉帕(GPa),$1GPa=10^3MPa=10^9Pa$。

【例题 3-2】 试计算例题 3-1 中杆在截面 1-1、2-2 上的应力。设两截面直径分别为 $d_1=20mm$,$d_2=15mm$。

解:截面 1-1 上的应力 $\sigma_1=\frac{N_1}{A}=\frac{10\times10^3}{\frac{\pi\times20^2}{4}}=31.8(N/mm^2)=31.8MPa$(压应力)

截面 2-2 上的应力 $\sigma_2=\frac{N_2}{A}=\frac{5\times10^3}{\frac{\pi\times15^2}{4}}=28.3(\mathrm{N/mm^2})=28.3\mathrm{MPa}$(拉应力)

2. 许用应力和安全系数

为了保证机器和工程结构中的构件能安全、可靠地工作，要求构件在工作时不产生过大的塑性变形或断裂。构件产生过大的塑性变形或断裂时的应力称为极限应力。

对于塑性材料，在屈服时就产生过大的塑性变形，所以应以屈服极限 σ_s 作为极限应力；对于脆性材料，由于它在断裂时变形很小，所以强度极限 σ_b 就是它的极限应力。几种常用材料力学性能见表 3-2。

表 3-2　几种常用材料力学性能

材料名称	牌　号	屈服极限 σ_s(MPa)	抗拉强度 σ_b(MPa)	延伸率 δ_5(%)
普通碳素钢	A3 A5	216～235 255～275	373～461 490～608	25～27 19～21
优质碳素结构钢	40 45	333 353	569 598	19 16
普通低合金结构钢	16Mn 15MnV	274～343 333～412	471～510 490～549	19～21 17～19
合金结构钢	20Cr 40Cr	539 785	834 981	10 9
铸钢	ZG270-500	270	500	18
球墨铸铁	QT450-10	310	450	10
灰铸铁	HT150		拉 150 压 640	

注：表中 δ_5 是指 $l=5d$ 的标准试样的延伸率。

为保证构件在外力作用下，能安全、可靠地工作，它的工作应力应小于材料的极限应力。还应考虑到构件有必要的强度储备，通常将极限应力除以大于 1 的系数 S，作为构件在工作时所允许产生的最大应力，称为许用应力，以$[\sigma]$表示。系数 S 称为安全系数。对应于屈服极限 σ_s 的安全系数用 S_s 表示，对应于强度极限 σ_b 的安全系数用 S_b 表示。因此，许用应力可由下列两式表达：

$$\text{塑性材料}[\sigma]=\frac{\sigma_s}{S_s} \tag{3-2}$$

$$\text{脆性材料}\ [\sigma]=\frac{\sigma_b}{S_b} \tag{3-3}$$

应注意到脆性材料在拉伸和压缩时的抗拉强度与抗压强度是不相等的，所以它的拉伸许用应力和压缩许用应力也不相等。

从公式(3-2)和(3-3)可知,如果安全系数取得过小,即接近于1,则许用应力就比较接近极限应力,构件工作时就有危险;如果安全系数取得过大,则许用应力就会偏小,虽然足够安全,但不够经济。因此,安全系数选取是否确当,直接影响到安全和经济问题。

安全系数的确定与许多因素有关,例如材料的均匀程度、载荷和应力计算的准确程度、制造工艺过程及构件的工作条件等。

在静载荷作用下,安全系数的大致数值如下:

塑性材料:轧、锻件 $S_s=1.2\sim2.2$;

铸件 $S_s=1.6\sim2.5$;

脆性材料 $S_b=2.0\sim3.5$。

3. 强度计算

为了保证承受拉(压)的构件能安全、正常地工作,必须使构件的工作应力不超过材料在拉(压)时的许用应力,即

$$\sigma=\frac{N}{A}\leqslant[\sigma] \tag{3-4}$$

公式(3-4)称为杆件受轴向拉伸或压缩时的强度条件。运用此条件可解决工程中下列三种形式的强度计算问题。

(1)强度校核

已知杆件的材料、截面尺寸及所受载荷(即已知$[\sigma]$,A及N),可用式(3-4)验算杆件的强度是否足够。如$\sigma\leqslant[\sigma]$,则强度足够;若$\sigma>[\sigma]$,则强度不足。

(2) 设计截面尺寸

已知杆件所受载荷及所用材料(即已知N和$[\sigma]$),可将式(3-4)改写成

$$A\geqslant\frac{N}{[\sigma]}$$

由此可确定杆件所需的横截面面积,然后确定截面尺寸。

(3) 确定许可载荷

已知杆件的材料及截面尺寸(即已知$[\sigma]$及A),可按式(3-4)计算此杆件能安全地承受的轴力为

$$N\leqslant A[\sigma]$$

由此可确定机械或结构的许可载荷。

【例题3-3】 如图3-8(a)所示为一刚性梁ACB由圆杆CD在C点悬挂连接,B端作用集中载荷$F=25\text{kN}$,已知:CD杆的直径$d=20\text{mm}$,许用应力$[\sigma]=160\text{MPa}$。

(1)试校核CD杆的强度;

(2)试求结构的许可载荷$[F]$;

(3)若$F=50\text{kN}$,试设计CD杆的直径d。

解 (1)校核CD杆强度:作AB杆的受力图,如图3-8(b)所示。由平衡方程

$$\sum M_A=0$$

有　　$2F_{CD}L-3FL=0$

得　　$F_{CD}=\frac{2}{3}F$

杆 CD 的轴力　　$N=F_{CD}$

杆 CD 的工作应力

$$\sigma_{CD}=\frac{F_{CD}}{A}=\frac{\frac{3}{2}F}{\frac{\pi d^2}{4}}=\frac{6F}{\pi d^2}$$

$$=\frac{6\times 25\times 10^3}{\pi\times 20^2}=119(\text{MPa})<[\sigma]$$

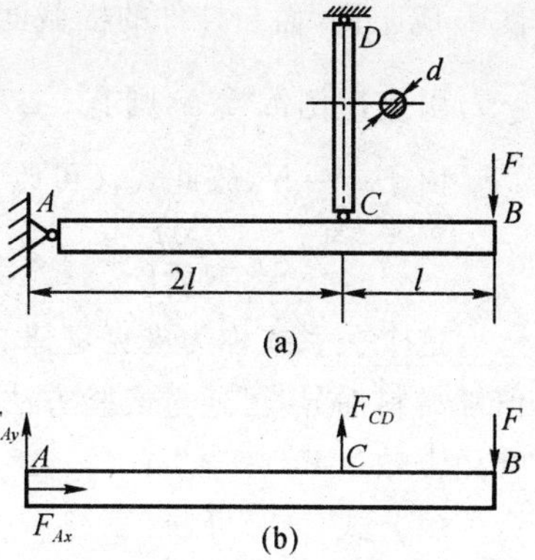

图 3-8

所以 CD 杆安全。

(2)求结构许可载荷$[F]$：

由　　$\sigma_{CD}=\frac{F_{CD}}{A}=\frac{6F}{\pi d^2}\leqslant[\sigma]$

得　　$F\leqslant\frac{\pi d^2[\sigma]}{6}=\frac{\pi\times 20^2\times 160}{6}=33.5\times 10^3(\text{N})=33.5\text{kN}$

由此可得结构的许可载荷$[F]=33.5\text{kN}$。

(3)若 $F=50\text{kN}$，设计圆杆直径 d：

由　　$\sigma_{CD}=\frac{F_{CD}}{A}=\frac{6F}{\pi d^2}\leqslant[\sigma]$

得　　$d\geqslant\sqrt{\frac{6F}{\pi[\sigma]}}=\sqrt{\frac{6\times 50\times 10^3}{\pi\times 160}}=24.4(\text{mm})$

取　　$d=25\text{mm}$

3.1.3　拉(压)杆的变形

直杆在轴向拉力(或压力)的作用下，所产生的变形表现为轴向尺寸的伸长(或缩短)以及横向尺寸的缩小(或增大)。前者称为轴向变形，后者称为横向变形。

1. 轴向变形和虎克定律

现以如图 3-9 所示的受拉等截面直杆为例，来研究杆的轴向变形。设杆的原长为 L，在轴向拉力的作用下，杆长由 L 变为 L_1(图 3-9(a))，则杆的轴向伸长为

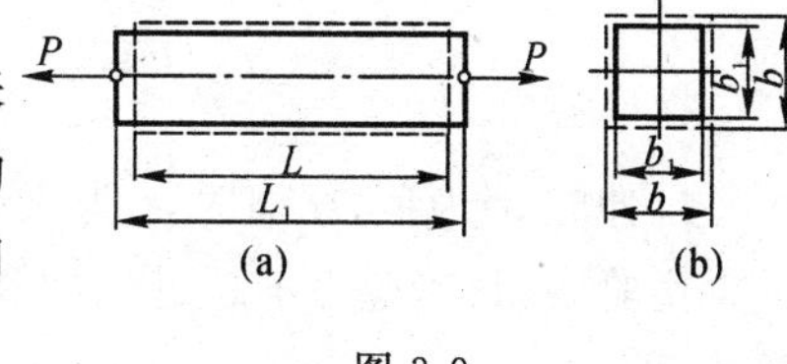

图 3-9

$$\Delta L=L_1-L \tag{3-4}$$

式中，ΔL 称为绝对变形。

实验指出：在弹性范围内，杆件的绝对变形 ΔL 与所受拉力 P 成正比，与杆件的长

度 L 成正比，而与杆件的横截面面积 A 成反比。

引进比例常数 E，则有 $\Delta L=\frac{PL}{EA}$。

由于 $P=N$，故此式又可改写为

$$\Delta L=\frac{NL}{EA} \tag{3-5}$$

这个关系式称为虎克定律。式中的比例常数 E，称为材料的抗拉(压)弹性模量，其值随材料而异，可通过实验方法测定。表 3-3 中给出了一些常用材料的 E 值。E 的单位常用吉帕(GPa)。

由公式(3-5)可知：

(1)当其他条件不变时，E 值越大，绝对变形 ΔL 越小。因此弹性模量 E 的大小表示材料抵抗弹性变形的能力。

(2)当内力 N 和长度 L 一定时，乘积 EA 越大，绝对变形 ΔL 越小，它反映了杆件抵抗拉伸(压缩)变形的能力。故称 EA 为杆件的抗拉(压)刚度。

由于绝对变形 ΔL 与杆件的长度 L 有关，为了更确切地反映杆件纵向变形的程度，消除长度的影响，以单位长度的轴向伸长(缩短)来表示杆件的变形，称为相对变形或应变，并以 ε 表示，即

$$\varepsilon=\frac{\Delta L}{L} \tag{3-6}$$

式中，ε 是个比值，拉伸时为正；压缩时为负。ε 是无量纲的量，有时也用百分数来表示。

将 $\sigma=\frac{N}{A}$ 和 $\varepsilon=\frac{\Delta L}{L}$ 代入式(3-5)中，即可得虎克定律的另一表达形式

$$\sigma=E\varepsilon \tag{3-7}$$

因此，虎克定律又可叙述为：当应力不超过某一极限时，应力与应变成正比。该极限值称为比例极限。

2. 横向变形

若杆件变形前的横向尺寸为 b，变形后变为 b_1(图 3-9(b))，则杆的横向绝对变形为

$$\Delta b=b_1-b$$

横向应变为 $\varepsilon'=\frac{\Delta b}{b}=\frac{b_1-b}{b}$

拉伸时，ε' 为负；压缩时，ε' 为正。

实验表明：当应力不超过比例极限时，横向应变 ε' 与轴向应变 ε 之比的绝对值为一常数，即

$$\mu=\left|\frac{\varepsilon'}{\varepsilon}\right| \tag{3-8}$$

式中，μ 称为横向变形系数或泊松比。μ 是无量纲的量，其值因材料而异，可通过实验测

定。一些常用材料的 μ 值见表 3-3。

表 3-3　一些常用材料的 μ 值

材料名称	弹性模量 E (GPa)	泊松比 μ
碳钢、16 锰钢	200～220	0.25～0.33
合金钢	190～220	0.24～0.33
灰口、白口铸铁	115～160	0.23～0.27
铜及其合金	74～130	0.31～0.42
铝及硬铝合金	71	0.33
铅	17	0.42
混凝土	14.6～36	0.16～0.18
橡胶	0.008	0.47

【例题 3-4】　试计算例题 3-1 中杆 AC 的总变形。已知 AB 段和 BC 段的长度 $L_1=L_2=500\text{mm}$，材料的弹性模量 $E=200\text{GPa}$。

解：$$\Delta L_1=\frac{N_1L_1}{EA_1}=\frac{10\times10^3\times500}{200\times10^3\times\dfrac{\pi\times20^2}{4}}=0.08(\text{mm})(\text{缩短})$$

$$\Delta L_2=\frac{N_2L_2}{EA_2}=\frac{5\times10^3\times500}{200\times10^3\times\dfrac{\pi\times15^2}{4}}=0.07(\text{mm})(\text{伸长})$$

轴的总变形量等于各段变形的代数和。“伸长”用正值、“缩短”用负值代入，则有

$$\Delta L=-\Delta L_1+\Delta L_2=-0.08+0.07=-0.01(\text{mm})(\text{缩短})$$

3.1.4　应力集中简介

由前述可知，等截面直杆受到轴向拉伸(或压缩)作用时，除载荷作用点附近处的应力分布较复杂外，各横截面上的应力是均匀分布的(图 3-10(b))。在工程实际中，由于设计的需要，构件上常常加工有油孔、切槽、螺纹等工艺结构，使构件在这些部位的截面尺寸发生突变。实验和理论分析指出，构件在截面突变处，应力显著增大。如图 3-11 所示为开有圆孔和切口的矩形截面杆在受到轴向拉伸时开孔和切口处截面的应力分布图。这种由于截面突变而引起局部应力增大的现象，称为应力集中。

应力集中对不同材料、不同受载状态下的构件影响不同。

在静载荷作用下的塑性材料，应力集中的影响通常可不予考虑。这是由于塑性材料在静载荷作用下会出现屈服现象。构件受较大载荷作用时，应力集中处的 σ_{max} 将首先达到屈服点值。随着载荷的不断增加，该处材料因屈服应力将不再增加，但变形在继续，增加的载荷由尚未达到屈服点的材料来承担，使截面上各点的应力陆续达到屈服点值，这样应力在截面上就逐渐趋于平均，从而降低了应力集中的影响。

在静载荷作用下，由脆性材料制成的构件，因它没有屈服现象，所以随着载荷的增加，应力集中处的最大应力值也不断增加，直到该处的应力达到材料的强度极限 σ_b 值，使构件在该处出现裂纹，整个截面被削弱而破坏。所以，对于脆性材料制成的构件应考虑应力集中的影响。实验和实践表明，应力集中对铸铁材料的影响较小，这是由于铸铁材料自身的不均匀性和缺陷较多的缘故。

需要指出，构件在受到周期性变化的应力作用或冲击载荷作用下，不论是塑性材料还是脆性材料制成的构件，均应考虑应力集中对构件强度的影响。

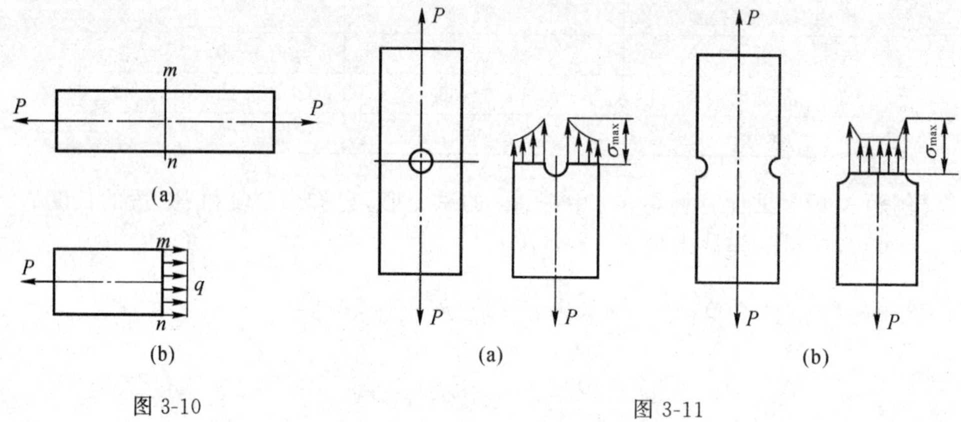

图 3-10　　图 3-11

3.2　剪切与挤压

3.2.1　剪切的概念与剪应力

研究剪床上剪钢板的情况(图 3-12(a))：两刀刃作用于钢板上的力均为 P(图 3-12(b)，当力 P 达到某一极限值时钢板便会剪断。由此可知，受剪构件的受力特点是：作用于构件上的两外力(或外力的合力)，大小相等，方向相反，且作用线相距很近；构件受剪时的变形特点是：两作用力之间的小矩形变成歪斜的平行四边形，各截面发生相对错动(图 3-12(c))。发生相对错动的面称为剪切面。

工程实际中承受剪切的构件很多，例如，连接两钢板的铆钉(图 3-13)、凸缘联轴器中的铰制孔用螺栓(图 3-14)等构件，在工作时都承受剪切作用。

构件在承受剪切时，剪切面上产生的内力仍可用截面法求得。运用图 3-12(b)，将其沿剪切面截开(图 3-15)，加上内力 Q，根据平衡方程

$\sum F_y=0$，即可求得内力的大小。

内力 Q 与截面相切，故称它为该截面上的剪力。剪力 Q 在截面上的分布是很复杂

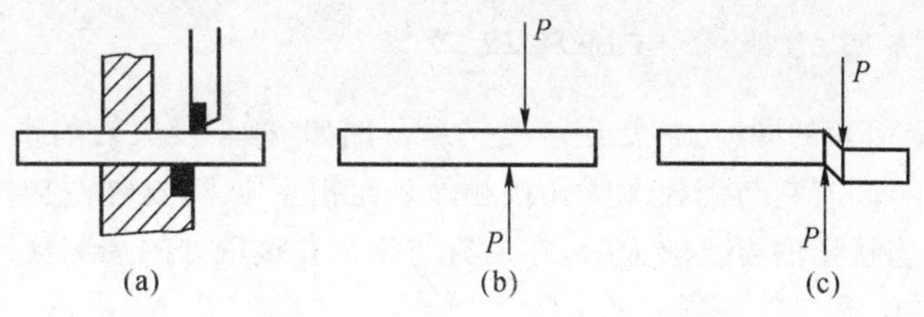

图 3-12

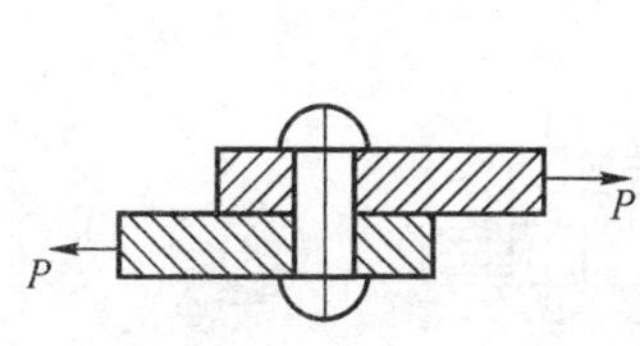

图 3-13

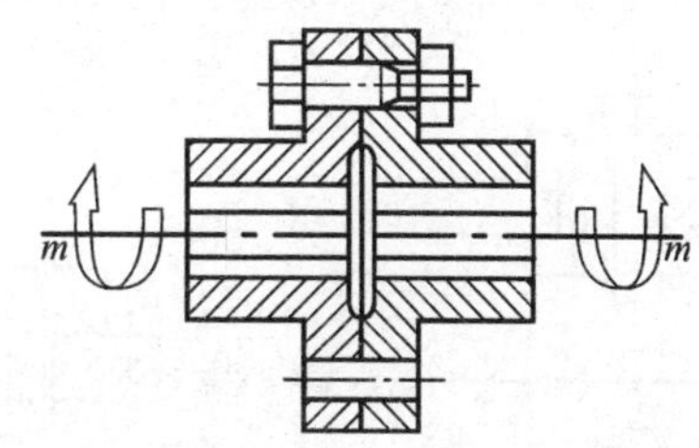

图 3-14

的，但在工程中可以假设它为均匀分布。设 A 为剪切面的面积，则单位面积上的剪力为 Q/A，称为剪应力，并以 τ 表示，故

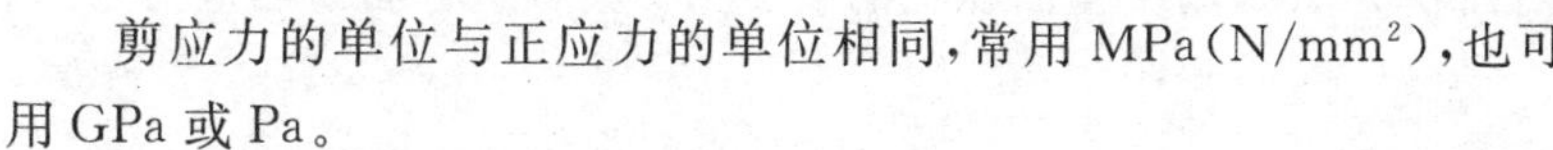

$$\tau=\frac{Q}{A} \tag{3-9}$$

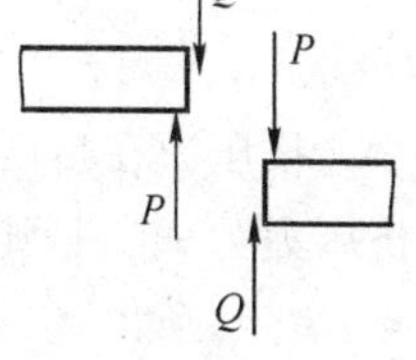

图 3-15

剪应力的单位与正应力的单位相同，常用 MPa（N/mm^2），也可用 GPa 或 Pa。

由式(3-9)可以计算构件受剪时的剪应力 τ。在冲、剪钢板时，应使剪应力 τ 达到抗剪强度 τ_b，才能完成冲剪工作。

【例题 3-5】 如图 3-16 所示的冲孔装置，若被冲钢板的厚度 $\delta=5\text{mm}$，抗剪强度 $\tau_b=390\text{MPa}$。现要求冲出一个直径 $d=12\text{mm}$ 的圆孔，试求冲孔时所必需的力 P。

解：冲孔时的剪切面就是直径为 d、高度为 δ 的圆柱面，所以剪切面积为

$$A=\pi d\delta=\pi\times12\times5=188(\text{mm}^2)$$

剪切面上的内力为　$Q=P$

由式(3-9)可得　$\tau=\dfrac{Q}{A}=\dfrac{P}{A}=\tau_b$

所以必需的力为

$$P=A\tau_b=188\times390=73320(\text{N})=73.32(\text{kN})$$

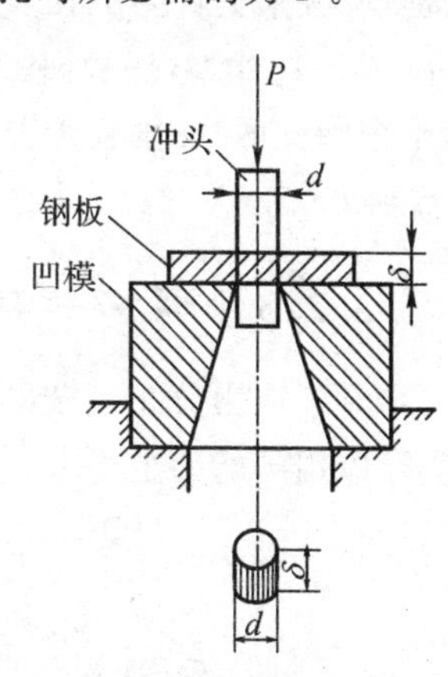

图 3-16

3.2.2 挤压的概念与挤压应力

构件在承受剪切的同时，常常还承受挤压。例如，拖车接头处的销钉(图 3-17)，不但承受剪切作用，同时它与钢板上圆孔接触处表面相互压紧，这种两构件接触表面局部受压称为挤压。当挤压的力足够大时，在销钉与钢板孔接触处的局部区域便会发生塑性变形，如图 3-17 所示。

两构件相互压紧的表面称为挤压面，作用于挤压面上的力称为挤压力。

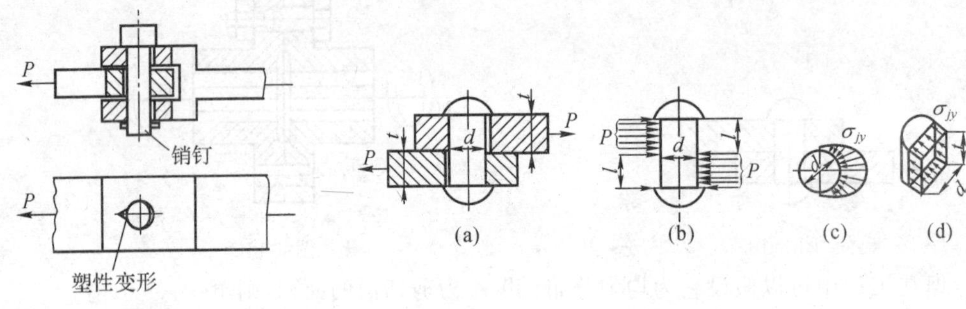

图 3-17　　图 3-18

挤压力在挤压面上的分布是很复杂的，但在实际计算时可以假设它为均匀分布。设挤压力为 P_{jy}，挤压面面积为 A_{jy}，则单位面积上的挤压力 P_{jy}/A_{jy}，称为挤压应力，并以 σ_{jy}，表示，所以

$$\sigma_{jy}=\frac{P_{jy}}{A_{jy}} \tag{3-10}$$

挤压应力 σ_{jy}的常用单位也是 MPa(N/mm^2)。

计算挤压应力时，应注意像铆钉连接(图 3-18(a))、销钉连接(图 3-17)等，这类连接是圆柱形构件与圆孔表面相互压紧，其接触面近似于半个圆柱面。现取铆钉连接来研究(图 3-18(b))，接触面上挤压应力的分布如图 3-18(c)所示。在工程中，可以用接触面(半个圆柱面)在垂直于力 P 平面上的投影面积，作为挤压面计算面积(图 3-18(d))，即 $A_{jy}=d\cdot t$。

3.2.3 剪切与挤压的强度计算

对于应力分布复杂的剪切和挤压问题，根据实践经验作了假设，进行简化，这对于实际应用已能满足要求。因此，剪切和挤压实用计算的强度条件分别如下：

$$\tau=\frac{Q}{A}\leqslant[\tau] \tag{3-11}$$

$$\sigma_{jy}=\frac{P_{jy}}{A_{jy}}\leqslant[\sigma_{jy}] \tag{3-12}$$

以上两式中的$[\tau]$和$[\sigma_{jy}]$分别为许用剪应力和许用挤压应力，它们与许用拉应力$[\sigma]$有一定的关系，对于钢材，由实验可得：

$$[\tau]=(0.6\sim0.8)[\sigma]$$

$$[\sigma_{jy}]=(1.7\sim2)[\sigma]$$

运用式(3-11)，(3-12)可分别解决剪切强度计算和挤压强度计算中的三类问题，即校核构件的强度、设计构件的截面尺寸和确定许可载荷。

【例题 3-6】　一制动装置的钢杆 AB 与支架采用销钉连接，如图 3-19 所示。已知制动时加在 A 点的力 $P_1=4.5\text{kN}$，尺寸 $\delta=16\text{mm}$，$a=600\text{mm}$，$b=150\text{mm}$，销钉的许用剪应力$[\tau]=40\text{MPa}$，连接处的许用挤压应力$[\sigma_{jy}]=80\text{MPa}$，试确定销钉 C 的直径 d。

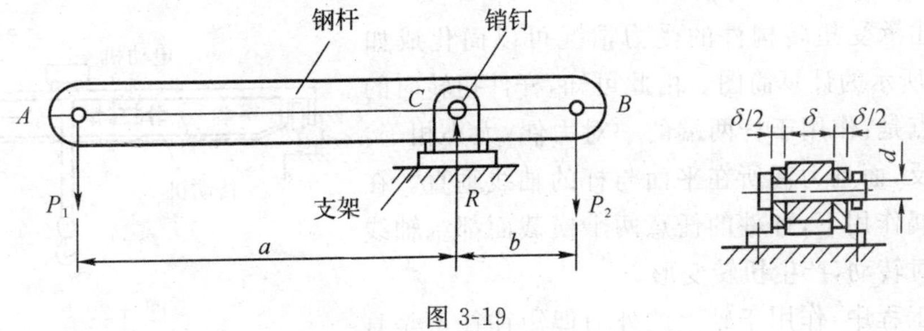

图 3-19

解：(1)求销钉 C 处的反力。钢杆 AB 的受力图如图 3-19 所示，销钉 C 处的反力 R 可根据平衡方程求得：

$$\sum M_B=0,P_1(a+b)-R\cdot b=0$$

$$R=\frac{a+b}{b}P_1=\frac{600+150}{150}\times4.5=22.5(\text{kN})$$

(2)按剪切强度确定销钉的直径 d。销钉的剪切面是两个直径为 d 的圆形截面，故剪切面积 $A=2\times\frac{\pi d^2}{4}=\frac{\pi d^2}{2}$，剪力 $Q=R$，由式(3-11)可得：

$$\tau=\frac{Q}{A}=\frac{2R}{\pi d^2}\leqslant[\tau]$$

$$d\geqslant\sqrt{\frac{2R}{\pi[\tau]}}=\sqrt{\frac{2\times22.510^3}{\pi\times40}}=18.9(\text{mm})，取 d=19\text{mm}。$$

(3)校核接触处的挤压强度。挤压是两构件接触表面的相互作用，校核连接处的挤压强度，应校核两构件中材料的挤压强度较弱者。如果题目中给出连接处的许用挤压应力，实际上就是指两构件中挤压强度较差的一个。

本题的挤压有两处：(1)钢杆孔与销钉的接触表面；(2)销钉与支架孔的接触表面。由于这两处所受的挤压力都等于销钉 C 处的反力 R，即 $P_{jy}=R$，且挤压计算面积也相等，$A_{jy}=d\cdot\delta$，因此只需校核其中一处即可。由式(3-12)可得

$$\sigma_{jy}=\frac{P_{jy}}{A_{jy}}=\frac{R}{d\cdot\delta}=\frac{22.5\times10^3}{19\times16}=74(\text{MPa})<[\sigma_{jy}]=80\text{MPa}$$

故挤压强度足够。因此,选择销钉的直径 $d=19\text{mm}$ 是合适的。

3.3 圆轴扭转

3.3.1 圆轴扭转的概念

在工程实际中,有很多承受扭转的构件,如图 3-20 所示桥式起重机的传动轴和图 3-21 所示汽车的主传动轴。

上述承受扭转构件的受力情况可以简化成如图 3-22 所示的计算简图。由此可知,杆件扭转时的受力特点是:作用于杆两端的一对力偶,大小相等,方向相反,而且力偶所在平面与杆的轴线垂直。在这对力偶作用下,杆件的任意两个横截面都绕轴线发生相对转动,产生扭转变形。

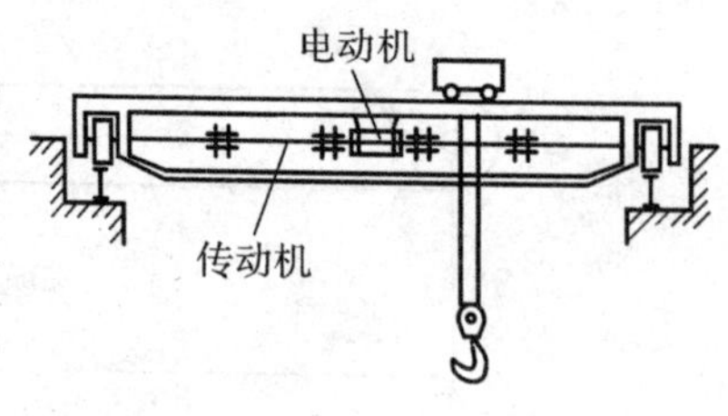

图 3-20

在工程中,作用于轴上的外力偶矩往往不是直接给出的,而是给出轴所传递的功率 P 和轴的转速 n。因此,需要运用功率和转速来计算外力偶矩,若外力偶矩用 T 表示,则有

$$T=9550\,\frac{P}{n}$$

式中,P 的单位为千瓦(kW),n 的单位为转/分(r/min),T 的单位为牛顿·米(N·m)。

图 3-21　　图 3-22

本章只研究圆轴的扭转。

3.3.2 圆柱扭转时的内力

1. 扭矩

圆轴扭转时横截面上的内力可应用截面法求得。现以图 3-23(a)所示的圆轴为例。假想将圆轴沿截面 m-n 截成两段。任取一段,如取左段来研究(图 3-23(b))。由左段轴的平衡可知,截面 m-n 上的内力也必定是一个力偶,它代表了右段轴对左段轴的作用。该内力偶矩称为扭矩,以 T_n 表示。由平衡方程可求得其大小:

$$\sum m_x=0，即\ T_n-T=0$$

得　　$T_n=T$

扭矩与外力偶矩的单位相同，即为 N·m，N·mm 或 kN·m。

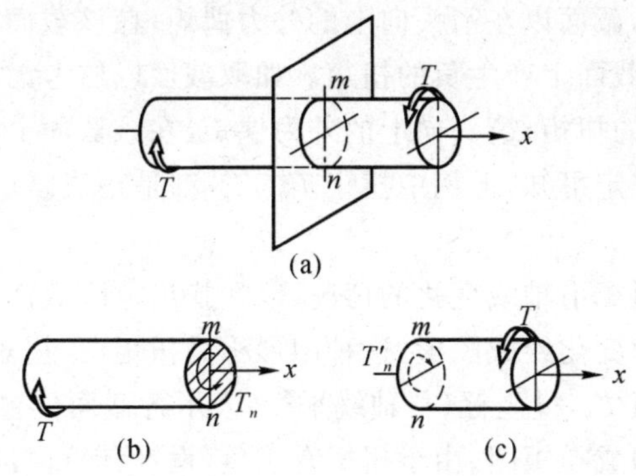

图 3-23

如取右段轴研究，仍可求得截面 m-n 上的扭矩 $T_n'=T$，只是扭矩的方向与左段轴的相反(图 3-23(c))，它代表了左段轴对右段轴的作用。

下面再来研究图 3-24(a)所示传动轴横截面上的扭矩。

轴上装有三个轮子。在三个轮子上分别作用有主动力偶矩 T_1 和阻力偶矩 T_2、T_3，且 $T_2 \leqslant T_3$。因为轴做匀速转动，所以各外力偶矩应满足如下关系：

$$-T_1+T_2+T_3=0$$

为了研究方便，可将传动轴和轮子画成投影图，如图 3-24(b)所示。

现计算 1-2 段内任一截面上的扭矩。假想将轴沿截面 Ⅰ-Ⅰ 截开，取左段轴研究(图 3-24(c))，由平衡方程：

$$\sum m_x=0，即\ T_{n1}-T_1=0$$

得　$T_{n1}=T_1$。

再计算轴在 2-3 段内任一截面上的扭矩。假想将轴沿截面 Ⅱ-Ⅱ 截开，取左段轴研究(图 3-24(d))，由平衡方程：

$$\sum m_x=0，即\ -T_1+T_2+T_{n2}=0$$

得　$T_{n2}=T_1-T_2=T_3$。

如在 1-2 段及 2-3 段内各取右段轴研究，所得扭矩大小与取左段轴求得的相同，只是方向相反。

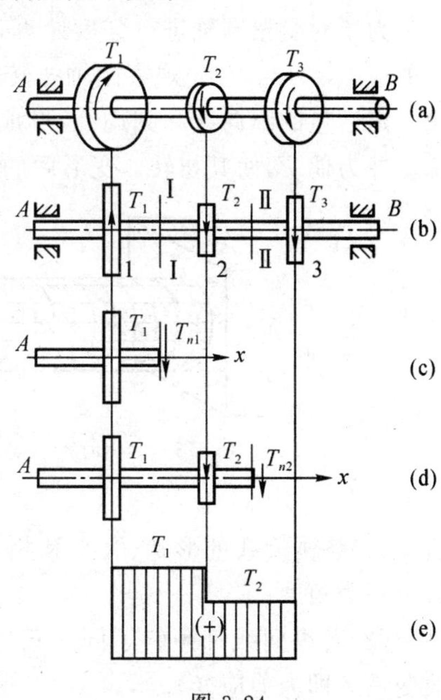

图 3-24

通过上面的计算可知:任一截面上的扭矩等于该截面以左(或以右)轴上各外力偶矩的代数和。

为了使取左段轴或右段轴求出的同一截面的扭矩的正负号相同,现作如下规定:取左段轴时,在投影图上,截面以左箭头向上的外力偶矩,在该截面上产生正的扭矩;箭头向下的外力偶矩,在该截面上产生负的扭矩。如取截面以右考虑,则剪头向下的外力偶矩,在该截面上产生正的扭矩;箭头向上的外力偶矩,在该截面上产生负的扭矩。

按扭矩的正负号规定可知,上例中扭矩 T_{n1},T_{n2}都是正值。

2. 扭矩图

为了清楚地表示扭矩沿轴线变化的情况,以便找出危险截面和确定最大扭矩,可将轴各面上的扭矩沿轴的变化绘成图形,这种图形称为扭矩图。扭矩图的作法是以纵坐标(与轴线垂直)表示扭矩 T_n,横坐标(与轴线平行)表示各截面位置。将计算出的扭矩,按适当的比例绘在图上即成扭矩图。由于扭矩有正负,设计计算时应在扭矩图上找出绝对值最大的扭矩作为最大扭矩 T_{max},若 AB 轴的直径不变,则最大扭矩所在的截面称为危险截面。上例中的扭矩图 3-24(e)所示;由扭矩图可以看出传动轴的危险截面在 1-2 段内,最大扭矩 $T_{max}=T_1$。

3.3.3 圆轴扭转时的应力和强度计算

1. 横截面上剪应力的分布规律

为了对受扭圆轴进行强度计算,在求出横截面上的扭矩后,需要进一步分析横截面上的应力。为此,首先观察圆轴扭转实验的现象。取图 3-25(a)所示的圆轴,在表面上画出一定数量的纵向线和圆周线,形成若干个小方格,然后将圆轴一端固定在另一端逐渐加上外力偶 T,使其扭转。变形后的圆轴如图 3-25(b)所示,这时可以观察到如下现象:

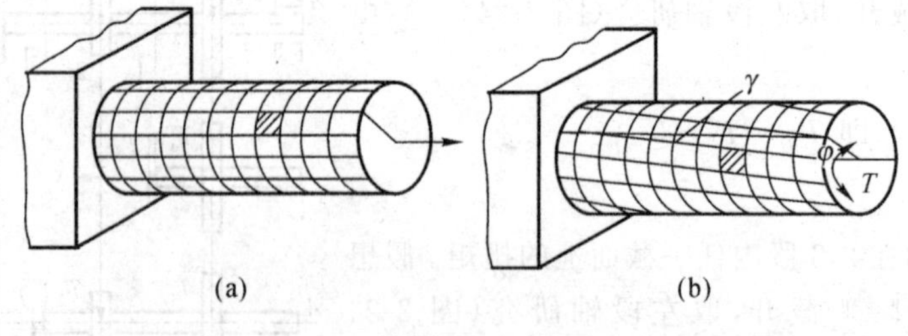

图 3-25

(1)各圆周线的形状、大小和相邻圆周线之间的距离均未改变,只是相对地绕轴线转过一个角度;

(2)各纵向线都倾斜了同一角度 γ,圆轴表面的小方格变成了菱形(小方格的直角改变量 γ 即为剪应变)。

根据上述实验现象，可进行由表及里的推想圆轴内部的变形情况，即圆轴扭转后，各横截面仍保持为原来的平面，而且它们之间的距离不变，只是绕轴线相对转过了一个角度。因此作如下推论：圆轴扭转时横截面上只有垂直于半径方向的剪应力，而没有正应力。

现在来研究剪应力在横截面上的分布规律。如图 3-26 所示，圆轴的左端固定，右端受外力偶矩 T 作用。设扭转时右端横截面绕轴线转过了 φ 角，截面上的 b 点和 c 点分别转到了 b' 点和 c' 点。b 点处的剪应变为 γ_ρ，c 点处的剪应变为 $\gamma_{\max}$。由图可得圆轴扭转时横截面上剪应力的分布规律：截面上各点剪应力的大小，与该点到圆心的距离成正比。在圆心处剪应力为零，圆周边缘处剪应力最大，如图 3-27(a)所示。

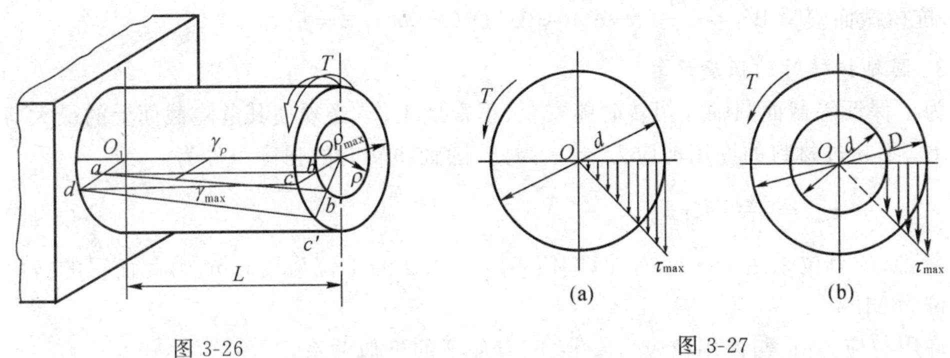

图 3-26　　　　　　　　　　图 3-27

对于空心圆轴，上面的分析同样适用。它的剪应力沿半径分布的情况见图 3-27(b)。

2. 最大剪应力的计算公式

圆轴扭转时横截面上的内力扭矩 T_n，就是由截面上各点剪应力所组成的内力矩的总和。因此，剪应力的大小与扭矩 T_n 的大小成正比；与各点到圆心的距离 ρ 成正比；与截面的大小和截面的分布即截面的极惯性矩 I_P(不作推导)成反比，由此可得圆轴扭转时横截面上任一点的剪应力公式为

$$\tau_\rho=\frac{T_n\rho}{I_p} \tag{3-13}$$

式中，I_P 称为截面对圆心 O 的极惯性矩。ρ 为所求应力点到圆心的距离。

实心圆截面直径为 d，极惯性矩 $I_P=\frac{\pi d^4}{32}\approx 0.1d^4$；空心圆截面外径 D，内径为 d，极惯性矩 $I_P=\frac{\pi d^4}{32}(1-\alpha^4)\approx 0.1D^4(1-\alpha^4)$，$\alpha=\frac{d}{D}$。$I_P$ 的单位是 mm^4 或 cm^4。

由于在强度计算时最感兴趣的是横截面上的最大剪应力，即 $\rho=\rho_{\max}=\frac{d}{2}$（实心圆截面）的圆周表面，为了计算方便，通常将截面的几何量 I_P 和 $\rho_{\max}$ 归并成一个几何量，

即令

$$W_T=\frac{I_P}{\rho_{\max}}$$

则式(3-13)可改写成如下形式，即最大剪应力计算公式

$$\tau_{\max}=\frac{T_n}{W_T} \tag{3-14}$$

式中，W_T 亦为截面的几何量，称为抗扭截面模量(也称抗扭截面系数)，它的单位是 mm^3 或 cm^3。

实心圆截面直径为 d，抗扭截面模量 $W_T=\frac{\pi d^3}{16}\approx 0.2d^3$；空心圆截面外径为 D，内径为 d，抗扭截面模量 $W_T=\frac{\pi D^3}{16}(1-\alpha^4)\approx 0.2D^3(1-\alpha^4)$，$\alpha=\frac{d}{D}$。

3. 圆轴扭转时的强度计算

为了保证等截面圆轴在扭转时能安全、正常地工作，必须使其危险截面上的最大剪应力 $\tau_{\max}$ 不超过材料的许用剪应力[τ]。因此，圆轴扭转时的强度条件为

$$\tau_{\max}=\frac{T_{n\max}}{W_T}\leqslant[\tau] \tag{3-15}$$

式中，$T_{n\max}$ 的单位采用 N·mm，计算 W_T 时，直径 d 的单位采用 mm，由此而得的剪应力单位为 MPa。

许用剪应力[τ]与许用拉应力[σ]之间有如下的近似关系：

塑性材料　[τ]=(0.5～0.6)[σ]；

脆性材料　[τ]=(0.8～1.0)[σ]。

【例题 3-7】 一传动轴如图 3-28(a)所示，已知轴的直径 $d=4.5$cm，转速 $n=300$r/min。主动轮 A 输入的功率 $P_A=36.7$kW，从动轮 B、C、D 输出的功率分别为 $P_B=14.7$kW，$P_C=P_D=11$kW。轴的材料为 45 钢，$[\tau]=40$MPa，试校核轴的扭转强度。

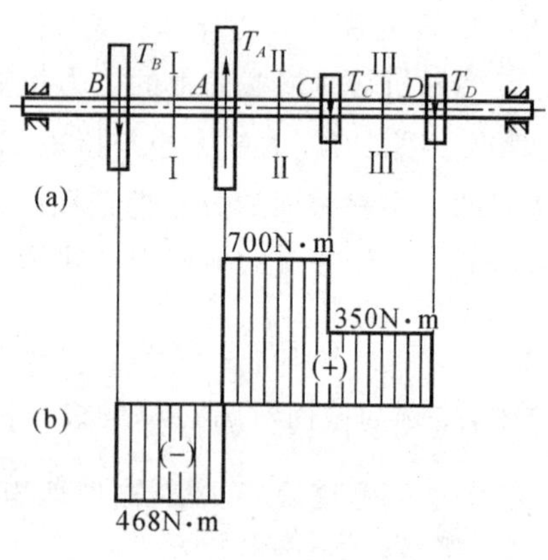

图 3-28

解：(1)计算外力偶矩。

$$T_A=9550\frac{P_A}{n}=9550\frac{36.7}{300}=1168(\text{N}\cdot\text{m})$$

$$T_B=9550\frac{P_B}{n}=9550\frac{14.7}{300}=468(\text{N}\cdot\text{m})$$

$$T_C=9550\frac{P_C}{n}=9550\frac{11}{300}=350(\text{N}\cdot\text{m})$$

(2)画扭矩图，求最大扭矩。先用截面法求 BA、AC、CD 各段任意截面上的扭矩，得

$$T_{n1}=-T_B=-468(\text{N}\cdot\text{m})$$

$T_{n2}=-T_B+T_A=-468+1168=700(\text{N}\cdot\text{m})$

$T_{n3}=T_D=350(\text{N}\cdot\text{m})$

然后画扭矩图如图 3-28(b)所示。由扭矩图可知危险截面在 AC 段内，最大扭矩 $T_{max}=700(\text{N}\cdot\text{m})$

(3)校核强度

$$\tau_{max}=\frac{T_{n\max}}{W_T}=\frac{700\times10^3}{0.2\times45^2}=38.4(\text{MPa})<[\tau]=40\text{MPa}$$

所以传动轴的扭转强度足够。

【例题 3-8】 某汽车主传动轴(图 3-21)，由 45 钢的无缝钢管制成，其外径 $D=90\text{mm}$，内径 $d=85\text{mm}$。轴传递的最大力偶矩 $T=1500\text{N}\cdot\text{m}$。已知材料的许用剪应力 $[\tau]=60\text{MPa}$，试校核此轴的强度。如果采用实心轴，问：是否经济？

解：(1)校核传动轴的强度。

$$\tau_{max}=\frac{T_{n\max}}{W_T}=\frac{T}{0.2D^3(1-\alpha^4)}=\frac{1500\times10^3}{0.2\times90^3\left[1-\left(\frac{85}{90}\right)^4\right]}$$

$$=50.3\text{MPa}<[\tau]=60\text{MPa}$$

该轴的扭转强度足够。

(2)如采用实心轴，按强度条件确定其直径。

按强度条件可求得

$$d_1=\sqrt[3]{\frac{T_{n\max}}{0.2[\tau]}}=\sqrt[3]{\frac{1500\times10^3}{0.2\times60}}=50(\text{mm})$$

在空心与实心轴长度相等、材料相同的情况下，其重力之比应等于横截面面积之比，于是

$$\frac{A_{实}}{A_{空}}=\frac{\frac{\pi d_1^2}{4}}{\frac{\pi}{4}(D^2-d^2)}=\frac{50^2}{90^2-85^2}=2.86$$

由此可见，在其他条件相同的情况下，实心轴是空心轴重量的 2.86 倍。因此，对于直径较大的轴采用空心轴比较经济，但空心轴的加工要比实心轴的加工难度大得多，这是一对矛盾。

3.4 梁的弯曲

3.4.1 平面弯曲的概念及弯曲内力

1. 平面弯曲的概念

直杆受到垂直于杆轴的外力或在杆轴平面内的力偶作用时，杆的轴线由原来的直线变为曲线，这样的变形称为弯曲变形。凡以弯曲变形为主要变形的构件，习惯上称之为梁。如图 3-29(a)所示为机车轮轴，在外力作用下它将变成一条上凸的曲线。如图 3-29(b)所示为桥式吊车的横梁，在外力的作用下将变成一条曲线。

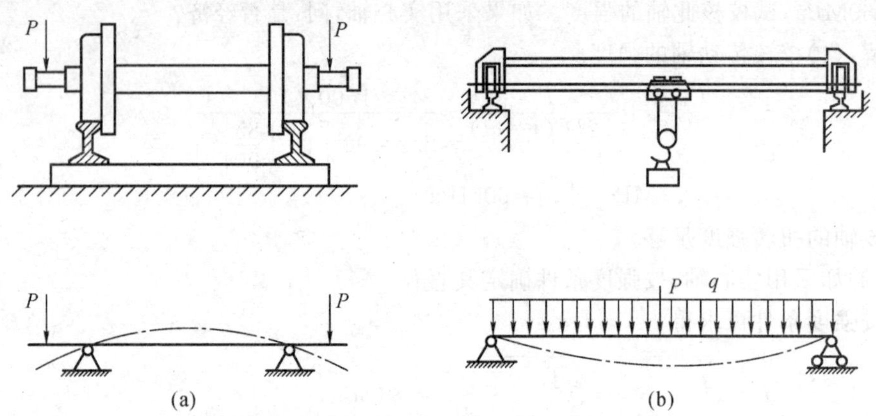

图 3-29

工程上大多数梁的横截面都具有对称轴，该轴称为纵向对称轴；梁的轴线和截面的纵向对称轴所决定的平面称为纵向对称面，如图 3-30 所示。若梁上的外力或力偶都作用在纵向对称面内，且各力都与梁的轴线垂直，则梁的轴线在纵向对称面内弯成一条平面曲线，这种弯曲称为平面弯曲。平面弯曲是弯曲问题中最基本、最常见的。所以，本章中只讨论平面弯曲问题。

梁的结构形式很多，但按其支座情况可分为以下三种形式，即简支梁、外伸梁和悬臂梁，如图 3-31 所示。

2. 梁弯曲时横截面上的内力

为了计算梁的强度和变形，在求出梁的支座反力后，还必须计算梁的内力。求解梁横截面上内力的方法是截面法。如图 3-32(a)所示的简支梁，受集中力 P_1 和 P_2 作用。为了求出距 A 端支座为 x 处横截面 m-m 上的内力，首先按静力学中的平衡方程求出梁的支座反力 R_A 和 R_B，然后用截面法沿 m-m 截面假想地把梁截开，并以左边部分为研究对象(图 3-32(b))。因 R_A 与 P_1 一般不能互相平衡，为了保持左段梁的平衡，截面

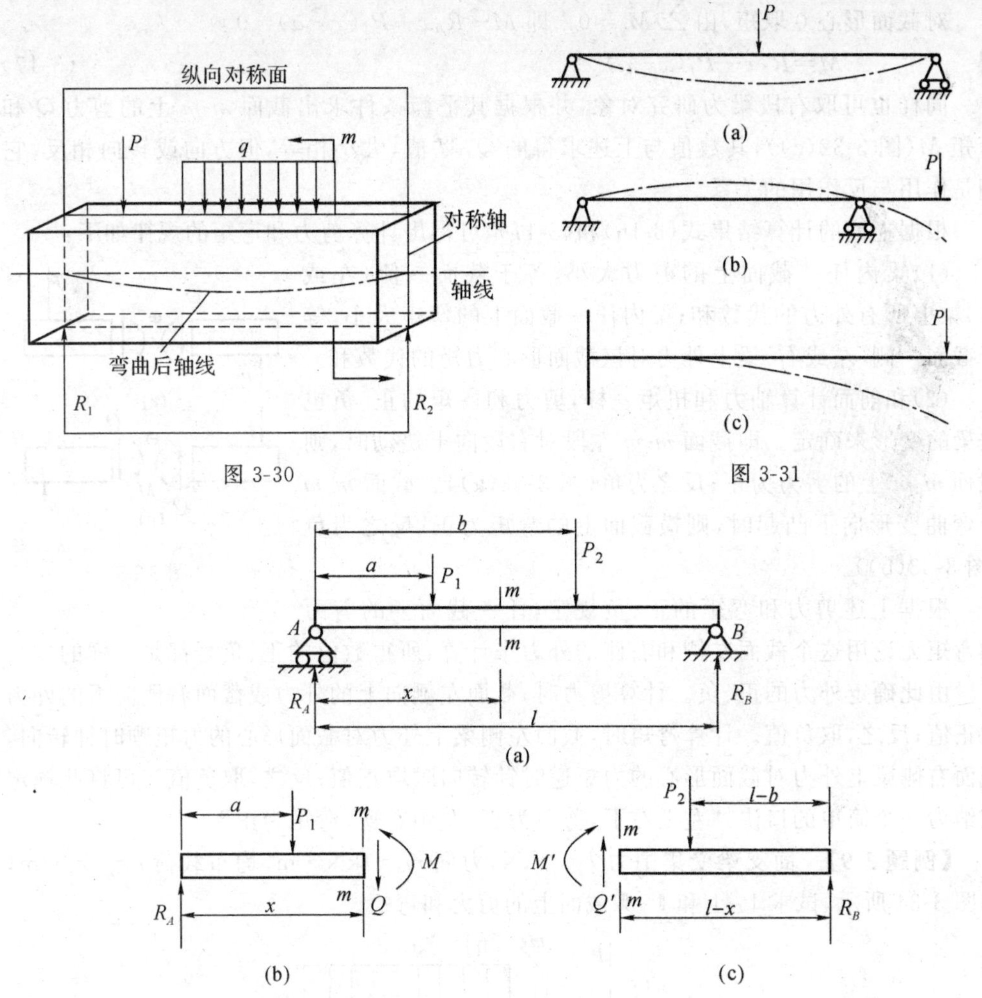

图 3-30

图 3-31

图 3-32

m-m 上必有一个与截面相切的内力 Q 来代替右边部分对左边部分沿截面切线方向移动趋势所起的约束作用；又因 R_A 与 P_1 对截面形心的力矩一般不能相互抵消，为保持左边部分不发生转动，在横截面 m-m 上必有一个位于载荷平面的内力偶，其力矩为 M，来代替右边部分对左边部分转动趋势所起的约束作用。由此可见，梁弯曲时，横截面上一般存在两个内力因素，其中称 Q 为剪力，称 M 为弯矩。

剪力 Q 和弯矩 M 的大小和方向都可以依据左边部分的平衡关系来确定。

由 $\sum F_y=0$ 即 $R_A-P_1-Q=0$

得 $Q=R_A-P_1$ (3-16)

对截面形心 0 取矩，由 $\sum M_0=0$　即 $M-R_Ax+P_1(x-a)=0$

得　　$M=R_Ax-P_1(x-a)$　　(3-17)

同样也可取右段梁为研究对象，并根据其平衡条件求出截面 m-m 上的剪力 Q 和弯矩 M(图 3-32(c))，其数值与上述求得的 Q,M 值，大小相等，但方向或转向相反，它们是作用与反作用的关系。

根据上面的计算结果式(3-16)和(3-17)，可得出计算剪力和弯矩的规律如下：

(1)梁内任一截面上的剪力大小，等于截面一侧(左或右)梁上所有外力的代数和；梁内任一截面上的弯矩大小，等于截面一侧(左或右)梁上外力对该截面形心力矩的代数和。

(2)和前面计算轴力和扭矩一样，剪力和弯矩的正、负也按梁的变形来确定。即截面 m-m 左段对右段向上错动时，则截面 m-m 上的剪力为正；反之为负(图 3-33(a))。截面 m-m 处弯曲变形向下凸起时，则横截面上的弯矩为正；反之为负(图 3-33(b))。

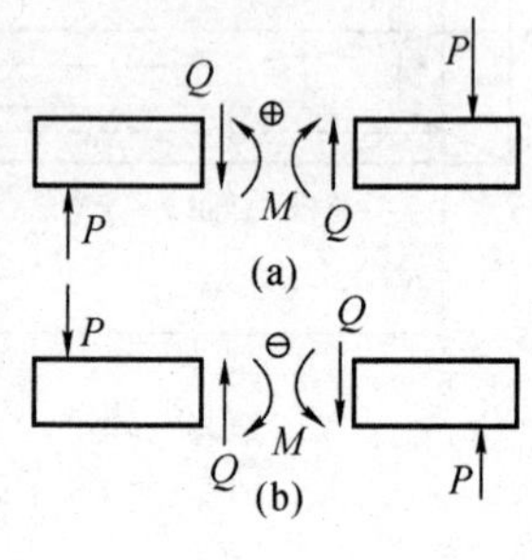

图 3-33

根据上述剪力和弯矩的正、负规定，任一截面上的剪力和弯矩无论用这个截面左侧和右侧的外力来计算，所得数值的正、负号都是一样的。

由此确定外力的正、负。计算剪力时，截面左侧向上的外力或截面右侧向下的外力取正值；反之，取负值。计算弯矩时，截面左侧梁上外力对截面形心的力矩顺时针转向，截面右侧梁上外力对截面形心的力矩逆时针转向时取正值；反之，取负值。可将此规定归纳为一个简单的口诀："左上右下，剪力为正；左顺右逆，弯矩为正"

【例题 3-9】　简支梁受集中力 $P=1\text{kN}$，力偶 $m=1\text{kN}\cdot\text{m}$，均布载荷 $q=4\text{kN/m}$，如图 3-34 所示，试求 Ⅰ-Ⅰ 和 Ⅱ-Ⅱ 截面上的剪力和弯矩。

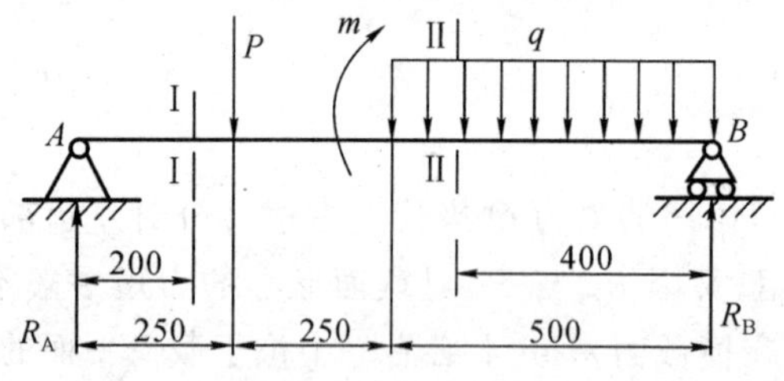

图 3-34

解：(1)求支座反力。

$$\sum M_B(F)=0,$$

$$P\times750-R_A\times1000-m+q\times0.5\times250=0$$

可得　$R_A=250\text{N}$

$$\sum F_y=0, R_A-P-q\times 0.5+R_B=0$$

可得　　　$R_B=2750\text{N}$

(2)计算剪力和弯矩(应取简单的一侧为研究对象)。

Ⅰ-Ⅰ　　$Q_1=R_A=250\text{N}$

$M_1=R_A\times 200=250\times 0.2=50(\text{N}\cdot\text{m})$

Ⅱ-Ⅱ　　$Q_2=q\times 400-R_B=4\times 400-2750=-1150(\text{N})$

$M_2=R_B\times 400-q\times 0.4\times 200=780(\text{N}\cdot\text{m})$

3. 剪力图和弯矩图

由上例可知，一般情况下，梁横截面的剪力和弯矩随截面的位置而变化，如取梁的轴线为 x，以坐标 x 表示横截面的位置，则剪力和弯矩可表示为 x 的函数，即

$$Q=Q(x), M=M(x)$$

上述两函数表达了剪力和弯矩沿梁轴线的变化规律，故分别称为梁的剪力方程和弯矩方程。

为了能一目了然地看出梁各截面上的剪力和弯矩沿梁轴线的变化情况，在设计计算中常把各截面上的剪力和弯矩用图形表示。即取一平行于梁轴线的横坐标 x 来表示横截面的位置，以纵坐标表示各对应横截面上的剪力和弯矩，画出剪力和弯矩与 x 的函数曲线。这样得出的图形叫做梁的剪力图和弯矩图。

剪力图和弯矩图的画法是首先求出梁的支座反力，然后以力和力偶的作用点为分界点，将梁分为几段，分段列出剪力和弯矩方程。取横坐标表示截面的位置，纵坐标表示各截面的剪力和弯矩，按方程绘图，举例如下。

【例题 3-10】　一简支梁 AB(图 3-35(a))在 C 点受集中力 P 作用，画出此梁的剪力图和弯矩图。

解：(1)求支座反力。以整个梁为研究对象，由平衡方程 $\sum F_y=0$，$\sum M_A(F)=0$

求得　　　$R_A=\dfrac{Pb}{l}, R_B=\dfrac{Pa}{l}$

(2)列剪力方程和弯矩方程。因 A,C,B 处受集中力作用，故共有三个界点 A,C,B。因此，可将梁分为两段(AC 和 CB)列出剪力方程和弯矩方程。

AC 段：距 A 端 x 处任取一横截面，取左侧为研究对象，剪力方程和弯矩方程为

$$Q=R_A=\frac{Pb}{l}\quad (0<x<a) \tag{3-18}$$

$$M_1=R_Ax=\frac{Pb}{l}x\quad (0\leqslant x\leqslant a) \tag{3-19}$$

CB 段：在 CB 段内距 A 端 x 处取横截面，取右侧为研究对象，列出该段的剪力方程和弯矩方程为

$$Q_2=-R_B=-\frac{Pa}{l} \quad (a<x<1) \tag{3-20}$$

$$M_2=R_B(l-x)=\frac{Pa(l-x)}{l} \quad (a\leqslant x\leqslant 1) \tag{3-21}$$

(3) 按方程分段绘图：

由式(3-18)和(3-20)可知，AC 段和 CB 段剪力均为常数，所以剪力图是平行于 x 轴的直线，AC 段的剪力为正，画在 x 轴之上，CB 段的剪力为负，画在 x 轴之下，如图 3-35(b)所示。

由式(3-19)和(3-21)可知，弯矩都是 x 的一次方程，所以弯矩图是两段倾斜直线。根据式(3-19)和(3-21)确定界点处的弯矩值

$$x_1=0, M_1=0; x_1=a, M_1=\frac{Pab}{l};$$

$$x_2=1, M_2=0$$

由这三点分别绘出 AC 段和 CB 段的弯矩图(图(3-35(c)))。

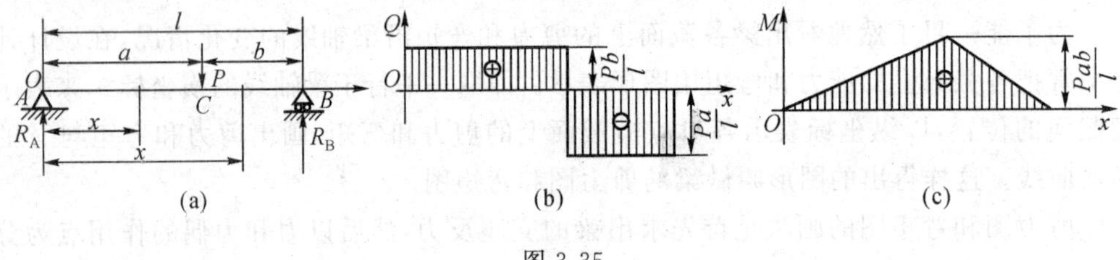

图 3-35

(4)讨论。由剪力图 3-35(b)可以看出，当 $x=a$ 时，剪力图上有两个值，即 $\frac{Pb}{l}$ 和 $-\frac{Pa}{l}$，此种情况称为剪力图突变。可理解为当截面从左向右无限趋近截面 C 时，即在 C 点左侧时，剪力为 $\frac{Pb}{l}$，一旦越过截面 C，即在 C 点右侧时，则剪力变为 $-\frac{Pa}{l}$。图 3-35(b)中集中力作用点 A、B、C 都是突变点。

由弯矩图 3-35(c)可知，集中力 P 作用点 C，弯矩图发生转折，且该截面上的弯矩值最大，为 $\frac{Pab}{l}$。

分析此例，可得出如下规律：

①集中力作用时，两力之间的剪力图为一平行于轴的直线。集中力作用点处，剪力图发生突变，突变方向与外力方向相同；突变幅度等于外力大小。

②剪力图为直线时，其对应区间的弯矩图为一倾斜直线，斜线的斜率等于对应的剪力图的值。剪力图为 x 轴的上平行线时，弯矩图向上倾斜；剪力图为 x 轴的下平行线时，弯矩图向下倾斜。

【例题 3-11】 一简支梁，受集中力偶 m 作用(图 3-36(a))，试绘此梁的剪力图和弯

矩图。

解:(1)求支座反力。由平衡方程

$$\sum M_A(F)=0, \sum M_B(F)=0$$

可求得　　$R_A=R_B=\dfrac{m}{l}$

(2)分段列出剪力方程和弯矩方程。本题中有三个界点,将梁分为左、右两段,分别在两段内取截面,列出各段的剪力和弯矩方程

AC 段　　$Q_1=-R_A=-\dfrac{m}{l}\quad(0\leqslant x\leqslant a)$　　(3-22)

$M_1=-R_Ax=-\dfrac{m}{l}x\quad(0\leqslant x\leqslant a)$　　(3-23)

CB 段　　$Q_2=-R_B=-\dfrac{m}{l}\quad(0\leqslant x\leqslant 1)$　　(3-24)

$M_2=R_B(1-x)=\dfrac{m}{l}(1-x)\quad(a\leqslant x\leqslant 1)$　　(3-25)

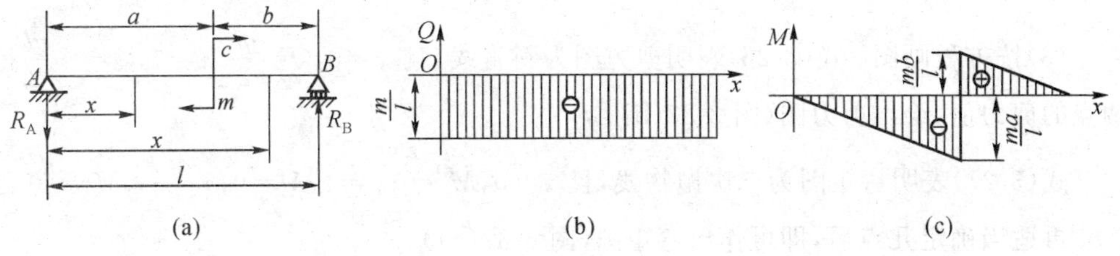

图 3-36

(3)按方程画剪力图和弯矩图,式(3-22)和(3-24)表明剪力图为一直线(图 3-36(b))。由式(3-23)得

$$x=0, M_1=0; x=a, M_1=-\frac{ma}{l}$$

根据这两点作 AC 段的弯矩图(图 3-36(c))。

由式(3-25)得

$$x=a, M_2=\frac{mb}{l}; x=1, M_2=0$$

根据这两点作 CB 段弯矩图。

分析此例可得出如下规律:梁上在集中力偶作用点处,剪力图不变,弯矩图突变。突变方向为:若力偶为顺时针转向,则弯矩图向上突变;反之,若力偶为逆时针转向,则弯矩图向下突变。为此,可简记为“顺上逆下”,突变幅度等于力偶矩的大小。

【例题 3-12】　简支梁受集度为 q 的均布载荷作用(图 3-37(a)),试绘出此梁的剪力图和弯矩图。

解:(1)求支座反力。由于 q 是单位长度上的载荷,所以梁上的总载荷为 ql,又因梁

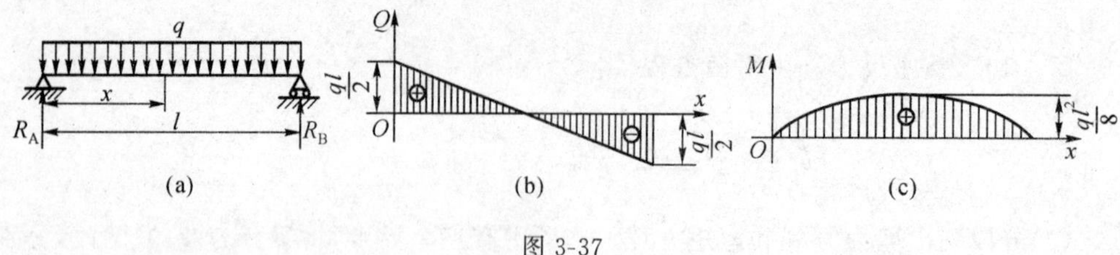

图 3-37

左右对称，可知两个支座反力相等，即

$$R_A=R_B=\frac{ql}{2}$$

(2)列剪力方程和弯矩方程。距梁左端为 x 的任意截面上的剪力和弯矩方程分别为，

$$Q=R_A-qx=\frac{ql}{2}-qx \qquad (0<x<1) \tag{3-26}$$

$$M=R_Ax-\frac{qx^2}{2}=\frac{ql}{2}x-\frac{qx^2}{2} \quad (0\leqslant x\leqslant 1) \tag{3-27}$$

(3)按方程画图。式(3-26)表明剪力图为斜直线，且 $x=0, Q=\frac{ql}{2}$；$x=1, Q=-\frac{ql}{2}$ 得两点的剪力值，绘出剪力图(图 3-37(b))。

式(3-27)表明弯矩图为二次抛物线，且 $x=0, M=0$；$x=1, M=0$；$x=\frac{l}{2}, M=\frac{ql^2}{8}$ 再适当确定几点后，即可作出弯矩图(图 3-37(c))。

分析此例即可得出下列规律：

①梁上有均布载荷作用时，其对应区间的剪力图为直线，均布载荷向下时，直线由左上向右下倾斜(\)，斜线的斜率等于均布载荷的载荷集度 q。

②剪力图为斜线时，对应的弯矩图为抛物线，剪力图下斜(\)，弯矩图上弯(⌒)；反之，则相反。

③剪力图 $Q=0$ 的点其弯矩值最大。抛物线部分的最大值等于抛物线起点至最大值点对应的剪力图形的面积。如图 3-37(c)所示。

$$M_{\max}=\frac{ql^2}{8}=\frac{ql}{2}\times\frac{l}{2}\times\frac{1}{2}$$

前面总结了集中力、集中力偶和均布力作用时，剪力图和弯矩图的作图规律，下面根据这些规律快速而准确地作出梁的剪力图和弯矩图。

【例题 3-13】 简支梁受 $P_1=3\text{kN}, P_2=1\text{kN}$ 的集中力作用(图 3-38(a))。已知约束反力 $R_A=2.5\text{kN}, R_B=1.5\text{kN}$，其他尺寸如图所示。试绘出该梁的剪力图和弯矩图。

解：(1)绘剪力图。剪力图从零开始，一般自左向右，逐段画出。根据规律可知，因 A 点有集中力 R_A，故在 A 点剪力图突变，由零向上突变 2.5kN，从 A 点右侧到 C 点左侧，两点之间无力作用，故剪力图平行于 x 轴的直线。因 C 点有集中力 P_1，故在 C 点剪力图

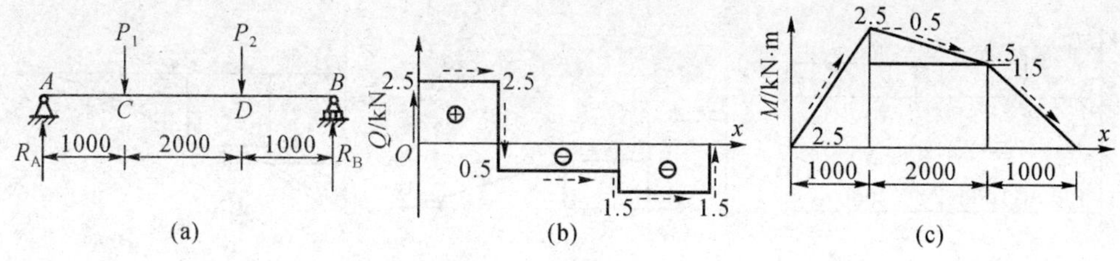

图 3-38

由 2.5kN 向下突变 3kN，C 点左侧的剪力值为 2.5kN，C 点右侧的剪力值为 -0.5kN。

同样的道理，依次，可完成其剪力图（图 3-38(b)）。需要说明，剪力图最后应回到零。图中虚线箭头只表示画图走向和突变方向。

(2)绘弯矩图。弯矩图也是从零开始，自左向右，逐段画出。A 点因无力偶作用，故无突变。因 AC 段剪力图为 x 轴的上平行线，故其弯矩图为一条从零开始的上斜线，其斜率为 2.5（图 3-38(c)中斜率仅为绘图方便而标注），C 点的弯矩值为 $2.5\times1=2.5$(kN·m)。

CD 段的弯矩图为一条从 2.5kN·m 开始的下斜线，斜率为 0.5，故 D 点的弯矩值为 $2.5-0.5\times2=1.5$(kN·m)。同样的道理，可画出 DB 段弯矩图，最后回到零（图 3-38(c)）。

【例题 3-14】 外伸梁受力如图 3-39(a)所示，$M=4$kN·m，$P=10$kN，$R_A=-6$kN，$R_B=16$kN，其他尺寸如图所示。试绘出梁的剪力图和弯矩图。

解：(1)绘剪力图。根据规律画剪力图时可不考虑力偶的影响。因此，绘其剪力图时，从 A 点零开始，向下突变 6，从 6 开始画 x 轴平行线至 B 点，向上突变 16，再画 x 轴平行线，最后在 D 点向下突变 10 而回到零（图 3-39(b)）。

(2)绘弯矩图从 A 点零开始，画斜率为 6 的下斜线至 C 点，因 C 点有力偶作用，故弯矩图有突变，根据"顺上逆下"，故向上突变 4，再画斜率为 6 的下斜线至 B 点，在 B 点转折，作斜率为 10 的上斜线至 D 点而回到零（图 3-39(c)）。

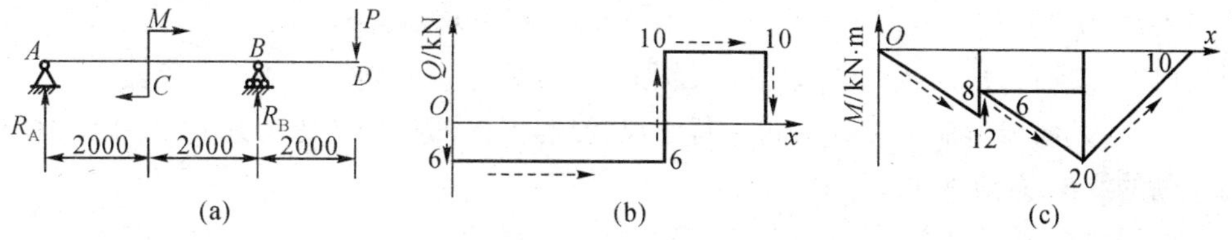

图 3-39

【例题 3-15】 悬臂梁如图 3-40(a)所示，已知 $P=4$kN，$q=2$kN/m，A 点的约束反力 $R_A=8$kN，$M_A=16$kN·m，其他尺寸如图所示，试绘出该梁的剪力图和弯矩图。

解：(1)绘剪力图。A 点至 C 点的剪力图画法与前例相同，C 点至 D 点，因受均布力

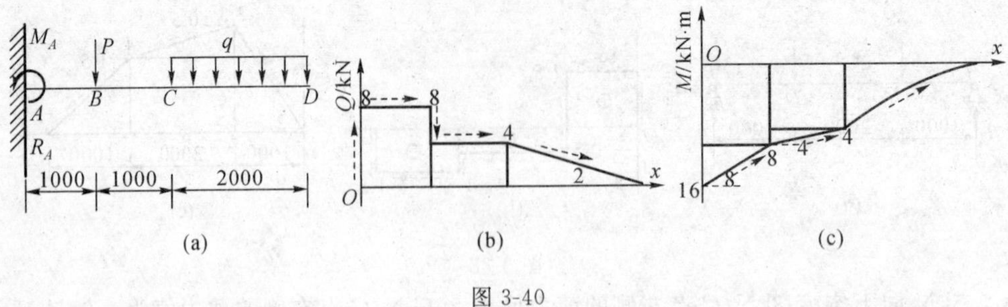

图 3-40

作用，根据规律，剪力图为从 4 开始的斜率为 2 的下斜线，最后回到零(图 3-40(b))。

(2)绘弯矩图。因 A 点有约束反力偶 M_A，故 A 点的弯矩图由零向下突变 16。A 点至 C 点的弯矩图作法同前例。C 点到 D 点，因剪力图下斜，故弯矩图上弯而回到零(图 3-40(c))。D 点的弯矩值 4 也可用 CD 段的剪力图的面积求得 $4\times2\times1/2=4$。

3.4.2 梁弯曲正应力强度条件及其应用

前面对梁弯曲时横截面上的内力进行了分析讨论。为了进行梁的强度计算，还需进一步研究横截面上的应力情况。通常梁的横截面上既有弯矩又有剪力，这种弯曲称为剪切弯曲。若梁的横截面上只有弯矩而无剪力，这种弯曲称为纯弯曲。梁的强度主要决定于截面上的弯曲应力，切应力居于次要地位。所以本节只讨论梁在纯弯曲时横截面上的弯曲应力。

研究方法与研究圆杆受扭转时的应力问题一样，研究梁的弯曲应力时，也是先通过实验，观察其变形，提出假设。在这个基础上综合应用物理、几何和静力平衡三方面的条件，找出变形及其应力的变化规律进而推导出应力计算公式。

1. 实验观察与假设

取一矩形截面直杆。实验前，在梁的侧面上画上垂直于梁轴的横向线 Ⅰ-Ⅰ 和 Ⅱ-Ⅱ 及平行于梁轴的纵向线 ab 和 cd(图 3-41(a))，然后在梁的纵向对称平面内两端，施加集中力偶 M，使梁产生纯弯曲(图 3-41(b))。这时可以观察到：

(1)梁表面各横向线仍为垂直于梁轴的直线，只是相对旋转了一个角度。

(2)各纵向线弯曲成弧线后仍平行于梁轴线，但内凹一侧的纵向线 ab 缩短了，而外凸一侧的纵向线 cd 伸长了。

根据以上表面现象，对梁内部的变形做出如下推断：

(1)梁的各个横截面，在变形后仍保持为垂直于梁轴的平面，仅旋转了一个角度。这就是梁弯曲时的平面截面假设。若设想梁由无数条纵向纤维所组成，根据平面截面假设可知，由于横截面的转动，将使梁内凹一侧的纤维层发生不同程度的缩短，外凸一侧的纤维层发生不同程度的伸长，中间必有一层既不伸长也不缩短、保持其原来长度的纤维

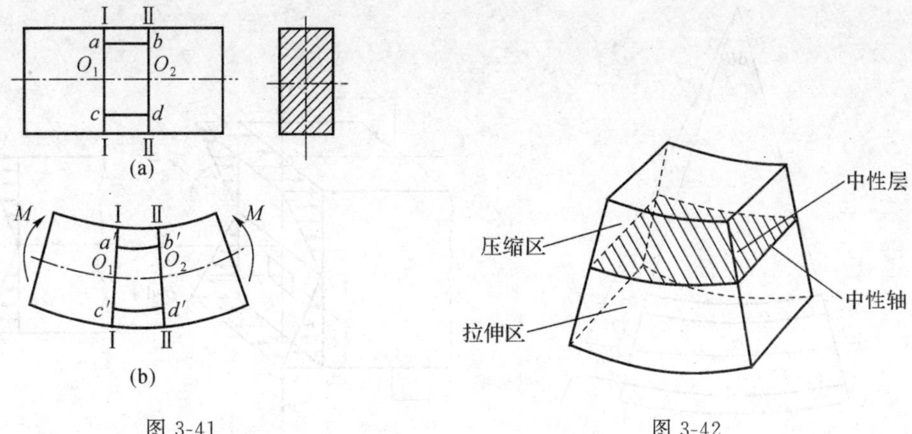

图 3-41　　图 3-42

层，称为中性层。中性层与横截面的交线称为中性轴(图 3-42)。

(2)纵向线代表纵向纤维，仅发生伸长或缩短，纤维之间无牵拉或挤压。

由平面假设可得：

(1)由于横截面与纵向线段始终保持垂直，说明横截面间无相对错动，即无剪切变形，因此横截面上无剪切应力。

(2)由于横截面相对转过了一个角度，使纵向纤维产生伸长与缩短变形，因而在横截面上相应的有拉伸与压缩正应力。

2. 应变与应力分布规律

由于纯弯曲时，各层纵向纤维受到轴向拉伸和压缩的作用，因此材料的应力和应变的关系应符合拉压虎克定律

$$\sigma = E\varepsilon \tag{3-28}$$

纵向线 cd 的线应变为　$\varepsilon = \dfrac{y}{\rho}$　(3-29)

式(3-29)反映了弯曲变形的规律：在一定的扭矩 M 作用下，中性层曲率半径 ρ 是常量，所以，纵向纤维层的应变 ε 与它到中性层的距离 y 成正比，即距中性层最远的上、下纤维层的应变最大，如图 3-43 所示。

将式(3-29)代入式(3-28)可得

$$\sigma = E\frac{y}{\rho} \tag{3-30}$$

式(3-30)表明：横截面上任一点的正应力与该点到中性轴的距离 y 成正比。即应力沿梁高度按直线规律分布，如图 3-44 所示。

式(3-30)中，中性轴位置尚未确定，$1/\rho$ 是未知量，所以不能直接求出正应力 σ，为此必须通过静力学关系来解决。

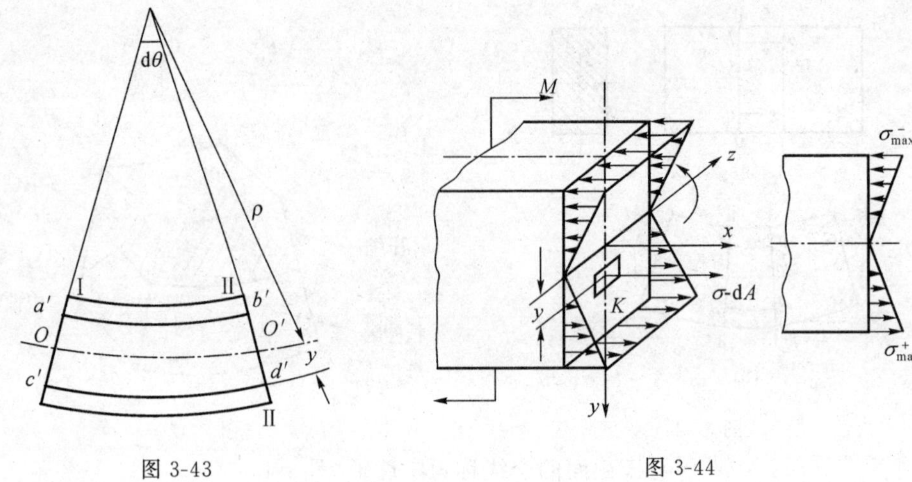

图 3-43　　　　图 3-44

3. 弯曲正应力计算公式

(1)确定中性轴的位置和曲率(不作推导)

横截面的形心在 Z 轴上,即中性轴必须过横截面的形心。

中性轴的曲率
$$\frac{1}{\rho}=\frac{M}{EI_Z} \tag{3-31}$$
式中,I_Z 是横截面对中性轴 z 的惯性矩。

此式表明:梁弯曲变形的曲率与弯矩 M 成正比,与 EI_Z 成反比。在弯矩一定的情况下,EI_Z 愈大,则曲率愈小,即弯曲的程度愈小。所以乘积 EI_Z 表示梁的材料和截面抵抗弯曲变形的能力,称为梁的抗弯刚度。

(2)弯曲正应力计算公式

将式(3-31)代入式(3-30)得
$$\sigma=\frac{M}{I_Z}y \tag{3-32}$$

式(3-32)即为梁弯曲时横截面上任一点的正应力计算公式。此式说明:正应力 σ 与该截面上的弯矩 M 成正比,与点到中性轴的距离 y 成反比。

σ 的正负可根据变形来确定,如图 3-45 所示,弯矩 M 为正时,梁向下弯,中性轴以下的点受拉,正应力为正值;中性轴以上的点受压,正应力为负值。

4. 弯曲时横截面上最大正应力的计算公式

由正应力计算公式可知:在横截面上下边缘处即 $y=y_{max}$时,正应力的值最大。若以 y_{max}表示上下边缘的点到中性轴的距离,则横截面上正应力的最大值为
$$\sigma_{max}=\frac{M}{I_z}y_{max} \tag{3-33}$$

由于 y_{max}和 I_Z 均与截面的大小和形状有关,因此,令 $W_Z=\dfrac{I_Z}{y_{max}}$,故最大正应力计算

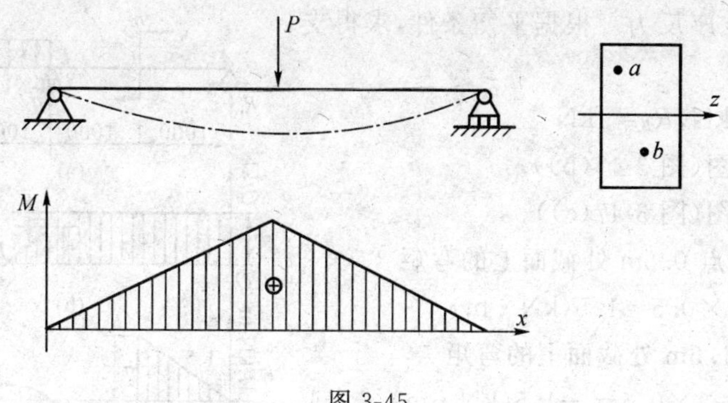

图 3-45

公式可写为：

$$\sigma_{\max}=\frac{M}{W_Z} \tag{3-34}$$

式中，W_Z 为抗弯截面模量（也称抗弯截面系数），它也是截面的几何性质之一，是衡量截面抗弯能力的一个物理量，常用单位为 $\mathrm{cm^3}$ 或 $\mathrm{mm^3}$。

5. 圆形和矩形截面的惯性矩、抗弯截面模量

为了计算梁弯曲时横截面上的正应力，必须确定惯性矩 I_Z，通过积分计算（过程略），即可求出不同截面形状的惯性矩。

矩形截面如图 3-46 所示，其高度为 h，宽度为 b，其矩形截面对 z 轴的惯性矩

$$I_Z=\frac{bh^3}{12}$$

$$W_Z=\frac{I_Z}{y_{\max}}=\frac{bh^3/12}{h/2}=\frac{bh^2}{6}$$

同理可得

$$I_y=\frac{hb^3}{12},W_y=\frac{hb^2}{6}$$

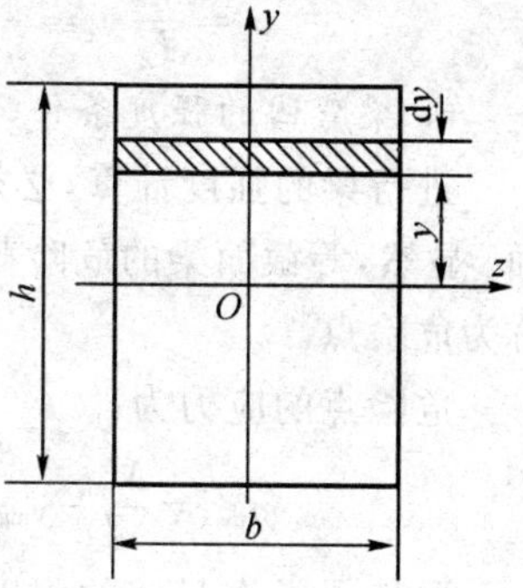

圆形截面和圆环形截面对任一圆心轴是对称的，所以对任一圆心轴的惯性矩都相等，分别为

图 3-46

$$I_Z=\frac{\pi d^4}{64},I_Z=\frac{\pi(D^4-d^4)}{64}$$

若设圆环的直径比为 $d/D=\alpha$，则相应的抗弯截面模量为

$$W_Z=\frac{\pi d^3}{32},W_Z=\frac{\pi D^3}{32}(1-\alpha^4)$$

【例题 3-16】　外伸梁受力如图 3-47(a)所示，均布载荷集度 $q=4\mathrm{kN/m}$，集中力 $P=2\mathrm{kN}$，集中力偶 $m_c=6\mathrm{kN\cdot m}$ 截面尺寸如图所示。试分别求距 A 点 0.5m 处和 1.5m 处截面上 a 点的应力。

解:(1)求支座反力。根据平衡条件,求得支座反力为

$R_A=3\text{kN}, R_B=1\text{kN}$

(2)绘剪力图(图 3-47(b))。

(3)绘弯矩图(图 3-47(c))。

(4)求距 A 点 0.5m 处截面上的弯矩

$M_1=3\times0.5=1.5(\text{kN}\cdot\text{m})$

求距 A 点 1.5m 处截面上的弯矩

$M_2=-3\times0.5=-1.5(\text{kN}\cdot\text{m})$

(5)计算截面对 Z 轴的惯性矩 I_Z

$$I_Z=\frac{bh^3}{12}=\frac{1}{12}\times50\times100^3$$

$$=4.17\times10^5(\text{mm})$$

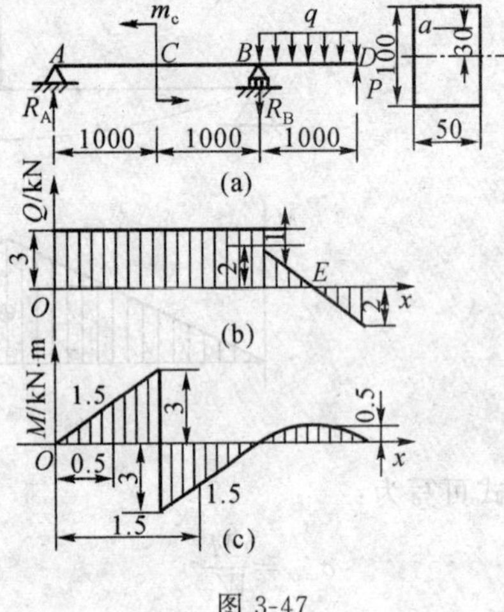

图 3-47

(6)分别计算距 A 点 0.5m 处和 1.5m 处截面上 a 点的应力 σ_1 和 σ_2,并判断其正负。

$$\sigma_1=\frac{M_1}{I_Z}y_1=-\frac{1.5\times10^3\times10^3}{4.17\times10^5}\times30=-10.79(\text{MPa})$$

$$\sigma_2=\frac{M_2}{I_Z}y_2=-\frac{1.5\times10^3\times10^3}{4.17\times10^5}\times30=10.79(\text{MPa})$$

6. 梁弯曲的强度条件

进行梁的强度计算,必须求出梁的最大正应力。产生最大正应力的截面称为危险截面。显然,等截面梁的危险截面是弯矩最大的截面。危险截面上、下边缘的正应力最大,称为危险点。

危险点的应力为:

$$\sigma_{\max}=\frac{M_{\max}}{I_z}y_{\max} \quad 或 \quad \sigma_{\max}=\frac{M_{\max}}{W_z}$$

要使梁具有足够的强度,必须使梁内的危险应力 $\sigma_{\max}$ 不超过梁所用材料的许用应力[σ],即

$$\sigma_{\max}=\frac{M_{\max}}{W_z}\leqslant[\sigma] \tag{3-35}$$

式(3-35)就是梁弯曲时的强度条件。

需要说明的是,若梁的材料是塑性材料,因其许用拉应力和许用压应力相等,故可直接按式(3-35)进行强度计算。

若梁所用的材料是脆性材料,因其许用拉应力和许用压应力不同,则梁的正应力强度条件为

$$\left.\begin{aligned}\sigma_{l\max} \leqslant \frac{M_{\max}}{I_z} y_{l\max} \leqslant [\sigma_1] \\ \sigma_{y\max} \leqslant \frac{M_{\max}}{I_z} y_{y\max} \leqslant [\sigma_y]\end{aligned}\right\} \tag{3-36}$$

式中，$\sigma_{l\max}$和 $\sigma_{y\max}$分别为最大拉应力和最大压应力，$[\sigma_1]$和$[\sigma_y]$分别为许用拉应力和许用压应力，$y_{l\max}$和 $y_{y\max}$分别是拉应力和压应力一侧最远点到中性轴的距离。

梁弯曲时的强度条件，可用来解决强度校核、设计截面尺寸和确定许可载荷这三类问题。

现举例说明。

【例题 3-17】 如图 3-48(a)所示，托架为一 T 形截面的铸铁梁。已知截面对中性轴 z 的惯性矩 $I_Z=1.35\times10^7\text{mm}^4$，$P=4.5\text{kN}$，铸铁的弯曲许用应力$[\sigma_1]=40\text{MPa}$，$[\sigma_y]=80\text{MPa}$，若略去梁的自重影响，校核梁的强度。

解：(1)画其受力图(图 3-48(b))。

(2)绘制剪力图(图 3-48(c))。

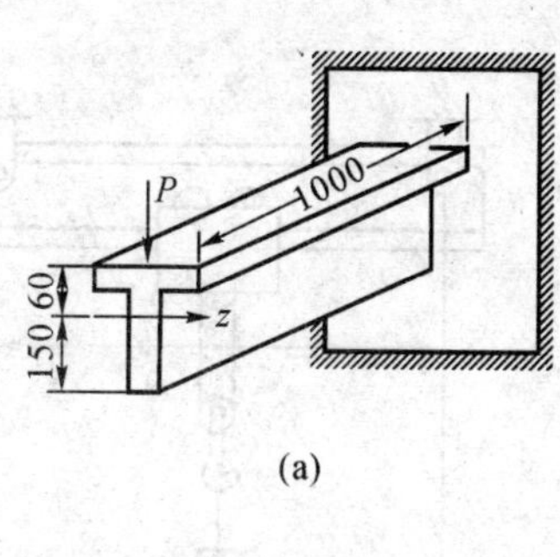

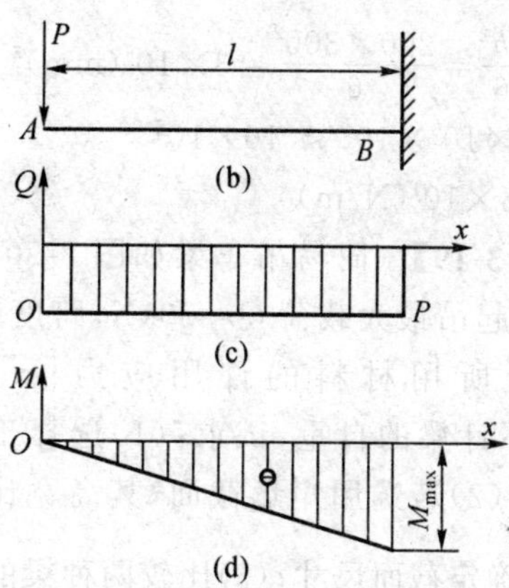

图 3-48

(3)绘制弯矩图(图 3-48(d))，并求最大弯矩值

$$M_{\max}=Pl=4.5\times1=4.5(\text{kN}\cdot\text{m})$$

(4)校核强度

$$\sigma_{l\max}=\frac{M_{\max}}{I_z}y_{l\max}=\frac{4.5\times10^6}{1.35\times10^7}\times60=20(\text{MPa})<[\sigma_1]=40\text{MPa}$$

$$\sigma_{y\max}=\frac{M_{\max}}{I_z}y_{y\max}=\frac{4.5\times10^6}{1.35\times10^7}\times150=50(\text{MPa})<[\sigma_y]=80\text{MPa}$$

所以，此铸铁梁的强度足够。

【例题 3-18】 一矩形截面简支梁(图 3-49(a))，$b=200\text{mm}$，$h=300\text{mm}$，$l=4\text{m}$，$[\sigma]=10\text{MPa}$。试求梁能承受的许可均布载荷 q。

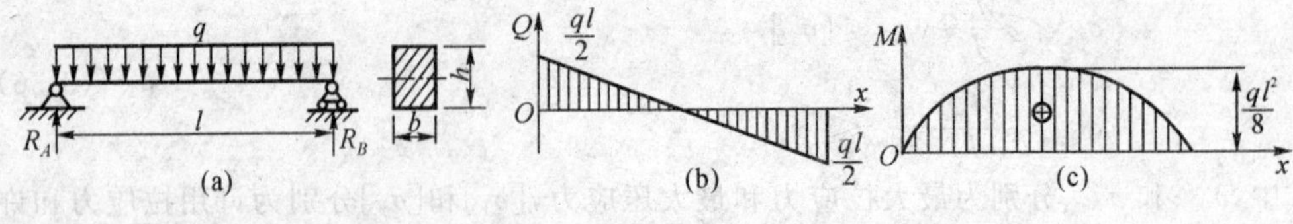

图 3-49

解:(1)求支座反力。

$$R_A=R_B=\frac{ql}{2}$$

(2)绘剪力图(图 3-49(b))。

(3)绘弯矩图(图 3-49(c)),并求最大弯矩。

$$M_{\max}=\frac{ql^2}{8}=\frac{q}{8}\times4^2=2q(\text{N}\cdot\text{m})$$

(4)确定许可载荷。

$M_{\max}\leqslant W_Z[\sigma]$

因 $W_z=\frac{bh^2}{6}=\frac{200\times300^2}{6}=3\times10^6(\text{mm})^3$

故 $2q\leqslant3\times10^6\times10^{-9}\times10\times10^6$

$q\leqslant1.5\times10^4(\text{N/m})$

【例题 3-19】 简易吊车梁如图 3-50(a)所示,已知起吊最大载荷 $Q=50\text{kN}$,跨度 $l=10\text{m}$,若梁所用材料的许用应力 $[\sigma]=182\text{MPa}$,不计梁的自重,试求:(1)选择工字钢的型号;(2)若选用矩形截面,其高宽比为 $\frac{h}{b}=2$ 时,确定截面尺寸;(3)比较两种梁的重量。

解:(1)绘制梁的受力图(图 3-50(b)),求约束反力。

$$R_A=R_B=\frac{Q}{2}$$

(2)绘制梁的剪力图(图 3-50(c))。

(3)绘制梁的弯矩图(图 3-50(d)),并求最大弯矩。

$$M_{\max}=\frac{Ql}{4}=\frac{50\times10}{4}=125(\text{kN}\cdot\text{m})$$

(4)选择工字钢型号

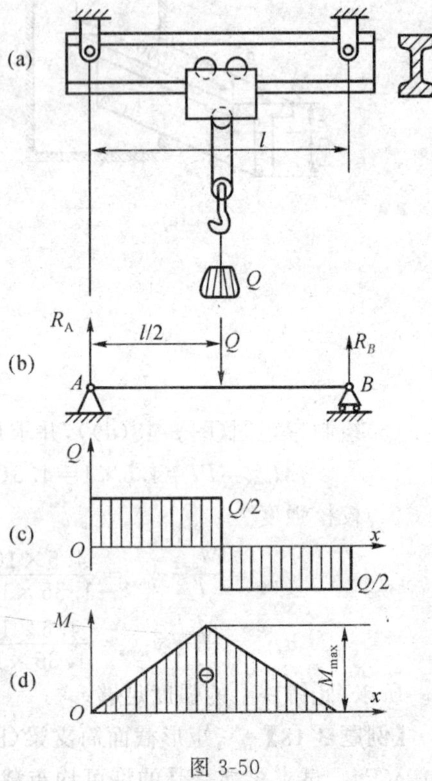

图 3-50

$$W_Z \geqslant \frac{M_{max}}{[\sigma]} = \frac{125\times10^6}{182} = 686813(\text{mm}^3)$$
$$\approx 687\text{cm}^3$$

从手册中查得 32a 号工字钢 $W_Z = 692 > 687(\text{cm}^3)$，故可选用 32a 号工字钢，查得其截面面积为 67.156(cm^2)。

(5)若采用矩形截面。

$$W_Z = \frac{bh^2}{6} = \frac{2\times b^3}{3} = 687(\text{cm}^3)$$

$$b = \sqrt[3]{\frac{687\times3}{2}} = 10(\text{cm})$$

$$h = 2b = 20(\text{cm})$$

$$A = bh = 200(\text{cm})$$

(6)比较两梁的重量。

在材料和长度相同的条件下，梁的重量之比等于截面面积之比。

$$\frac{A_{矩}}{A_{工}} = \frac{200}{67.156} = 2.98$$

即矩形截面梁的重量是工字钢截面梁的 2.98 倍。

3.4.3 梁的弯曲刚度

1. 梁的弯曲变形

梁在外力作用下，产生弯曲变形，如果弯曲变形过大，就会影响结构的正常工作。以车床为例，若其弯曲变形过大，将使齿轮不能很好地啮合，造成磨损不均匀，降低使用寿命，影响加工零件的精度。因此，我们必须研究梁的变形问题，以便把梁的变形限制在规定的范围之内，保证梁的正常工作。

梁受外力作用后，它的轴线由原来的直线变成了一条连续而光滑的曲线(图 3-51)，称为挠曲线。因为梁的变形是弹性变形，所以梁的挠曲线也称为弹性曲线。挠曲线可表示为 $y=f(x)$，称为挠曲线方程。

梁的变形可以用挠度和转角两个基本量来度量。

(1)挠度

梁任意横截面的形心沿 y 轴方向的线位移，称为该截面的挠度。通常用 y 表示；并规定向上的挠度为正；向下的挠度为负。挠度的单位与长度的单位一致。

由于弯曲变形属于小变形，梁横截面的形心沿 x 轴方向的位移很小，可忽略不计。

(2)转角

在弯曲过程中，梁任一横截面相对于原来位置所转过的角度，称为该截面的转角，用 θ 表示。因为变形前后，横截面始终垂直于梁的轴线，因此，截面转角 θ 等于挠曲线在

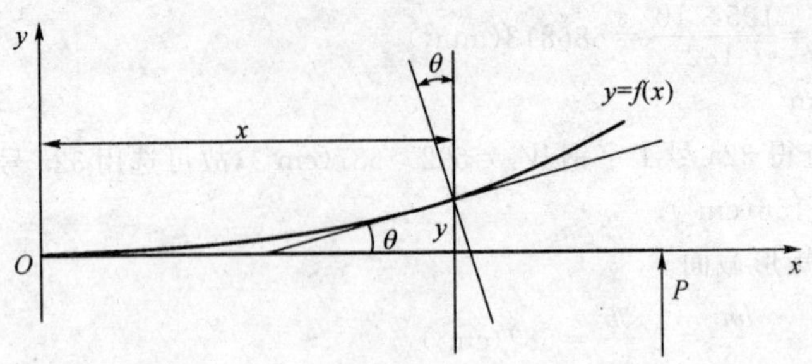

图 3-51

该处的切线与 x 轴的夹角(或法线与 y 方向的夹角)。转角的单位是弧度(rad)。一般规定,逆时针方向的转角为正,顺时针方向的转角为负。

求变形的基本方法是积分法。由于该方法计算过程较繁,本书中不作介绍。常见梁在单一载荷作用下的挠度和转角公式,可参考有关文献。

2. 弯曲刚度条件及其应用

在工程中,为了保证梁的正常工作,除了要求梁具有足够的强度外,有时还需要对梁的变形加以限制。例如,对于轧钢机的轧辊来说,若弯曲变形过大,轧出的钢板将厚薄不匀,使产品不合格;又如,对于齿轮传动轴来说,若变形过大,将影响齿轮的啮合和轴承的配合,造成磨损不匀,严重影响它们的寿命;若是机床主轴,还将严重影响机床的加工精度。所以,对于受弯构件,工程中主要根据不同的技术要求,限制其最大挠度和最大转角不超过规定的数值,即

$$y_{\max}\leqslant[y]$$
$$\theta_{\max}\leqslant[\theta]$$

式中,$[y]$为许用挠度;$[\theta]$为许用转角。称上两式为刚度条件。

许用挠度$[y]$与许用转角$[\theta]$均是根据不同构件的工艺和技术要求确定的,其数值可由有关的设计规范中查得。常见的许用挠度和许用转角数值列于表 3-4 中。

表 3-4 常见的许用挠度和许用转角数值

对挠度的限制		对转角的限制	
轴的类型	许用挠度$[y]$	轴的类型	许用转度$[\theta]$弧度
一般转动轴	$(0.0003\sim0.0005)L$	安装滑动轴承的轴	0.001
刚度要求较高的轴	$0.0002L$	安装向心球轴承的轴	0.005
齿轮轴	(0.01～0.03m)	安装圆柱滚子轴承的轴	0.0025
蜗轮轴	(0.02～0.05m)	安装圆锥滚子轴承的轴	0.0016
		安装齿轮的轴	0.001

3.5　组合变形的强度计算

前面几章分别讨论了杆件在拉压、剪切、扭转和弯曲等基本变形情况下的强度与刚度计算。在工程实际中，有很多构件在荷载作用下产生的变形，往往包含两种或两种以上的基本变形，这类变形情况称为组合变形。例如，夹具的立柱 BC(图 3-52)在力 F 的作用下，将产生拉伸和弯曲组合变形，机械中的传动轴则承受扭转和弯曲组合变形(图 3-53)。

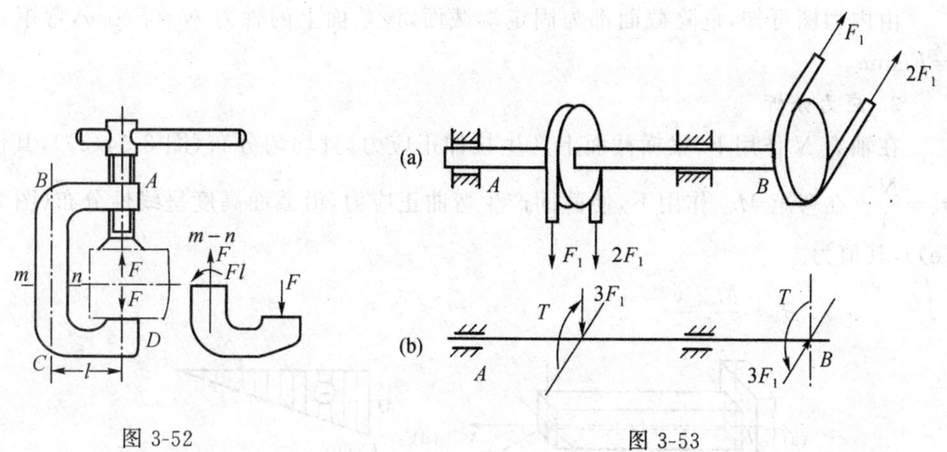

图 3-52　　　　图 3-53

在小变形且材料服从虎克定律的前提下，可以认为组合变形中的每一种基本变形都是各自独立、互不影响的。因而对在组合变形下的杆件进行强度计算时，可以应用叠加原理，即首先按静力等效原理，对载荷进行适当的简化或分解，使简化或分解后的每一种载荷只产生一种基本变形，分别计算各个基本变形下杆件的应力，然后叠加，即同类应力进行代数和，不同类应力求出其主应力，便得到在组合变形下杆件的总应力。最后，根据危险点的应力状态，建立强度条件，进行强度计算。由于弯曲剪应力对细长构件的强度影响很小，故一般不予考虑。下面分别讨论工程上常见的拉伸(压缩)与弯曲、扭转与弯曲等几种组合变形。

3.5.1　拉伸(压缩)与弯曲组合变形强度计算

拉伸(压缩)与弯曲组合变形是工程中常见的一种组合变形，现以图 3-54(a)所示矩形截面悬梁为例，说明拉伸(压缩)与弯曲组合时强度计算方法。

1. 外力分析

设外力 F 位于梁纵向对称面内，作用线与轴线成 α 角，梁的受力简图如图 3-54(b)所示。将力 F 向 x、y 轴分解得

$$F_x = F\cos\alpha$$
$$F_y = F\sin\alpha$$

轴向拉力 F_x 使梁产生轴向拉伸变形，横向力 F_y 使梁产生弯曲变形，因此梁在力 F 作用下的变形为拉伸与弯曲组合变形。

2. 内力分析

在轴向拉力 F_x 的单独作用下，梁上各截面的轴力 $N=F_x=F\cos\alpha$，画其轴力图如图 3-54(c)所示；在横向力 F_y 的单独作用下，梁的弯矩 $M=F_y x=F\sin\alpha x$，画出其弯矩图如图 3-54(d)所示。

由内力图可知，危险截面都为固定端截面，该截面上的轴力 $N=F\cos\alpha$，弯矩 $M_{max}=Fl\sin\alpha$。

3. 应力分析

在轴力 N 作用下，梁横截面上产生拉伸正应力，且均匀分布(图 3-54(e))，其值为 $\sigma_N=\dfrac{N}{A}$。在弯矩 M_{max} 作用下，使截面产生弯曲正应力，沿截面高度呈线性分布(图 3-54(e))，其值为

$$\sigma_M=\frac{M_{max}y}{I_z}$$

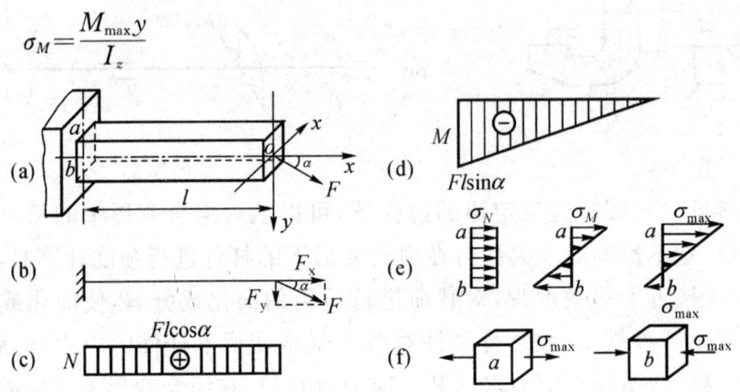

图 3-54

由于拉伸和弯曲变形在横截面上产生的都是正应力，故可按代数和进行叠加，得到横截面上总的正应力为

$$\sigma=\sigma_N+\sigma_M=\frac{N}{A}+\frac{M_{max}y}{I_z}$$

应力叠加结果也示于图 3-54(e)中，中性轴的位置向压应力方向偏移，其位置可由 $\sigma=0$ 来确定。

4. 强度条件

由总应力分布图可断定固定端截面上距中性轴最远的上、下边缘处为危险点，其应力状态均为单向应力状态，若材料的$[\sigma^+]=[\sigma^-]=[\sigma]$，则强度条件为

$$\sigma_{\max}=\frac{N}{A}+\frac{M_{\max}}{W_z}\leqslant[\sigma] \tag{3-37}$$

若材料的$[\sigma^+]\neq[\sigma^-]$,则强度条件为

$$\sigma_{\max}^{+}=\frac{N}{A}+\frac{M_{\max}}{W_z}\leqslant[\sigma^+] \tag{3-38}$$

$$\sigma_{\max}^{-}=\left|\frac{N}{A}-\frac{M_{\max}}{W_z}\right|\leqslant[\sigma^-] \tag{3-39}$$

【例题 3-20】 如图 3-55 所示为一压力机,机架由铸铁制成,$[\sigma^+]=35\text{MPa}$,$[\sigma^-]=140\text{MPa}$,已知最大压力 $F=1400\text{kN}$,立柱横截面的几何性质为 $y_c=200\text{mm}$,$h=700\text{mm}$,$A=1.8\times10^5\text{mm}^2$,$I_Z=8.0\times10^9\text{mm}^4$。试校核立柱的强度。

解:用 m-n 面将立柱截开,取上部分为研究对象,由平衡条件可知,在 m-n 面上既有轴力 N,又有弯矩 M,其值分别为

$$N=F=1400\text{kN}$$

$$M=F(500+y_c)=1400\times(500+200)\text{kN}\cdot\text{mm}=980\times10^3\text{kN}\cdot\text{mm}$$

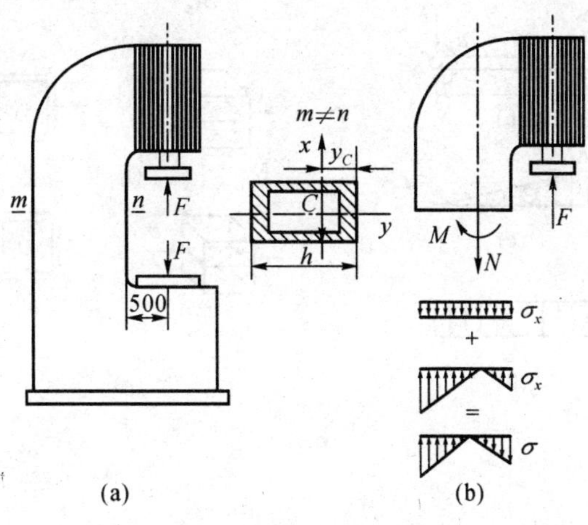

图 3-55

故为拉弯组合变形,立柱各横截面上的内力是相等的,横截面上应力 σ_N 是均布的,σ_M 是线性分布的,总应力 σ 由两部分叠加,最大拉应力在截面内侧边缘处,其值为

$$\sigma_{\max}^{+}=\sigma_N+\sigma_M=\frac{N}{A}+\frac{My_c}{I_z}$$

$$=\left(\frac{1400\times10^3}{1.8\times10^5}+\frac{980\times10^6\times200}{8\times10^9}\right)\text{MPa}$$

$$=32.3\text{MPa}<[\sigma^+]$$

最大压应力在截面外侧边缘处,其值为

$$\sigma_{\max}^{-}=\sigma_N-\sigma_M=\left|\frac{N}{A}-\frac{M(h-y_c)}{I_Z}\right|$$

$$=\left|\frac{1400\times10^{3}}{1.8\times10^{5}}-\frac{980\times10^{6}(700-200)}{8\times10^{9}}\right|$$
$$=53.5\text{MPa}<[\sigma^{-}]$$

故立柱满足强度要求。

3.5.2　弯曲与扭转组合变形强度计算

在工程实际中，有许多构件工作时，同时产生弯曲和扭转变形，如机械中的传动轴，大多数同时受到扭转力偶和横向力的作用而发生扭转与弯曲组合变形。现以如图 3-56(a)所示钢制摇臂轴为例，说明扭弯组合变形时的强度计算方法。

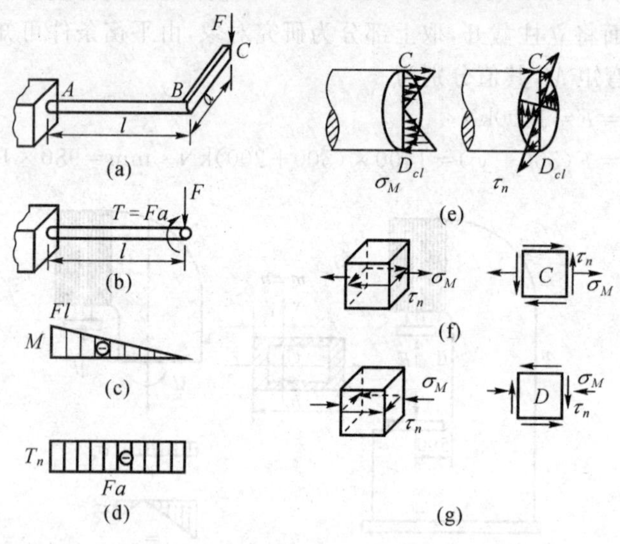

图 3-56

1. 外力分析

AB 轴的直径为 d，A 端可视为固定端，在手柄的 C 端作用有垂直向下的集中力 F，将外力 F 向 AB 杆右端截面的形心 B 点简化，得到作用于 B 处的集中力 F 和集中力偶 $T_n=Fa$，力 F 将使 AB 杆产生弯曲变形，力偶 T_n 使杆产生扭转变形，所以 AB 杆将发生扭转与弯曲的组合变形。

2. 内力分析

作 AB 轴的弯矩图和扭矩图，如图 3-56(c)、(d)所示，从弯矩和扭矩图可以看出：AB 杆各截面上扭转相等而固定端截面 A 处的弯矩值最大，所以固定端截面是危险截面，其上的内力为

$$M_{max}=Fl\qquad T_n=T=Fa$$

3. 应力分析

危险截面上弯曲正应力线性分布，离中性轴最远的两端点 c、d 处产生最大正应力 σ_M，方向与横截面垂直(图 3-56(e))。

$$\sigma_M=\frac{M}{W} \tag{a}$$

扭转剪应力也沿半径方向线性分布，最大剪应力在圆周上各点，其值为

$$\tau_n=\frac{T_n}{W_p} \tag{b}$$

剪应力的方向与截面的周边相切(图 3-56(e))。

由图 3-56(e)所示，在固定端截面上的 c、d 两点，σ 和 τ 同时达到最大值，故 c、d 两点为危险点。在 c 点取单元体，其应力状态如 3-56(f)所示，属二向应力状态，其主应力为

$$\sigma=\frac{\sigma_M}{2}\pm\sqrt{\left(\frac{\sigma_M}{2}\right)^2+\tau_n^2} \tag{c}$$

4. 强度理论

由前面的应力分析可知，扭转与弯曲的组合变形构件，其危险点是二向应力状态，由于轴类构件一般是用塑性材料制成，故常采用第三强度理论或第四强度理论，进行强度计算。按第三强度理论，强度条件为

$$\sigma_{xd_3}=\sigma_1-\sigma_3\leqslant[\sigma]$$

经简化得

$$\sigma_{xd_3}=\sqrt{\sigma_M^2+4\tau_n^2}\leqslant[\sigma] \tag{3-40}$$

将(a)、(b)两式中的 σ_M、τ_n 代入上式，并注意到对圆截面来说，有

$$W=\frac{\pi d^3}{32},W_p=\frac{\pi d^3}{16}=2W$$

于是得到圆轴在扭转与弯曲组合变形下的第三强度理论相当应力为

$$\sigma_{xd_3}=\frac{\sqrt{M_{\max}^2+T_n^2}}{W}\leqslant[\sigma] \tag{3-41}$$

若按第四强度理论，则强度条件为：

$$\sigma_{xd_4}=\sqrt{\frac{1}{2}[(\sigma_1-\sigma_2)^2+(\sigma_2-\sigma_3)^2+(\sigma_3-\sigma_1)^2]}\leqslant[\sigma]$$

以(c)式代入，经简化后得到

$$\sigma_{xd_4}=\sqrt{\sigma_M^2+3\tau_n^2} \tag{3-42}$$

再以(a)和(b)式代入，得到

$$\sigma_{xd_4}=\frac{\sqrt{M_{max}^2+0.75T_n^2}}{W_z}\leqslant[\sigma] \qquad (3\text{-}43)$$

故对圆截面作弯扭组合变形计算时，可直接将危险截面上的 M_{max}、T_n 代入计算，较为方便。但因有圆截面存在 $W_p=2W$ 的关系，故对非圆截面轴的弯扭组合变形不能用上面两式计算，必须用式 3-40 或 3-42 计算。如果作用在轴上的横向力很多，且方向各不相同时，可将每一个横向力向水平和铅垂两个平面分解，分别画出两个平面内的弯矩图，再按下式计算每一截面上的合成弯矩 $M_{合}$。

$$M_{合}=\sqrt{M_{水平}^2+M_{铅垂}^2}$$

【例题 3-21】 图 3-57(a)所示传动轴由电动机带动，在轴中点处安装一重 $G=5\text{kN}$，$l=1.2\text{m}$，直径 $D=1.2\text{m}$ 的胶带轮，胶带紧边拉力 $F_1=6\text{kN}$，松边拉力 $F_2=3\text{kN}$，若轴直径 $d=100\text{mm}$，材料许用应力 $[\sigma]=50\text{MPa}$，试按第三强度理论校核轴的强度。

解：(1)外力分析

将作用在带轮上的胶带拉力 F_1 和 F_2 向轴线简化，其结果如图 3-57(b)所示，传动轴受铅垂方向力为

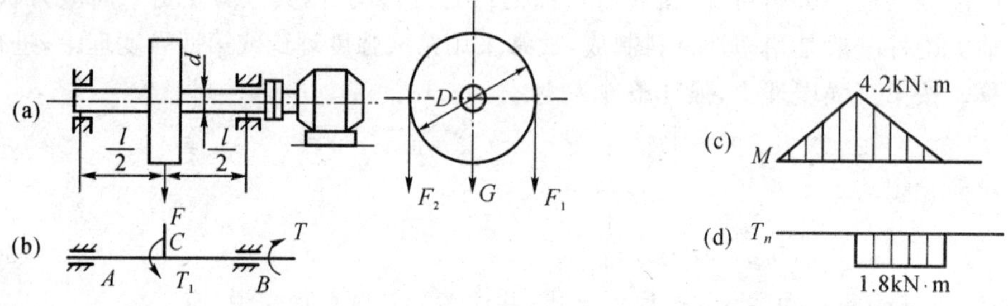

图 3-57

$$F=G+F_1+F_2=5+6+3=14(\text{kN})$$

此力使轴在铅垂面内发生弯曲变形，同时轴又受胶带的拉力产生的力偶矩，外力偶矩为

$$T_1=F_1\cdot\frac{D}{2}-F_2\cdot\frac{D}{2}=(6-3)\times\frac{1.2}{2}=1.8(\text{kN}\cdot\text{m})$$

此力偶矩与电机传给轴的力矩相平衡，使轴产生扭转变形，故此轴发生扭转和弯曲组合变形。

(2)作轴的内力图，确定危险截面

分别作出轴的弯矩图和扭矩图(图 3-57(c)、(d))，由内力图可以判断 C 截面为危险截面，C 截面上 M_{max} 和 T_n 分别为

$$M_{max}=4.2\text{kN}\cdot\text{m},T_n=1.8\text{kN}\cdot\text{m}$$

(3)按第三强度理论校核轴的强度

由第三强度理论的强度条件得

$$\sigma_{xd_3}=\frac{\sqrt{M_{\max}^2+T_n^2}}{W}=\frac{\sqrt{(4.2\times10^6)^2+(1.8\times10^6)^2}}{\pi\times100^3/32}=46.6\text{MPa}<[\sigma]$$

故该轴满足强度要求。

注:本章涉及的应力状态分析和强度理论请参看有关《材料力学》或《工程力学》教材。

复习思考题与习题

3-1　如题 3-1 图所示,已知:$P=20$kN,$Q=60$kN,杆的横截面面积 $A=500\text{mm}^2$。试求杆各段横截面上的内力和应力。

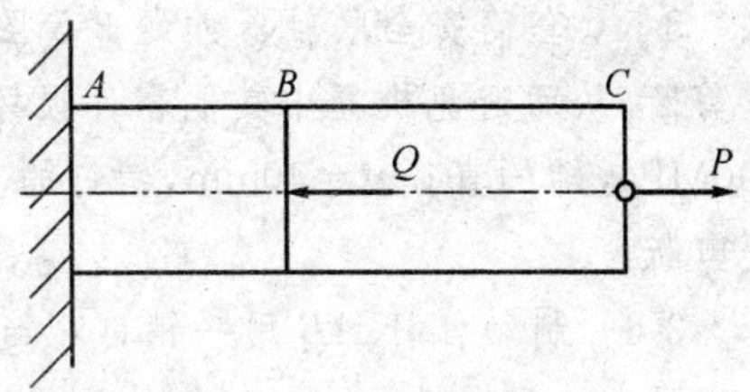

题 3-1 图

3-2　用绳索起吊重 $G=10$kN 的木箱,如题 3-2 图所示。设绳索的直径 $d=25$mm,许用应力$[\sigma]=10$MPa。试问绳索的强度是否足够?如果强度不足,则绳索的直径应取多大才能安全工作?

3-3　一钢木结构吊架如题 3-3 图所示。AB 为木杆,其截面面积 $A_{AB}=10\times10^3\text{mm}^2$,许用应力 $[\sigma]_{AB}=7$MPa;BC 为钢杆,其截面面积 $A_{BC}=600\text{mm}^2$,许用应力 $[\sigma]_{BC}=160$MPa。试求该结构在 B 处可吊的最大许可载荷 $P_{\max}$。

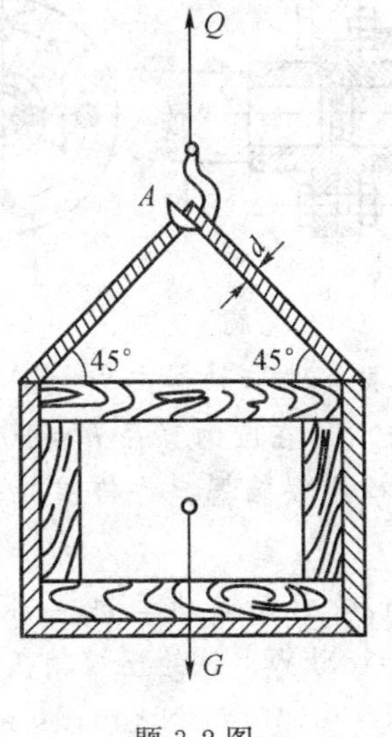

题 3-2 图

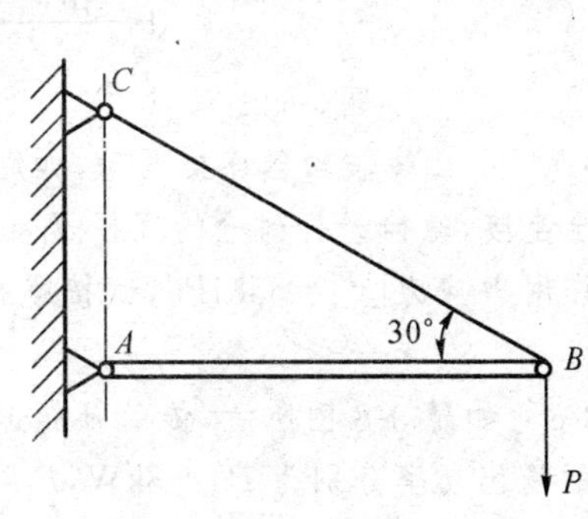

题 3-3 图

3-4 试分析题 3-4 图所示榫接中构件Ⅰ的剪切面，并计算剪应力的大小。已知 $P=120kN$，$b=80mm$，$L=30mm$，$\delta=10mm$。

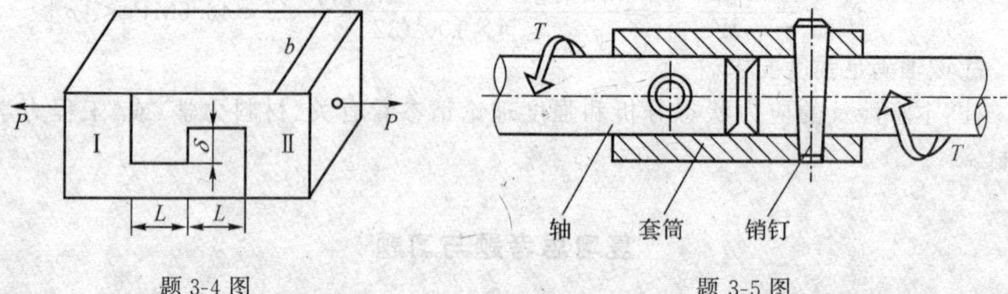

题 3-4 图　　题 3-5 图

3-5 套筒安全联轴器如题 3-5 图所示，当传递的转矩 T 达到预定的数值时，销钉被剪断，从而避免机器中其他零件损坏。已知销钉的材料为 35 钢，其剪切强度极限 $\tau_b=390MPa$，轴的直径 $d=40mm$，销钉的直径 $d_p=5mm$。试问：当转矩 T 达到何值时，销钉被剪断？

3-6 制动杠杆 AB 用一销钉 C 连接于支架，如题 3-6 图所示。已知力 $P_1=20kN$，图中尺寸的单位为 mm。销钉的许用剪应力$[\tau]=90MPa$，连接处的许用挤压应力$[\sigma_{jy}]=200MPa$，试确定销钉的直径 d 及尺寸 δ。

（提示：首先求出销钉 C 的约束反力，然后按剪切强度求出销钉的直径，最后按挤压强度求出尺寸 δ。）

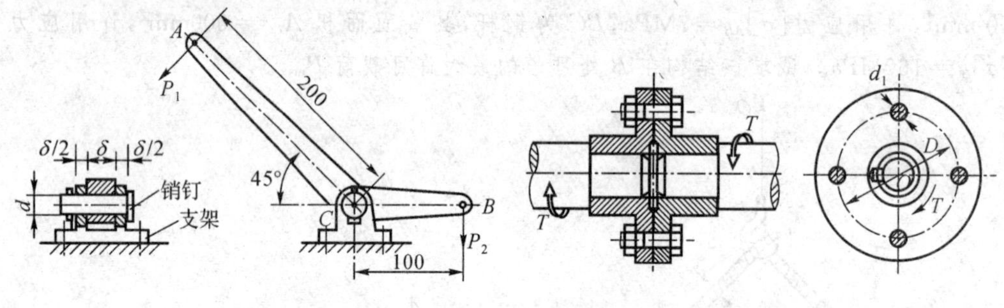

题 3-6 图　　题 3-7 图

3-7 用凸缘联轴器连接两轴，如题 3-7 图所示。两个半联轴器由 4 个 M10 铰制孔用螺栓连接，螺栓光杆部分的直径 $d_1=11mm$，螺栓中心所在圆的直径 $D=105mm$。螺栓的许用剪应力$[\tau]=55MPa$，试按螺栓的剪切强度确定联轴器允许传递的转矩 T 的大小。

3-8 如题 3-8 图所示，传动轴转速 $n=250r/min$，轮 B 输入功率 $P_B=7kW$，轮 A，C，D 的输出功率分别为 $P_A=3kW$，$P_C=2.5kW$，$P_D=1.5kW$。试绘出该轴扭矩图。

3-9 一传动轴如题 3-9 图所示，已知 $M_A=1.3N\cdot m$，$M_B=3N\cdot m$，$M_C=1N\cdot m$，$M_D=0.7N\cdot m$，各段轴的直径分别为 $D_{AB}=50mm$，$D_{BC}=75mm$，$D_{CD}=50mm$。试绘扭

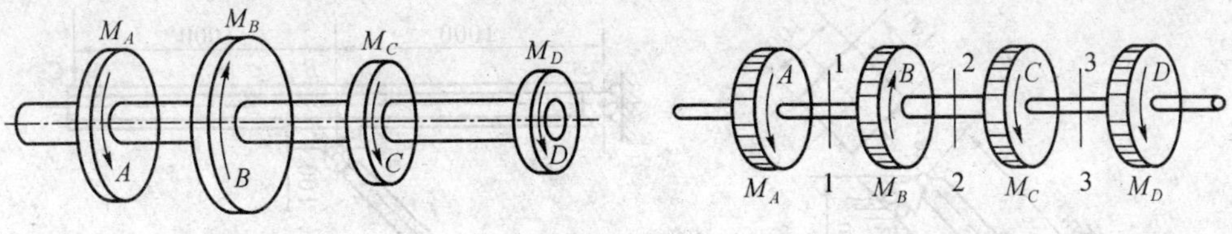

题 3-8 图　　题 3-9 图

矩图，并求 1-1，2-2，3-3 截面上的最大剪应力。

3-10　阶梯形圆轴直径分别为 $d_1=40\text{mm}$，$d_2=70\text{mm}$，轴上装有三个皮带轮如题 3-10 图所示。已知由轮 D 输入的功率为 $P_D=30\text{kW}$，轮 A 输出的功率为 $P_A=13\text{kW}$，轴的转速 $n=200\text{r/min}$，材料的许用剪应力 $[\tau]=60\text{MPa}$。试校核轴的强度。

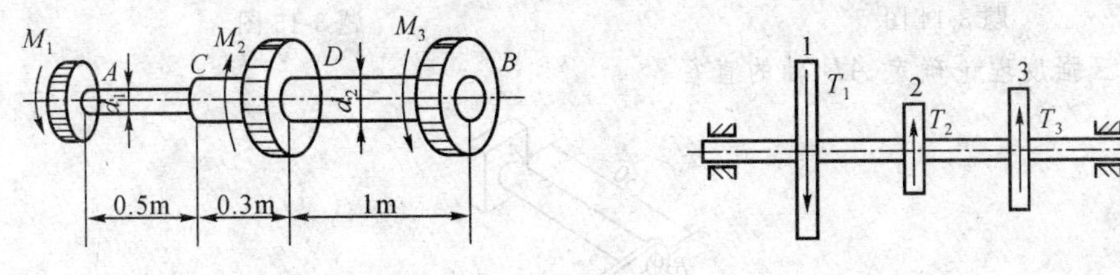

题 3-10 图　　题 3-11 图

3-11　某传动轴如题 3-11 图所示，其转速 $n=500\text{r/min}$，主动轮 1 输入功率 $P_1=368\text{kW}$，从动轮 2，3 输出功率分别为 $P_2=147\text{kW}$，$P_3=221\text{kW}$。已知许用剪应力 $[\tau]=70\text{MPa}$，试确定轴的直径。问：该题中主动轮和从动轮应如何安排才能提高传动轴的扭转强度？重新安排后轴的直径为多大？

3-12　已知题 3-12 图中 $q=20\text{kN/m}$，求 A 截面上 a 和 b 点的正应力。

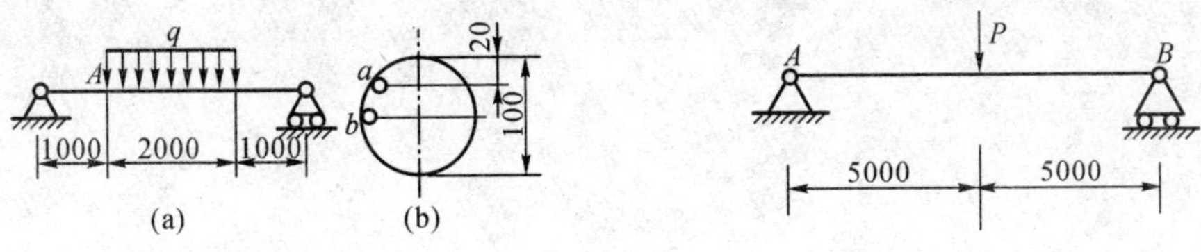

题 3-12 图　　题 3-13 图

3-13　简支梁如题 3-13 图所示，$P=30\text{kN}$，由 32a 号工字钢（$W_z=692\text{cm}^3$）制成，许用应力 $[\sigma]=100\text{MPa}$，试校核梁的强度。

3-14　一斜梁 AB 如题 3-14 图所示，其横截面为正方形，边长为 100mm，若 $F=3\text{kN}$，试求 AB 梁的最大拉应力和最大压应力。

3-15　起重支架如题 3-15 图所示，受载荷 $F=12\text{kN}$ 作用，横梁用 N014 工字钢（$W_z=102\text{cm}^3$）制成，许用应力 $[\sigma]=160\text{MPa}$。试校核横梁的强度。

3-16　如题 3-16 图所示拐轴，受铅垂载荷 F 作用，已知 $F=20\text{kN}$，$[\sigma]=160\text{MPa}$，

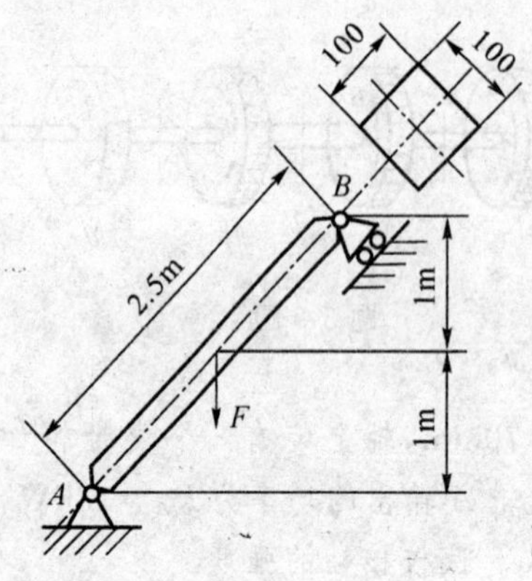

题 3-14 图

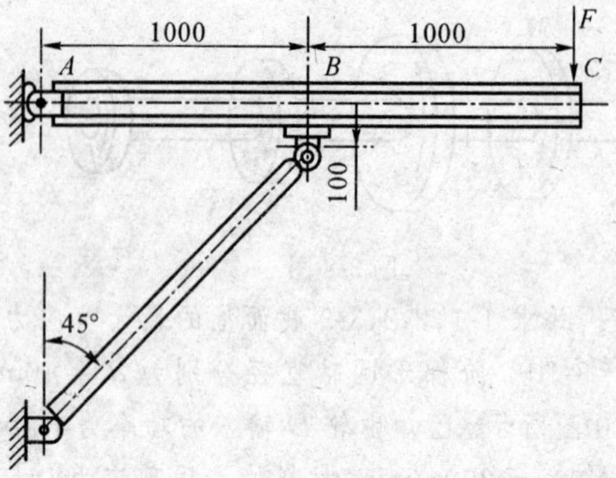

题 3-15 图

试按第三强度理论确定 AB 轴的直径。

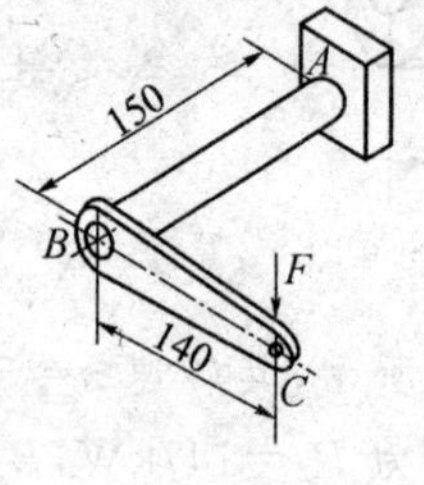

题 3-16 图

第4章

常用机构

4.1 机器的组成

在日常生活和生产劳动中，人们对机器已经有了初步的认识。例如，汽车上的发动机(内燃机)、金属切削机床、缝纫机和起重机等。不同用途的机器，其结构、性能也不同。

就其功能来说，一般机器主要由四个基本部分组成，即动力部分、执行部分、传动部分及控制部分。简单的机器主要由前三个基本部分组成，其控制部分很简单。动力部分是机器工作的动力源，现代机器大多以电动机和内燃机为主，而电动机的使用更广泛；执行部分又称工作部分，它直接完成机器的预定的功能；传动部分是将动力部分的动力和运动传给执行部分的中间装置；控制部分的作用是控制机器的其他基本部分，使操作者能随时实现或终止各种预定的功能。例如，在汽车的各基本部分中，发动机为动力部分，车轮为执行部分，离合器、变速器、传动轴和驱动桥等为传动部分，转向盘和转向系统、变速杆、制动及其踏板、离合器踏板及加速踏板等组成汽车的控制系统。

4.1.1 机器与机构的特征

机器的种类繁多，构造、用途和功能也各不相同，但它们都有一些共同的特征。

如图 4-1 所示为一内燃机。汽缸体 1 起支承作用，进气阀 9 和排气阀 10 分别由两凸轮控制，使燃气按时进入汽缸，点火燃烧后排出汽缸。燃烧的气体膨胀时推动活塞 2 向下，通过连杆 3 带动曲轴 4 转动。再通过小齿轮 5 和大齿轮 6 带动两凸轮，从而控制进气阀 9 和排气阀 10。以上各种动作协调配合，活塞回程(向上)运动可依靠飞轮的惯性，这样便能使曲轴做连续转动。因此，内燃机可将燃气燃烧时的热能转变为曲轴转动的机械能。再如，汽车由发动机经离合器、变速器、传动轴和驱动桥等带动车轮滚动进行工作。

从以上两个例子可以看出,机器具有下列三个共同的特征:

(1) 它们都是人为的实物组合;

(2) 它们的各部分之间具有确定的相对运动;

(3) 它们能代替或减轻人类的劳动,以完成有用的机械功(如汽车、机床和洗衣机)或转换机械能(如内燃机)。

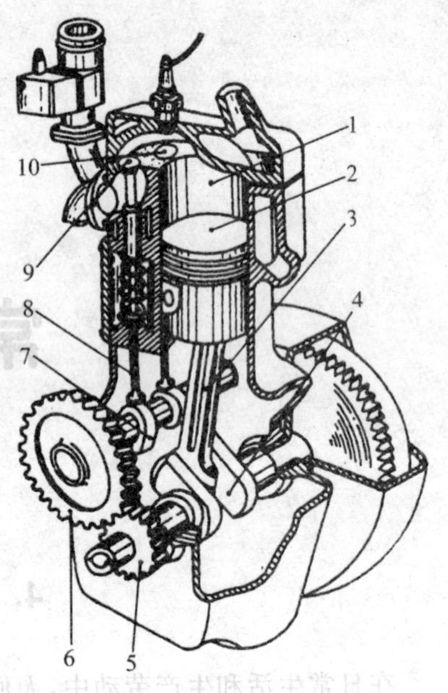

图 4-1 内燃机

机构仅具有机器的前两个特征,即机构也是人为的实物组合,并且各实物之间具有确定的相对运动。在内燃机中,活塞、连杆、曲轴和汽缸体组成一个曲柄滑块机构,可将活塞的往复移动转变为曲轴的连续转动。凸轮、顶杆和汽缸体组成凸轮机构,将凸轮的连续转动转变为顶杆的有规律的往复移动。而曲轴及凸轮上的齿轮和汽缸体组成齿轮机构,可使两轴保持一定的转速比。由此可见,机器是由机构组成的。

若不讨论做功和转换能量方面的问题,仅从结构和运动的角度来看,机器和机构并无区别,所以习惯上把机器和机构统称为机械。

4.1.2 零件、构件和部件

从制造角度看,机器是由若干个零件组成的。零件是机器组成中不可再拆的最小单元,是机器的制造单元。按使用特点,零件可分为通用零件和专用零件两大类。通用零件,是指各种机械中普遍使用的零件,如螺钉、键、齿轮和轴等;专用零件,是指某些特殊的机械上才用到的零件,如内燃机的活塞和曲轴、汽轮机的叶片等。

从运动角度看,可以认为机器是由若干构件组成的。构件之间有确定的相对运动,其形状和尺寸主要取决于运动性质。所以,构件是机器的运动单元。构件可能是一个零件,也可能是若干个零件的刚性组合体。如图 4-2 所示就是齿轮用键与轴连成一个整体而成为一个构件,其中的齿轮、键和轴都是零件。

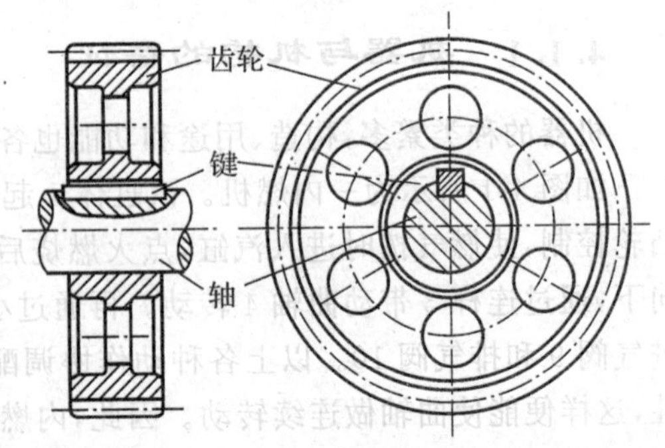

图 4-2 齿轮与键、轴连接的构件

从装配角度看,可以认为较复杂的机器是由若干部件组成的。部件是机器的装配单元，如汽车的变速器、驱动桥等。

4.2 平面机构运动简图

4.2.1 运动副及其分类

由前面分析可知，机构是由若干构件组合而成的。每个构件都以一定的方式与其他构件相互连接，这类连接能使相互连接的两构件之间存在着一定的相对运动。这种使两构件直接接触而又能产生一定相对运动的连接称为运动副。例如，内燃机中活塞与缸体间的连接、连杆与曲轴间的连接、凸轮与顶杆间的连接及齿轮与齿轮间的连接都构成运动副。

1. 平面运动构件的自由度

设一构件做平面运动，如图 4-3 所示。在构件上任取一点 A 作为基点，该构件的平面运动可分解为随基点 A 的平移运动和绕基点 A 的转动。A 点的平移运动可由直角坐标系 xOy 中两个独立的参数(坐标)x、y 来决定，绕 A 点的转动可由构件上过 A 点任一条直线 AB 与 x 轴的夹角 θ 来决定，所以，做平面运动构件的位置，可由三个独立参数来决定，也就是它具有三个独立运动。我们将构件具有独立运动的数目称为自由度。显然，做平面运动的构件具有三个自由度。但当两构件组成运动副之后，构件的某些独立运动将因构件间的直接接触而受到限制，即自由度将随之减少。运动副对独立运动所加的限制称为约束。两构件构成运动副之后，其间还能产生哪些相对运动，取决于约束的多少和约束的特点，而约束的多少和特点则取决于运动副的型式。

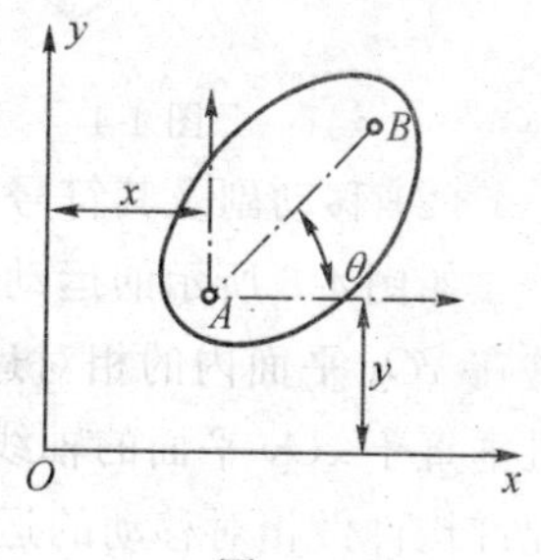

图 4-3

2. 平面运动副的类型

运动副中构件与构件的接触形式不外乎点、线、面三种。例如，凸轮与顶杆之间、齿轮之间的接触为点或线接触；连杆与曲轴之间、活塞与缸体之间的接触则为面接触。我们把两构件间构成点或线接触的运动副称为高副，把两构件间构成面接触的运动副称为低副。运动副除根据成副两构件的接触情况进行分类外，通常还可根据成副两构件之间的相对运动是平面运动还是空间运动，把运动副分为平面运动副和空间运动副两类。由于常用机构多为平面机构，所以本章重点讨论平面机构及其运动副的有关问题。

(1) 转动副及其符号

如图 4-4 所示的运动副是由轴颈 2 与轴承 1 的两个圆柱面接触而形成的，它限制了轴颈 2 沿 x 轴和 y 轴的两个相对移动，故约束数为 2；它允许轴颈 2 绕 O 轴（过 O 点

且垂直于 xOy 平面的轴线)做相对转动。这种允许构件做相对转动的运动副,称为转动副。

转动副可用如图 4-5 所示的符号表示。其中图(a)表示转动轴线垂直于纸面,轴线位置在圆圈中心;图(b)表示轴线位于纸平面内。图中加有斜线的构件表示固定构件(机架)。

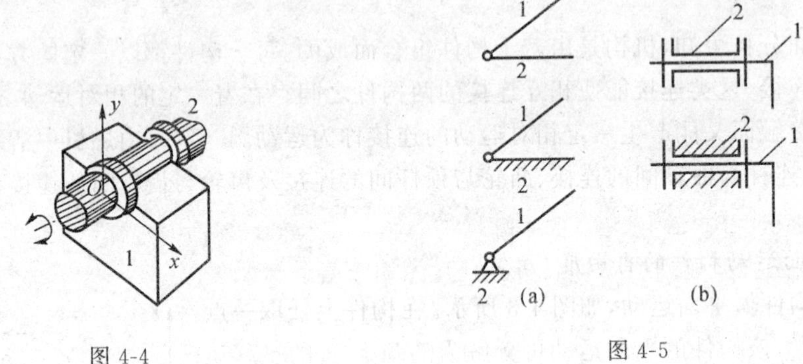

图 4-4　　图 4-5

(2) 移动副及其符号

如图 4-6 所示的运动副,是由滑块 2 与导轨 1 的两个平面接触而成的。若研究两构件在 xOy 平面内的相对运动,则导轨 1 限制了滑块 2 沿 y 轴的移动和绕 O 轴(过 O 点且垂直于 xOy 平面的轴线)的转动,故约束数为 2;允许滑块 2 沿 x 轴做相对移动。这种允许构件做相对移动的运动副,称为移动副。

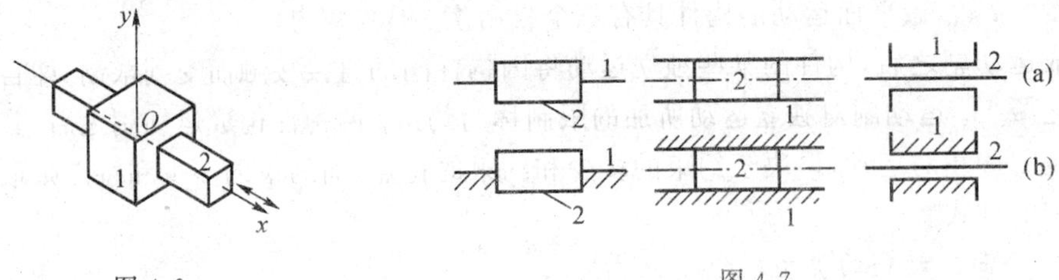

图 4-6　　图 4-7

移动副可用如图 4-7 所示的符号表示,图中加有斜线的构件表示固定构件(机架)。

转动副和移动副都是面接触的运动副,统称为低副,其约束数为 2。

(3) 高副及其符号

如图 4-8 所示的运动副,是由两构件的曲面轮廓接触而形成的。其中(a)图为凸轮机构的一部分,凸轮 1 与从动件 2 形成点接触,它只限制从动件 2 沿接触点的公法线 nn 方向的相对移动,故约束数为 1;图(b)为齿轮机构的一部分,齿轮 1 与齿轮 2 形成线接触,它也是只限制齿轮 2 沿接触处的公法线 nn 方向的相对移动,故约束数也为 1。图(a)、(b)中允许构件 2 沿公切线 tt 做相对移动和绕 A 点做相对转动。

由两构件的点接触或线接触构成的运动副称为高副。其约束数为 1。

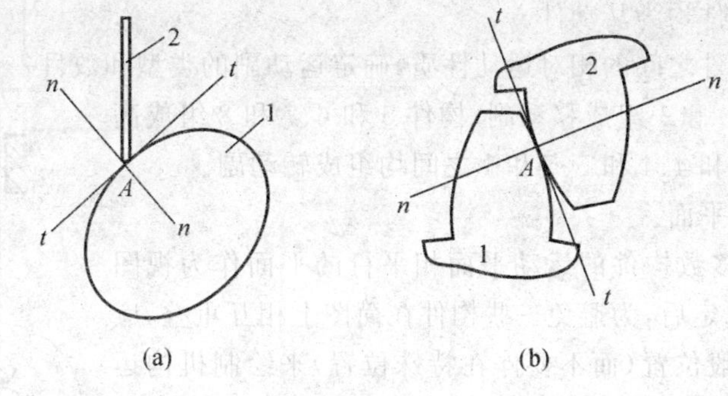

图 4-8

4.2.2　平面机构运动简图

在分析机构的运动时，可以不考虑构件的形状、截面尺寸和运动副的具体构造等与运动无关的因素。因此，只需用简单的线条和符号来代表构件和运动副，并按一定的比例尺定出各运动副的位置。这样画出的机构图形称为机构运动简图。

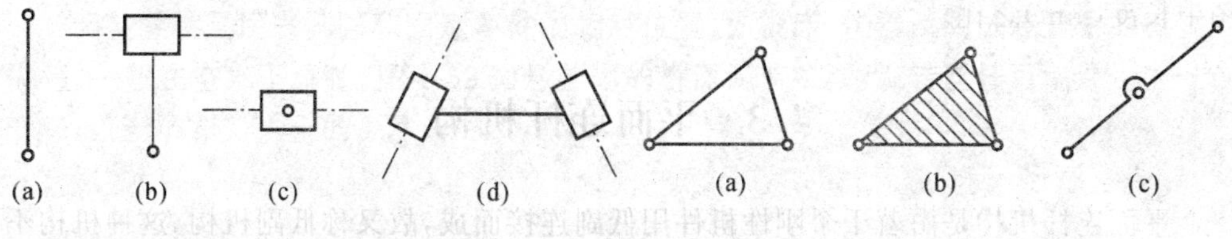

图 4-9　　图 4-10

前面已叙述过各种运动副的符号及其画法，现在来叙述各构件的画法。

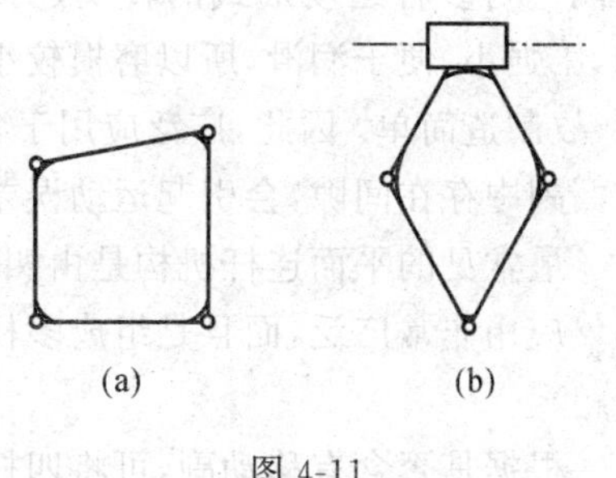

图 4-11

图 4-9 表示包含两个运动副元素的构件的各种画法，图 4-10 表示表示包含三个运动副元素的构件的各种画法，图 4-11 表示包含四个运动副元素的构件的各种画法，可供绘制机构运动简图时参考。

以下通过实例来说明绘制机构运动简图的方法与步骤。

【例题 4-1】　绘制如图 4-1 所示单缸四冲程内燃机的机构运动简图。

解　(1)分析机构的组成及运动情况，找出机架、原动件和从动件。

图 4-1 所示的内燃机是由汽缸体 1、活塞 2、连杆 3 和曲轴 4 组成的曲柄滑块机构；由齿轮 5(与曲轴固联)、齿轮 6 和汽缸体 1 组成齿轮机构；由凸轮 7、排气门推杆 8 和汽缸体 1 组成的凸轮机构共同组成的。汽缸体 1 是固定件(机架)，在燃气推动下的活塞 2

是原动件，其余构件均为从动件。

(2)根据各构件之间的相对运动性质，确定运动副的类型和数目。

构件 2 和 1、8 和 1 组成移动副；构件 5 和 6、7 和 8 组成高副；构件 2 和 3、3 和 4、4 和 5、5 和 1 之间均组成转动副。

(3)选择视图平面。

一般选择与多数构件的运动平面相平行的平面作为视图平面。视图平面选定后，为避免一些构件在简图上相互重叠，应使机构停稳在一般位置（而不要停在特殊位置）来绘制机构运动简图。

该机构为平面机构，故选与各构件的运动平面相平行的平面（即与两齿轮轴线相垂直的平面）为视图平面。

(4)测出各运动副之间的相对位置，并选取适当的长度比例尺 μ_l(m/mm)，用构件和运动副的规定符号绘出机构运动简图，如图 4-12 所示。长度比例尺 μ_l，表示构件的实际长度(m)与图中长度(mm)之比。

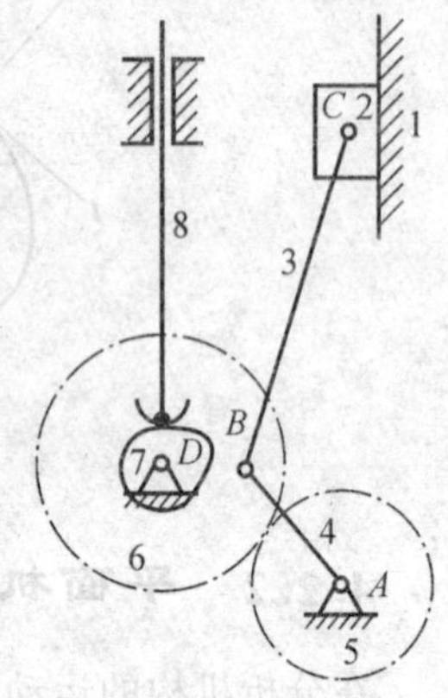

图 4-12 内燃机的机构运动简图

4.3 平面连杆机构

平面连杆机构是由若干个刚性机件用低副连接而成，故又称低副机构。这种机构不但能进行多种运动形式的转换，实现一些较为复杂的运动规律，而且由于低副为面接触，压强小，便于润滑，所以磨损较小，寿命长。又由于低副连接的接触面为圆柱面或平面，故制造简单。因此，广泛应用于各种机器设备、仪器仪表及人们的日常生活当中。但因低副中存在间隙，会引起运动误差且难以精确实现较复杂的运动规律。

最常见的平面连杆机构是由四个构件组成，又称平面四杆机构或简称四杆机构。它不仅应用非常广泛，而且是组成多杆机构的基础。因此，本节着重讨论四杆机构的有关问题。

根据是否含有移动副，可将四杆机构分为铰链四杆机构和滑块四杆机构两大类。

4.3.1 铰链四杆机构

(一)铰链四杆机构的基本型式

构件间全部用转动副组成的四杆机构称为铰链四杆机构，如图 4-13 所示。图中固定不动的构件 4 称为机架；用转动副与机架相连接的构件 1 和 3 称为连架杆；不与机架直接连接的构件 2 称为连杆。其中相对机架能做整周转动的连架杆称为曲柄；仅能在小于 180°范围内往复摆动的连架杆称为摇杆。

在铰链四杆机构中，机架和连杆总是存在的。因此，可以根据曲柄和摇杆的不同数目，将其分为三种基本型式，即曲柄摇杆机构、双曲柄机构和双摇杆机构。

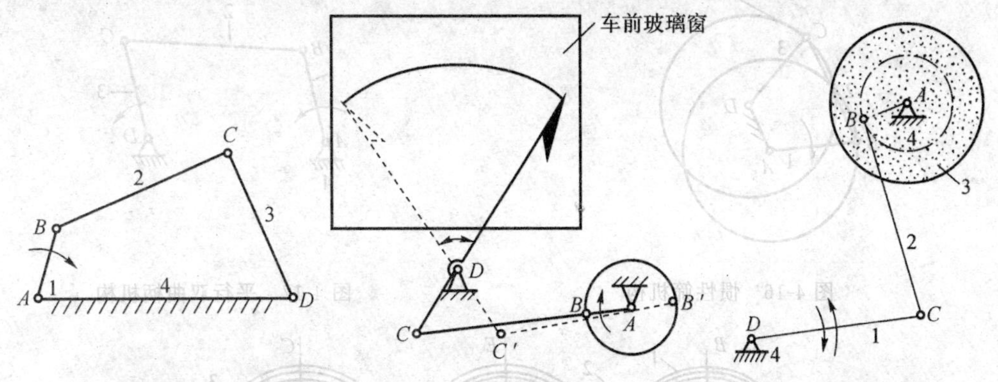

图 4-13　铰链四杆机构　图 4-14　汽车前窗刮水器　图 4-15　脚踏砂轮机机构

1. 曲柄摇杆机构

两连架杆中，一个为曲柄，另一个为摇杆的铰链四杆机构称为曲柄摇杆机构，如图 4-13 所示。如图 4-14 所示汽车前窗刮水器控制机构、如图 4-15 所示脚踏砂轮机机构等都是曲柄摇杆机构的应用实例。前者以曲柄 AB 为原动件，后者以摇杆 CD 为原动件。

曲柄摇杆机构在使用中，若取曲柄为原动件(如图 4-14 中 AB 构件)，可将曲柄的连续整周转动转变为摇杆的往复摆动。若取摇杆为原动件(如图 4-15 中 CD 构件)，则可将其往复摆动转变为曲柄的整周转动。

2. 双曲柄机构

两连架杆均为曲柄的铰链四杆机构称为双曲柄机构。通常取其中一个曲柄为原动件且做等速转动，另一曲柄为从动件，一般做变速转动(也可做等速转动)。

如图 4-16 所示的惯性筛即为双曲柄机构的应用实例。当从动曲柄 CD 做变速转动时，使筛子 6 具有所要求的加速度，筛中的物料靠惯性而达到筛分的目的。

在双曲柄机构中，如果连杆与机架的长度相等，两个曲柄的长度也相等，并组成平行四边形则称为平行双曲柄机构或平行四边形机构，如图 4-17 所示。其特点为曲柄 AB 与 CD 长度相等，始终做等速、同向转动。连杆也始终做平动。如图 4-18 所示机车车轮联动机构为其应用实例。

如果双曲柄机构的对边构件的长度相等而不平行，则称为反向双曲柄机构，如图 4-19 所示。其特点为原动曲柄 AB 等速转动时，从动曲柄 CD 做反向变速转动。如图 4-20所示的公共汽车的车门启闭机构就是这种机构的应用实例。

3. 双摇杆机构

两连架杆均为摇杆的铰链四杆机构，称为双摇杆机构。如图 4-21 所示为飞机起落

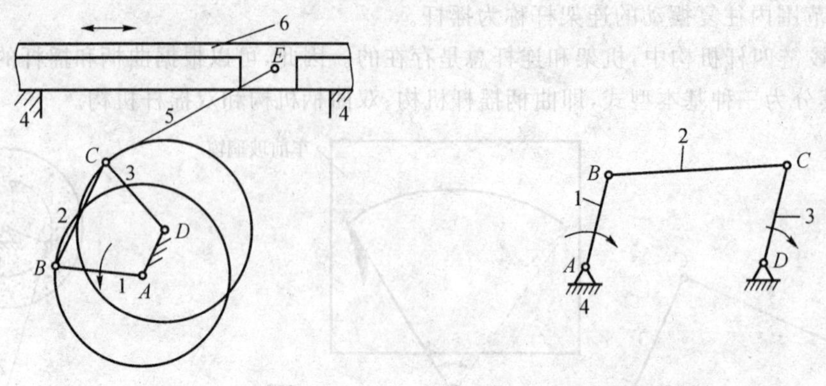

图 4-16　惯性筛机构　　　　图 4-17　平行双曲柄机构

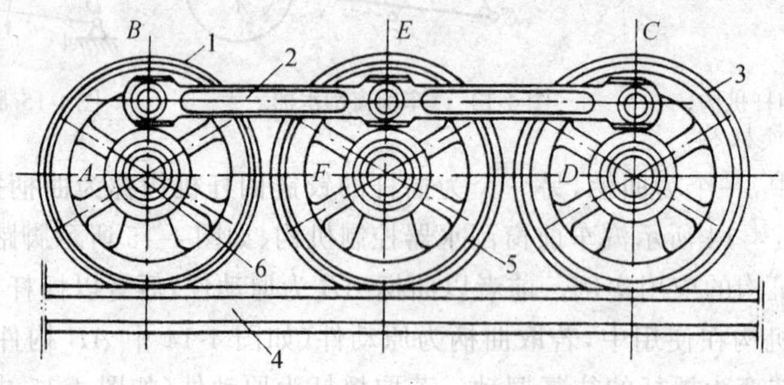

图 4-18　机车车轮联动机构

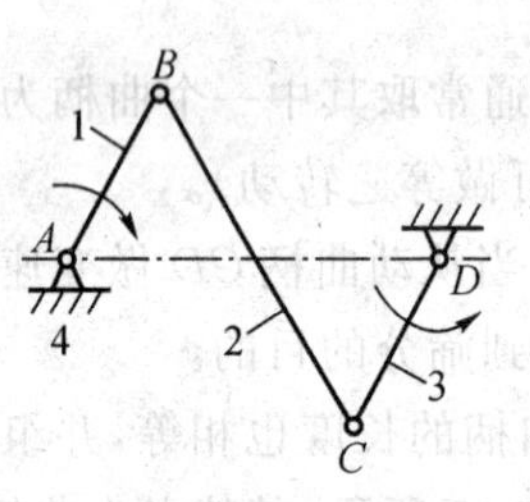

图 4-19　反向双曲柄机构

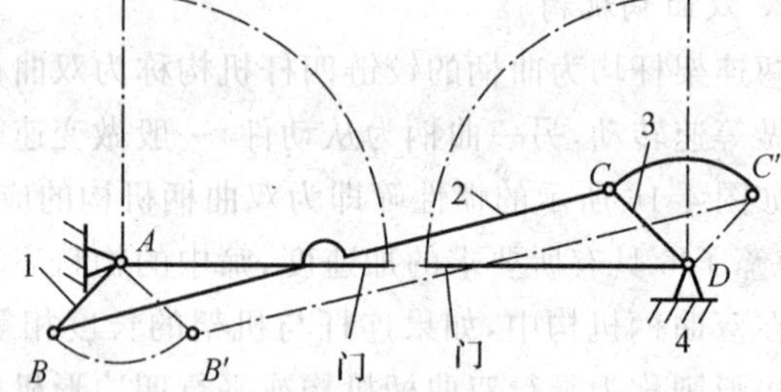

图 4-20　车门启闭机构

架的机构运动简图，其中 AB 与 CD 均为摇杆。当飞机将要着陆时，需将着陆胶轮 5 放下；而当飞机飞离地面时，则需将着陆胶轮 5 收起。图中实线为放下位置，点划线为收起位置。

在双摇杆机构中，若两摇杆长度相等，则称为等腰梯形机构。如图 4-22 所示汽车、拖拉机前轮转向机构就是其应用实例。摇杆 AB 和 CD 分别与两前轮轴固联在一起，当车轮转弯时（图中为向右转弯），左、右两前轮轴摆动的角度 β 和 δ 不相等，四构件的相

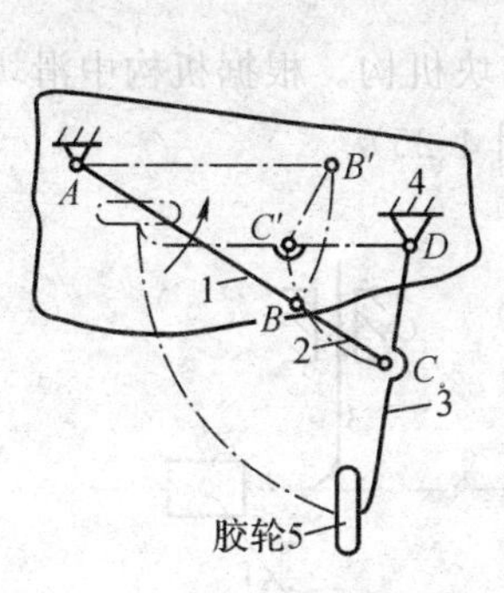

图 4-21　飞机起落架机构

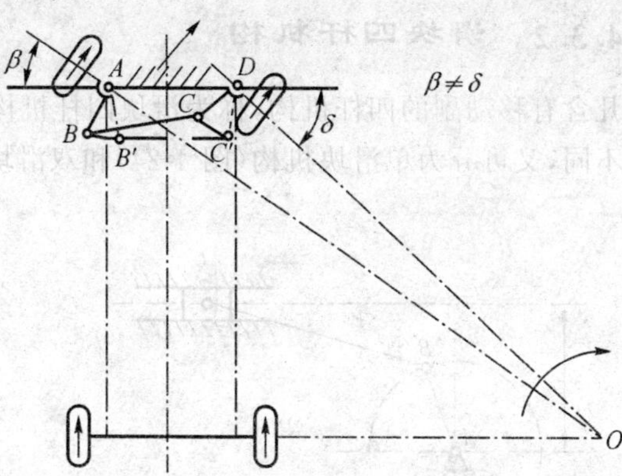

图 4-22　汽车前轮转向机构

对长度保证两前轮轴线的延长线与后轮轴线的延长线相交于一点 O,从而使车辆绕 O 点转动时四个车轮都在地面上做纯滚动,减少了转弯时轮胎相对地面滑动时的磨损。

(二)铰链四杆机构类型的判别

由前述可见,铰链四杆机构三种其本型式的主要区别,就在于连架杆是否为曲柄。而机构中是否存在曲柄,则取决于各构件的相对长度以及选取哪一构件为机架。对于铰链四杆机构,一般可按下述方法判别其类型。

(1) 当机构中最短构件与最长构件长度之和不大于其余两构件长度之和时:

1)若取与最短构件相邻的构件为机架时,则为曲柄摇杆机构,如图 4-23(a)、(b)所示。

2)若取最短构件为机架,则为双曲柄机构,如图 4-23(c)所示。

3)若取与最短构件相对的构件为机架,则为双摇杆机构,如图 4-23(d)所示。

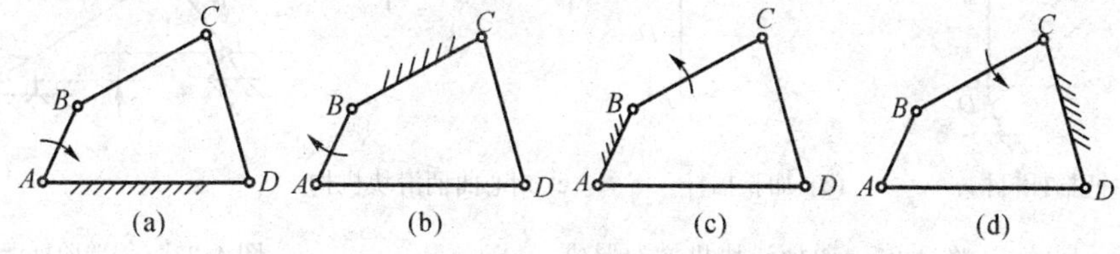

(a)取与最短构件相邻的构件为机架;(b)取与最短构件相邻的构件为机架;
(c)取最短构件为机架;(d)取与最短构件相对的构件为机架

图 4-23　铰链四杆机构类型的判别

(2)当最短构件长度与最长构件长度之和,大于其余两构件长度之和时,则不论取哪一构件为机架,均无曲柄存在,只能是双摇杆机构。

4.3.2 滑块四杆机构

凡含有移动副的四杆机构，称为滑块四杆机构，简称滑块机构。根据机构中滑块数量的不同，又可分为单滑块机构(图 4-24)和双滑块机构(图 4-25)

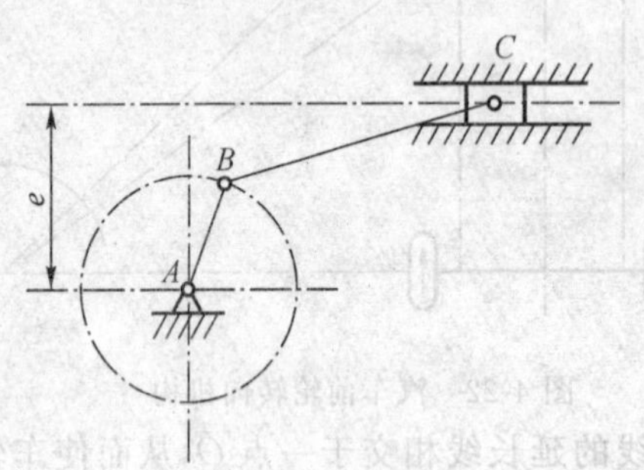

图 4-24 单滑块机构

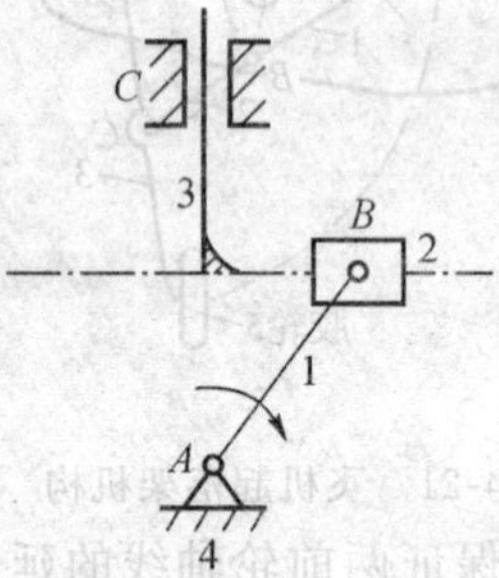

图 4-25 双滑块机构

1. 曲柄滑块机构

曲柄滑块机构可看作是由曲柄摇杆机构演变而来。如图 4-26(a)所示的曲柄摇杆机构，摇杆上 C 点的运动轨迹是圆弧 $\widehat{mm}$。若摇杆 CD 的长度趋于无穷大(图 4-26(b))时，回转副中心 D 将位于无穷远处，C 点的运动轨迹变成了直线，摇杆 CD 便成了滑块，原来的回转副变成了移动副(图 4-26(c))，即演变成为曲柄滑块机构。根据滑块导路中心线是否通过曲柄转动中心 A，可分为如图 4-26(c)和 4-27 所示的对心曲柄滑块机构和偏置曲柄滑块机构(偏距为 e)。

(a) 曲柄摇杆机构 (b) 加长摇杆 (c) 对心曲柄滑块机构

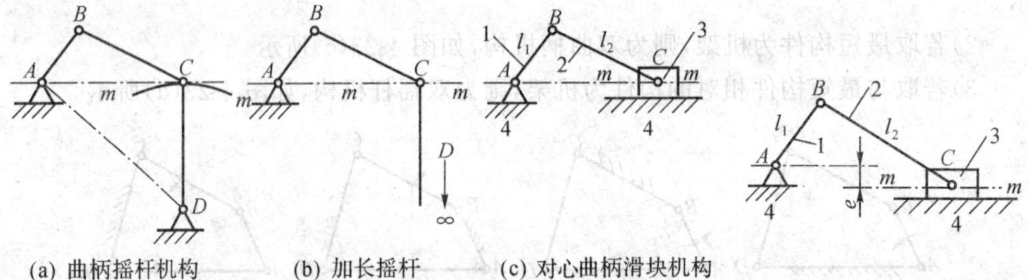

图 4-26 曲柄滑块机构的形成

图 4-27 偏置曲柄滑块机构

对心曲柄滑块机构，有曲柄存在的条件为 $l_1 \leqslant l_2$；偏置曲柄滑块机构，有曲柄存在的条件为 $l_1 + e \leqslant l_2$。

曲柄滑块机构中，当以曲柄为原动件时，可将曲柄的转动转化为滑块的往复移动。它广泛应用于空气压缩机、冲床等机械中。当以滑块为原动件时 可将滑块的往复移动转化为曲柄的转动。它广泛应用于蒸汽机、内燃机等机械中。

2. 导杆机构

在如图 4-26(c)所示曲柄滑块机构中，构件 AB 为机架时，可得到如图 4-28 所示的导杆机构。构件 2 为原动件，构件 4 为导杆，滑块 3 相对导杆 4 滑动并随其一起绕 A 点转动。当 $l_1 \leqslant l_2$ 时，构件 2 和 4 均可做整周转动，称为转动导杆机构；当 $l_1 > l_2$ 时，导杆 4 只能做往复摆动，称为摆动导杆机构。

导杆机构常用做牛头刨床和插床等工作机构。

3. 摇块机构

在图 4-26(c)所示曲柄滑块机构中，若取构件 2 为机架，构件 1 可做整周转动，而滑块 3 则成了只能绕机架上 C 点做往复摆动的摇块，故称为摇块机构，如图 4-29 所示。如图 4-30 所示载货汽车自动翻转卸料机构就是这种机构的应用实例

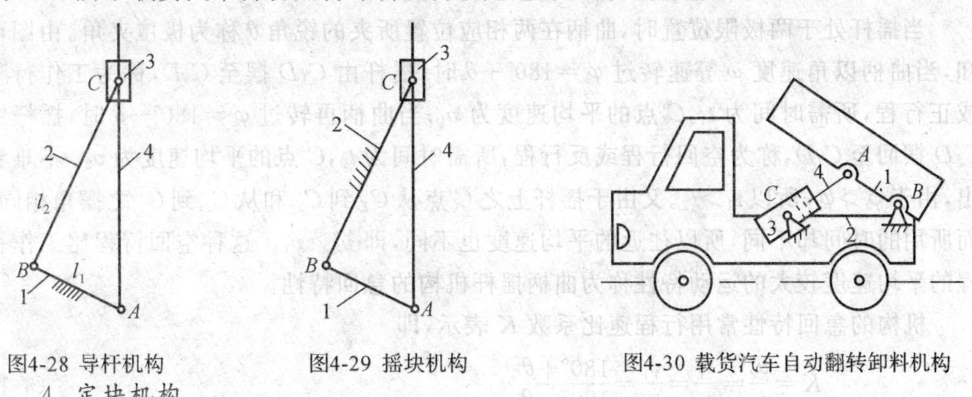

图4-28 导杆机构　　图4-29 摇块机构　　图4-30 载货汽车自动翻转卸料机构

4. 定块机构

在前述的曲柄滑块机构中，若取滑块 3 为机架，即得到如图 4-31 所示的定块机构。这种机构常用在手动的抽水机或抽油泵中。如图 4-32 所示的手动式抽水机就是定块机构的应用实例。

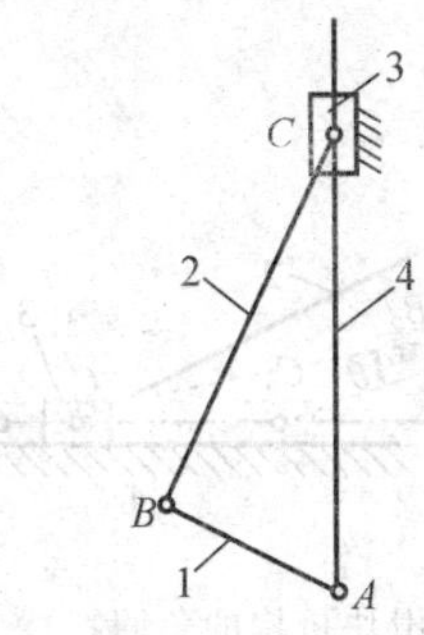

图 4-31　定块机构

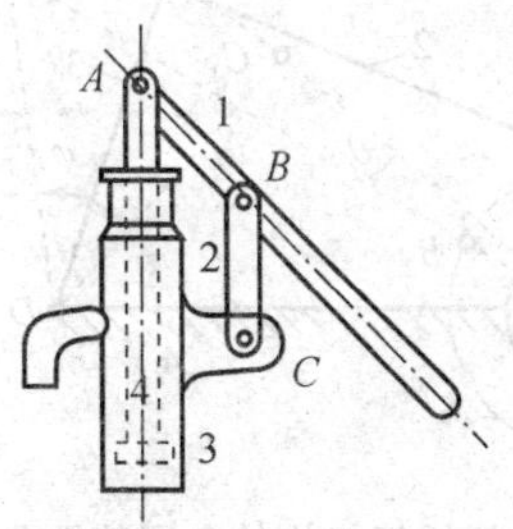

图 4-32　手动式抽水机

4.4 四杆机构的基本性质

为了正确选择、合理使用乃至设计四杆机构，除了需要了解四杆机构的类型以外，应进一步了解其基本性质

(一)急回特性

如图 4-33 所示的曲柄摇杆机构，设曲柄 AB 为原动件，摇杆 CD 为从动件。在曲柄回转一周过程中，曲柄与连杆有两次共线，此时摇杆 CD 分别处于左、右两极限位置 C_1D 和 C_2D 上，摆角为 φ。

当摇杆处于两极限位置时，曲柄在两相应位置所夹的锐角 θ 称为极位夹角。由图可知，当曲柄以角速度 ω 等速转过 $\varphi_1=180°+\theta$ 时，摇杆由 C_1D 摆至 C_2D，称为工作行程或正行程，所需时间为 t_1，C 点的平均速度为 v_1；当曲柄再转过 $\varphi_2=180°-\theta$ 时，摇杆由 C_2D 摆回至 C_1D，称为空回行程或反行程，所需时间为 t_2，C 点的平均速度为 v_2。不难看出，由于 $\varphi_1>\varphi_2$，所以 $t_1>t_2$。又由于摇杆上之 C 点从 C_1 到 C_2 和从 C_2 到 C_1 之摆角相同，而所用的时间却不同，所以往返的平均速度也不同，即 $v_2>v_1$。这种空回行程比工作行程的平均速度较大的运动特性称为曲柄摇杆机构的急回特性。

机构的急回特性常用行程速比系数 K 表示，即

$$K=\frac{v_2}{v_1}=\frac{t_1}{t_2}=\frac{\varphi_1}{\varphi_2}=\frac{180°+\theta}{180°-\theta} \tag{4-1}$$

由上式可见，K 值大小取决于极位夹角 θ，当 $\theta=0°$时，$K=1$，机构没有急回特性。当 $\theta\neq0°$，$K>1$，则机构具有急回特性。K 值的大小反映了机构的急回程度，K 值愈大，机构的急回特性愈明显。

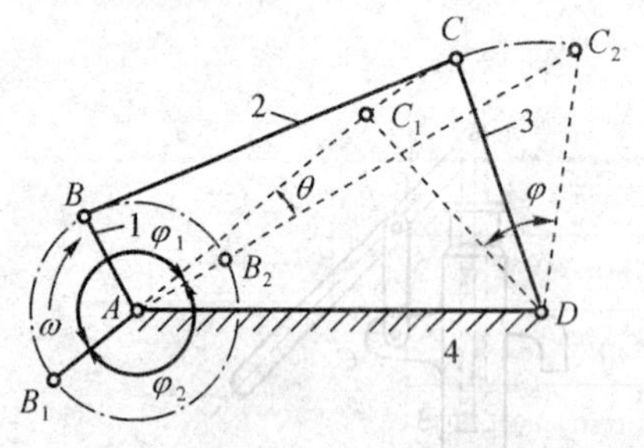

图 4-33 曲柄摇杆机构的急回特性分析

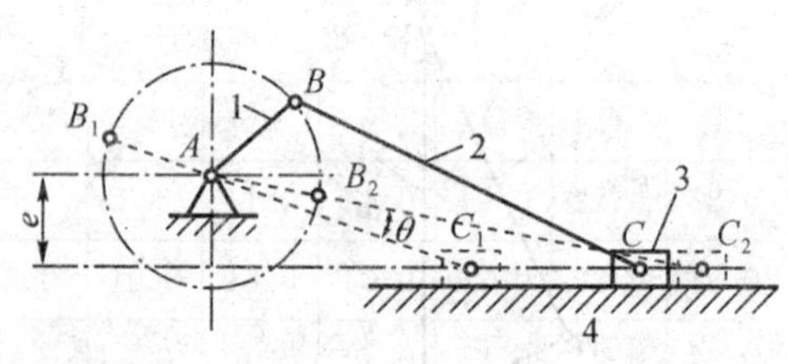

图 4-34 偏置曲柄滑块机构的急回特性分析

由上述分析可知，四杆机构有无急回特性，一方面取决于从动件是否存在正、反行程的极限位置，另一方面则取决于极位夹角 θ。当机构从动件存在正、反行程的极限位置，且极位夹角 $\theta\neq0°$时，机构才具有急回特性。

同理，不难分析得出，如图 4-34 所示的偏置曲柄滑块机构和如图 4-35 所示的摆动导杆机构，均具有急回特性。相反，如图 4-36 所示的对心曲柄滑块机构以及上述的双曲柄机构和转动导杆机构，均无急回特性。

在工程实际中，通常利用机构的急回特性来缩短非生产时间，提高劳动生产率。

由式(4-1)可得到：

$$\theta=\frac{K-1}{K+1}\times180^{\circ} \tag{4-2}$$

设计具有急回特性的四杆机构时，通常根据工作要求先选定行程速比系数 K，然后由式(4-2)算出极位夹角 θ，再通过作图确定各构件尺寸。

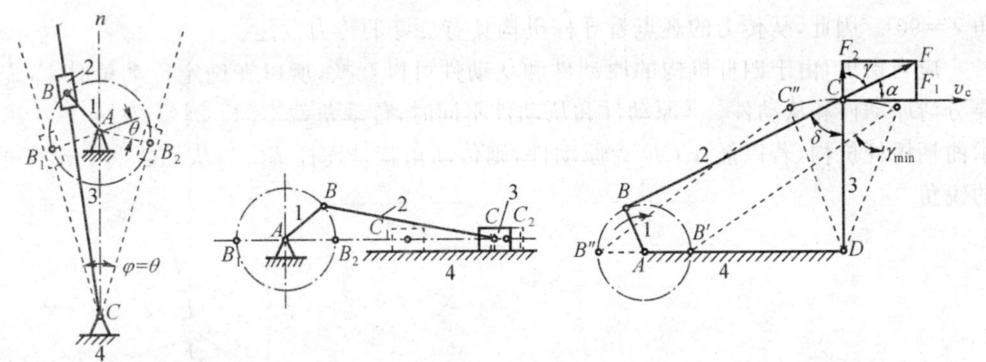

图 4-35 摆动导杆机构的急回特性分析　图 4-36 对心曲柄滑块机构的急回特性分析　图 4-37 曲柄摇杆机构的压力角与传动角

(二)压力角与传动角

在设计和选用四杆机构时，不但要实现给定的运动要求，还应使机构具有较好的传力性能，以使机构运转灵活、轻便，效率较高。机构的传力性能与压力角有关。

如图 4-37 所示的曲柄摇杆机构中，取曲柄 AB 为原动件，摇杆 CD 为从动件。若忽略各构件质量和运动副中的摩擦，则曲柄通过连杆作用于摇杆上 C 点的力 F 是沿 BC 方向，它与受力点 C 的绝对速度 v_c 之间所夹的锐角 α 称为压力角。力 F 沿 v_c 方向的分力 $F_t=F\cos\alpha$，是推动从动件运动的有效分力；而沿摇杆轴心线方向的分力 $F_n=F\sin\alpha$，会增大运动副中的摩擦和磨损，对机件传动不利，故称为有害分力，显然，压力角 α 愈小，有效分力 F_t 愈大，F_n 愈小，机构的传力性能愈好。可见，压力角 α 的大小是判别机构传力性能好坏的一个重要参数。

为了便于在机构运动简图中直接观察和进行测量，特引入传动角的概念。我们将压力角 α 的余角 γ 称为传动角。显然 $\gamma=90^{\circ}-\alpha$，故 γ 愈大，α 愈小，机械的传力性能愈好。

不难看出，在机构运动过程中，传动角 γ 是不断变化的。为了保证机构具有良好的传力性能，只需对传动角的最小值加以限制。一般情况下，机构的最小传动角 $\gamma_{\min}\geqslant40^{\circ}$

(即 $\alpha_{max}=50°$);传递较大功率时,应使 $\gamma_{min}\geqslant 50°$。出现最小传动角 γ_{min} 的机构位置,可由机构运动简图中直观地判定。

对于如图 4-37 所示的曲柄摇杆机构,当以曲柄为原动件时,最小传动角 γ_{min} 必出现在曲柄与机架两共线位置之一处。此时,传动角将出现极限值,通过比较其中 γ 值较小者即为 γ_{min}。

在如图 4-38 所示的曲柄滑块机构中,当以曲柄为原动件时,最小传动角 γ_{min} 出现在曲柄与滑块导路中心线相垂直的位置。

在以曲柄为原动件的摆动导杆机构中(图 4-39),由于滑块对导杆的作用力 F 始终垂直于导杆,并与导杆上力作用点 B 的绝对速度 v_B 的方向重合,压力角 α 恒为 0°,传动角 $\gamma=90°$。因此,从传力的观点看导杆机构具有良好的传力性能。

应当指出,由于四杆机构的原动件和从动件可以互换,所以在确定传动角时,首先要分清原动件和从动件。当原动件和从动件不同时,传动角就不同。例如,如图 4-37 所示曲柄摇杆机构,若以摇杆 CD 为原动件,则传动角就是连杆 BC 与从动曲柄 AB 所夹的锐角。

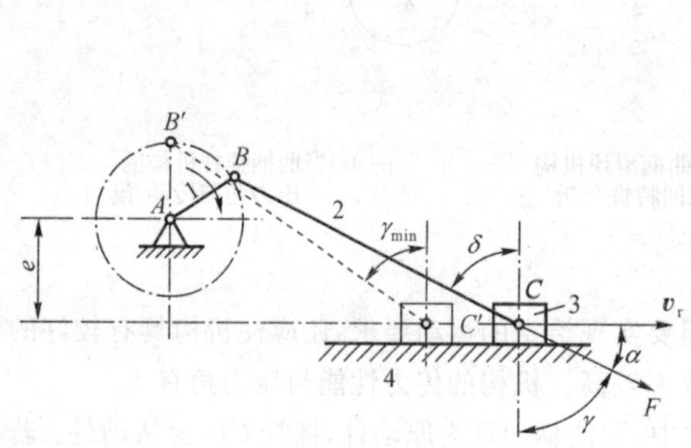

图 4-38 曲柄滑块机构的 r_{min} 分析

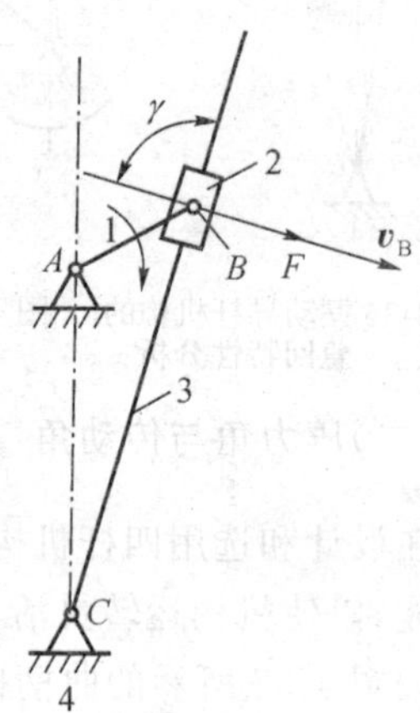

图 4-39 导杆机构的传力性能分析

(三)死点位置

如图 4-40 所示的曲柄摇杆机构,若取摇杆为原动件,曲柄为从动件,则 $\gamma_{min}=0°$ 出现在曲柄与连杆共线的位置,该位置称为机构的死点位置。当机构处于死点位置时,原动件经连杆作用于从动曲柄上的力 F 通过其回转中心 A,该力对 A 点不产生力矩。故力 F 无论有多大,都不能使曲柄转动。此外,当机构在运动中通过死点位置时,从动曲柄有可能会产生运动方向不确定的情况,既可能顺时针回转,也可能逆时针回转。因此,死点位置对机构的传动是有害的,应设法避免。通常可采用安装飞轮的办法,以加大从动件的惯性力,使之能顺利通过死点位置。例如,缝纫机在运动过程中,就是依靠具有较大质量的带轮的惯性来顺利通过死点位置并使从动曲柄转向不变的。

显然，只要从动件能与连杆共线，机构就有死点位置。所以，以滑块为原动件的曲柄滑块机构，以导杆为原动件的摆动导杆机构以及平行双曲柄机构等，均存在死点位置。

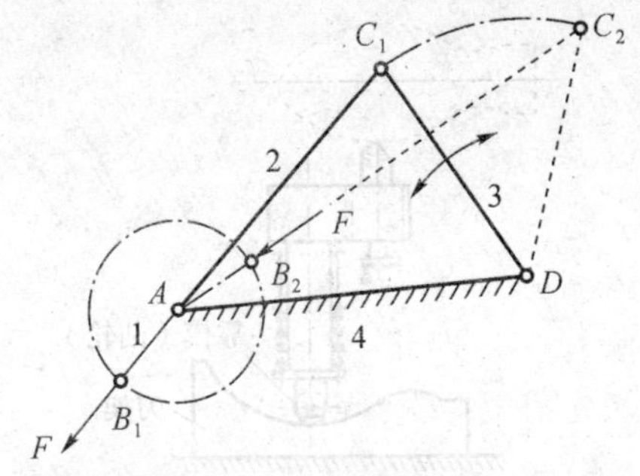

图 4-40　曲柄摇杆机构的死点位置

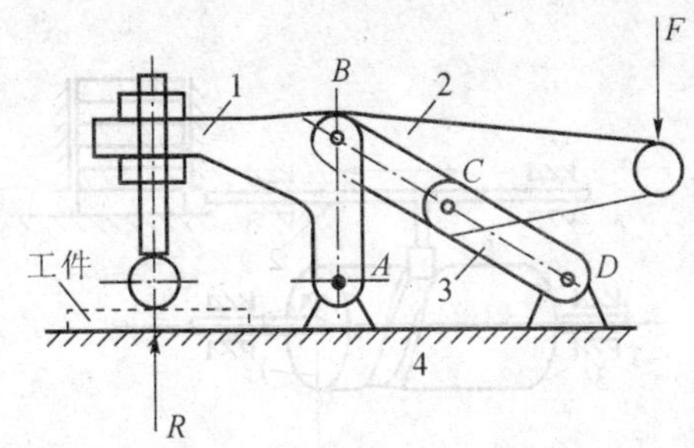

图 4-41　夹具处于死点位置

但死点位置也可以利用。如图 4-41 所示的夹具，就是利用机构的死点位置进行工作的。当工件被夹紧后，BCD 成一直线，机构处于死点位置，这时不论工件对机构的反作用力 R 有多大，都不能使工件自行松开。要使工件松开，必须在连杆 BC 的手柄上加一反向力 F。如图 4-21 所示的飞机起落架也是利用了死点位置时的特性。当轮子放下时，ABC 成一直线而使机构处于死点位置，以保证安全。

具有死点位置的机构，大多数在改换原动件时，机构死点位置将随之消失。因此，机构是否具有死点位置，一般取决于原动件的选择。

4.5　凸轮机构

凸轮机构是机械中常用的机构之一，在机械式自动化和自动控制装置中用得最多。

图 4-42 为一内燃机配气机构。凸轮是一个具有径向变化的盘形构件。凸轮匀速转动时，通过凸轮的轮廓驱使气门做有规律的往复直线运动，从而使气门按预期运动规律打开或关闭。图 4-43 是用在自动机上的送料机构，当圆柱形凸轮 1 转动时，通过凹槽中的滚子，驱使从动件 2 做往复移动。图 4-44 所示为靠模加工手柄的仿形机构。当刀架纵向移动时，刀具的横向进给受靠模(凸轮)的控制，从而使刀具的运动轨迹与靠模轮廓一致，加工出的零件母线与靠模形状相同。

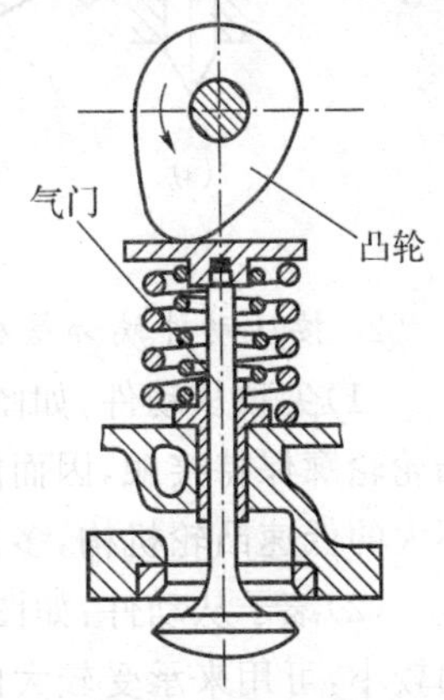

图 4-42　配气机构

从以上例子可以看出：凸轮机构主要由凸轮、从动件和机架三个基本构件组成，可将凸轮的转动或移动，转变为从动件预期移动或摆动。

凸轮机构的优点是：只须设计适当的凸轮轮廓，便可使从动件得到预期的运动规律，而且结构简单、紧凑、设计方便，因此在各种自动机中得到广泛应用。凸轮机构的缺点是：凸轮轮廓与从动件为点或线接触，易于磨损，因此多用于传力不大的控制机构中。

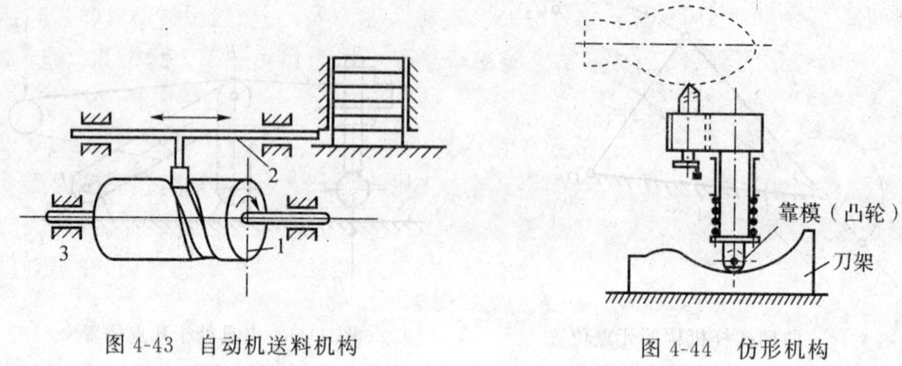

图 4-43 自动机送料机构　　图 4-44 仿形机构

4.5.1 凸轮机构的分类

凸轮机构类型很多，一般可按如下方法进行分类。

1. 按凸轮的形状分类

(1)盘形凸轮：这种凸轮是一个具有变化半径的盘形零件(图 4-42)，它是凸轮的最基本型式。

(2)移动凸轮：当盘形凸轮的转动中心移向无穷远时，则凸轮相对机架做直线运动，这种凸轮称为移动凸轮(图 4-44)。

(3)圆柱凸轮：将移动凸轮卷成圆柱体所形成的凸轮称为圆柱凸轮(图 4-43)。

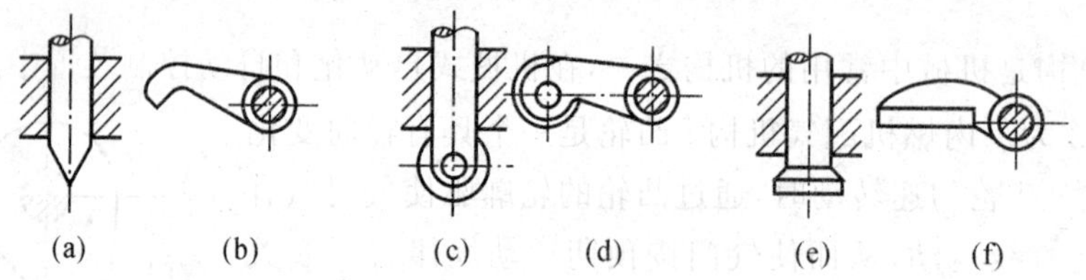

图 4-45 从动件型式

2. 按从动件端部结构分类

(1)尖顶从动件：如图 4-45(a)、(b)所示。这种从动件构造最简单，尖顶能与复杂的凸轮轮廓保持接触，因而能实现任意预期运动规律。但尖顶易磨损，所以只宜用于受力不大的低速凸轮机构，多用于仪表机构中。

(2)滚子从动件：如图 4-45(c)、(d)所示。由于滚子与凸轮之间为滚动摩擦，所以磨损较小，可用来承受较大的载荷，是最常用的一种从动件。

(3)平底从动件：如图 4-45(e)、(f)所示。这种从动件的优点是当不计凸轮与从动件间的摩擦时，凸轮与从动件间的作用力始终垂直于从动件的平底，传动效率高，且接触面间容易形成油膜、润滑较好，可用于高速凸轮。但这种从动件不能与凹弧形的凸轮轮廓相接触。

此外，还可根据从动件的运动形式，分为直动从动件和摆动从动件两种形式，直动的又可分为对心式和偏置式。

将不同类型的凸轮和从动件组合起来，就可得到不同型式的凸轮机构，如尖顶移动从动件盘形凸轮机构、滚子从动件圆柱凸轮机构等。

4.5.2　从动件常用运动规律

设计凸轮机构时，首先是根据工作要求确定出从动件的运动规律，然后再按照这一规律设计出相应的凸轮轮廓曲线，即凸轮的轮廓形状。凸轮轮廓形状主要取决于从动件的运动规律。所谓运动规律，是指从动件在运动过程中，其位移 s，速度 v 和加速度 a 随运动时间（凸轮转角 δ）变化的规律。

（一）凸轮机构的工作过程

如图 4-46 所示，为一对心直动从动件盘形凸轮机构。图中以凸轮轮廓的最小向径 $r_{\min}$为半径所绘的圆称为基圆，$r_{\min}$称为基圆半径。当尖顶与凸轮轮廓上的 A 点（基圆与轮廓曲线 AB 的连接点）相接触时，从动件处于上升的起始位置。当凸轮以 ω_1 等角速度沿逆时针方向回转 δ_t 时，从动件被 AB 段轮廓推动，以一定运动规律由离回转中心最近点 A 到达最远点 B，这个过程称为推程。这时所走过的距离 AB' 称为从动件的升程，用 h 表示，而相应的凸轮转角 δ_t 称为推程运动角。当凸轮继续回转 δ_s 时，因圆弧$\overset{\frown}{BC}$为

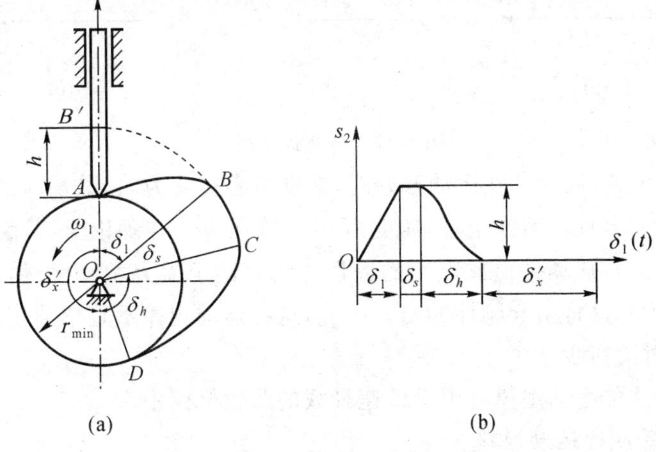

图 4-46　凸轮与从动件的运动关系

同心圆弧，故从动件在最远位置停留不动，δ_s 称为远休止角。当凸轮继续回转 δ_h 时，从动件在重力或弹力作用下，以一定运动规律回到起始位置(基圆上 D 点)，这个过程称为回程，相应的凸轮转角 δ_h 称为回程运动角。凸轮继续回转 δ_s'，从动件与圆弧 $\overset{\frown}{AD}$ 接触，故在最近位置停留不动，δ_s' 称为近休止角。当凸轮继续回转时，从动件将重复上述运动。

若用横坐标代表凸轮转角 δ_1，纵坐标代表从动件位移 s_2，则可以画出从动件位移 s_2 与凸轮转角 δ_1 之间的关系曲线，如图 4-46(b)所示，该曲线称为从动件的位移曲线图。由以上分析可见，从动件的升程 h 等于凸轮轮廓的最大向径 $r_{\max}$ 减基圆半径 $r_{\min}$，即 $h=r_{\max}-r_{\min}$，从动件位移 s_2 等于接触点凸轮轮廓的向径 r 减去基圆半径 $r_{\min}$，即 $s_2=r-r_{\min}$。

综上所述，从动件的运动规律取决于凸轮轮廓曲线形状。反之，不同的从动件运动规律要求凸轮具有不同的轮廓形状。

(二)从动件常用运动规律

1. 等速运动规律

当凸轮以角速度回转时，从动件在推程或回程中的运动速度为一常数，这种运动规律称为等速运动规律。

设推程时，从动件做等速运动，其推程运动角为 δ_t，升程为 h。则其 s_2-δ_1，v_2-δ_1，a_2-δ_1 的关系曲线如图 4-47 所示。

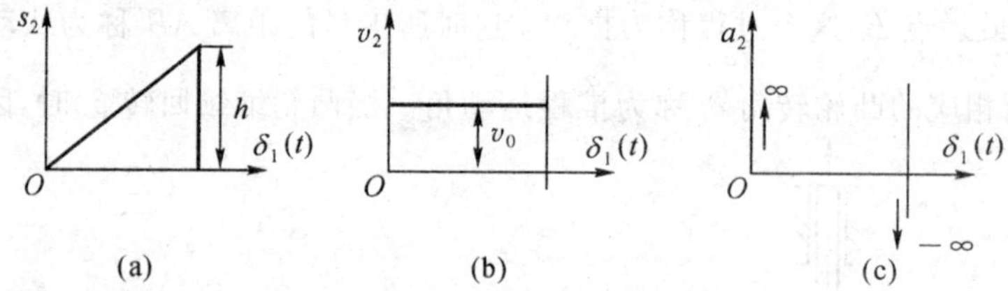

图 4-47 等速运动规律

由图 4-47 可见，从动件在运动开始时，速度由零突变为 v_0，故瞬时加速度在理论上为无穷大($a_2=+\infty$)；运动终止时，速度由 v_0 突变为零。在理论上，其瞬时加速度也为无穷大($a_2=-\infty$)，从动件由此产生的惯性力也将趋于无穷大(由于弹性变形，实际上不可能为无穷大)，这将引起刚性冲击。因此，这种运动规律不宜单独使用，在运动开始和终止段应加过渡曲线。

一般来说，这种运动规律只用于低速轻载的凸轮机构中。

2. 等加速等减速运动规律

从动件在推程或回程中，前半行程做等加速运动，后半个行程做等减速运动，这种运动规律称为等加速等减速运动规律。

设推程运动角为 δ_t，升程为 h。则前半行程($h/2$)的运动时间为 $T/2$，对应的凸轮转角为 $\delta_t/2$。由运动学知，加速度线图为平行于横坐标轴的直线段，如图 4-48(c)所示。速度线图为两条斜直线，如图 4-48(b)所示。位移图线为两段抛物线，如图 4-48(a)所示。

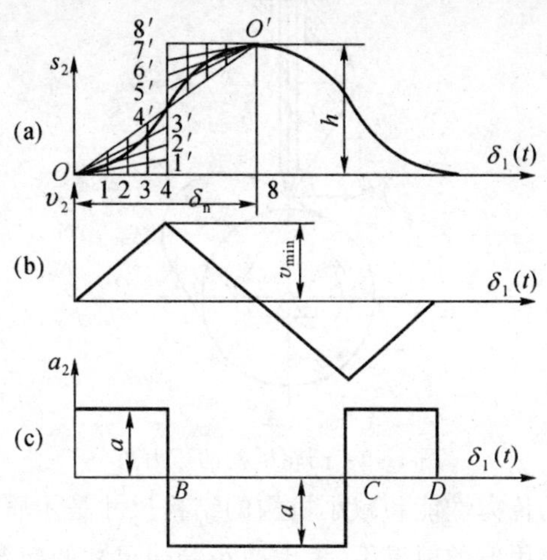

图 4-48　等加速等减速运动规律

从图 4-48(c)可看出，从动件在 A、B、C、D 各点处加速度出现有限突变，因而产生有限惯性力的突变，结果将引起有限的冲击。

这种运动规律适用于中速凸轮机构。另外，从其速度变化规律来看，有利于减小内燃机中气门与座圈的撞击。

除上述两种运动规律外，从动件还常用简谐运动规律(余弦加速度)、摆线运动规律(正弦加速度)等，或者将多种运动规律组合起来应用。

4.5.3　凸轮机构设计中的压力角与基圆半径

与连杆机构一样，也用压力角作为判断凸轮机构传力性能的指标。如图 4-49 所示为尖顶直动从动件盘形凸轮机构在推程中的一位置。若不计摩擦，凸轮作用于从动件的力 F 沿接触点的法线 nn 方向，它与从动件速度方向之间的夹角 α 称为压力角。力 F 可分解为沿从动件速度方向的有效分力 F' ($F'=F\cos\alpha$)和使从动件压向导路的有害分力 F''($F''=F\sin\alpha$)。压力角 α 越大，有效分力越小而有害分力越大，机构的传力性能越差。当 α 增大到一定程度时，F''引起的摩擦阻力将大于有效分力 F'，此时，无论凸轮作用于从动件的力有多大，都不能推动从动件，这种现象称为“自锁”。因此，为了保证凸轮机构能正常工作，必须对压力角加以限制。因为凸轮轮廓线上各点的压力角是变化的，在设计时应使最大压力角不超过许用值。通常对于移动从动件凸轮机构，建议取推程许用压力角$[\alpha]=30°$；对于摆动从动件凸轮机构，建议取推程许用压力角$[\alpha]=45°$。对于回程，从动件一般在重力或弹簧力作用下返回，不会出现自锁，所以回程压力角$[\alpha]=70°\sim80°$。

压力角小的凸轮机构，传力性能好。但也不能认为压力角可随意减小，因为当从动件的运动规律确定以后，压力角的大小受凸轮基圆半径的影响，而基圆半径的大小又直接影响凸轮的结构尺寸和重量。如图 4-50 所示为两基圆半径不同的凸轮，在转过同样大小的角度 δ 后，从动件有相同的位移 s(即实现相同的运动规律)。在图中分别作出了两个凸轮的压力角，可清楚地看出，基圆半径大的凸轮，其压力角较小。可见，改善机构

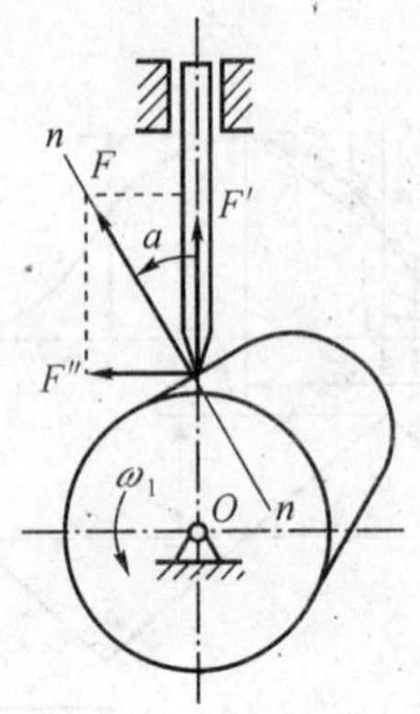

图 4-49 凸轮机构的压力角

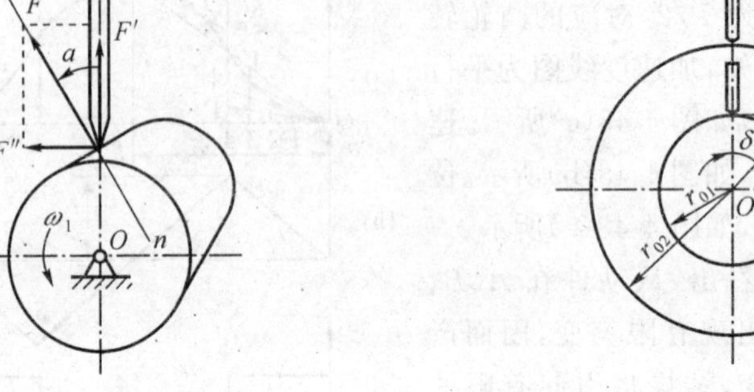

图 4-50 基圆半径与压力角的关系

的传力性能和减小机构的结构尺寸是矛盾的。因此，设计时应在保证最大压力角不超过许用值的前提下，考虑减小结构尺寸的问题。

4.6 其他常用机构

在机器和仪表中，除了前面介绍的连杆机构和凸轮机构之外，还有很多其他机构。本节简单介绍螺旋传动和间歇运动机构。

4.6.1 螺旋传动

螺旋传动是利用螺杆与螺母组成的螺旋副来实现传动要求的。主要用来把回转运动变为直线运动，同时传递运动和动力。它广泛用于机床和汽车的转向机构、起重设备、锻压机械、测量仪器等设备中。按用途不同可分为三类。

（一）传力螺旋

它以传递动力为主，要求以较小的力矩转动螺杆（或螺母），使其产生轴向运动和较大的轴向力，用来做起重或加压作用，如图 4-51(a)、(b)所示的螺旋千斤顶和螺旋压力机等。传力螺旋主要是承受很大的轴向力，一般只间歇性工作，每次工作时间较短，工作速度不高，要求自锁，故一般用单线螺纹。

（二）传导螺旋

传导螺旋以传递运动为主，有时也承受较大的轴向力，常用于机床刀架或工作台的进给机构中，如图 4-51(c)所示的车床刀架的进给机构。传导螺旋一般在较长时间内连续工作，速度较高，因此要求具有较高的传动精度。传导螺旋可用多线螺纹。

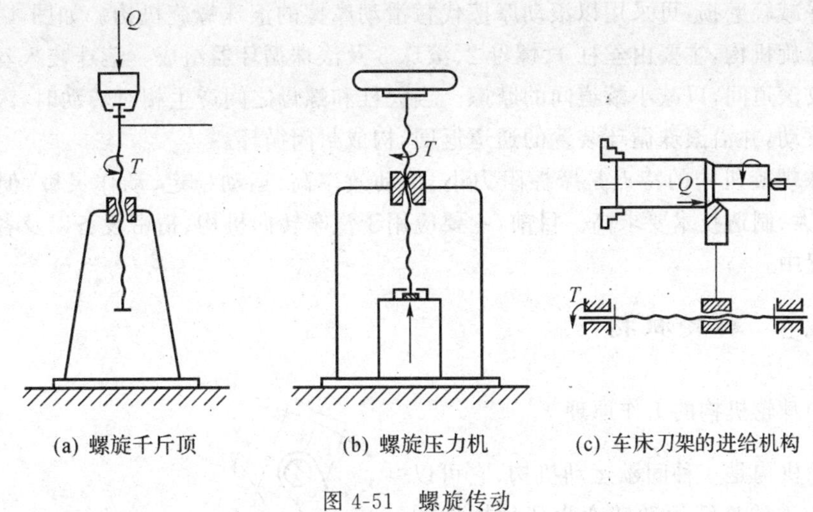

(a) 螺旋千斤顶　(b) 螺旋压力机　(c) 车床刀架的进给机构

图 4-51　螺旋传动

（三）调整螺旋

调整螺旋是用来调整和固定零件的相对位置，如机床、仪器及测试装置中的微调机构等。一般在空载下调整。图 4-52 为悬挂犁的耕深调节机构，旋转丝杆可使尾轮上升或下降，以调节犁刀入土的深浅。

螺旋机构的主要优点是结构简单、制造方便、传动平稳、承载能力大、易自锁等，因而得到广泛的应用。缺点是效率低、磨损快，不宜用于大功率传动。

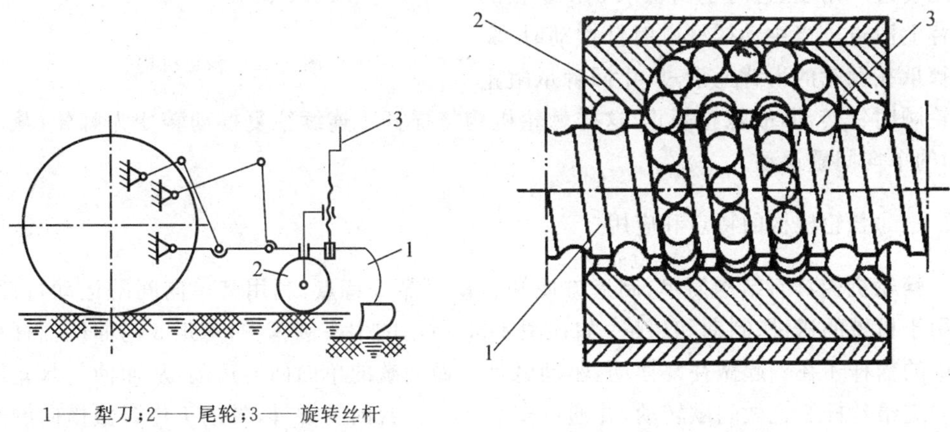

1——犁刀；2——尾轮；3——旋转丝杆

图 4-52　悬挂犁的耕深调节机构

图 4-53　滚珠螺旋机构

（四）滚珠螺旋机构

如上所述的普通螺旋机构，由于螺旋副间存在滑动摩擦，所以传动效率低。为了提高效率并减轻磨损，可采用以滚动摩擦代替滑动摩擦的滚珠螺旋机构。如图 4-53 所示的滚珠螺旋机构，主要由丝杠 1、螺母 2、滚珠 3 及滚珠循环器组成。滚珠装入丝杠和螺母的螺纹滚道间，以减小滚道间的摩擦。当丝杠和螺母之间产生相对转动时，滚珠沿螺纹滚道滚动，并沿滚珠循环装置的通道返回，构成封闭循环。

滚珠螺旋机构的特点是摩擦阻力小、传动效率高、运动稳定、动作灵敏，但结构复杂、尺寸大、制造技术要求高。目前，主要应用于汽车转向机构、精密设备以及各种自动控制装置中。

4.6.2 棘轮机构

(一)棘轮机构的工作原理

棘轮机构是一种间歇运动机构，它可以把原动构件的连续运动转变为从动构件的间歇运动。

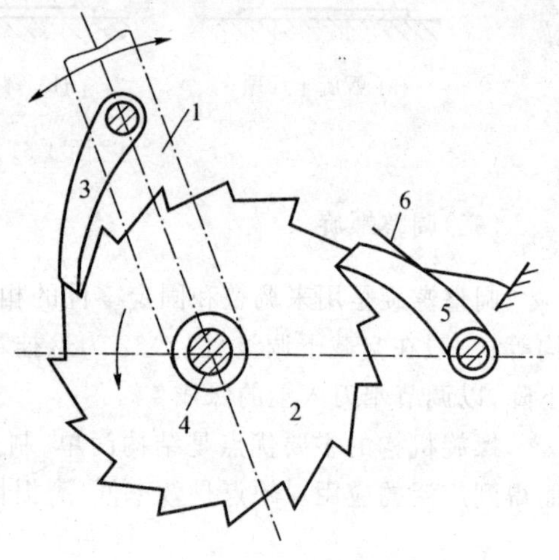

图 4-54 棘轮机构

如图 4-54 所示，棘轮机构由棘轮、棘爪、摇杆及机架组成。主动摇杆 1 空套在轴 4 上，棘轮 2 固联在轴 4 上，驱动棘爪 3 与主动摇杆用转动副相连，当主动摇杆逆时针摆动时，驱动棘爪插入棘轮的齿槽内，使棘轮随之转过一角度，这时止回棘爪 5 在棘轮的齿背上滑过。当主动摇杆顺时针摆动时，驱动棘爪在棘轮的齿背上滑过，止回棘爪阻止棘轮顺时针转动，故棘轮静止，这样棘轮机构将摇杆 1 连续往复摆动转变为棘轮(从动轴)的单向间歇运动。

(二)棘轮机构的特点和应用

棘轮机构具有结构简单、制造方便和运动可靠等特点，利用其单向间歇运动特性，常用于机械的送进、制动和超越。如在图 4-55 所示的牛头刨床中，棘爪 5 与曲柄摇杆机构中的摇杆 4 在一起做往复摆动，驱动棘爪 5 做间歇的单向回转运动，从而使与棘轮固联的进给丝杆 2 也做间歇转动，并通过安装在工作台内的螺母，带动工作台做横向的间歇进给运动。

又如图 4-56 所示的卷扬机提升机构，为防止在起升过程中重物 Q 的意外回落，采用棘轮机构可阻止卷筒倒转，起到了安全保护作用。

棘轮机构也常在各种机械中起超越作用(单向离合器作用)，如自行车后轴上的飞

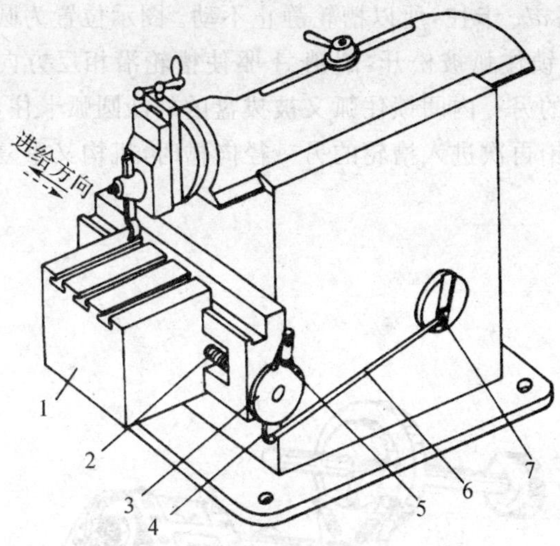

1——工作台；2——进给丝杆；3——棘轮；4——摇杆；
5——棘爪；6——连杆；7——偏心销

图 4-55　牛头刨床

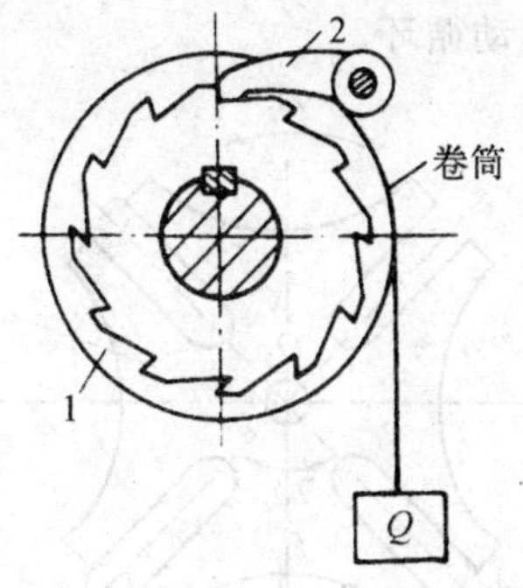

图 4-56　卷扬机提升机构

轮，实际上就是一个内啮合棘轮机构。如图 4-57 所示。当脚蹬踏板时，经链轮 1 和链条 2 带动内圈有棘齿的链轮 3 顺时针转动，从而驱动自行车前进。当自行车前进时，如果不蹬踏板（踏板不动），后轮轴 5 借助惯性便会超越链轮 1 而转动，让棘爪 4 在棘齿背上滑过，产生从动件转速超过主动件转速的超越运动，从而实现自行车自动滑行。

棘轮机构的缺点是在其运动开始和终止的瞬间有刚性冲击，运动平稳性差，噪音较大，因此，这种机构不适用于高速传动。

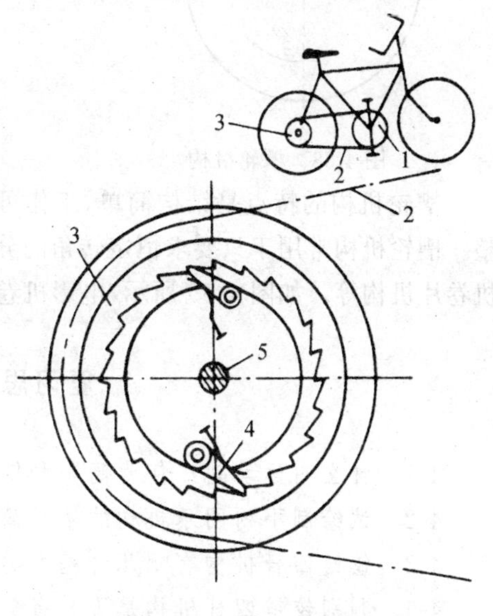

1——链轮；2——链条；3——棘齿链轮；
4——棘爪；5——轮轴

图 4-57　自行车飞轮

（三）槽轮机构

槽轮机构又称马尔他机构，也是一种间歇运动机构。它有外啮合和内啮合两种类型（图 4-58 为外啮合）。它是由具有径向槽的槽轮 2 和具有圆销 A 的拔盘 1 和机架组成。主动拔盘 1 做等速连续转动时，驱使槽轮 2 做反向（外啮合）或同向（内啮合）间歇运动。以外啮合槽轮机构为例，当拔盘 1 上的圆销 A 尚未进入槽轮 2 的径向槽时，由于槽轮 2

的内凹锁住弧 efg 被拔盘 1 的外凸圆弧 abc 卡住，所以槽轮静止不动。图示位置为圆销 A 开始进入槽轮径向槽时的位置，这时锁住弧被松开，圆销 A 驱使槽轮沿相反方向转动。当圆销 A 脱出槽轮径向槽时，槽轮的另一内凹锁住弧又被拔盘的外凸圆弧卡住，使槽轮又一次静止不动，直至拔盘上的圆销再次进入槽轮的另一径向槽时，机构又重复上述运动循环。

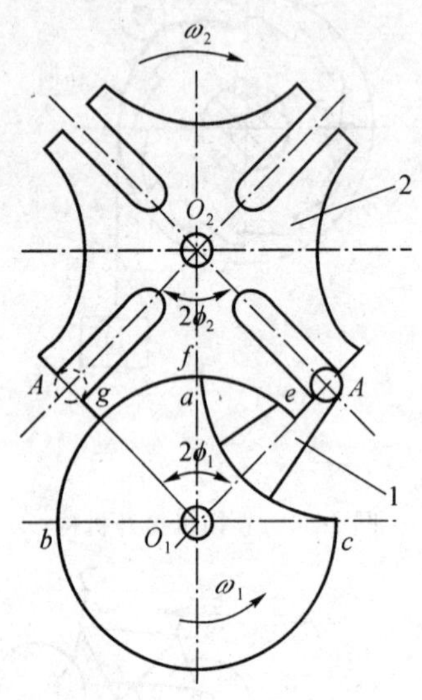

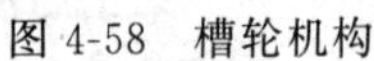
图 4-58　槽轮机构

图 4-59　电影机卷片机构

槽轮机构的特点是结构简单，工作可靠，机械效率高，运动平稳，且转角大小不可调整。槽轮机构常用于只要求恒定转角的分度机构中。例如，自动机床转位机构、电影放映机卷片机构等。如图 4-59 所示，电影机卷片机构能间歇地移动胶片，满足人的视觉暂留。

复习思考题与习题

4-1　什么叫运动副？何为高副和低副，它们各引入几个约束？

4-2　试绘制下列图示机构的运动简图。

4-3　铰链四杆机构有哪几种基本类型？各有何特性？试举例说明其应用。

4-4　判别铰链四杆机构是否具有急回特性，应满足什么条件？

4-5　铰链四杆机构中，有可能产生死点位置的机构有哪些？产生死点位置时应满足的几何条件是什么？

4-6　压力角、传动角各表示机构的什么特性？其大小对机构有何影响？

4-7　试根据题 4-7 图示尺寸判别每一种铰链四杆机构的类型。

4-8　已知一曲柄摇杆机构的曲柄长度 $L_{AB}=15\text{mm}$，连杆长度 $L_{BC}=35\text{mm}$，摇杆长

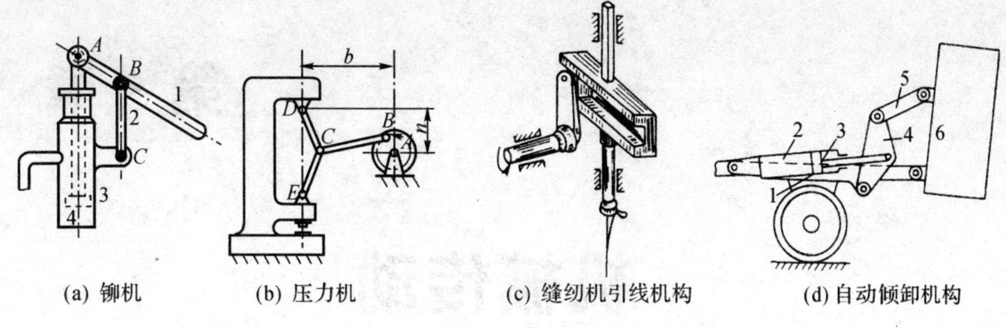

(a) 铆机　(b) 压力机　(c) 缝纫机引线机构　(d) 自动倾卸机构

题 4-2 图

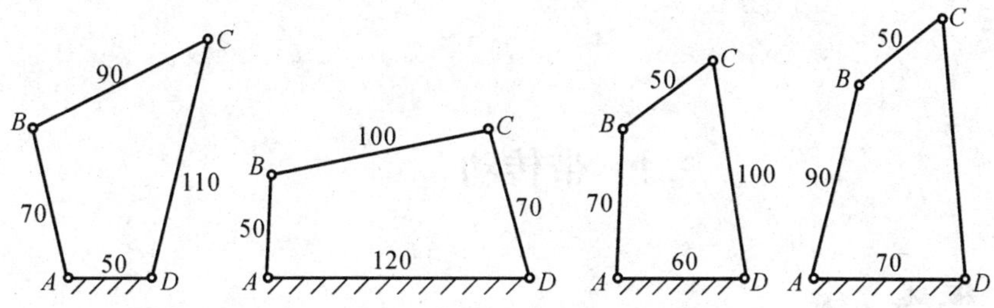

题 4-7 图

度 $L_{AD}=35\text{mm}$，机架长度 $L_{AD}=40\text{mm}$。试用图解法求：(1)摇杆 CD 的摆角 ψ；(2)极位夹角 θ 并计算机构的行程速比系数；(3)该机构以何构件为原动构件时有死点位置？作出其死点位置。

4-9　在图示铰链四杆机构中，已知：$l_{BC}=50\text{mm}$，$l_{CD}=35\text{mm}$，$l_{AD}=30\text{mm}$，AD 为机架。

(1)若此机构为曲柄摇杆机构，且 AB 为曲柄，求 l_{AB} 的最大值；

(2)若此机构为双曲柄机构，求 l_{AB} 的最小值；

(3)若此机构为双摇杆机构，求 l_{AB} 的数值范围。

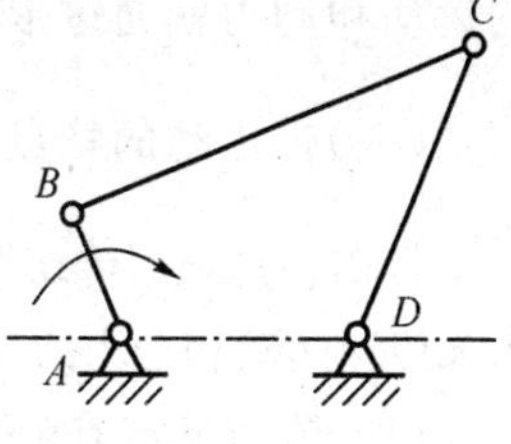

题 4-9 图

4-10　汽车中哪些机构(部件)采用了凸轮机构？

4-11　什么叫凸轮机构的压力角？其大小对凸轮机构的工作有何影响？

第 5 章

机械传动

5.1 带传动

5.1.1 概述

如图 5-1 所示，带传动是由主动轮 1、从动轮 2 和紧套在两带轮上的传动带 3 所组成。

安装时传动带张紧在带轮上，使传动带与带轮在接触表面间产生正压力。当主动轮旋转时，在传动带与带轮接触面之间产生摩擦力，从而带动传动带运动。同理，传动带再带动从动轮旋转。这样，主动轴的运动和动力就通过带传给从动轴。

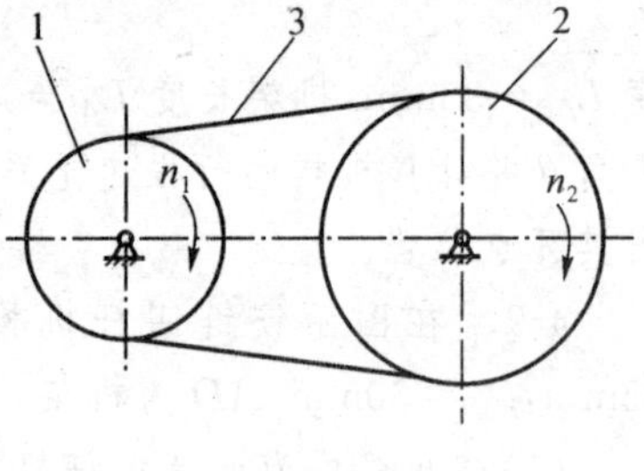

1—— 主动轮；2—— 从动轮；3—— 传动带

图 5-1　带传动

(一)带传动的特点和应用

带传动是利用传动带作为中间挠性件，并通过摩擦力来传递运动和动力的，因此带传动有以下特点：

(1) 传动带富有弹性，能缓冲、吸振，使运转平稳，无噪声。

(2) 机器如果发生过载，带会在带轮上打滑，可防止其他零件因过载而损坏，起到安全保护作用。

(3) 适用于两轴中心距较大的传动，结构简单，制造、安装精度要求低，使用维护方便，成本低。

(4) 带传动受摩擦力和带本身弹性变形的影响，所以不能保证恒定的传动比。

(5) 带传动的外廓尺寸大，传动效率低，使用寿命较短，对轴的作用力较大。

(6) 不宜用于高温、水淋、易燃等工作场合。

通常，带传动用于传递中、小功率。在多级传动系统中，常用于高速级。应用最广泛的 V 带适宜的带速 $v=5\sim25\text{m/s}$，因为当功率一定时，带速越低，带所受的拉力越大，所以提高带速可以有效地提高带传动的工作能力。但带速过高时，带在单位时间内的绕转次数增多，使带的寿命下降。另外，带速过高会使带的离心力增大，带与带轮间的压力减小，导致带传动的工作能力下降。一般带传动的传动比 $i\leqslant7$，传动效率 $\eta\approx0.94\sim0.97$。

（二）带传动的主要类型

按带的截面形状，传动带可分为平带、V 带、多楔带、圆带及同步带等类型，其形状如图 5-2 所示。

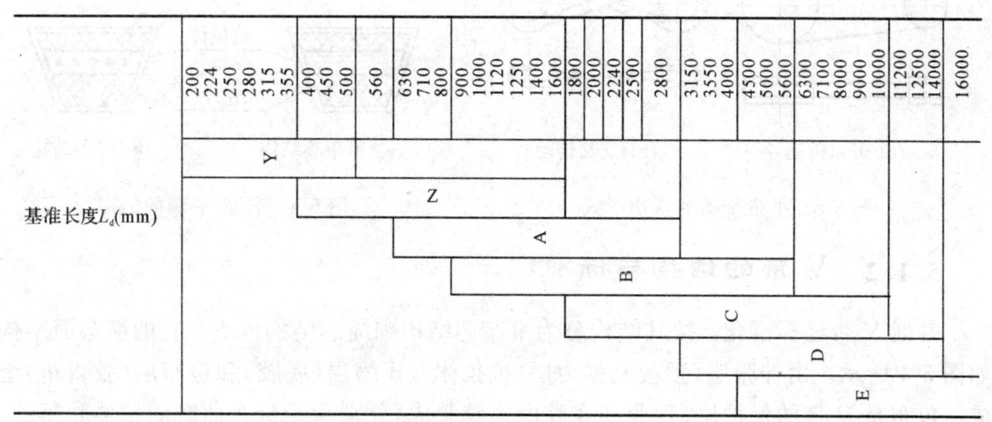

图 5-2　传动带的主要类型

1. 平带传动

平带的截面为长方形，其工作面是内表面，截面尺寸已有标准。

平带传动主要用于两轴轴线平行的传动，其中常用的是两轮转向相同的开口传动，如图 5-3(a)所示。当需要两轮转向相反时，可用交叉传动，如图 5-3(b)所示，但传动带磨损剧烈。

2. V 带传动

V 带截面为梯形，两侧面是工作面，是一种没有接头的环形带，通常几根 V 带同时使用。

根据楔形槽面摩擦的受力分析可知，在相同的压紧力和摩擦系数的条件下，V 带产生的摩擦力约为平带的 3 倍。所以，V 带传动承载能力大，结构紧凑，在机械传动中应用最广。

3. 多楔带传动

多楔带传动相当于平带与几根 V 带的组合，兼有两者的优点，多用于要求结构紧凑的大功率传动中。

4. 圆带传动

圆带截面为圆形，仅用于小功率的低速传动，如缝纫机、仪器等。

5. 同步带传动

同步带传动属啮合型传动，它是依靠带齿与带轮上相应的齿槽彼此啮合来传动的。因此，传动效率高，传动比准确，目前广泛应用于汽车正时带轮中。

V 带分为普通 V 带、窄 V 带、大楔角 V 带等多种类型，其中普通 V 带应用最广。本节主要介绍普通 V 带。

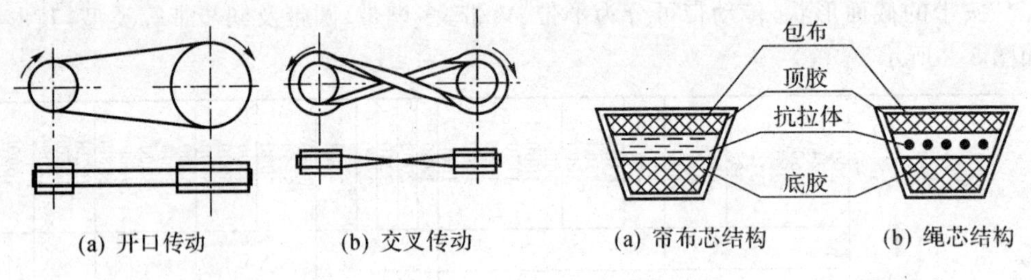

(a) 开口传动　(b) 交叉传动

图 5-3　平带传动的常用形式

(a) 帘布芯结构　(b) 绳芯结构

图 5-4　普通 V 带的结构

5.1.2　V 带的结构与标准

普通 V 带已标准化。按其结构分为帘布芯结构和绳芯结构两类。它的横截面结构如图 5-4 所示。由伸张层（顶胶）、强力层（抗拉体）、压缩层（底胶）和包布层（胶帆布）组成。包布是 V 带的保护层；顶胶和底胶由橡胶制成，分别承受带弯曲时的拉伸和压缩；抗拉体是承受拉力的主体。绳芯 V 带结构柔软，抗弯强度较高；帘布芯 V 带抗拉强度较高。目前，已采用尼龙、涤纶、玻璃纤维等化学纤维，代替棉帘布和绵线绳作为抗拉体，以提高带的承载能力。

根据国家标准的规定，普通 V 带按截面尺寸不同，分为 Y、Z、A、B、C、D、E 七种型号，Y 型截面尺寸最小，E型截面尺寸最大，其截面尺寸见表5-1。节宽b_p为带的节面

表 5-1　普通 V 带截面尺寸(GB11544—89)

截　型	Y	Z	A	B	C	D	E
节宽 b_p(mm)	5.3	8.5	11.0	14.0	19.0	27.0	32.0
顶宽 b(mm)	6.0	10.0	13.0	17.0	22.0	32.0	38.0
高宽 h(mm)	4.0	6.0	8.0	11.0	14.0	19.0	25.0
楔角 α(°)	40°						
单位长度质量 q (kg/m)	0.02	0.06	0.10	0.17	0.30	0.62	0.90

（中性层）的宽度，与该宽度相应的带轮槽形轮廓的宽度称为轮槽基本宽度；轮槽基本宽度处的带轮直径，称为带轮基准直径，用 d_d 表示；V 带在规定拉力下，位于带轮基准直径上的 V 带的周线长度，称为基准长度，用 L_d 表示。V 带是无接头的环形带，其长度系列见表 5-2。

普通 V 带的标记由型号、基准长度和标准号三部分组成，如基准长度 L_d＝1800mm 的 B 型普通 V 带，其标记为：B 1800 GB11544—89。V 带的标记、制造年月和生产厂名，通常都印在带的顶面。

表 5-2 普通 V 带基准长度系列

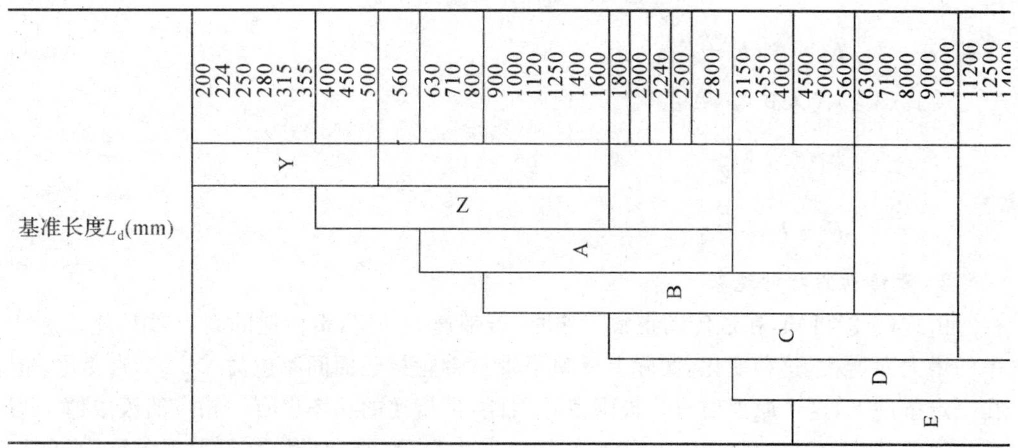

基准长度L_d(mm)	200 224 250 280 315 355	400 450 500	560	630 710 800	900 1000 1120 1250 1400 1600	1800	2000	2240	2500	2800	3150 3550 4000	4500 5000 5600	6300 7100 8000 9000 10000	11200 12500 14000
Y	Y	Y												
Z		Z	Z	Z	Z									
A				A	A	A	A	A	A	A				
B					B	B	B	B	B	B	B	B		
C						C	C	C	C	C	C	C	C	
D											D	D	D	D
E												E	E	E

5.1.3 带传动的工作情况分析

（一）带传动的受力分析与打滑现象

1. 带传动的受力分析

在带传动开始工作前，带以一定的初拉力 F_0 张紧在两带轮上（图 5-5(a)），带两边的拉力相等，均为 F_0。传递载荷时，由于带与带轮间产生摩擦力，带两边的拉力将发生变化。绕上主动轮的一边，拉力由 F_0 增至 F_1，称为紧边（或主动边）；离开主动轮的一边，拉力由 F_0 降至 F_2，称为松边（或从动边）（图 5-5(b)）。两边的拉力差称为带传动的有效拉力 F，也就是带所传递的圆周力，它是带和带轮接触面上的摩擦力总和 $\sum F_f$。即

$$F=F_1-F_2=\sum F_f \tag{5-1}$$

圆周力 F(N)、带速 v(m/s)和传递功率 P(kW)之间的关系为

$$P=\frac{Fv}{1000} \tag{5-2}$$

设带的总长在工作中保持不变，则紧边拉力的增量等于松边拉力的减少量，即

$$F_1-F_0=F_0-F_2 \tag{5-3}$$

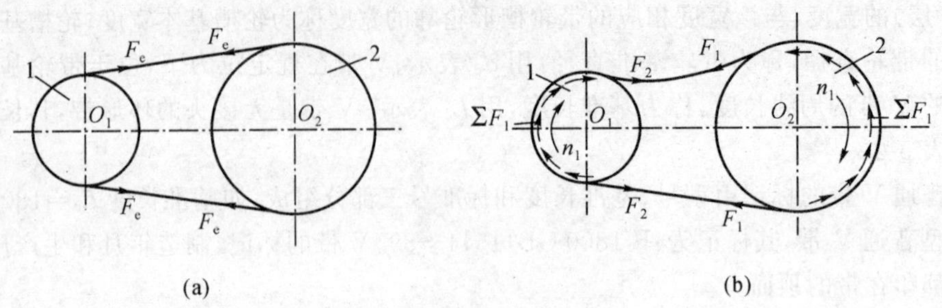

图 5-5 带传动的受力情况

亦即 $$F_0=\frac{1}{2}(F_1+F_2) \tag{5-4}$$

将式(5-1)代入式(5-4)可得

$$\left.\begin{aligned}F_1=F_0+\frac{F}{2}\\F_2=F_0-\frac{F}{2}\end{aligned}\right\} \tag{5-5}$$

2. 带传动的打滑现象

由式(5-2)可知,在带传动正常工作时,若带速 v 一定,带传递的圆周力 F 随传递功率的增大而增大,这种变化,实际上反映了带与带轮接触面间摩擦力 $\sum F_f$ 的变化。但在一定条件下,这个摩擦力有一极限值。因此,带传递的功率也有一相应的极限值。当带传递的功率超过此极限值时,带与带轮将发生显著的相对滑动,这种现象称为打滑。打滑时,尽管主动轮还在转动,但带和从动轮不能正常转动,甚至完全不动,使传动失效。打滑还将造成带的严重磨损。因此,在带的传动中应避免打滑现象的发生。

(二)带传动中的弹性滑动与传动比

1. 带传动中的弹性滑动

因为带是弹性体,所以受拉力作用后会产生弹性变形。设带的材料符合变形与应力成正比的规律,由于紧边拉力大于松边拉力,所以紧边的拉应变大于松边的拉应变。如图 5-6 所示,当带从 A 点绕上主动轮时,其线速度与主动轮的圆周速度 v_1 相等。在带由 A 点转到 B 点的过程中,带的拉伸变形量将逐渐减小,因而带沿带轮一面绕行,一面徐徐向后收缩,致使带的速度 v 落后于主动轮的圆周速

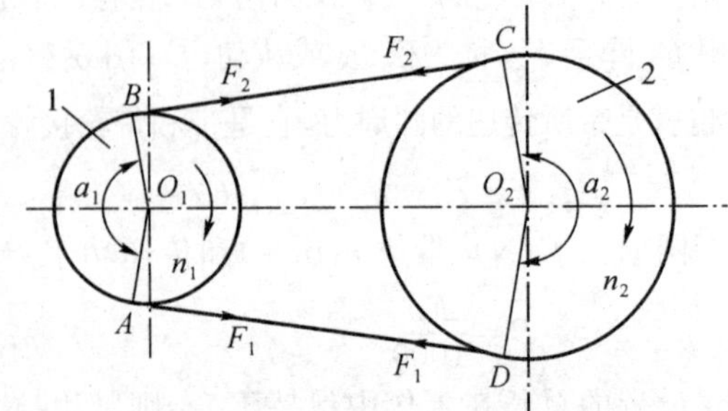

图 5-6 带传动的弹性滑动

度 v_1，带相对于主动带轮的轮缘产生了相对滑动。同理，相对滑动在从动轮上也要发生，但情况恰恰相反，带的线速度 v 将超前于从动轮的圆周速度 v_2，这种由于带的弹性变形而引起的带与带轮间的滑动，称为带的弹性滑动。这是带传动正常工作时的固有特性，无法避免。

2. 带传动的传动比

由于弹性滑动的影响，将使从动轮的圆周速度 v_2 低于主动轮的圆周速度 v_1，其降低量用滑动率 ε 表示

$$\varepsilon=\frac{v_1-v_2}{v_1}\times 100\% \tag{5-6}$$

设主、从动轮的直径分别为 d_1、d_2(mm)，转速分别为 n_1、n_2(r/min)，则两轮的圆周速度分别为

$$v_1=\frac{\pi d_1 n_1}{60\times 1000}\mathrm{m/s};v_2=\frac{\pi d_2 n_2}{60\times 1000}\mathrm{m/s} \tag{5-7}$$

将式(5-7)代入式(5-6)可得

$$\varepsilon=\frac{d_1n_1-d_2n_2}{d_1n_1}$$

由此，带的传动比

$$i=\frac{n_1}{n_2}=\frac{d_2}{d_1(1-\varepsilon)} \tag{5-8}$$

V 带传动的滑动率 $\varepsilon=1\%\sim2\%$，在一般计算中可不予考虑，而直接取传动比为

$$i=\frac{n_1}{n_2}=\frac{d_2}{d_1} \tag{5-9}$$

(三)影响最大圆周力的因素

当带传动出现打滑趋势时，摩擦力达到极限值，这时带传递的圆周力达到最大值 $F_{\max}$。此时，紧边拉力 F_1 与松边拉力 F_2 间的关系由柔韧体摩擦的欧拉公式表示。即

$$F_1/F_2=\mathrm{e}^{f\alpha} \tag{5-10}$$

式中，e——自然对数的底，其值为 2.7183；

f——带与带轮间的摩擦系数；

α——包角。

将式(5-5)代入式(5-10)并整理，可得最大圆周力为

$$F_{\max}=2F_0\frac{\mathrm{e}^{f\alpha}-1}{\mathrm{e}^{f\alpha}+1}=2F_0\frac{1-1/\mathrm{e}^{f\alpha}}{1+1/\mathrm{e}^{f\alpha}} \tag{5-11}$$

由上式可分析影响最大圆周力的因素。

1. 初拉力 F_0

初拉力 F_0 越大，带与带轮间的压力越大，产生的摩擦力也越大，即最大圆周力越

大,带不易打滑。

2. 包角 α

最大圆周力随包角 α 的增大而增大,这是因为 α 越大,带与带轮间的接触面越大,因而产生的总摩擦力就越大,传动能力越高。一般情况下,因为大带轮的包角大于小带轮的包角,所以最大摩擦力的值取决于小带轮的包角 α_1。因此,设计带传动时,α_1 不能过小,对于V带传动,应使 $\alpha_1 \geqslant 120°$。

3. 摩擦系数 f

最大圆周力随摩擦系数的增大而增大,这是因为摩擦系数越大,摩擦力就越大,传动能力越高。而摩擦系数与带及带轮的材料、摩擦表面的状况有关。不能认为带轮做得越粗糙越好,因为这会加剧带的磨损。

(四)带传动的失效形式和计算准则

从以上分析和实践证明,带传动的主要失效形式是打滑和带的疲劳破坏。因此,带传动的计算准则应该是:保证传动不打滑并使带具有足够的疲劳强度和寿命。

5.1.4 V带轮的材料和结构

(一)设计V带轮的要求

设计V带轮时,应使其结构合理,便于制造,质量轻,质量分布均匀(以免V带轮在转动时发生振动,高速时尤为重要),并且有足够的强度和刚度。轮槽的工作表面应保持一定的粗糙度(R_a 一般为 3.2μm),以减小V带的磨损。各槽的尺寸和角度应保持一定的精度,以免各根V带所承受的载荷不均匀。

(二)V带轮的材料

带轮的材料主要采用铸铁,常用牌号为HT150或HT200;转速较高时,宜采用铸钢或用钢板冲压后焊接而成;小功率时可用铸铝或塑料。

(三)V带轮的结构和尺寸

如图5-7所示,V带轮一般由轮缘、轮辐和轮毂三部分组成。普通V带轮轮缘上轮槽的截面尺寸见表5-3。

普通V带两侧面所夹的楔角 α 为40°,当带绕过带轮弯曲时,会产生横向变形,使其楔角变小。为使带轮轮槽工作面和V带两侧面接触良好,轮槽楔角 φ 应小于40°,而且带轮直径越小,规定的轮槽楔角也越小。

根据轮辐结构不同,V带分四种类型,如图5-7所示。带轮的结构类型按带轮直径大小选定。当带轮直径较小,$d_d \leqslant (2.5 \sim 3)d$($d$ 为轴的直径,mm)时,可采用实心式,代号为S;当 $d_d \leqslant 300$mm 时,可采用辐板式,代号为P;若辐板面积较大时,可在辐板上制

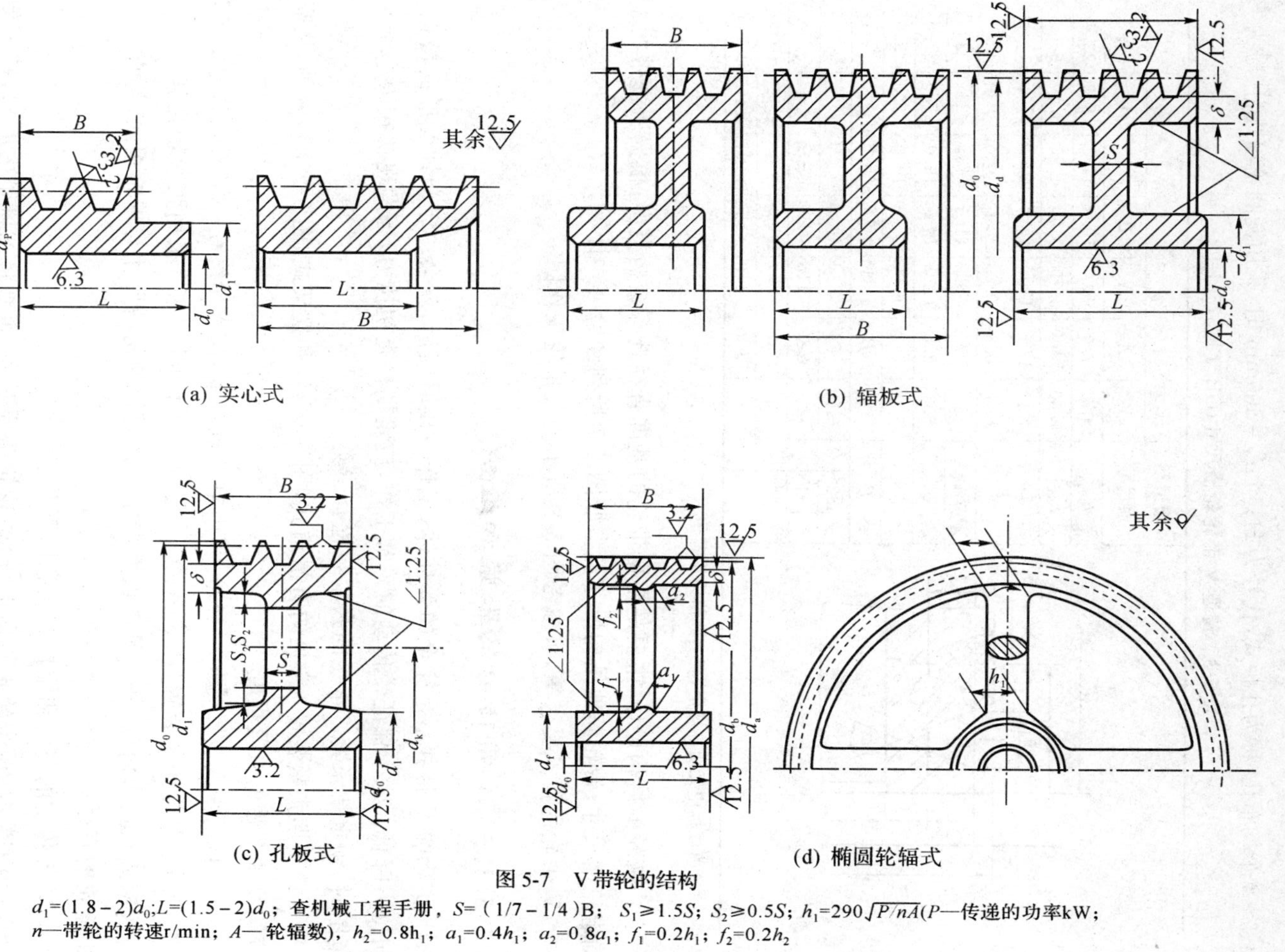

(a) 实心式　(b) 辐板式

(c) 孔板式　(d) 椭圆轮辐式

图 5-7　V 带轮的结构

$d_1=(1.8-2)d_0$;$L=(1.5-2)d_0$；查机械工程手册，$S=(1/7-1/4)B$；$S_1\geqslant1.5S$；$S_2\geqslant0.5S$；$h_1=290\sqrt{P/nA}$(P—传递的功率kW；n—带轮的转速r/min；A— 轮辐数)，$h_2=0.8h_1$；$a_1=0.4h_1$；$a_2=0.8a_1$；$f_1=0.2h_1$；$f_2=0.2h_2$

出 4～8 个均布孔，称为孔板式，代号为 H；当 d_d＞300mm 时，采用椭圆轮辐式，代号为 E。

表 5-3 普通 V 带轮轮槽尺寸(GB/T13575.1-92)

槽型截面尺寸			型号						
			Y	Z	A	B	C	D	E
h_{fmin}			4.7	7.0	8.7	10.8	14.3	19.9	23.4
h_{amin}			1.60	2.00	2.75	3.50	4.80	8.10	9.60
e			8±0.3	12±0.3	15±0.3	19±0.4	25.5±0.5	37±0.6	44.5±0.7
f_{min}			6	7	9	11.5	16	23	28
b_d			5.3	8.5	11.0	14.0	19.0	27.0	32.0
δ①			5.0	5.5	6.0	7.5	10.0	12.0	15.0
B			$B=(z-1)e+2f$，z 为带根数						
φ	32°	d_d	≤60						
	34°			≤80	≤118	≤190	≤315		
	36°		>60					≤475	≤600
	38°			>80	>118	>190	>315	>475	>600

①δ 值国标中无明确规定，表上数值为推荐值。

V 带轮的结构设计，主要是根据带轮的基准直径选择结构类型；根据所选带的型号确定轮槽尺寸；带轮其他结构尺寸可参照图 5-7 所列经验公式计算。

V 带轮的技术要求等，可参考图 5-8 所示的大带轮工作图。

5.1.5 V 带传动的张紧和维护

实际的 V 带并不是完全的弹性体，工作一段时间后，就会由于塑性变形而松弛，使初拉力降低。为了保证带传动的正常工作，应定期检查初拉力，当发现初拉力小于允许范围时，须重新张紧。常见的张紧装置有三类：

(1)定期张紧装置。常见的有滑道式(图 5-9(a))和摆架式(图 5-9(b))两种，均靠调节螺钉调节带的张紧程度。

(2)自动张紧装置(图 5-9(c))。利用电动机自重，使带始终在一定的张紧力下工作。

(3)张紧轮张紧装置(图 5-9(d))。当中心距不可调节时，采用张紧轮张紧。张紧轮一般应放在松边内侧，并尽量靠近大带轮。张紧轮的轮槽尺寸与带轮相同，且直径小于小带轮的直径。

V 带传动的安装和维护需注意以下几点：

(1)安装时，两带轮轴必须平行，两轮轮槽要对齐，否则将加剧带的磨损，甚至使带从带轮上脱落。

(2)胶带不宜与酸、碱或油接触，工作温度不应超过 60℃。

(3)带传动装置应加保护罩。

65
0.12
A
其余
10
15±0.3
2×45°
两端
6.3
12.6
16
A
0.08
6.3
6.3
12±0.0021 5
6.3
12.5
φ286
φ280
φ249
φ162
φ75
1.6
φ40
43.3
A
2×45°
6×φ50
EQS
技术要求
1.铸造圆角R5;
2.铸造斜度1:25。
12.5
13.07
38° ±1°
12.25
1.6
1.6
6.3
6.3
75
带轮
比例
1:2
件数
1
设计
材料
HT150
制图
审核

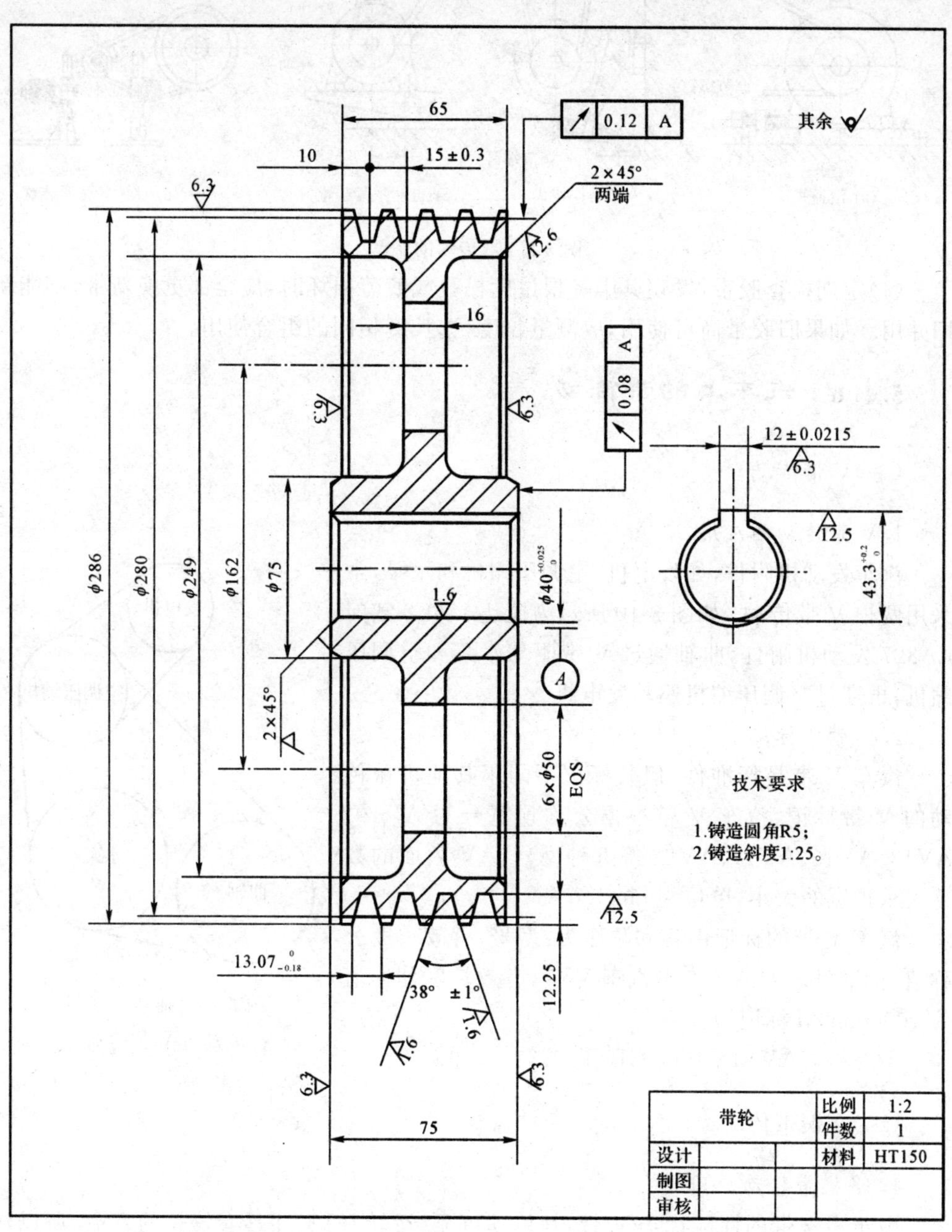

图 5-8 大带轮工作图

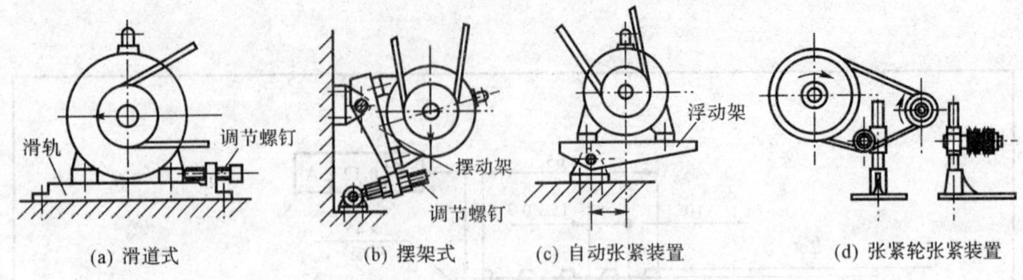

图 5-9 带传动的张紧

(4)定期检查胶带,发现其中一根过度松弛或疲劳损坏时,应全部更换新带,不能新旧并用。如果旧胶带尚可使用,应测量长度,选长度相同的组合使用。

5.1.6 汽车上的带传动

(一)V 带传动

1. V 带传动的应用

汽车发动机附件,如发电机、空调压缩机和水泵,常采用两根 V 带传动。如图 5-10 所示为捷达 1.6L2 气门 EA827 发动机附件,曲轴通过 V 带驱动水泵和空调压缩机,再通过空调压缩机驱动发电机。

2. V 带的标记

汽车 V 带是标准件,但其标记不同于其他机械传动的 V 带标记,汽车 V 带根据公称顶宽分为 AV10、AV13、AV15、AV17、AV22 等五种型号,AV 后面的数字表示顶宽的大小,单位为 mm。

汽车 V 带的标记内容和顺序为:型号、有效长度公称值、标准号。如 AV13 型汽车 V 带,有效长度公称值为 1000mm,其标记为:

AV13×1000 GB/T12732—1996

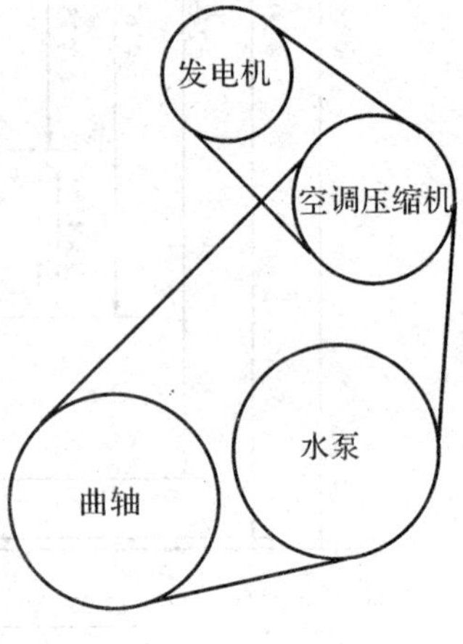

发电机
空调压缩机
水泵
曲轴

图 5-10 捷达 2 气门发动机 V 带传动

(二)多楔带传动

1. 多楔带传动应用

由于多楔带的性能优于 V 带,其传动可靠、运转平稳,并具有较长的寿命,所以汽车发动机附件也常采用多楔带。如图 5-11 所示为捷达 1.6L5 气门发动机附件(发电机、空调压缩机和动力转向泵),采用双面多楔带传动。

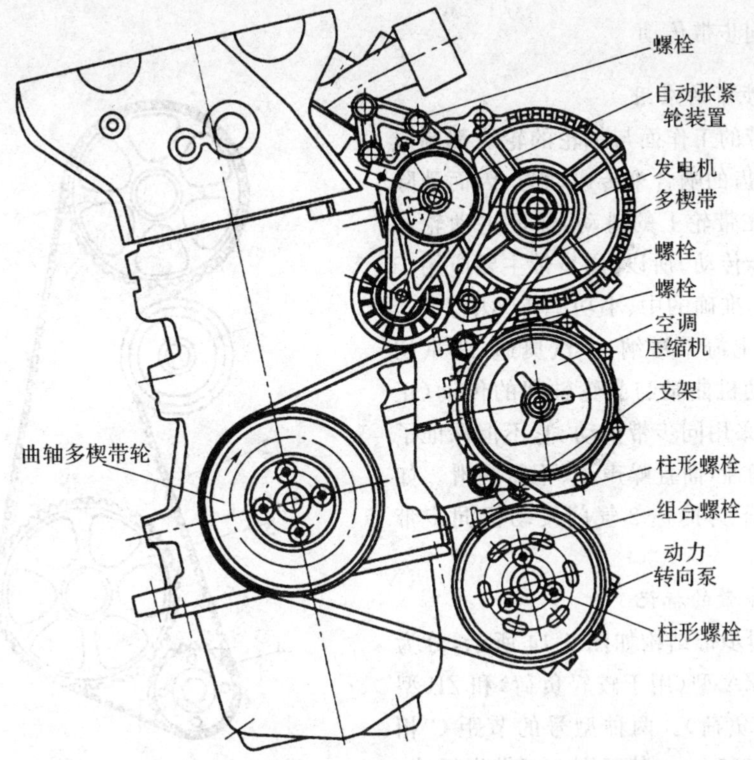

图 5-11　捷达 5 气门发动机多楔带传动

2. 多楔带的标记

汽车多楔带的结构如图 5-12 所示。带的型号用来表示截面形状和尺寸，只采用 PK 一种型号，双面多楔带为 DPK。

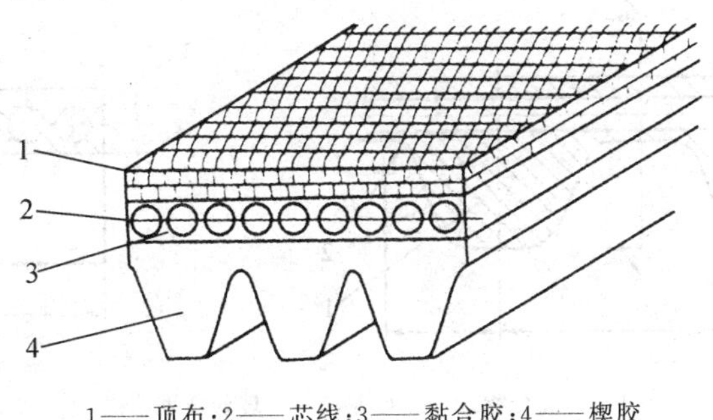

1——顶布；2——芯线；3——黏合胶；4——楔胶

图 5-12　汽车多楔带结构

汽车多楔带的规格包括楔数、型号和有效长度，采用以下数字和字母顺序进行标记：楔数、型号、有效长度。如 6PK1150 表示楔数为 6，有效长度为 1150mm 的汽车多楔带。

(三)同步带传动

1. 同步带的应用

同步带的工作面与带轮的轮缘都制成齿形,依靠齿的啮合来传递动力,因而消除了传动带在带轮上的滑动,保证主动轮和从动轮同步传动。所以,同步带主要应用于要求传动比准确的中、小功率传动中。

捷达、上海桑塔纳、一汽奥迪、北京切诺基等发动机曲轴与凸轮轴间的传动(正时传动)均采用同步带传动。它不但保证了传动的精确性,而且噪声小、不需润滑。如图 5-13 所示为捷达 2 气门发动机同步带传动图。

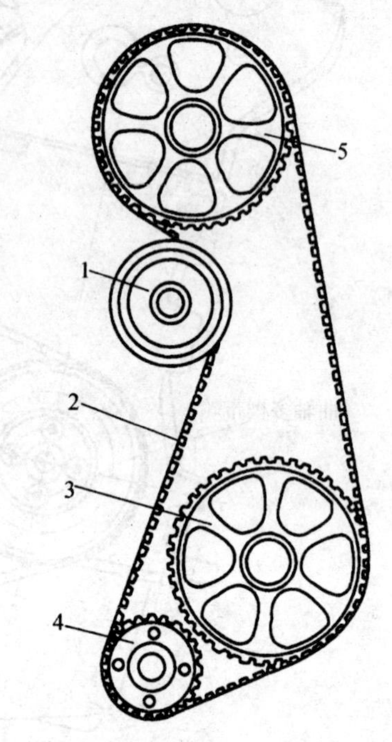

1——张紧轮;2——同步带;3——中间轴同步带轮;4——曲轴同步带轮;5——凸轮轴同步带轮

图 5-13 捷达 2 气门发动机同步带传动

2. 同步带的标记

汽车同步带结构如图 5-14 所示,分为两种型号:ZA 型(用于较轻负荷)和 ZB 型(用于较重负荷)。两种型号的节距 C 相同,均为 9.525mm。其区别在于带齿尺寸。

汽车同步带用数字和字母按以下顺序表示带的标记:齿数、齿形、宽度。如 80 个齿、19mm 宽、ZA 型带的标记为:80 ZA 19。

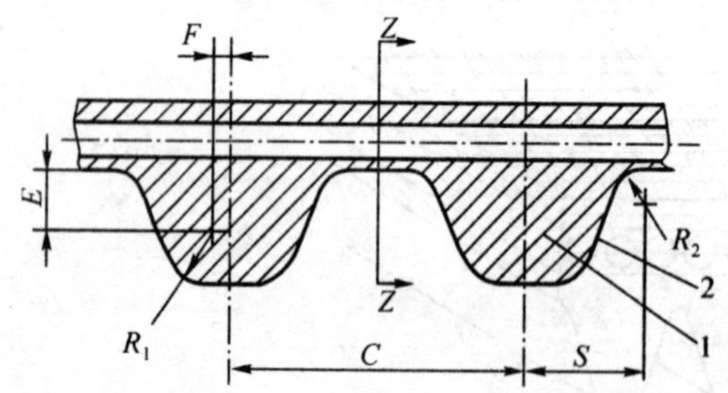

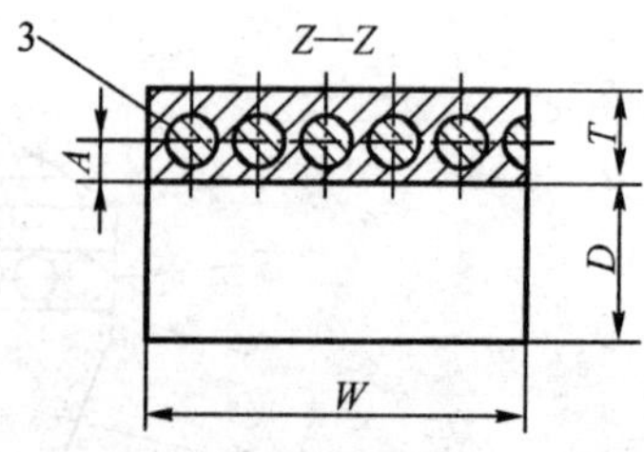

1——混合物;2——尼龙;3——玻璃纤维芯线

图 5-14 汽车同步带结构

5.2　链传动

5.2.1　链传动的特点和应用

链传动是一种应用较广的机械传动。它由装在平行轴上的主、从动链轮和绕在链轮上的环形链条所组成(图 5-15)。它以链条作为中间挠性元件，靠链条与链轮轮齿的啮合传递运动和动力，因此，它是啮合传动。

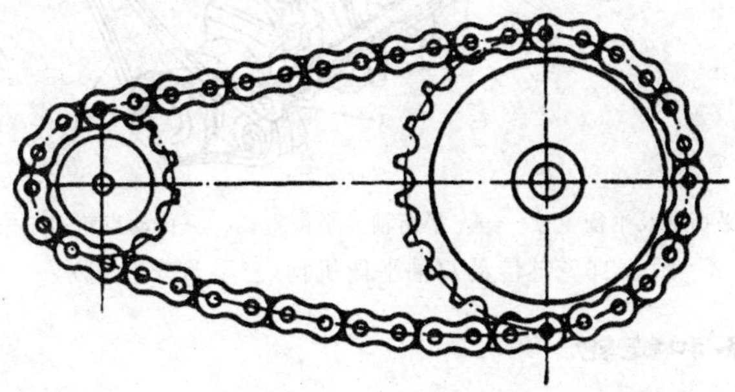

图 5-15　链传动简图

与带传动相比，链传动有如下特点：

(1) 只能保证准确的平均传动比，并能用一根链条同时带动几根彼此平行的轴旋转。

(2) 传递的动力比带传动较大，但作用在轴和轴承上的载荷较小。

(3) 传动效率较高，一般可达 96%～98%。

(4) 能在低速、重载和高温、水淋及尘土飞扬等不良环境中工作。

(5) 可在两轴中心距较远的情况下传递运动和动力。

但是，链传动由于其结构和运动特点，也存在不足之处，如：

(1) 链条的铰链容易磨损，使链节距变大，造成脱链现象。

(2) 链传动瞬时传动比不等于常数。因此，传动中有冲击、振动和噪声。

(3) 安装、维护精度要求高，成本也较带传动高。

链传动由于具有以上特点，故经常应用于瞬时传动比无严格要求，两轴距离较大，工作条件恶劣(高温、多尘、潮湿及油污等)的场合。如金属切削机床、农业机械、建筑工程机械、起重运输机械以及汽车、摩托车等机械中。

链传动的适用范围，一般控制在传动比 $i \leqslant 8$、两轴中心距 $a \leqslant 5 \sim 6\text{m}$、链条最大速度 $v_{max} < 20\text{m/s}$、传递的功率 $P \leqslant 100\text{kW}$。

按用途不同，链条可分为传动链、起重链和运输链三种。如图 5-16 所示为链传动在汽车双轴平衡机构中的应用。传动链中主要有滚子链和齿形链。本节仅讨论应用最广的滚子链。

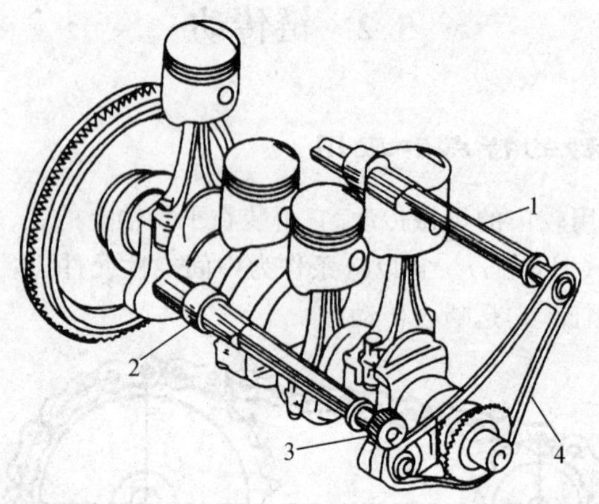

1——右平衡轴及平衡重;2——左平衡轴及平衡重;3——传动齿轮;4——传动链

图 5-16 链传动双轴平衡机构(三菱汽车公司)

5.2.2 链条和链轮

1. 滚子链的结构和规格

滚子链由内链板 1、外链板 2、销轴 3、套筒 4 和滚子 5 组成(图 5-17)。内链板与套筒、外链板与销轴均为过盈配合,而套筒与销轴为间隙配合,这样就形成了一个铰链。当内、外链板相对挠曲时,套筒可绕销轴自由转动。滚子与套筒间也为间隙配合,工作时滚子沿链轮的轮齿滚动,可以减轻链轮齿廓的磨损。内、外链板均制成“8”字形,以保证链板各横截面抗拉强度大致相等,并减轻链条重量。

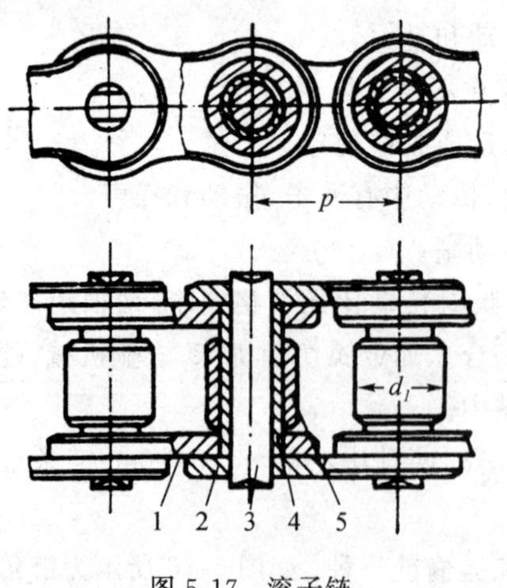

图 5-17 滚子链

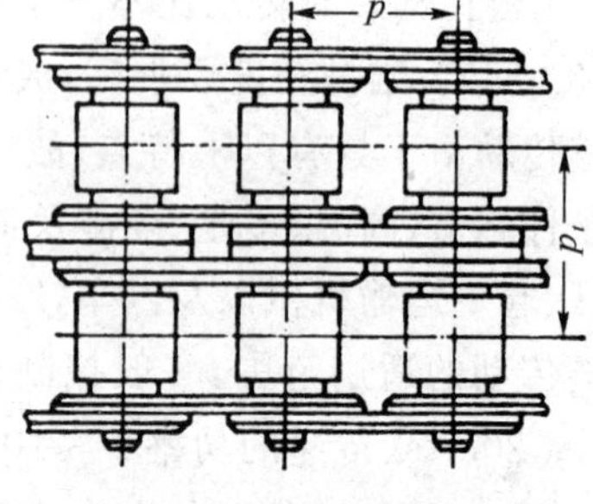

图 5-18 双排滚子链

链条的各零件由碳素钢或合金钢制成并经热处理，以提高其强度和耐磨性。

相邻两滚子中心间的距离称为链条的节距，用 p 表示。它是链条的主要参数，节距越大，链条各零件的尺寸也越大，链条所能传递的功率也越大。

当传递较大功率时，可采用双排链（图 5-18）或多排链，p_1 为排距。为防止各排链受载不均，排数不宜过多，常用双排链或三排链。

滚子链的接头形式如图 5-19 所示。当链条节数为偶数时，链条连接成环时正好是外链与内链板相接，再用开口销（5-19(a)）或用弹簧夹（5-19(b)）锁住销轴。当链条节数为奇数时，则采用过渡链节（5-19(c)），过渡链节受拉时，还要承受附加弯曲载荷，应尽量避免采用。

滚子链已标准化，分为 A、B 两种系列，常用 A 系列。表 5-4 列出了 A 系列滚子链的主要参数和极限拉伸载荷。

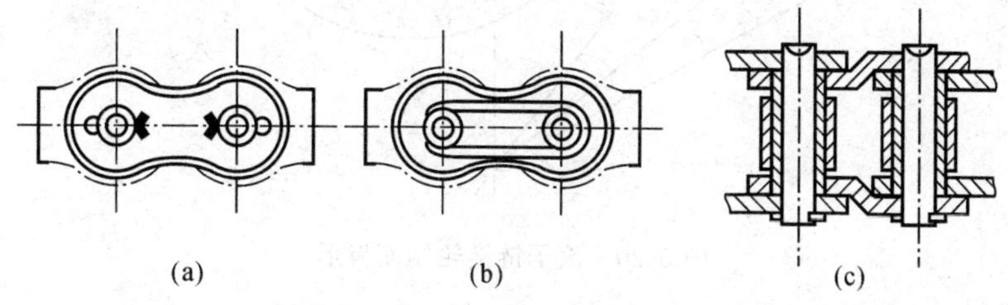

图 5-19　滚子链的接头形式

滚子链的标记为：

链号－排数×整链链节数　标准编号

例如，08A－1×88　GB 1243・1—83 表示：A 系列、节距 12.70mm、单排、88 节的滚子链。

表 5-4　A 系列滚子链的主要参数

链　号	节距 p (mm)	排距 p_t (mm)	滚子外径 d_1 (mm)	极限载荷 Q(单排) (N)	每米长质量 q(单排) (kg/m)
08A	12.70	14.38	7.95	13800	0.60
10A	15.875	18.11	10.16	21800	1.00
12A	19.05	22.78	11.91	31100	1.50
16A	25.40	29.29	15.88	55600	2.60
20A	31.75	35.76	19.05	86700	3.80
24A	38.10	45.44	22.23	124600	5.60
28A	44.45	48.87	25.40	169000	7.50
32A	50.80	58.55	28.58	222400	10.10

注：摘自 GB 1243・1—83，表中链号与相应的国际标准链号一致，链号乘以 $\frac{25.4}{16}$ 即为节距值(mm)。后继 A 表示 A 系列。

2. 链轮

GB1244—85 规定了滚子链链轮的端面标准齿槽形状(图 5-20)。这种齿形的链轮在工作时,啮合处接触应力较小,因而有较高的承载能力。链轮齿廓可用标准刀具加工。因此,按标准齿形设计的链轮,在工作图上不需要画出端面齿形,只需注明链轮的主要参数和主要尺寸,并注明“按 GB1244—85 制造”即可。

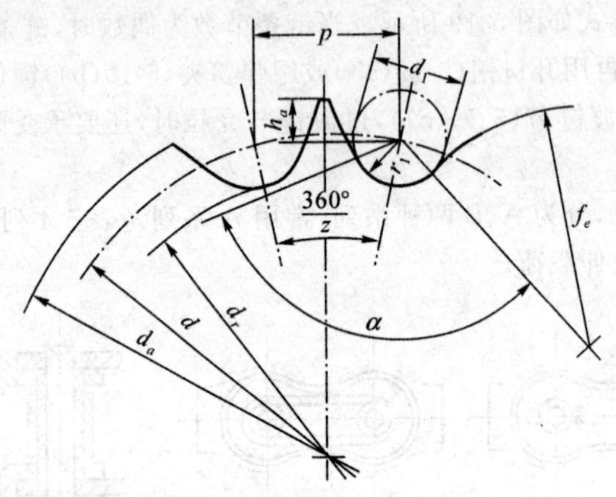

图 5-20　滚子链链轮端面齿形

5.2.3　链传动的运动特性

链传动的不平稳性,可通过主动链轮在两个特殊位置得出对链条运动速度的影响。设主动链轮的分度圆半径为 r_1,主动链轮的角速度为 ω_1,则主动链轮的分度圆的切线速度为 $v_1=r_1\omega_1$。

如图 5-21(a)所示,当链轮的轮槽中心处于与铅垂线对称位置时(图 5-21(b)),链条运行速度最小,$v=v_1\cos\gamma$,铅垂速度分量最大。当链轮的轮槽中心处于铅垂对称线位置时(图 5-21(b)),链条运行速度最大,$v=v_1$,铅垂速度分量为零。

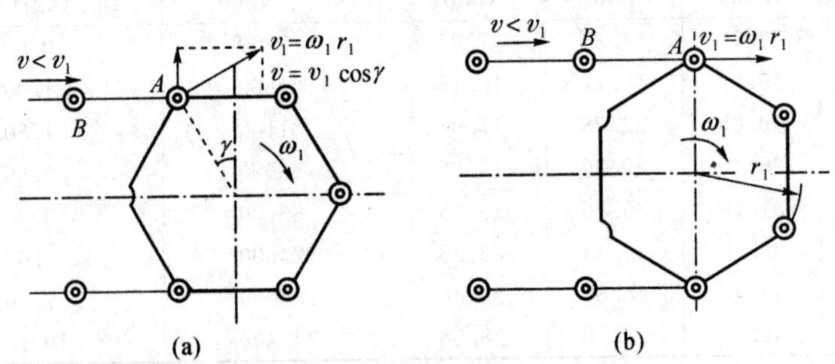

图 5-21　链条运动的不平稳性

因此，当链轮每转过一个链齿，链条的速度要发生周期性的波动，即传动比呈周期性的变化，只能保证平均传动比恒定，在链条速度波动过程中，将产生加速度，并由此引发周期性的动载荷，这不可避免地要产生振动冲击。

5.2.4　链传动的布置、张紧和润滑

1. 链传动的布置

链传动的两轴应平行，两轮应位于同一平面内，一般应采用水平或接近水平布置。两轮中心的连线与水平面的倾斜角 α 应尽量避免超过 45°，且使松边在下(图 5-22)，这样可以避免由于松边的下垂使链条与链轮发生干涉或卡死。

2. 链传动的张紧

链传动张紧的目的，主要是避免链条的垂度过大造成啮合不良及链条振动，同时也为了增大链条与链轮的啮合包角。当两轮轴心连线与水平面的倾角大于 60°时，通常需要张紧装置。

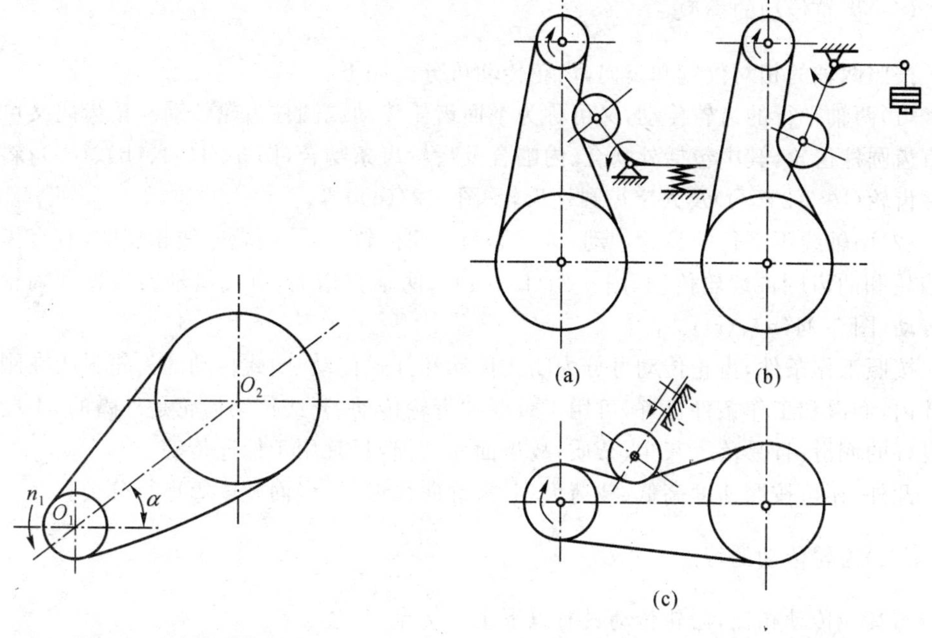

图 5-22　链传动的布置　　图 5-23　链传动的张紧装置

张紧的方法很多。当传动中心距可调整时，可通过调整中心距控制张紧程度；中心距不能调整时，可设张紧轮(图 5-23)或在链条磨损伸长后从中去掉 1～2 个链节。张紧轮可自动张紧(图 5-23(a)、(b))或定期调整(图 5-23(c))。

3. 链传动的润滑

链传动的润滑十分重要，对高速重载的链传动更为重要。良好的润滑可以缓和冲击，减轻磨损，延长链条的使用寿命

推荐采用的润滑油为N32、N46和N68(GB443—84)号机械油。环境温度高或载荷大时，宜取黏度高的润滑油；反之，宜取黏度低的润滑油。

5.3 齿轮传动

5.3.1 齿轮传动的类型、特点和应用

齿轮传动是近代机械中应用最多的传动形式之一。多数齿轮传动不仅用来传递运动，而且还要传递动力。因此，对齿轮传动的基本要求：一是要运转平稳，二是要有足够的承载能力和寿命。

(一)齿轮传动的类型

按照两轴的相对位置和齿向，齿轮传动可分类如下：

(1)两轴平行的齿轮传动，又可称为平面齿轮传动或圆柱齿轮传动。按齿向又可分为直齿圆柱齿轮，其中包括外啮合、内啮合及齿轮齿条啮合(图5-24(a)、(b)、(c))；斜齿圆柱齿轮(图5-24(d))及人字齿圆柱齿轮(图5-24(e))等。

(2)两轴线不平行的齿轮传动，又可称为空间齿轮传动。两轮轴线相交的，有直齿圆锥齿轮和曲齿圆锥齿轮传动(图5-24(f)、(g))；两轴交错的，有交错轴斜齿轮和蜗轮蜗杆传动(图5-24(h)、(i))。

按照工作条件，齿轮传动可分为闭式传动和开式传动。闭式传动的齿轮封闭在刚性箱体内，润滑和工作条件良好，可用于重要的齿轮传动。开式传动齿轮是外露的，不能保证良好的润滑，且易落入灰尘、杂质，故齿面易磨损，只宜用于低速传动。

此外，还可按照速度高低、载荷大小、齿廓曲线形状、齿面硬度等进行分类。

(二)齿轮传动的特点

与其他传动相比，齿轮传动具有以下主要优点：

(1)能保证恒定的传动比，因此传动平稳，这是齿轮传动获得广泛应用的主要原因之一。

(2)传动效率高，一般为0.97～0.99。

(3)结构紧凑，工作可靠。

(4)适用范围广，传递功率可由很小到10万千瓦，圆周速度可由很低到300m/s。

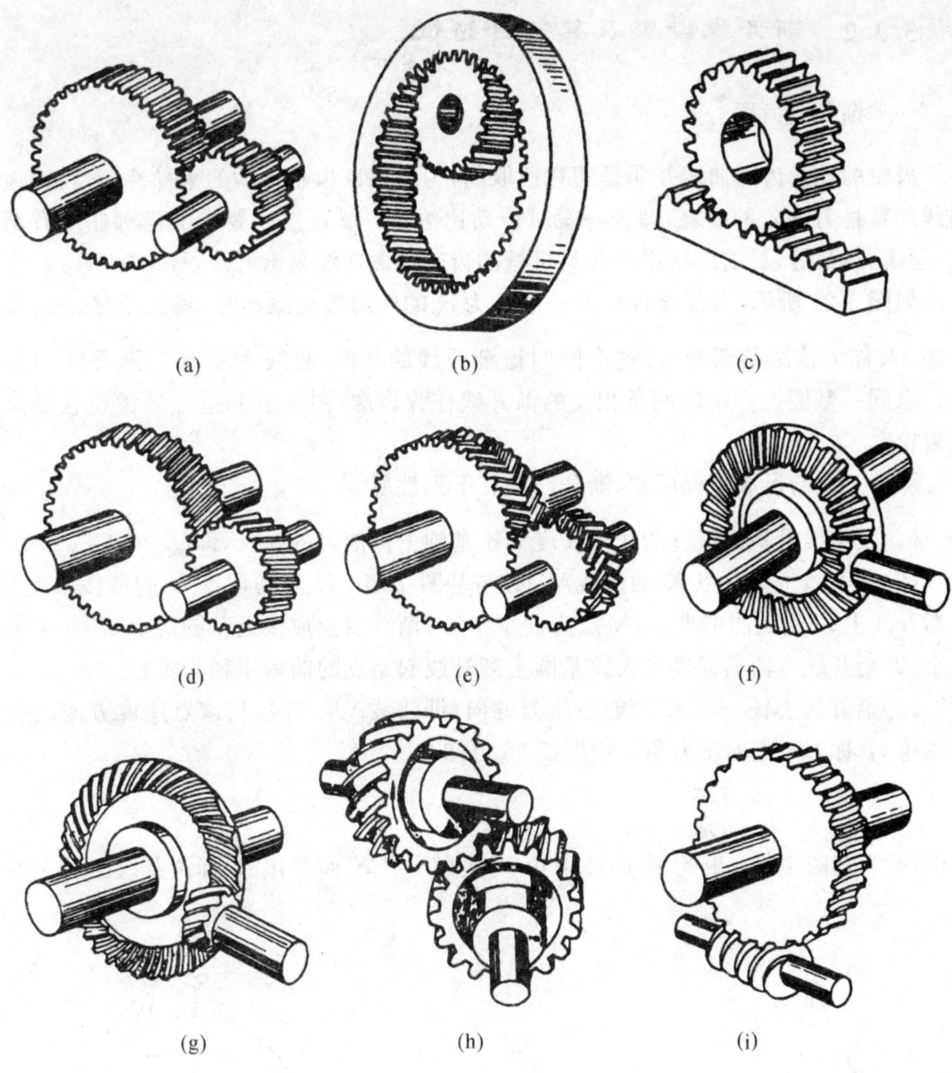

图 5-24　齿轮机构的类型

(5)使用寿命长,一般可达 10～20 年。

其主要缺点为:

(1)不适宜用于远距离两轴间的传动;

(2)制造和安装精度要求较高,故成本较高。

5.3.2 渐开线齿廓及其啮合特性

(一)渐开线齿廓

齿轮的轮齿齿廓曲线并非是随意选取的,为了保证齿轮传动的平稳性,对齿轮齿廓曲线的特性有一定的要求,即任一瞬时传动比恒定。满足这一要求的齿廓曲线有渐开线、摆线、圆弧等,目前广泛用于各类机械的齿轮齿廓曲线是渐开线,称为"渐开线"齿轮

如图 5-25 所示,当直线 NK 沿一半径为 r_b 的圆周做纯滚动时,其上任意一点 K 的轨迹$\overset{\frown}{AK}$称为该圆的渐开线;这个圆叫做渐开线的基圆;直线 NK 称为渐开线的发生线。以同一基圆上产生的两条相反的渐开线作为齿廓(图 5-26),这样的齿轮就是渐开线齿轮。

从渐开线的形成过程可知,渐开线具有下列性质。

(1)发生线沿基圆滚过的线段长度等于基圆上被滚过的弧长,即$\overline{KZ}=\overset{\frown}{AN}$;

(2)渐开线上任一点 K 的法线$\overline{NK}$必与基圆相切。K 点到切点 N 的线段长度$\overline{KN}$为渐开线上 K 点的曲率半径,N 点为曲率中心。渐开线上愈接近基圆的点,其曲率半径愈小,即渐开线弯曲的程度愈大。基圆上渐开线起始点的曲率半径为零;

(3)渐开线上任一点 K 处的正压力方向(即法线$\overline{NK}$方向)与该点速度方向线所夹的锐角 α_K 称为该点的压力角。由图 5-25 可知

$$\cos\alpha_K=\frac{\overline{ON}}{\overline{OK}}=\frac{r_b}{r_k} \tag{5-12}$$

式中,r_b 为基圆半径。由此可知,压力角 α_K 是随半径 r_k 而变化的,即渐开线上各点的压

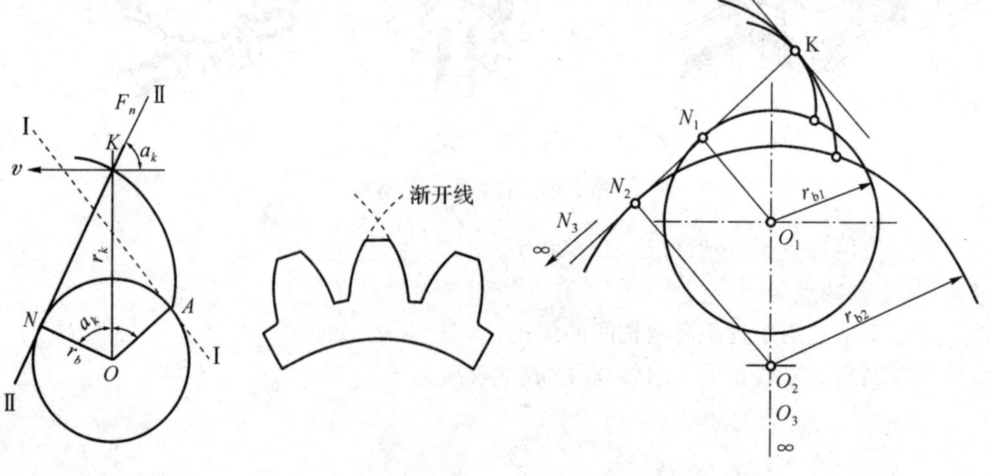

图 5-25 渐开线的形成　图 5-26 渐开线齿廓　图 5-27 不同基圆的渐开线

力角不相等。离基圆愈远，其压力角愈大，基圆上压力角为零度。

(4)渐开线的形状取决于基圆的大小。如图 5-27 所示，基圆半径愈小，渐开线愈弯曲；反之，渐开线愈平直。当基圆趋于无穷大时，渐开线变为直线。齿条上的齿廓就是这种直线齿廓。

(5)由于渐开线是发生线从基圆向外伸展的，故基圆内无渐开线。

(二)渐开线齿廓的啮合特性

1. 渐开线齿廓可保证定传动比传动

如图 5-28 所示，设两渐开线齿廓 E_1、E_2 在任意点 K 啮合。当两轮分别以角速度 ω_1、ω_2 经 Δt 时间各转过角度 $\Delta\varphi_1$ 和 $\Delta\varphi_2$ 时，啮合点 K 移到 K'，对应两基圆转过的弧长分别为$\overset{\frown}{AA'}$和$\overset{\frown}{BB'}$。根据渐开线的性质有

$$\overset{\frown}{AA'}=r_{b1}\cdot\Delta\varphi_1=r_{b1}\cdot\omega_1\cdot\Delta t$$

又

$$\overset{\frown}{BB'}=r_{b2}\cdot\Delta\varphi_2=r_{b2}\cdot\omega_2\cdot\Delta t$$

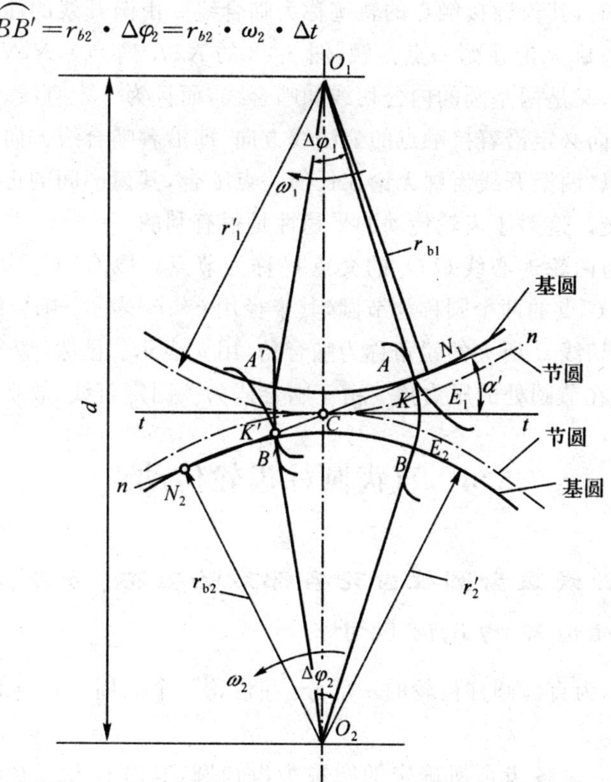

图 5-28　渐开线齿廓啮合特性

整理上式，可得传动比

$$i_{12}=\frac{\omega_1}{\omega_2}=\frac{r_{b2}}{r_{b1}}=\text{常量} \tag{5-13}$$

式中，i_{12}——齿轮1与齿轮2的瞬时传动比；

r_{b1}、r_{b2}——齿轮1与齿轮2的基圆半径。

由于齿轮制成后，基圆半径是定值，故传动比为常数。这就证明了一对渐开线齿廓啮合能保证定传动比传动。

2. 渐开线齿廓具有中心距可分性

如前所述，渐开线齿廓制成后，其基圆半径是一定值。由式(5-13)知，即使两轮中心距稍有变化，其传动比仍保持不变。这一渐开线齿轮传动的性质称为中心距可分性。

中心距可分性具有很大的实用意义。生产实际中，由于制造、安装误差以及轴承的磨损等，都会导致两齿轮中心距产生偏差，但却不会影响齿轮的传动比，这就大大方便了安装工作，并降低了制造成本。因此，中心距可分性是渐开线齿轮的一大优点。

3. 齿廓间正压力方向不变

一对齿轮啮合时，其齿廓接触点的轨迹称为啮合线。由渐开线的性质推知，对于渐开线齿轮传动，两齿廓无论在哪一点接触(图5-28的K、K'等点)，$\overline{N_1N_2}$线既是两齿廓在啮合点的公法线，又是两基圆的内公切线和啮合线，而且为一定直线。若不计摩擦，则两齿廓的正压力方向必定沿着接触点的公法线方向，即沿着啮合线方向。由于啮合线的位置固定不变，所以，两渐开线齿廓无论在任何一点啮合，其齿廓间的正压力方向(即传力方向)也始终不变。这对于齿轮传动的平稳性是很有利的。

啮合线$\overline{N_1N_2}$与两轮连心线O_1O_2的交点C称为节点。以O_1、O_2为圆心，O_1C、O_2C为半径所作相切于C点的两个圆称为节圆，其半径用r_1'、r_2'表示。啮合线N_1N_2与过C点所作两节圆的公切线tt所夹的锐角称为啮合角，用α'表示。显然，啮合角在数值上始终等于渐开线齿廓在节圆处的压力角。由于啮合线为一固定直线，故啮合角为常数。

5.4 直齿圆柱齿轮传动

5.4.1 渐开线直齿圆柱齿轮各部分的名称、符号、主要参数及标准齿轮的几何尺寸

如图5-29所示为直齿圆柱齿轮的一部分。在齿轮整个圆周上轮齿的总数称为齿轮的齿数，用z表示。

(1)齿顶圆。齿轮各齿顶所确定的圆称为齿顶圆，其直径和半径分别以d_a和r_a表示。

(2)齿根圆。齿轮各齿槽底部所确定的圆称为齿根圆,其直径和半径分别用 d_f 和 r_f 表示。

(3)齿厚和齿槽宽。齿轮相邻两齿间的空间称为齿槽。在直径为 d_k 圆周上,轮齿两侧齿廓间的弧长称为该圆的齿厚,用 s_k 表示;齿槽两侧齿廓间的弧长称为该圆的齿槽宽,用 e_k 表示。

(4)齿距。在直径为 d_k 的圆周上,两个相邻而同侧的齿廓间的弧长称为该圆的齿距,用 p_k 表示,齿距等于齿厚和齿槽宽之和。即

$$p_k=s_k+e_k$$

设齿轮的齿数为 z,齿距与直径的关系为

$$\pi d_k=zp_k$$

即

$$d_k=\frac{p_k}{\pi}z \tag{5-14}$$

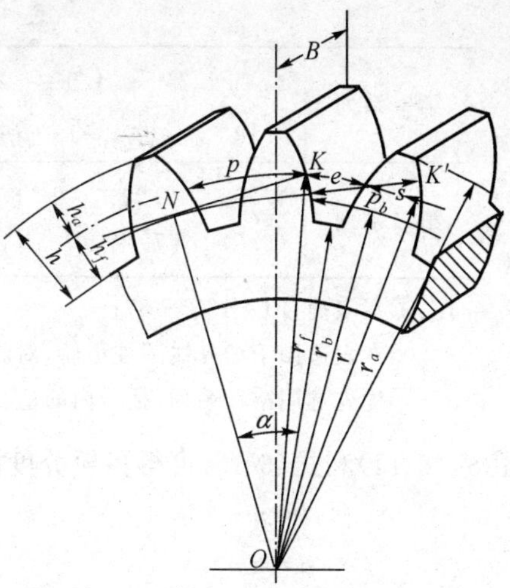

图 5-29　齿轮各部分名称和代号

(5)分度圆。由式(5-14)可见,在不同直径的圆周上比值 p_k/π 各不相同,且其中含无理数 π,给设计、制造和检验带来诸多不便。因此,我们把齿顶圆和齿根圆之间某一圆周上的比值 p_k/π 规定为标准值,并使该圆上的压力角也为标准值,这个圆称为分度圆。分度圆的直径和半径分别用 d 和 r 表示。分度圆上的齿厚、齿槽宽、齿距、压力角等分别用 s、e、p 和 α 表示,不带下标。

(6)模数。由式(5-14)可知,分度圆直径与齿距间的关系为 $d=\frac{p}{\pi}z$。我们将比值 p/π 规定为整数或较完整的有理数,称其为模数,用 m 表示,其单位为 mm。即

$$m=\frac{p}{\pi} \tag{5-15}$$

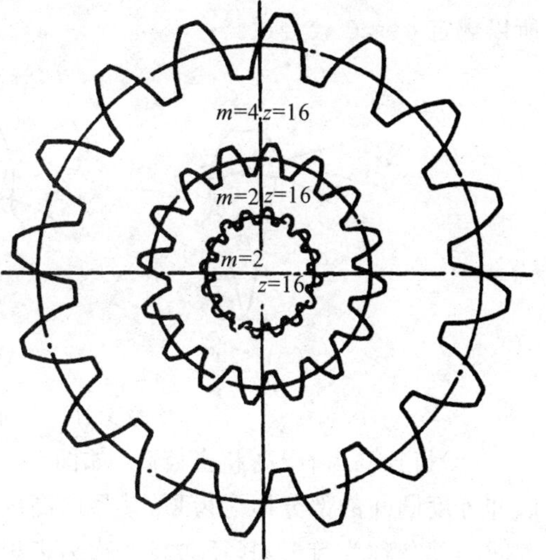

图 5-30　模数和轮齿形状的关系

模数是决定齿轮和轮齿尺寸的一个重要参数。齿数相同的齿轮,模数越大,齿轮尺寸就越大;模数越大,轮齿也越大(图 5-30),其抗弯能力越强。我国已规定了标准模数系列,表 5-5 是其中的一部分。

表 5-5 标准模数系列

第一系列	1 1.25 1.5 2 2.5 3 4 5 6 8 10 12 16 20 25 32 40 50
第二系列	1.75 2.25 2.75 (3.25) 3.5 (3.75) 4.5 5.5 (6.5) 7 9 (11) 14 18 22 28 36 45

注:①本表摘自 GB1357—87;

②本表适用于渐开线圆柱齿轮,对斜齿轮系指法向模数;

③优先选用第一系列,括号内的值尽可能不用。

由式(5-14)和式(5-15)可得齿轮分度圆直径、齿距与模数间的关系为

$$d=mz$$

$$p=\pi m$$

(7)压力角。分度圆上的压力角称为齿轮的压力角,以 α 表示,我国规定标准压力角为 20°。图 5-31 所示为压力角不同时的轮齿形状。当 $\alpha<20°$,轮齿间的相互作用力 F_n 沿运动方向的分力 F_t(有效分力)较大,而径向分力 F_r(有害分力)较小。但当分度圆 1 一定时,基圆 2 较大,离分度圆近,使齿根部分的渐开线变短;此外,基圆大时的渐开线较平直,使齿根瘦,强度低。当 $\alpha>20°$时,基圆小,有效分力小而有害分力大,对传动不利,所以规定 $\alpha=20°$较合适。

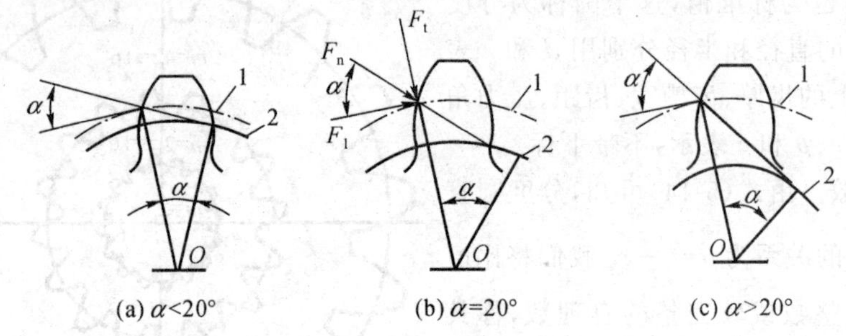

图 5-31 不同压力角的比较

(8)齿顶高、齿根高和全齿高。如图 5-31 所示,轮齿被分度圆分为两部分,介于齿顶圆和分度圆间的部分称为齿顶,其径向高度称为齿顶高,用 h_a 表示;介于分度圆与齿根圆间的部分称为齿根,其径向高度称为齿根高,用 h_f 表示。齿顶圆和齿根圆之间轮齿的径向高度称为全齿高,用 h 表示。因此

$$h=h_a+h_f \tag{5-16}$$

(9)齿顶高系数、顶隙系数和顶隙。齿轮各部分尺寸均以模数为计算基础,因此,齿顶高和齿根高可表示为:

$$\left.\begin{aligned} h_a &= h_a^* m \\ h_f &= (h_a^* + c^*)m \end{aligned}\right\} \tag{5-17}$$

式中，h_a^* 和 c^* 分别称为齿顶高系数和顶隙系数，对于圆柱齿轮，其标准值为：

正常齿　　$h_a^*=1, c^*=0.25$；

短　齿　　$h_a^*=0.8, c^*=0.3$。

顶隙 $c=c^*m$，是指一对齿轮啮合时，若两轮的分度圆相切，则一个齿轮的齿顶圆到另一个齿轮的齿根圆的径向距离。当齿轮工作时，顶隙可贮存润滑油，有利于齿面的润滑。

由以上的分析可知，齿数 z、模数 m、压力角 α、齿顶高系数 h_a^* 和顶隙系数 c^* 是直齿圆柱齿轮的五个主要参数。当主要参数确定后，可根据表 5-6 列出的公式计算标准直齿圆柱齿轮的几何尺寸。

表 5-6　标准直齿圆柱齿轮几何尺寸计算公式

名称		符号	计算公式	
			外齿轮	内齿轮
基本参数	齿数	z	$z_{\min}=17$，通常小齿轮齿数 z_1 在 20～28 范围内选取，$z_2=iz_1$	
	模数	m	根据强度计算决定，并按表 10-2 选取标准值。动力传动中，$m\geqslant 2$mm	
	压力角	α	取标准值，$\alpha=20°$	
	齿顶高系数	h_a^*	取标准值，对于正常齿，$h_a^*=1$；对于短齿，$h_a^*=0.8$	
	顶隙系数	c^*	取标准值，对于正常齿，$C^*=0.25$；对于短齿，$C^*=0.3$	
几何尺寸	齿槽宽	e	$e=p/2=\pi m/2$	
	齿厚	s	$s=p/2=\pi m/2$	
	齿距	p	$p=\pi m$	
	全齿高	h	$h=h_a+h_f=(2h_a^*+c^*)m$	
	齿顶高	h_a	$h_a=h_a^*\times m$	
	齿根高	h_f	$h_f=(h_a^*+c^*)m$	
	分度圆直径	d	$d=mz$	
	基圆直径	d_b	$d_b=d\cos\alpha=mz\cos\alpha$	
	齿顶圆直径	d_a	$d_a=d+2h_a=(z+2h_a^*)m$	$d_a=d-2h_a=(z-2h_a^*)m$
	齿根圆直径	d_f	$d_f=d-2h_f=(z-2h_a^*-2c^*)m$	$d_f=d+2h_f=(z+2h_a^*-2c^*)m$
	中心距	a	$a=m(z_1+z_2)/2$	$a=m(z_2-z_1)/2$

5.4.2　渐开线标准直齿圆柱齿轮的啮合传动

1. 正确啮合条件

齿轮传动时，它的每对轮齿仅啮合一段时间而由后一对轮齿接替啮合。如图 5-32 所示，当前对齿在 K 点接触时，后一对齿在 K' 点接触，这样才能保证前一对齿分离时，后一对齿不中断地接替传动。又因 K 点和 K' 点都在啮合线 N_1N_2 上，$\overline{KK'}$ 为相邻的同侧齿廓间的法向距离，由前分析知，$\overline{KK'}=p_b$。要保证两对轮齿能同时在啮合线上接触，必须满足以下条件

$$p_{b1}=p_{b2}$$

即 $$\pi m_1\cos\alpha_1=\pi m_2\cos\alpha_2$$

由于齿轮的模数和压力角均已标准化，所以必须使

$$\begin{cases}m_1=m_2=m\\ \alpha_1=\alpha_2=\alpha\end{cases}\tag{5-18}$$

上式表明，渐开线齿轮正确啮合的条件是两轮的模数和压力角必须分别相等。

这样，一对齿轮传动的传动比可表示为

$$i=\frac{\omega_1}{\omega_2}=\frac{d_2{}'}{d_1{}'}=\frac{d_{b2}}{d_{b1}}=\frac{d_2}{d_1}=\frac{z_2}{z_1}$$

2. 标准中心距

一对齿轮啮合传动时，一轮节圆上的齿槽宽与另一轮节圆齿厚之差称为齿侧间隙。在机械设计中，正确安装的齿轮都是按照无齿侧间隙的理想情况计算其名义尺寸的。为了考虑轮齿的热膨胀、润滑和安装的需要，轮齿间存在的微小齿侧间隙由制造公差加以控制。

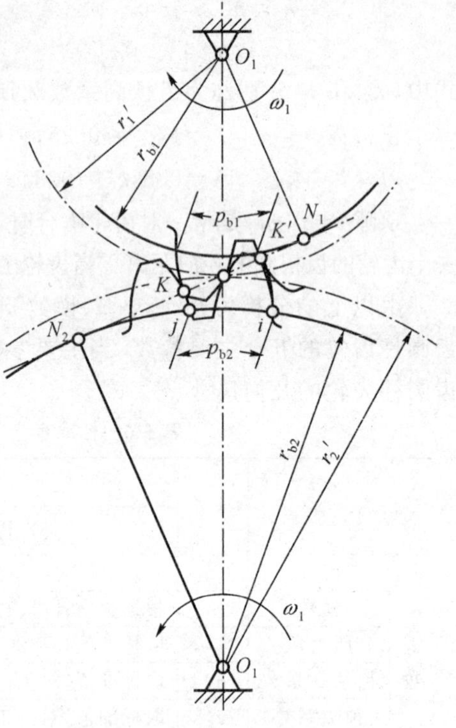

图 5-32 齿轮正确啮合的条件

如前所述，标准齿轮在分度圆上的齿厚和齿槽宽相等，若两分度圆和节圆重合，则齿侧间隙为零。所以，一对标准齿轮分度圆相切时的中心距称为标准中心距，用 a 表示。即

$$a=r_1{}'+r_2{}'=r_1+r_2=\frac{m}{2}(z_1+z_2)\tag{5-19}$$

应该注意，对于单一齿轮而言，只有分度圆而无节圆；一对齿轮在啮合时才有节圆。节圆与分度圆可能重合，也可能不重合。

3. 渐开线齿轮连续传动的条件

图 5-33 表示一对齿廓啮合的全过程。主动轮齿廓根部在 B_2 点开始与从动轮齿顶啮合，啮合点沿啮合线移动到 B_1 时，主动轮齿顶与从动轮齿根将脱离啮合。B_2 点是起始啮合点，B_1 点是终止啮合点，B_1B_2 是实际啮合线，它由两轮齿顶圆截啮合线 N_1N_2 得到。要保证齿轮能连续传动，则要求前一对轮齿的啮合点 K 到达终止啮合点 B_1 时，后一对轮齿的啮合点 K' 已提前到达或同时到达起始啮合点 B_2。也就是说，当前一对齿要“下班”时，后一对齿已经提前或者准时来“接班”。由前述可知，两对齿廓的啮合点 K 和

K'间的距离等于基圆齿距 p_b，可见齿轮连续传动的条件为

$$B_1B_2 \geqslant p_b$$

由它们的比值 ε 表示

$$\varepsilon = \frac{\overline{B_1B_2}}{p_b} = \frac{\overline{B_1B_2}}{\pi m \cos\alpha} \tag{5-20}$$

式中，ε 称为渐开线齿轮传动的重合度。从理论上讲，ε=1 就能保证连续传动，但因齿轮有制造和安装误差，所以要求重合度必须大于 1，以确保连续传动。

一对齿轮传动时，若 ε=1，表示在传动的全过程中，自始至终只有一对轮齿啮合；若 ε=2，则表示有两对轮齿同时啮合；若 1<ε<2，则表示在传动的全过程中，有时是两对轮齿啮合，有时是一对轮齿啮合。例如，ε=1.3，表示齿轮在转过一个基圆齿距 p_b 的时间内，双齿对啮合的时间为 30%，单齿对啮合的时间为 70%，故重合度越大，表示同时啮合的轮齿对数越多或者多齿对同时参与啮合的时间越长，则传动的平稳性越好，每对轮齿承受的载荷越小。直齿圆柱齿轮传动的 $\varepsilon_{max}=1.982$。

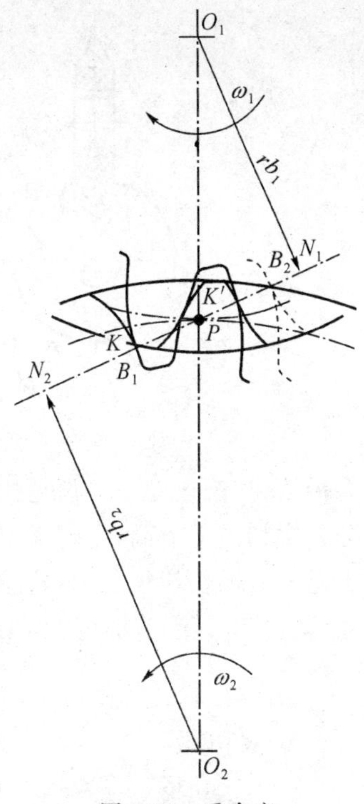

图 5-33　重合度

5.4.3　根切现象、最少齿数和变位齿轮的概念

1. 渐开线齿廓的切齿原理简介

渐开线齿轮轮齿的加工方法很多，如铸造法、冲压法、热轧法等，其中最常用的为切削法。切削法的工艺是多种多样的，但就其原理来讲可分为仿形法和范成法两种。

(1)仿形法。仿形法是最简单的切齿方法，轮齿是用轴向剖面形状与齿槽形状相同的圆盘铣刀或指状铣刀(图 5-34(a)、(b))在普通铣床上铣出的。切齿时，铣刀转动，轮坯沿自身轴线方向移动。待铣完一个齿槽后，将轮坯退回原处并将其转过$\frac{360°}{z}$，再铣第二个齿槽。这种方法多用于修配和小批生产中。

(2)范成法。范成法是利用一对齿轮互相啮合传动时其两轮齿廓互为包络线的原理来加工齿轮的。范成法切齿常用刀具有：齿轮插刀、齿条插刀及滚刀，后两种又统称为齿条形刀具。

用齿轮插刀加工齿轮的情形如图 5-35 所示。刀具与轮坯间的相对运动主要有：范成运动——齿轮插刀与轮坯以恒定传动比 $i=\frac{n_{刀}}{n_{坯}}=\frac{z_{坯}}{z_{刀}}$ 做缓慢回转运动，如同一对齿轮

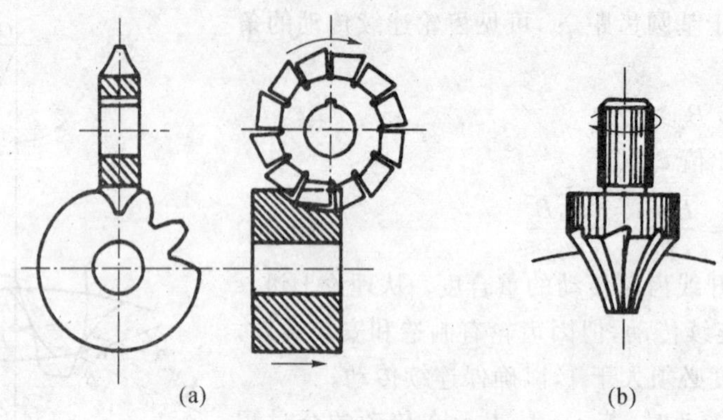

图 5-34 仿形法切齿原理

啮合传动；切削运动——齿轮插刀沿轮坯轴线方向做快速的往复切削；进给运动——为了分几次切出全齿高，齿轮插刀向轮坯中心做径向移动；让刀运动——为防止齿轮插刀向上退刀时擦伤轮齿表面，轮坯沿径向退让一小段距离。可见，只须改变范成运动的传动比，就可用一把齿轮插刀加工出具有相同模数与压力角而有不同齿数的齿轮。

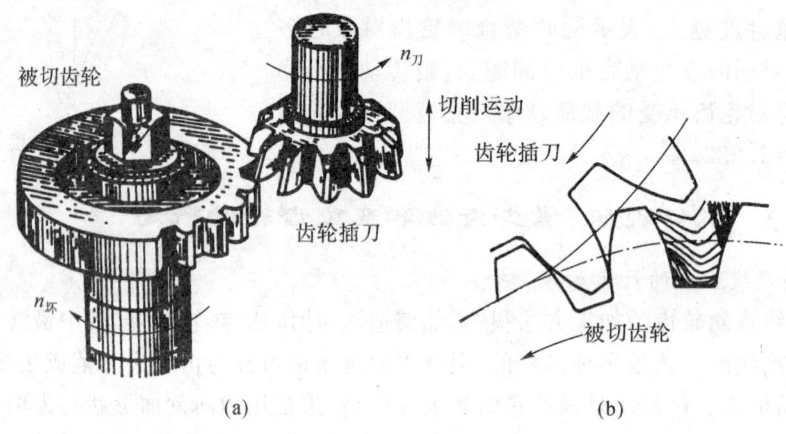

图 5-35 齿轮插刀切齿原理

用齿条插刀加工齿轮的情形如图 5-36 所示。其原理与齿轮插刀加工齿轮相同。只是刀具与轮坯间的范成运动相当于齿条与齿轮的啮合运动，插刀的移动速度 $v_{刀}=\frac{1}{2}mz_{坯}\ \omega_{坯}$。

用滚刀加工齿轮的情形如图 5-37 所示。滚刀是具有刀刃的螺杆(图 5-37(b))，其轴面齿形为齿条。切齿时滚刀转动相当于齿条在移动，所以滚刀切齿的原理与齿条插刀的切齿原理基本相同。为了切制具有一定轴线宽度的齿轮，滚刀除旋转外，还需沿轮坯轴线方向缓慢移动。

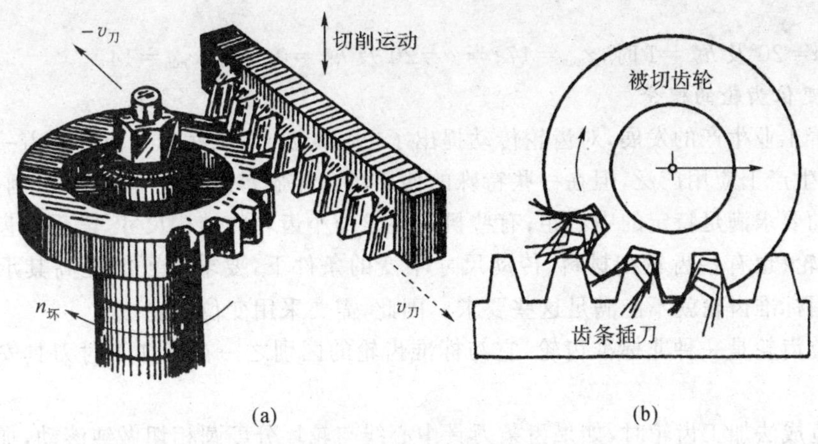

图 5-36　齿条插刀切齿原理

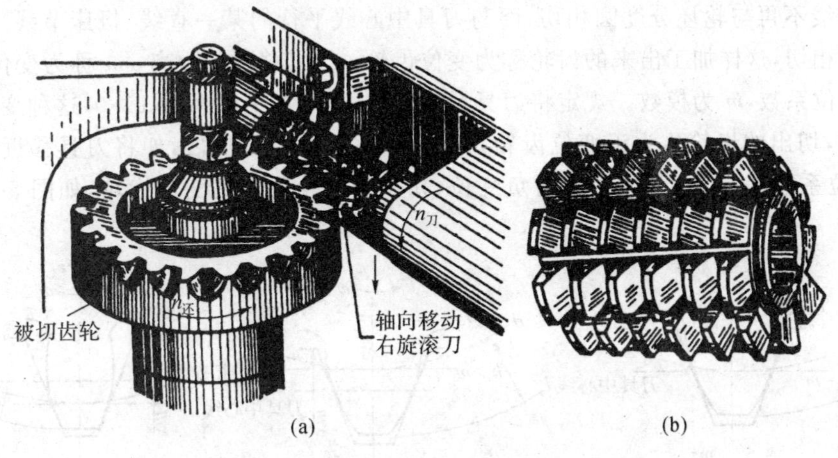

图 5-37　滚刀切齿原理

由图 5-35(b)、图 5-36(b)可见，用范成法加工出来的齿轮齿廓是刀刃各位置的包络线。

2. 根切现象和最少齿数

(1)渐开线齿廓的根切。用范成法加工齿轮时，如果齿轮的齿数太少，则刀具的齿顶将会被切齿轮的齿根渐开线切去一部分，这种现象称为根切(图 5-38)。轮齿根切后，弯曲强度将大大减弱，重合度也将下降，使传动质量变差，因此应避免发生根切。

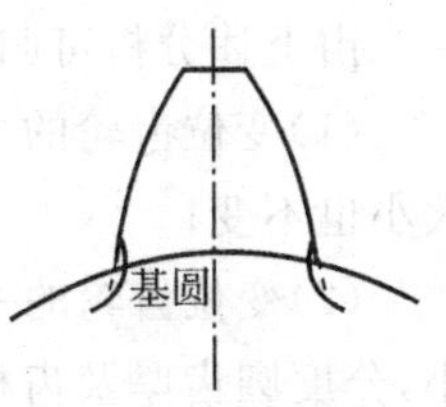

图 5-38　根切现象

(2)不发生根切的最少齿数。为了避免发生根切现象，标准齿轮的齿数应有一个最少限度，这个齿数称为最少齿数，用 z_{min}

表示。

当 $\alpha=20°$ 及 $h_a^*=1$ 时，$z_{\min}=17$；当 $\alpha=20°$ 及 $h_a^*=0.8$ 时，$z_{\min}=14$。

3. 变位齿轮的概念

随着工业生产的发展，对齿轮传动提出了更高的要求。虽然标准齿轮有着一系列的优点，在生产上应用广泛，但在一些特殊的使用场合却显露出一些不足之处。例如，有些齿轮传动要求满足特定的中心距；有些机器要求缩小齿轮的结构尺寸，需采用齿数小于 $z_{\min}$ 的齿轮；也有些齿轮在材料、传动尺寸不变的条件下，要求尽可能提高其承载能力等。采用标准齿轮就不能满足这些要求。因此，需要采用变位齿轮。

变位齿轮是一种非标准齿轮，它与标准齿轮的区别之一在于加工时刀具安装位置的不同。

用范成法加工齿轮时，如果齿条刀具中心线与轮坯分度圆相切做纯滚动，加工出来的齿轮就是标准齿轮(图 5-39(a))。如果将齿条刀具相对于轮坯中心移动 xm 距离，刀具中心线不再与轮坯分度圆相切，而与刀具中心线平行的某一直线(机床节线)与轮坯分度圆相切，这样加工出来的齿轮称为变位齿轮。刀具移动的距离 xm 称为变位量。x 称为变位系数，m 为模数。规定将刀具远离轮坯中心时，变位系数 $x>0$，这种变位称为正变位，切出的齿轮称为正变位齿轮，如图 5-39(b))所示；反之，如将刀具移近轮坯中心，变位系数 $x<0$，这种变位称为负变位，切出的齿轮称为负变位齿轮，如图 5-39(c))所示。

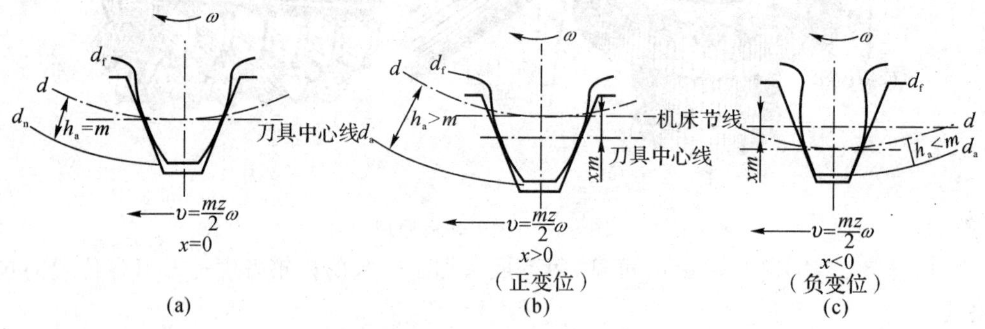

图 5-39 齿条形刀具加工齿轮的情况

由上述分析可归纳如下如下两点：

(1)变位齿轮的主要参数没有改变，即模数、压力角和齿数不变，因而基圆和分度圆大小也不变；

(2)变位齿轮的一些几何尺寸发生了变化。正变位齿轮的齿顶高增大，而齿根高减小，分度圆齿厚及齿根部分齿厚均增大，而齿顶部分齿厚减小，齿顶圆、齿根圆均增大；负变位齿轮的尺寸变化与正变位齿轮相反。

5.5　斜齿圆柱齿轮传动

5.5.1　斜齿圆柱齿轮齿廓的形成原理及啮合特点

由于直齿圆柱齿轮轮齿的方向与其轴线平行，所以，在前面讨论其啮合原理时，仅就垂直于轴线的一个端面进行研究。但是，齿轮是有一定宽度的，故直齿圆柱齿轮齿廓曲面的形成过程如图 5-40(a)所示，是发生面在基圆上做纯滚动时，与基圆轴线平行的任意直线$\overline{KK}$所展成的渐开线曲面。

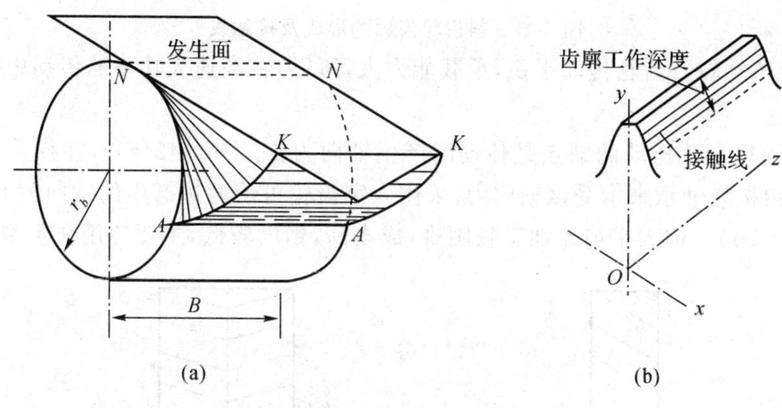

图 5-40　直齿轮齿廓的形成及接触线

斜齿圆柱齿轮齿廓的形成原理与直齿轮相似，有所不同的是形成渐开线曲面的直线$\overline{KK}$不再与基圆柱的轴线平行，而是与轴线方向偏斜了一个角度 β_b。这样，当发生面绕基圆柱做纯滚动时，直线上任一点的轨迹都是一条渐开线。而整条直线则展出一螺旋渐开面，即为斜齿圆柱齿轮的齿廓曲面，如图 5-41(a)所示。β_b 称为基圆上的螺旋角，其值愈大，轮齿偏斜也愈厉害。螺旋渐开面与齿轮基圆柱的交线 AA 为一条螺旋线，它与齿轮端面的交线 AK 仍为渐开线。

一对直齿圆柱齿轮啮合传动时，齿面上的接触线与轴线始终保持平行。齿轮是沿着整个齿宽同时进入啮合和退出啮合的(图 5-40(b))，轮齿上的载荷也是突然加上或卸掉的，所以传动平稳性较差，冲击和噪音较大。

一对斜齿圆柱齿轮啮合传动时，齿面上的接触线始终是与轴线方向成 β_b 角的斜线，且长度也是变化的。在开始啮合到脱离啮合的整个过程中，接触线的长度先由短变长，然而又由长变短，直至脱离啮合(图 5-41(b))。因此，轮齿上所受的载荷，也是由小变大，又由大变小的。

此外，斜齿圆柱齿轮的轮齿是螺旋形的，齿轮啮合的齿数较多，其重合度较大。因

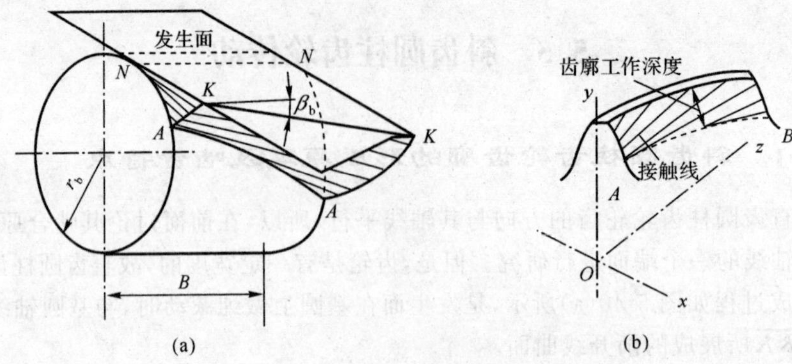

图 5-41　斜齿轮齿廓的形成及接触线

此，斜齿轮传动较直齿轮传动平稳，承载能力大，所以，在高速大功率的传动中得到广泛应用。

斜齿圆柱齿轮传动的缺点是传动时产生轴向力 F_x（图 5-42(a)），往往需要安装推力轴承或角接触轴承来承受该轴向力。采用人字齿轮可使两边产生的轴向力 F_x 相互抵消（图 5-42(b)）。但人字齿轮加工较困难，成本高，精度较低，主要应用在重型机械上。

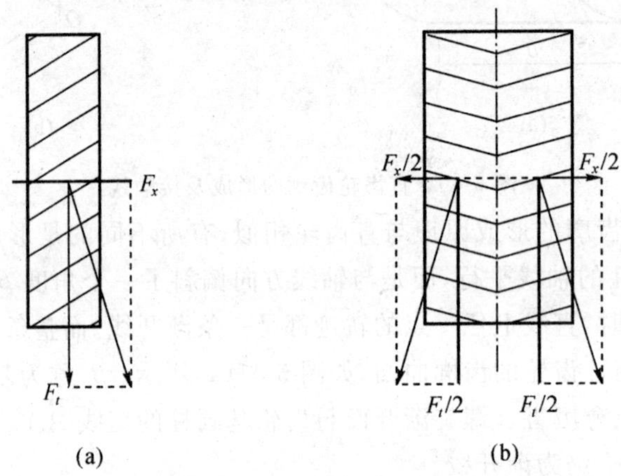

图 5-42　斜齿轮上的轴向力

5.5.2　斜齿圆柱齿轮的主要参数及几何尺寸

由于斜齿圆柱齿轮的轮齿为螺旋形，故其齿形有端面和法面之分。又由于斜齿轮的端面齿形和法面齿形不同，两个面上的参数也不相同。为了区别起见，端面参数用下标 t 表示，法面参数用下标 n 表示。用滚刀或成形铣刀加工斜齿轮时，刀具的进刀方向是垂直于法面的，因而斜齿轮的法面参数与刀具参数相同。

在进行几何尺寸计算时，必须掌握斜齿轮端面参数和法面参数的换算关系。

1. 螺旋角

显然，在斜齿轮的不同圆柱面上，会形成不同的螺旋角。通常，以分度圆柱上的螺旋角 β 来表示轮齿倾斜的程度。螺旋角是斜齿轮区别于直齿轮的主要特征。其值愈大，轮齿愈倾斜，传动平稳性愈好，但轴向力愈大。通常取螺旋角 $\beta=8°\sim20°$。由于人字齿轮可抵消轴向力，故其螺旋角通常取 $\beta=25°\sim40°$。

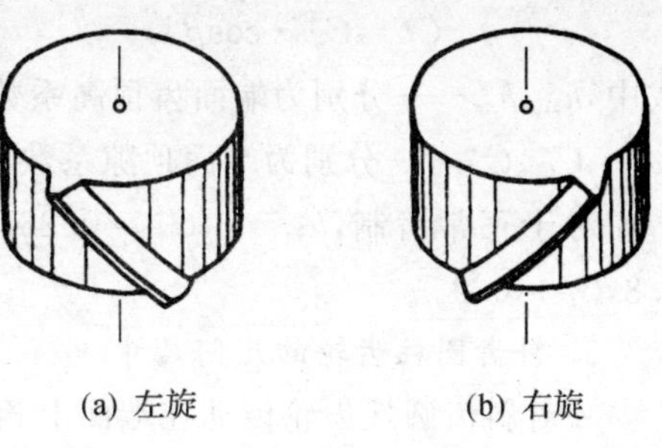

(a) 左旋　　(b) 右旋

图 5-43　齿轮的旋向

按螺旋线的旋向不同，斜齿轮可分为左旋与右旋。其旋向的判别方法如图 5-43 所示。将齿轮轴线置于铅垂位置，轮齿从左到右上升者为右旋，反之为左旋。

2. 模数

如图 5-44 所示为斜齿圆柱齿轮分度圆展开图，画有剖面线处表示齿厚部分，空白处表示齿槽部分。b 为斜齿轮的齿宽，πd 为分度圆周长。此时，轮齿的螺旋线展开成一条斜直线，它与轴线的夹角为螺旋角 β。p_n 表示法面上的齿距，p_t 表示端面上的齿距。

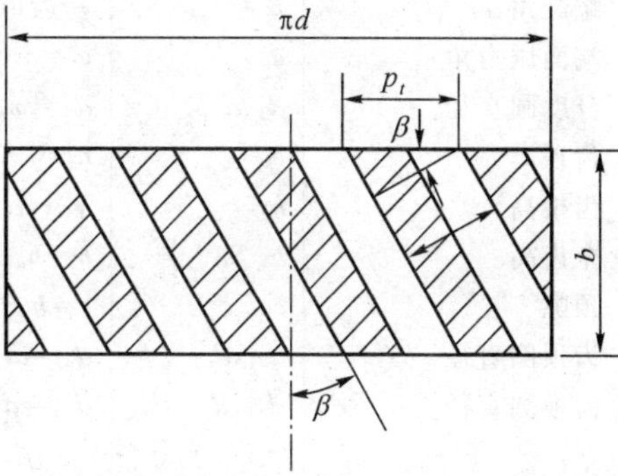

图 5-44　斜齿轮分度圆柱展开图

由图 5-44 所示的几何关系可得：

$$p_t=\frac{p_n}{\cos\beta} \tag{5-21}$$

根据模数的定义可知 $p_n=\pi m_n$、$p_t=\pi m_t$，将其代入式(5-21)可得端面模数与法面模数的关系：

$$m_t=\frac{m_n}{\cos\beta} \tag{5-22}$$

3. 压力角

以 α_n 和 α_t 分别表示法面压力角和端面压力角，则它们之间的关系为(推导从略)：

$$\tan\alpha_t=\frac{\tan\alpha_n}{\cos\beta} \tag{5-23}$$

4. 齿顶高系数和顶隙系数

由于斜齿轮在法面或端面上的齿顶高和顶隙相同，所以

$$h_a=h_{at}^*\cdot m_t=h_{an}^*\cdot m_n$$

则

$$h_{at}^*=h_{an}^*\cdot\cos\beta \tag{5-24}$$

同理

$$C=C_t^* \cdot m_t=C_n^* \cdot m_n$$

$$C_t^*=C_n^* \cdot \cos\beta \tag{5-25}$$

式中，h_{at}^*、h_{an}^*——分别为端面齿顶高系数和法面齿顶高系数；

C_t^*、C_n^*——分别为端面顶隙系数和法面顶隙系数。

对于正常齿制，$h_{an}^*=1$，$C_n^*=0.25$（小模数齿轮的 $C_n^*=0.35$）；对于短齿制，$h_{an}^*=0.8$，$C_n^*=0.3$。

5．斜齿圆柱齿轮的几何尺寸

一对斜齿圆柱齿轮传动在端面上相当于直齿轮传动，故在端面上的几何尺寸可按直齿轮的计算公式来计算，其主要几何尺寸计算公式见表 5-7。

表 5-7 渐开线正常齿标准斜齿圆柱齿轮几何尺寸计算公式

名称	符号	计算公式及参数选择
端面模数	m_t	$m_t=m_n/\cos\beta$　m_n 为标准值
螺旋角	β	一般取 8°～20°（常用 8°～15°）
端面压力角	α_t	$\alpha_t=\arctan(\tan\alpha_n/\cos\beta)$　a_n 为标准值
分度圆直径	d_1、d_2	$d_1=m_nz_1/\cos\beta$；$d_2=m_nz_2/\cos\beta$
齿顶高	h_a	$h_a=m_n$
齿根高	h_f	$h_f=1.25m_n$
全齿高	h	$h=h_a+h_f=2.25m_n$
顶隙	c	$c=h_f-h_a=0.25m_n$
齿顶圆直径	d_{a1}，d_{a2}	$d_{a1}=d_1+2h_a$；$d_{a2}=d_2+2h_a$
齿根圆直径	d_{f1}，d_{f2}	$d_{f1}=d_1-2h_f$；$d_{f2}=d_2-2h_f$
中心距	a	$a=\frac{d_1+d_2}{2}=\frac{m_n}{2\cos\beta}(z_1+z_2)$

5.5.3 斜齿圆柱齿轮的当量模数

用仿形法加工斜齿轮或进行斜齿轮强度计算时，必须知道其法面齿形。

如图 5-45 所示，过斜齿轮分度圆柱上任一轮齿上的点 C 作轮齿的法面 nn，该平面与分度圆柱的交线为一椭圆，其长半轴 $a=r/\cos\beta$，短半轴 $b=r$。椭圆上 C 点附近的齿廓，可近似作为斜齿轮的法面齿廓。以 ρ 为分度圆半径、m_n 为模数、α_n 为压力角的直齿圆柱齿轮的齿形与斜齿圆柱齿轮法面齿形近似相同，这样一个假想的直齿圆柱齿轮称为斜齿圆柱齿轮的当量齿轮，其齿数称为当量齿数，用 Z_V 表示。

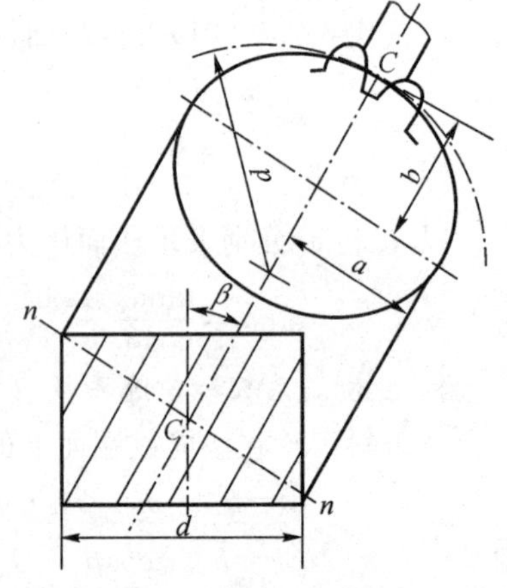

图 5-45 斜齿轮的当量齿数

由高等数学知，椭圆在 C 点处的曲率半径为：

$$\rho=\frac{a^2}{b}=\left(\frac{r}{\cos\beta}\right)^2\cdot\frac{1}{r}=\frac{r}{\cos^2\beta}$$

则当量齿数为：

$$Z_V=\frac{2\rho}{m_n}=\frac{2r}{m_n\cdot\cos^2\beta}=\frac{m_t\cdot Z}{m_t\cdot\cos^3\beta} \tag{5-26}$$

式中，Z——斜齿轮的实际齿数；

β——斜齿轮的螺旋角。

由上式可知，$1/\cos^3\beta>1$，所以斜齿轮的当量齿数比实际齿数多，而且计算出来的当量齿数 Z_V 不一定是整数，在选取铣刀号时，应将算出的 Z_V 值用四舍五入的方法调整为整数。

斜齿轮的当量齿数是在仿形法加工斜齿圆柱齿轮中选取铣刀号码的重要参数。

5.5.4　斜齿圆柱齿轮的正确啮合条件

一对外啮合斜齿圆柱齿轮正确啮合条件为：两轮的法面模数和法面压力角分别相等，两轮分度圆柱上的螺旋角大小相等、旋向相反，即：

$$\begin{aligned}m_{n1}&=m_{n2}\\ \alpha_{n1}&=\alpha_{n2}\\ \beta_1&=-\beta_2\end{aligned} \tag{5-27}$$

5.6　直齿圆锥齿轮传动

5.6.1　直齿圆锥齿轮传动的特点和应用

圆锥齿轮用于相交两轴间的传动(图 5-46)，轴间夹角 Σ 可以是任意的，但通常是 $\Sigma=90°$的传动。圆锥齿轮的轮齿分布在一个截锥体上，轮齿从大端到小端逐渐收缩。为了计算和测量的方便，通常取圆锥的大端参数为标准值。和圆柱齿轮各有关的“圆柱”相应，圆锥齿轮有分度圆锥、基圆锥、齿顶圆锥和齿根圆锥。和圆柱齿轮一样，一对圆锥齿轮的啮合传动相当于一对节圆锥的纯滚动。圆锥齿轮有直齿、斜齿和

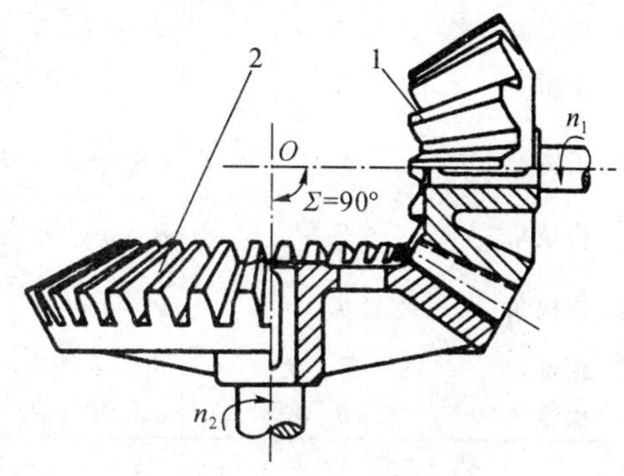

图 5-46　圆锥齿轮传动

曲齿等多种形式。由于直齿圆锥齿轮的设计、制造和安装均较简便,故应用最广。曲齿圆锥齿轮传动平稳,承载能力高,故常用于高速重载传动,如汽车、拖拉机的差速器中。本节仅讨论轴间夹角 $\Sigma=90°$的标准直齿圆锥齿轮传动。

5.6.2 标准直齿圆锥齿轮的主要参数和几何尺寸计算

1. 标准直齿圆锥齿轮的主要参数

前面已经指出,圆锥齿轮的几何尺寸计算以大端为标准,在大端的分度圆上,模数按国家规定标准的模数系列取值,压力角 $\alpha=20°$,齿顶高系数 $h_a^*=1$,顶隙系数 $c^*=0.2$。

2. 几何尺寸计算

与圆柱齿轮相似,一对圆锥齿轮正确啮合的条件为:两轮大端模数和大端压力角分别相等。

如图 5-47 所示为一对标准直齿圆锥齿轮传动,其节圆锥与分度圆锥重合,轴间夹角 $\Sigma=90°$,它的各部分名称及尺寸的计算公式见表 5-8。

表 5-8 $\Sigma=90°$的标准直齿圆锥齿轮几何尺寸计算公式

名 称	符 号	计算公式及参数选择
模数	m	以大端模数为标准,由强度计算确定
传动比	i	$i=\frac{z_2}{z_1}=\tan\delta_2=\cot\delta_1$,单级 $i<6\sim7$
分度圆锥角	δ_1,δ_2	$\delta_2=\mathrm{arctg}\,\frac{z_2}{z_1},\delta_1=90°-\delta_2$
分度圆直径	d_1,d_2	$d_1=mz_1,d_2=mz_2$
齿顶高	h_a	$h_a=h_a^*m=m(h_a^*=1)$
齿根高	h_f	$h_f=(h_a^*+c^*)m=1.2m$
全齿高	h	$h=h_a+h_f=2.2m$
顶隙	c	$c=c^*m=0.2m$
齿顶圆直径	d_{a1},d_{a2}	$d_{a1}=d_1+2m\cos\delta_1,d_{a2}=d_2+2m\cos\delta_2$
齿根圆直径	d_{f1},d_{f2}	$d_{f1}=d_1-2.4m\cos\delta_1,d_{f2}=d_2-2.4m\cos\delta_2$
锥距	R	$R=\sqrt{r_1^2+r_2^2}=\frac{m}{2}\sqrt{z_1^2+z_2^2}=\frac{d_1}{2\sin\delta_1}=\frac{d_2}{2\sin\delta_2}$
齿宽	b	$b\leqslant\frac{R}{3},b\leqslant10m$($m$ 为模数)
齿顶角	θ_n	$\theta_n=\arctan\frac{h_a}{R}$
齿根角	θ_f	$\theta_f=\arctan\frac{h_f}{R}$
顶锥角	δ_{a1},δ_{a2}	$\delta_{a1}=\delta_1+\theta_a,\delta_{a2}=\delta_2+\theta_n$
根锥角	δ_{f1},δ_{f2}	$\delta_{f1}=\delta_1-\theta_f,\delta_{f2}=\delta_2-\theta_f$

表中传动比与分度圆锥角的关系证明如下:

如图 5-48 所示为一对标准直齿圆锥齿轮传动,轴间夹角 $\Sigma=90°$,δ_1、δ_2 分别为齿轮

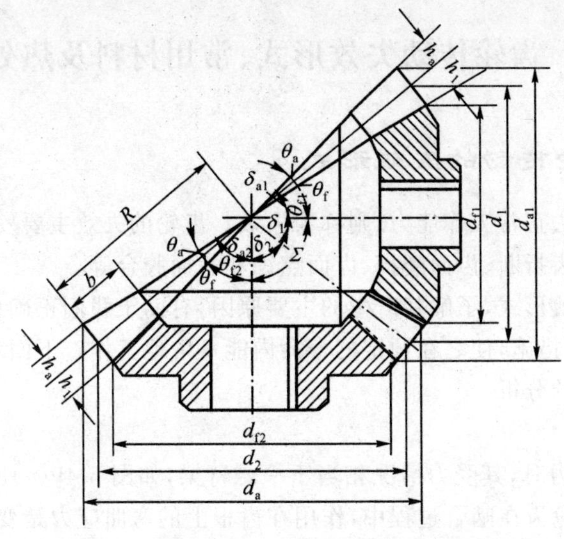

图 5-47　$\Sigma=90°$的标准直齿圆锥齿轮的几何尺寸

1 和齿轮 2 的分度圆锥角，因为两轮的分度圆半径 r_1、r_2 与分度圆锥的母线(锥距)间的关系为

$$r_1=OC\sin\delta_1;$$

$$r_2=OC\sin\delta_2$$

所以传动比　$i=\dfrac{\omega_1}{\omega_2}=\dfrac{z_2}{z_1}=\dfrac{r_2}{r_1}=\dfrac{\sin\delta_2}{\sin\delta_1}$

又因为　$\Sigma=\delta_1+\delta_2=90°$

故　$$i=\frac{\omega_1}{\omega_2}=\frac{\sin\delta_2}{\sin\delta_1}=\tan\delta_2=\cot\delta_1 \tag{5-28}$$

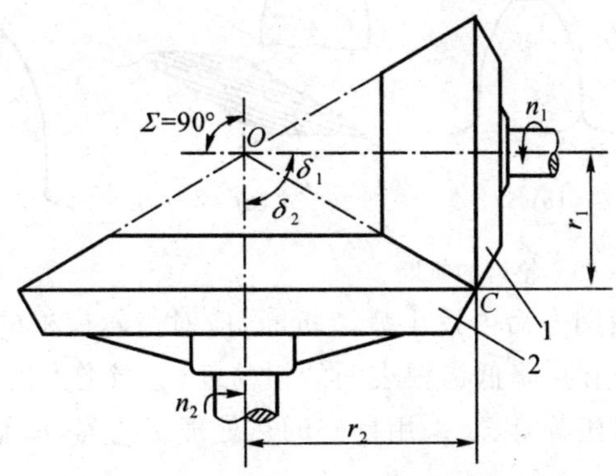

图 5-48　圆锥齿轮的传动比与分度圆锥角

5.7 齿轮传动失效形式、常用材料及热处理

5.7.1 齿轮传动的失效形式

齿轮传动如失去正常工作能力，则称为失效。齿轮的失效主要发生在轮齿部分，其主要失效形式有轮齿折断、齿面磨损、齿面点蚀和齿面胶合等。

研究齿轮的失效形式，了解其产生的主要原因，有助于我们正确地选择齿轮强度计算方法，并采取预防措施，使之在预定的寿命内能正常地工作。下面对几种常见的轮齿失效形式进行简要的分析。

1. 轮齿折断

轮齿在传递动力时，其受力情况相当于一悬臂梁，如图 5-49(a)所示。齿根处产生的弯曲应力最大。轮齿在啮合过程中，作用在齿根上的弯曲应力是变应力，轮齿脱离接触后，弯曲应力变为零。当轮齿上的变应力重复一定次数后，齿根将产生疲劳裂纹，如图 5-49(b)所示。随着变应力重复次数的增加，裂纹逐渐扩展，最后轮齿发生折断，如图 5-49(c)所示。这种轮齿的折断称为疲劳折断，轮齿折断多属于这种情况。此外，轮齿也可能在严重的冲击载荷或短期过载作用下发生折断，称为过载折断。这种情况通常发生在用铸铁制造的齿轮或淬火钢齿轮上。

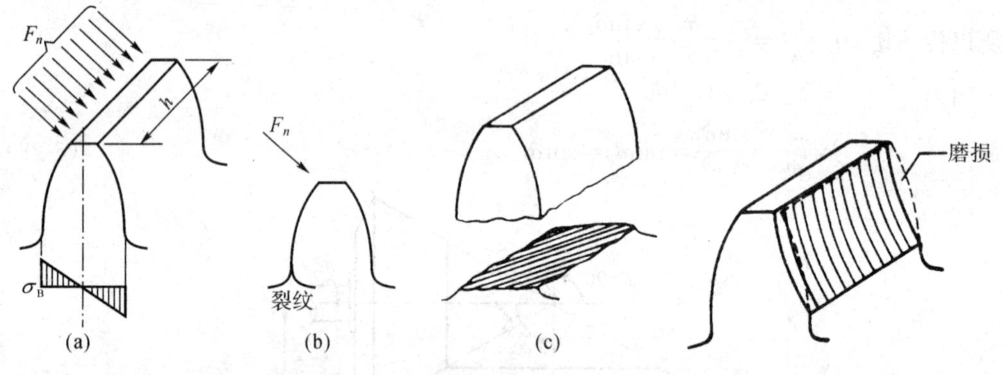

图 5-49 轮齿的折断

图 5-50 齿面磨损

为了防止齿轮在预期寿命内发生疲劳折断，应对齿轮齿根的弯曲疲劳强度进行计算。此外，设计齿轮传动时，降低齿根表面的粗糙度、适当增大齿根圆角、对齿根表面进行强化处理(如喷丸、碾压等)以及采用良好的热处理工艺等，都能提高齿根的抗折断能力。

2. 齿面磨损

齿轮传动时，齿面间存在着相对滑动和法向压力，因此会引起磨损。刚投入运转的

齿轮传动产生的磨损称为跑合磨损。跑合磨损起抛光作用，能消除加工痕迹，改善啮合情况。所以，新制造的闭式齿轮传动通常都进行跑合磨损，做法是轻载磨合运转 3～4 小时，然后更换齿轮箱内的润滑油，以免油中金属微粒进入齿面，引起磨粒磨损。灰尘、砂粒等进入齿面时，也会引起磨粒磨损。磨粒磨损是开式齿轮传动的主要失效形式。

齿面严重磨损后如图 5-50 所示，会导致齿廓形状不准确，侧隙变大，将会引起很大的附加动载荷，影响传动的平稳性，产生冲击和噪声。

采用闭式齿轮传动，能使其得到良好的润滑和维护。此外，提高齿面硬度和减小其表面粗糙度以及选择合适的材料和热处理方法等，都可以减轻齿面磨损。

3. 齿面点蚀

齿轮在传动时，齿面间的接触在理论上属于线接触。但因齿面在正压力作用下会产生一定的弹性变形，从而形成接触面很小的面接触。在接触面上作用着很大的脉动循环变化的接触应力，当应力和它的重复变化次数超过材料的接触疲劳极限时，齿面表层会产生微小的疲劳裂纹，裂纹逐渐扩张使轮齿表层金属成小片剥落，形成麻点或小坑，如图 5-51 所示，这种现象称为点蚀。齿面点蚀多发生在齿轮节线附近的齿根表面处。

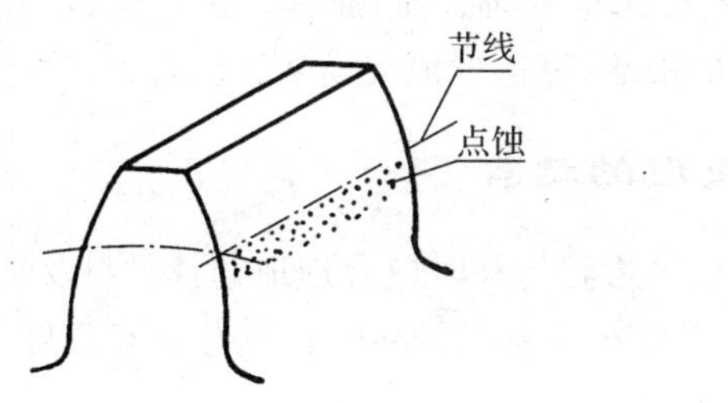

图 5-51　齿面点蚀

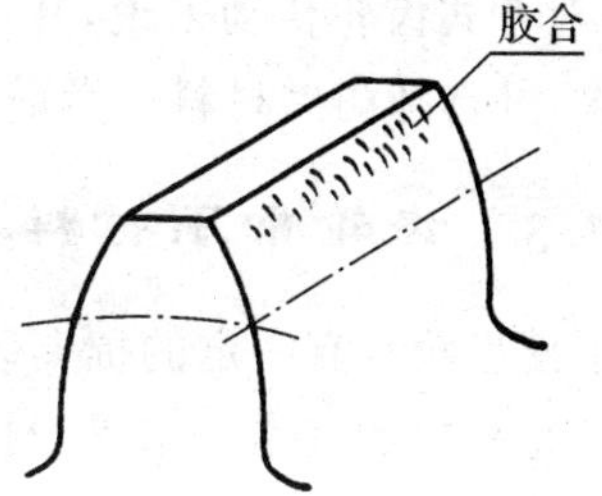

图 5-52　齿面胶合

齿面产生点蚀后，破坏了渐开线齿廓的形状，造成传动不稳，引起冲击及噪声，导致齿轮传动失效。

点蚀是润滑良好的闭式齿轮传动常见的失效形式。而开式齿轮传动通常不会产生点蚀，其原因是齿面磨损较快，点蚀未出现前齿面已被磨损。

为了防止齿轮在预期寿命内发生点蚀，应进行齿面接触疲劳强度计算。齿面硬度愈高，抗点蚀的能力就愈强，故采用热处理方法提高齿面硬度是防止点蚀的有效措施之一。此外，还可以用降低齿面粗糙度，使用高黏度润滑油及适宜的添加剂等方法提高齿面抗点蚀能力。

4. 齿面胶合

在高速重载的齿轮传动中，齿面啮合处的金属由于摩擦而产生瞬时高温，润滑油膜被破坏，在一定压力下，接触区金属被熔化并粘结在一起。随着齿面的相对滑动，使较软的金属表面材料沿滑动方向被撕落，从而在齿面上形成沟纹，这种现象称为胶合，如图

5-52 所示。

齿面发生胶合后会导致强烈的磨损。为了防止齿面胶合，制造时可适当提高齿面硬度及降低表面粗糙度，使用时采用黏度较大或抗胶合性较好的润滑油等。

5.7.2 设计准则

齿轮的强度计算是针对其失效形式而进行的。目前，常用的计算方法有齿面接触疲劳强度计算和齿根弯曲疲劳强度计算，而齿面磨损的情况较复杂，其计算方法尚不够完善。对于抗胶合计算，只是在设计高速重载齿轮传动时才进行。

一般齿轮传动的设计准则是：

(1)对闭式软齿面齿轮传动来说，其主要失效形式为齿面点蚀，故应先按齿面接触疲劳强度进行设计计算，初步确定其模数及几何尺寸后，再校核其齿根弯曲疲劳强度。

(2)对闭式硬齿面齿轮传动来说，其主要失效形式是齿根疲劳折断，应先按轮齿弯曲疲劳强度进行设计计算，求出模数并确定齿轮的几何尺寸，然后校核齿面接触疲劳强度。

(3)对开式齿轮传动来说，其主要失效形式是齿面磨损，通常只进行齿根弯曲疲劳强度计算，并选择耐磨材料。考虑到磨损的影响，可适当加大模数。

5.7.3 齿轮常用材料及热处理的选择

为了使齿轮具有一定的抗失效能力，设计齿轮传动时应合理地选择材料及热处理。

对齿轮材料的基本要求是：材料应具有足够的强度，外硬内韧，并具有良好的加工及热处理性能。

最常用的齿轮材料是锻钢，其次是铸钢和铸铁，有时也采用有色金属和塑料。

1. 锻钢

碳素结构钢和合金结构钢是制造齿轮的常用材料，齿轮毛坯一般经锻造而获得。锻钢的强度高、韧性好，并可通过各种热处理来改善和提高其机械性能，以增强轮齿的抗失效能力。

按齿面硬度不同，锻钢齿轮可分为两大类：

(1)软齿面齿轮（齿面硬度 HBS≤350）。这类齿轮常用的材料有 45、40Cr、35SiMn 等。经调质处理后，能获得良好的综合机械性能。硬度一般可达 200～280HBS。对于要求不高的齿轮传动，也可以采用 A6、45、50 等碳钢，经正火处理，硬度可达 156～217HBS。这类齿轮的齿面硬度不高，可在热处理后切齿。

由于传动时小齿轮轮齿的工作次数比大齿轮多，容易造成疲劳和磨损，为使大、小齿轮寿命相近，常使小齿轮齿面硬度比大齿轮高出 30～50HBS。

软齿面齿轮传动常用于中、低速及对结构尺寸、重量没有要求的传动中，如一般减速器中的齿轮传动。

(2)硬齿面齿轮(齿面硬度 HBS＞350)。这类齿轮常用的材料有两种:一种是中碳优质碳素钢和合金钢,如 45、40Cr 等。经调质和表面淬火处理后,齿面硬度可达 HRC40～55,其承载能力增大,耐磨性增强。而轮齿心部未被淬硬,仍有较高的韧性,故能承受一定的冲击载荷。这种齿轮多用于中等冲击载荷的传动中,如机床变速箱中的齿轮。另一种是低碳合金结构钢,如 20Cr、20CrMnTi,经表面渗碳淬火后,齿面硬度可达 HRC56～62,而齿轮心部仍保持很高的韧性,故能承受大的冲击载荷,常用于汽车、拖拉机变速器中的齿轮传动。

硬齿面齿轮热处理后硬度较高,故要在热处理前精切齿形。表面淬火后齿轮变形不大,因此,对一定精度(7 级以下)要求的齿轮可不再磨齿。而渗碳淬火齿轮由于热处理后变形较大,则需要磨齿。

此外,对于要求硬度更高或难于磨削的齿轮(如内齿轮),可采用中碳钢(如 38CrMoAlA)调质后进行氮化处理,可大大提高轮齿的抗疲劳性能,而且变形小。氮化后可不磨齿。但氮化齿轮不宜用于冲击大、磨损剧烈的场合。

2. 铸钢

对于尺寸较大(齿顶圆直径 $d_a \geqslant 400 \sim 600$mm),结构复杂而不易锻造的齿轮,可采用铸钢制造。常用的铸钢牌号有 ZG340-570、ZG340-640 等。

铸钢齿轮毛坯通常需正火处理,以消除其内应力。

3. 铸铁

灰口铸铁具有较好的减摩性和加工性能、价格低廉,但强度较低、抗冲击能力较差,故开式的低速、轻载齿轮传动常采用灰口铸铁制造。常用灰口铸铁的牌号有 HT250、HT300 等。

高强度球墨铸铁有较好的机械性能。近年来,其应用有很大进展,常被用于代替铸铁或铸钢制造齿轮。常用球墨铸铁的牌号有 QT500-5、QT600-2 等。

齿轮常用材料见表 5-9。

表 5-9　齿轮常用材料

<table>
<tr><th rowspan="2">材　料</th><th rowspan="2">热处理方法</th><th colspan="2">硬　度</th><th rowspan="2">应　　用</th></tr>
<tr><th>HBS</th><th>HRC</th></tr>
<tr><td rowspan="3">45</td><td>正火</td><td>160～217</td><td></td><td rowspan="2">低速轻载
中、低速中载（如通用机械中的齿轮）</td></tr>
<tr><td>调质</td><td>197～286</td><td></td></tr>
<tr><td>表面淬火</td><td></td><td>40～50</td><td>高速中载、无剧烈冲击（如机床变速箱中的齿轮）</td></tr>
</table>

续表

材 料	热处理方法	硬 度		应 用
		HBS	HRC	
35SiMn 42SiMn	调质	196～286		可代替 40Cr
	表面淬火		45～55	
20Cr 20CrMnTi	渗碳、淬火、回火		56～62 （齿心 28～33）	高速中载，承受冲击载荷的齿轮（如汽车、拖拉机中的重要齿轮）
38CrMoA1A	氮化	齿心 229	HV＞850	载荷平稳，润滑良好，无严重磨损的齿轮；难于磨削加工的齿轮（如内齿轮）
ZG310-570	正火	163～179		重型机械中的低速齿轮
ZG340-640	正火	179～207		重型机械中的低速齿轮
ZG35SiMn	正火	163～217		重型机械中的低速齿轮
	调质	197～248		标准系列减速器的大齿轮

5.8 齿轮传动精度简介

齿轮在制造和安装过程中，不可避免地会产生一定的误差。在设计齿轮时，必须根据使用要求选定合适的精度等级以控制加工误差。

5.8.1 齿轮传动的使用要求

齿轮传动有以下四方面的要求：

1. 传递运动的准确性

要求齿轮在传动时，从动轮在一转的范围内，其最大转角误差不超过允许限度，以保证传递运动的准确性。其相应公差定为Ⅰ组。

2. 传递运动的平稳性

要求齿轮在传动时，其瞬时传动比的变化不超过允许限度，以免引起振动、冲击和噪声。相应公差定为Ⅱ组。

3. 载荷分布的均匀性

要求齿轮在传动时，齿面间要接触良好并要有一定的接触面积，以保证受力均匀，减少齿面局部的磨损。其相应的公差定为Ⅲ组。

4. 传动侧隙的合理性

为了防止齿轮副在传动时因弹性变形或热膨胀而相互卡住，并能贮藏润滑油，所以齿轮副的非工作面之间应有合理的齿侧间隙。

5.8.2　精度等级、公差组及其选择

1. 精度等级

渐开线圆柱齿轮精度(GB10095—88)规定，齿轮和齿轮副的精度分为 12 级。其中 1 级最高，12 级最低。1、2 级是待发展的远景精度级，3～5 级属于高精度级，6～8 级属于中等精度级，9～12 级属于低精度级。6～9 级是一般机械中常用的精度等级。

2. 公差组

根据齿轮各项误差对齿轮传动性能的影响，GB10095—88 将控制误差的公差或极限偏差分成Ⅰ、Ⅱ、Ⅲ共三个公差组。

3. 精度等级的选择

选择齿轮精度等级时，一般可以根据传动的用途、传递的功率、圆周速度、工作条件等为依据，参考现有同类机器，用类比的方法具体选择。

选择三个公差组精度等级时，一般可采用同一精度等级。但根据使用要求的不同，也可以对三个公差组选择不同的精度等级。

5.8.3　齿厚的极限偏差及齿侧间隙

GB10095—88 规定，侧隙大小用齿厚的上、下极限偏差来保证。标准中规定了 14 种齿厚极限偏差，分别为 C、D、E、F、G、H、J、K、L、M、N、P、R、S，它们所表示的偏差数值顺次增大，D 为基准(偏差数值为零)，C 为正偏差值，E～S 为负偏差值。齿厚的上、下偏差值，由选定的两种齿厚极限偏差来确定。如选取极限偏差为 F 及 K，则齿厚的上偏差为 F，下偏差为 K。偏差的具体数值可查标准。

GB10095—88 还规定了精度等级和齿侧间隙的代号表示方法。例如：7-6-6FK GB10095—88 表示渐开线圆柱齿轮传动的精度标准按 GB10095—88 规定的齿轮精度，“7”、“6”、“6”依次表示第Ⅰ、Ⅱ、Ⅲ公差组的精度等级分别为 7、6、6 级。字母 F、K 分别表示齿厚的上偏差及下偏差。若三个公差组的精度等级为同一级时，如同为 7 级，则可表示为 7-FK GB10095—88。

5.9 蜗杆传动

5.9.1 蜗杆传动的类型和特点

蜗杆传动由蜗杆和蜗轮组成，用于传递空间交错的两轴间的运动和动力，一般交错角为 90°，如图 5-53 所示。通常蜗杆为主动件，蜗轮为从动件，它广泛用于机床、汽车、起重运输机械、冶金设备和仪表中。

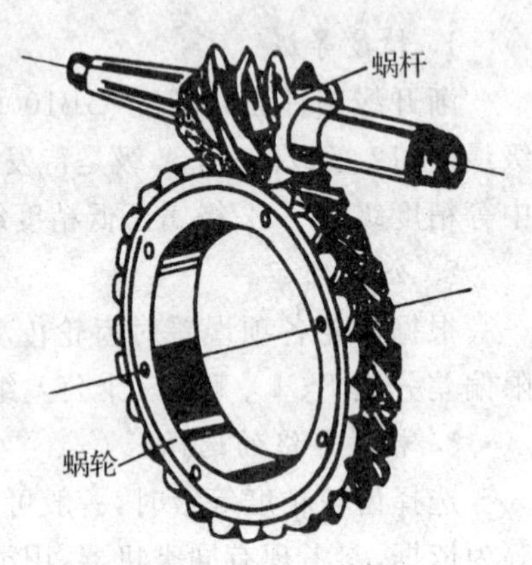

图 5-53 蜗杆传动

蜗杆传动的优点是结构紧凑、传动比大，在动力传动中传动比 $i=10\sim80$，在分度机构中传动比 i 可达 1000；由于蜗杆与蜗轮齿的啮合是连续的，同时啮合的齿对数较多，因而传动平稳、噪声较小。蜗杆传动的缺点是传动效率低，一般为 0.7～0.8，自锁时小于 0.5。为了减摩耐磨，蜗轮齿圈常用贵重的青铜材料，成本高。

按蜗杆形状不同，蜗杆传动分为圆柱蜗杆传动、环面蜗杆传动和圆锥蜗杆传动，如图 5-54(a)、(b)、(c)所示。

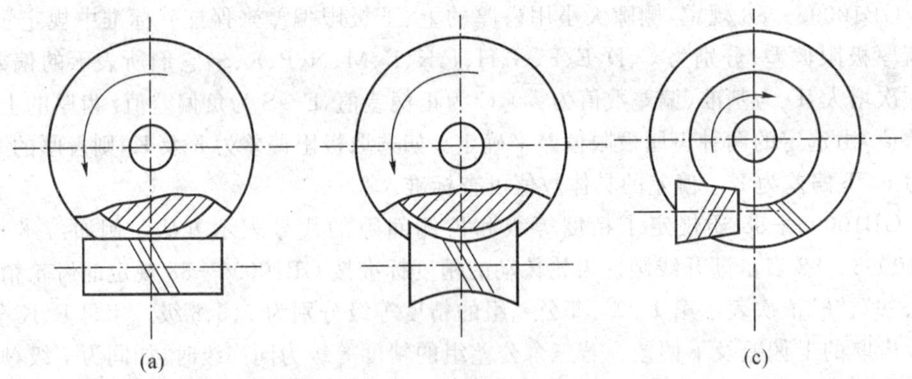

图 5-54 蜗杆传动类型

圆柱蜗杆传动可分为普通圆柱蜗杆传动和圆弧齿圆柱蜗杆传动(图 5-55(a))两大类。

普通圆柱蜗杆传动又分为阿基米德蜗杆和渐开线蜗杆传动(图 5-55(b)、(c))。本节仅介绍常用的阿基米德蜗杆传动。

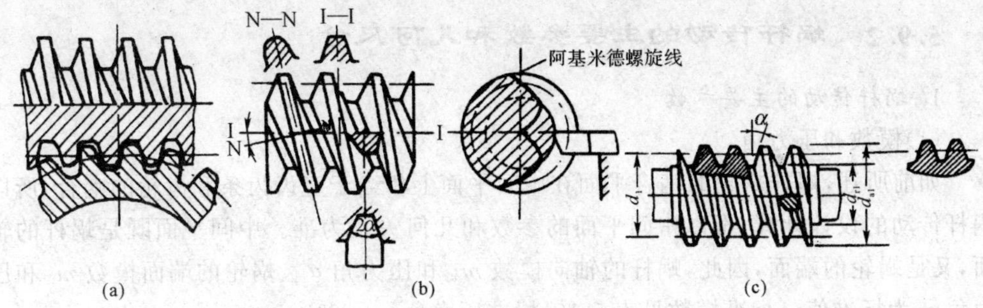

图 5-55　圆柱蜗杆传动

阿基米德蜗杆的加工与普通螺旋相似，直线刀具切削刃的平面通过蜗杆轴线。切得的蜗杆外形形状是螺旋线升角为 γ 的圆柱螺旋，在法面(垂直齿面的平面)N—N 内为曲线；在轴面(过蜗杆轴线的平面)I—I 内是两齿廓侧边夹角为 2α 的梯形齿条；在端面(垂直于蜗杆轴线的平面)上为阿基米德螺旋线。阿基米德蜗杆的加工方法与车削普通螺纹相似，工艺性好，易加工制造，故应用较广。蜗轮一般在滚齿机上加工，但滚刀的形状和尺寸必须与蜗轮相配的蜗杆相同。

如图 5-56 所示，通过蜗杆轴线并垂直于蜗轮轴线的中间平面为主平面，在该平面上蜗杆的齿形为直线，蜗轮的齿形为渐开线。因此，在主平面内，两者的啮合关系相当于齿条与齿轮的传动。

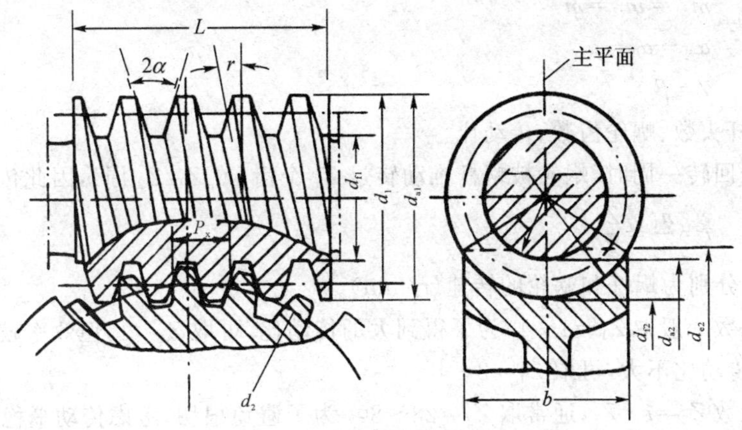

图 5-56　阿基米德蜗杆传动

蜗杆传动规定了 1～12 个精度等级，其中 1 级最高，12 级最低。一般动力传动常用 7～9 级精度。

5.9.2 蜗杆传动的主要参数和几何尺寸

1. 蜗杆传动的主要参数

(1)模数和压力角

如前所述,蜗杆蜗轮的啮合平面在中间平面上相当于直齿齿条和齿轮的啮合,所以蜗杆传动的设计计算,都以中间平面的参数和几何关系为准。中间平面既是蜗杆的轴面,又是蜗轮的端面,因此,蜗杆的轴向模数 m_{x1} 和压力角 α_{x1}、蜗轮的端面模数 m_{t2} 和压力角 α_{t2} 为标准值。标准模数见表 5-10,标准压力角 $\alpha=20°$。

表 5-10 蜗杆蜗轮的标准模数(GB 10088—88)

第一系列	1 8	1.25 10	1.6 12.5	2 16	2.5 20	3.15 2.5	4 31.5	5 40	6.3
第二系列	1.5 14		3	3.5	4.5	5.5	6	7	12

蜗轮蜗杆正确啮合的条件是:蜗杆的轴向模数 m_{x1} 和轴向压力角 α_{x1} 应分别等于蜗轮端面模数 m_{t2} 和端面压力角 α_{t2};蜗杆分度圆上的螺旋线升角 γ 应等于蜗轮分度圆上螺旋角 β,且两者螺旋方向相同,即:

$$m_{x1}=m_{t2}=m$$

$$\alpha_{x1}=\alpha_{t2}=\alpha \qquad (5\text{-}29)$$

$$\gamma=\beta$$

(2)蜗杆头数、蜗轮齿数、传动比

当蜗杆回转一周时,蜗轮被蜗杆推动转过 Z_1 个齿(或 Z_1/Z_2 周),因此传动比为

$$i=\frac{n_1}{n_2}=\frac{Z_2}{Z_1} \qquad (5\text{-}30)$$

式中,n_1、n_2 分别为蜗杆和蜗轮的转速(r/min)。

蜗杆头数一般取 $Z_1=1\sim4$。为了得到大的传动比,可取 $Z_1=1$,但效率较低。若要效率较高,而传动比不大,可取 $Z_1=2\sim4$。

蜗轮齿数 $Z_2=i\cdot Z_1$,通常取 $Z_2=28\sim80$。为了避免根切,考虑传动平稳性,当 $Z_1=1$ 时,$Z_{2\min}=22$;当 $Z_1>1$ 时,$Z_{2\min}\geqslant26$。齿数过多(大于 80),将使结构尺寸过大,蜗杆长度增大而使刚度降低。

(3)蜗杆的直径系数和导程角

如图 5-57 所示为蜗杆的分度圆柱展开图,由图可得

$$\tan\gamma=\frac{L}{\pi d_1}=\frac{Z_1\cdot P_{x1}}{\pi d_1}=\frac{Z_1\pi m}{\pi d_1}=\frac{Z_1 m}{d_1}$$

或　　$d_1=\frac{Z_1}{\tan\gamma}\cdot m$　　(5-31(a))

式中，L——蜗杆分度圆柱螺旋线导程；

p_{x1}——蜗杆轴向齿距，$p_{x1}=\pi m$。

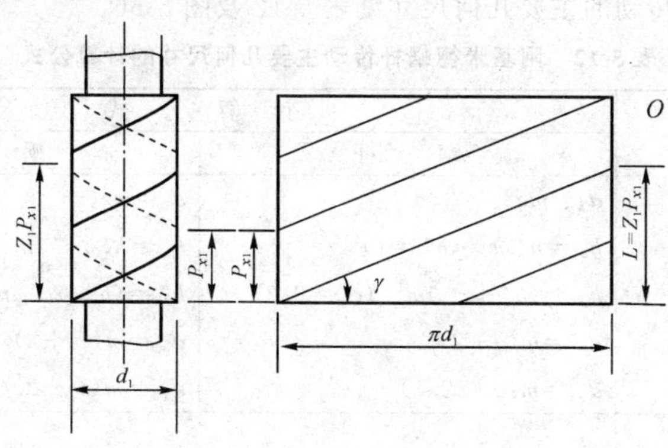

图 5-57　导程角与导程的关系

为了保证蜗杆与蜗轮正确啮合，必须采用与蜗杆尺寸和形状相同的滚刀来加工蜗轮。但由式(5-31(a))可知，蜗杆的分度圆直径 d_1 不仅取决于模数，而且随 $Z_1/\tan\gamma$ 值的不同而变化。也就是说，在同一模数下，由于 Z_1 和 γ 的不同，会有很多分度圆直径不同的蜗杆，因而需要配备很多加工蜗轮的滚刀，这是很不经济的。为了减少滚刀数目，便于刀具标准化，对每一个标准模数 m，规定了一定数量的蜗杆分度圆直径 d_1 为标准值，见表 5-11。由表可见，同一模数只有 1～2 种分度圆直径。

表 5-11　蜗杆模数 m 和分度圆直径 d_1 值(第一系列)(GB10085—88)

m	1		1.25		1.6		2		2.5		3.15	
d_1	18		20	22.4	20	28	22.4	35.5	28	45	35.5	56
m	4		5		6.3		8		10		12.5	
d_1	40	71	50	90	63	112	80	140	90	160	112	200
m	16		20		25							
d_1	140	250	160	315	200	400						

若令：

$$q=Z_1/\tan\gamma \tag{5-31(b)}$$

则分度圆直径为：

$$d_1=mq \tag{5-31(c)}$$

式中，q 称为蜗杆直径系数。q 越小(或 d_1 越小)，导程角 γ 越大，传动效率越高，但蜗杆的刚度和强度越小。所以，转速高的蜗杆可取较小的 q 值；蜗轮齿数 Z_2 较多时，可取较大的 q 值。

2. 蜗杆传动的几何尺寸计算

阿基米德蜗杆传动的主要几何尺寸见表 5-12 及图 5-56。

表 5-12 阿基米德蜗杆传动主要几何尺寸的计算公式

名称	计算公式	
	蜗杆	蜗轮
分度圆直径	$d_1=mq$	$d_2=mz_2$
齿顶高	$h_{a1}=h_a^*m \quad (h_a^*=1)$	$h_{a2}=h_a^*m \quad (h_a^*=1)$
齿根高	$h_{f1}=(h_a^*+c^*)m \quad (c^*=0.2)$	$h_{f2}^*=(h_a^*+c^*)m \quad (c^*=0.2)$
齿顶圆直径	$d_{a1}=m(q+2)$	$d_{a2}=m(z_2+2)$
齿根圆直径	$d_{f1}=m(q_1-2.4)$	$d_{f2}=m(z_2-2.4)$
蜗杆轴向齿距 蜗轮端面齿距	$p_{x1}=p_{t2}=\pi m$	
中心距	$a=\frac{1}{2}(d_1+d_2)=0.5m(q+z_2)$	
蜗轮外圆直径	$z_1=1$ 时 $d_{e2}\leqslant d_{a2}+2m$ $z_1=2\sim3$ 时 $d_{e2}\leqslant d_{a2}+1.5m$ $z_1=4$ 时 $d_{e2}\leqslant d_{a2}+m$	
蜗轮宽度	$z_1\leqslant3$ 时 $b\leqslant0.75d_{a1}$ $z_1=4$ 时 $b\leqslant0.67d_{a1}$	
包角	$\sin\theta=b/(d_{a1}-0.5m)$，常取 $\theta=90°\sim110°$	
齿根圆弧面半径	$R_1=d_{a1}/2+0.2m$	
齿顶圆弧面半径	$R_2=d_{f1}/2+0.2m$	
蜗杆螺纹部分长度	$Z_1=1\sim2$ 时，$L\geqslant(11+0.06z_2)m$；$z_1=3\sim4$ 时，$L=(12.5+0.09z_2)m$。磨削蜗杆加长量；当 $m<10$mm 时，增加 25mm；当 $m=10\sim16$mm 时，增加 35～40mm；当 $m>16$mm 时，增加 50mm	

5.9.3 蜗杆传动的失效形式和常用材料

1. 蜗杆传动的失效形式

与齿轮传动相同，蜗杆传动的失效形式也有轮齿折断和点蚀、胶合、磨损等。但在蜗杆传动中，由于蜗轮与蜗杆在接触处有很大的滑动速度，因而摩擦和发热远比齿轮传动严重，所以更容易发生齿面磨损和胶合。由于蜗杆齿是连续的螺旋，且蜗杆强度高于蜗轮，因而失效多发生在蜗轮齿上。实践证明，在闭式传动中，蜗轮的主要失效形式是胶合和点蚀；在开式传动中，主要失效形式是磨损。

2. 蜗杆、蜗轮的材料选择

由于蜗杆传动滑动速度较大，蜗杆和蜗轮的材料不仅要求具有足够的强度，更重要的是要有良好的减摩性、耐磨性和抗胶合能力。蜗杆一般采用碳素钢或合金钢制造，要求齿面光洁且具有高硬度。高速重载蜗杆常用 15Cr、20Cr、18CrMnTi 渗碳淬火，使其硬度达到 HRC56～62；或用 40、45、40Cr 淬火，使其硬度达到 HRC40～55，而后磨削。一般蜗杆可采用 40、45 钢调质处理，其硬度为 220～300HBS。

常用蜗轮材料为铸造锡青铜、铸造铝铁青铜及灰铸铁等。锡青铜耐磨性最好，但价格较高，用于滑动速度 $v_s \geqslant 3\text{m/s}$ 的重要传动；铝铁青铜的耐磨性稍差些，但价格便宜，一般用于滑动速度 $v_s \leqslant 4\text{m/s}$ 的传动；灰铸铁用于滑动速度 $v_s < 2\text{m/s}$ 的传动。

5.9.4　蜗杆传动的效率

闭式蜗杆传动功率损耗包括三部分：轮齿啮合摩擦损耗、轴承摩擦损耗和浸入油池中的零件搅油的功率损耗，因此蜗杆传动的总效率为：

$$\eta = \eta_1 \eta_2 \eta_3$$

式中，η_1、η_2、η_3 分别为单独考虑啮合损耗、轴承摩擦损耗及搅油损耗时的效率。蜗杆传动的总效率主要取决于考虑啮合损耗时的效率 η_1。而蜗杆相当于梯形螺纹螺杆，所以蜗杆传动的啮合效率可按螺旋副传动的效率公式计算，即 $\eta_1 = \dfrac{\tan\gamma}{\tan(\gamma + \varphi_v)}$。由于轴承摩擦及搅油这两项功率损耗不大，一般取 $\eta_2 \cdot \eta_3 = 0.95 \sim 0.97$，故蜗杆传动的总效率为

$$\eta = \eta_1 \eta_2 \eta_3 = (0.95 \sim 0.97)\frac{\tan\gamma}{\tan(\gamma + \varphi_v)} \tag{5-32}$$

式中，γ——蜗杆导程角；

φ_v——当量摩擦角，$\varphi_v = \arctan f_v$。

5.9.5　蜗轮回转方向的判断

蜗轮的回转方向决定于蜗杆的轮齿旋向和蜗杆转向，通常用右(左)手定则的方法来判断。具体方法是：对于右(左)旋蜗杆用右(左)手定则，用四指弯曲表示蜗杆的回转方向，大拇指伸直代表蜗杆轴线，则蜗轮啮合点的线速度方向与大拇指所指示的方向相反，根据啮合点的线速度方向即可判定蜗轮转向(图 5-58)。

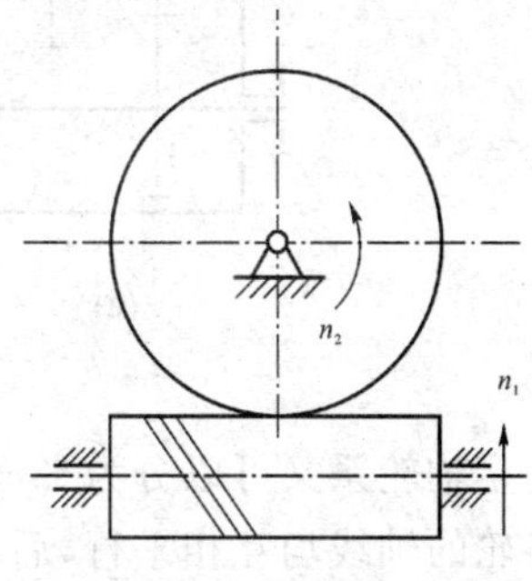

图 5-58　蜗轮转向的判断

5.10 轮 系

用一对齿轮的啮合传递运动和动力是最简单的齿轮传动，它可以达到减速、增速、改变从动轴的转向等目的。但在各种各样的机械（如汽车）中，有时需获得大的传动比，有时需将主动轴的一种转速变换为从动轴的多种转速，有时当主动轴转向不变时从动轴需得到不同的转向，有时需将主动轴的运动的动力分配到不同的传动路线上去。这些是一对齿轮传动无法满足的，而必须用一系列互相啮合的齿轮连接主动轴和从动轴。这种由多个齿轮组成的传动系统称为齿轮系。

5.10.1 轮系的类型

根据齿轮系传动时各轮几何轴线的位置相对于机架是否固定，可将其分为定轴齿轮系及行星齿轮系两种基本类型。

1. 定轴齿轮系

齿轮系在传动时，各轮的几何轴线相对于机架均固定不动，这种齿轮系称为定轴齿轮系（简称定轴轮系），如图 5-59 所示。

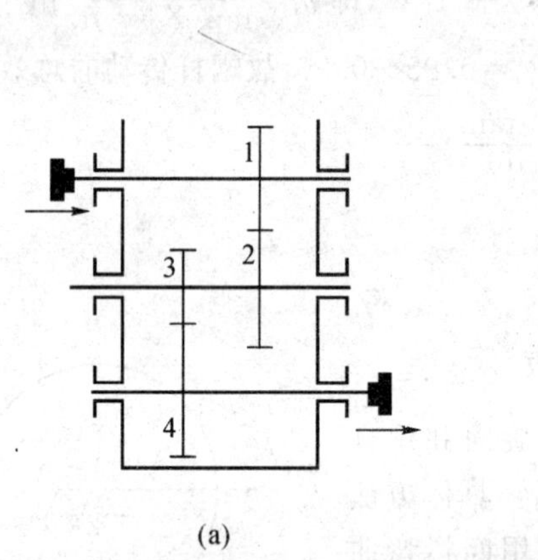

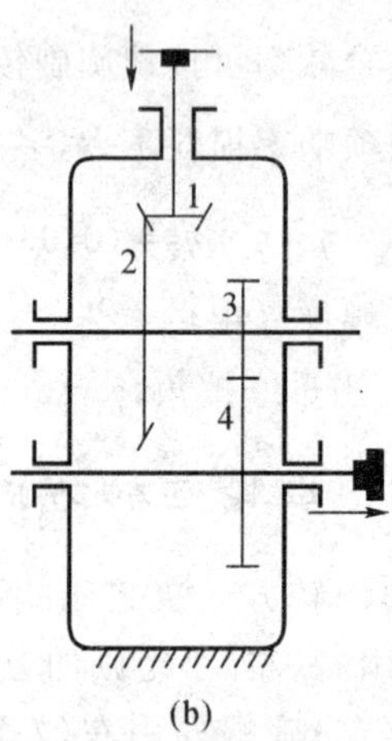

图 5-59 定轴轮系

定轴轮系又可以分为平面定轴轮系（图 5-59(a)）和空间定轴轮系（图 5-59(b)），前者各轮的轴线均互相平行，后者各轮的轴线并不全部互相平行。

2. 行星齿轮系

齿轮系在传动时，若至少有一个齿轮的几何轴线绕另一齿轮的固定几何轴线转动，这种齿轮系称为行星齿轮系（简称行星轮系）。如图 5-60 所示齿轮系中，外齿轮 1、内齿轮 3 及构件 H 可以分别绕互相重合的固定轴线 O_1、O_3 和 O_H 转动。而齿轮 2 除绕本身

的几何轴线 O_2 转动外，其轴线 O_2 还随构件 H 绕齿轮1的固定几何轴绕 O_1 转动，故这个齿轮系就是行星轮系。

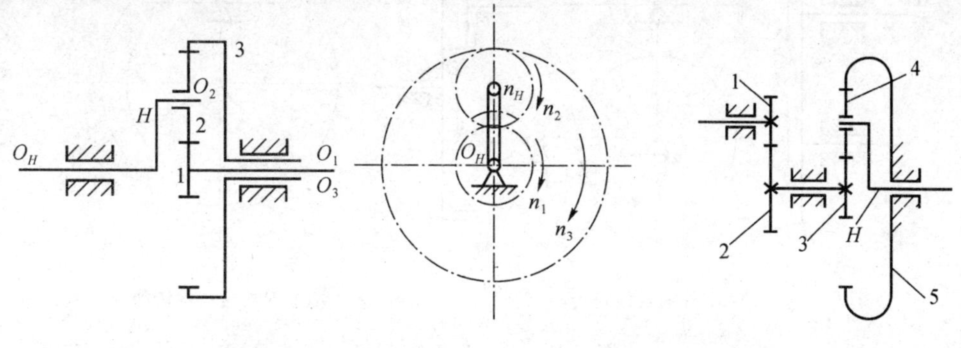

图5-60　行星轮系　　图5-61　混合轮系

3. 混合轮系

在实际机械中应用的轮系，除了单一的定轴轮系和行星轮系外，也可能是这两种基本轮系适当组合而成的混合轮系，如图5-61所示。其中，齿轮1和齿轮2组成定轴轮系部分，齿轮3、4、5和构件 H 则构成行星轮系部分，二者组成混合轮系。

5.10.2　定轴轮系的传动比计算

齿轮系中首轮和末轮的转速(或角速度 ω)之比称为齿轮系的传动比。齿轮系传动比的计算包括两方面内容：一是计算传动比的大小；二是确定从动轮的转向。

1. 平面定轴轮系传动比

首先讨论一对齿轮的传动比。如图5-62所示的一对圆柱齿轮的传动比为

$$i_{12}=\frac{n_1}{n_2}=\pm\frac{Z_2}{Z_1}$$

上式中的符号规定为：若主、从动轮的转向相反，取负号，如图5-62(a)所示；若主、从动轮转向相同，取正号，如图5-62(b)所示。

同理，对于一个齿轮系，如果首轮与末轮转向相反，轮系的传动比取负号；反之，则取正号。

下面讨论平面定轴轮系的传动比计算。如图5-63所示为圆柱齿轮组成的平面定轴轮系。设齿轮1为首轮(主动轮)，齿轮5为末轮(从动轮)。齿轮的转速与齿数分别用代号 n 和 Z 表示，则齿轮系中各对啮合齿轮的传动比分别为：

$$i_{12}=\frac{n_1}{n_2}=-\frac{Z_2}{Z_1}$$

$$i_{2'3}=\frac{n_2'}{n_3}=-\frac{Z_3}{Z_2'}$$

$$i_{34}=\frac{n_3}{n_4}=-\frac{Z_4}{Z_3}$$

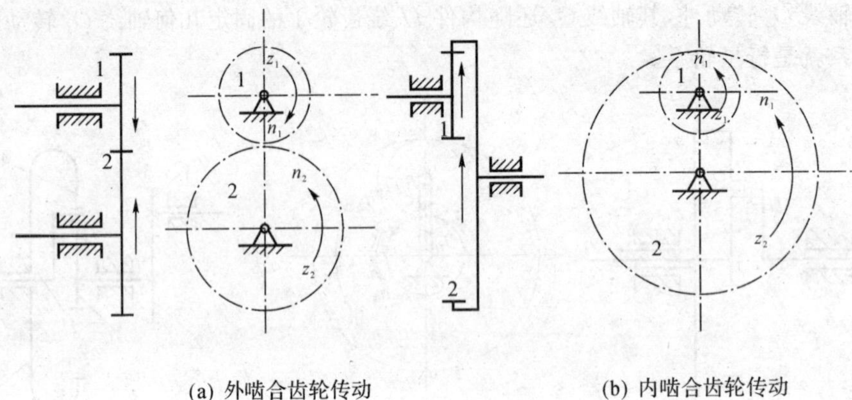

(a) 外啮合齿轮传动　　(b) 内啮合齿轮传动

图 5-62　一对齿轮的传动

$$i_{4'5}=\frac{n_4{}'}{n_5}=\frac{Z_5}{Z_4{}'}$$

将上列四式等号两边连乘得：

$$i_{12}\cdot i_{2'3}\cdot i_{34}\cdot i_{4'5}=\frac{n_1}{n_2}\cdot\frac{n_{2'}}{n_3}\cdot\frac{n_3}{n_4}\cdot\frac{n_{4'}}{n_5}=\left(-\frac{Z_2}{Z_1}\right)\left(-\frac{Z_3}{Z_{2'}}\right)\left(-\frac{Z_4}{Z_3}\right)\left(\frac{Z_5}{Z_{4'}}\right)$$

因轮 2 与 2′、4 与 4′同轴，所以 $n_2=n_{2'}$、$n_4=n_{4'}$，于是得：

$$i_{15}=\frac{n_1}{n_5}=i_{12}\cdot i_{2'3}\cdot i_{34}\cdot i_{4'5}=(-1)^3\ \frac{Z_2Z_4Z_5}{Z_1Z_{2'}Z_{4'}}$$

该式表明，定轴轮系的传动比等于组成该轮系的各对啮合齿轮传动比的连乘积，亦即等于各对啮合齿轮中所有从动轮齿数的连乘积与所有主动轮齿数连乘积之比。

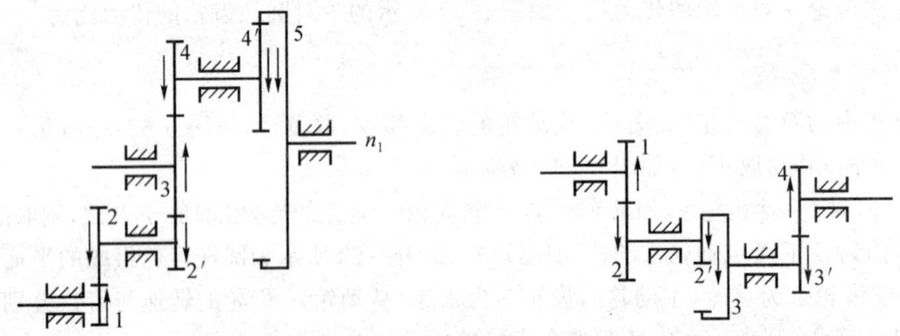

图 5-63　定轴轮系传动比分析　　图 5-64　定轴轮系传动比计算

定轴轮系传动比的正负号取决于外啮合齿轮的对数。上式中的传动比 i_{15}的符号为负号，说明末轮 5 的转向与首轮相反。此外，齿轮系中首末两轮的转向关系也可以在图上用箭头的方法确定，如图 5-63 中的箭头所示。

从以上的分析中，我们还可以看到，齿轮系中的齿轮 3 同时与齿轮 2′及 4 相啮合。

对于齿轮 2′，它是从动轮；但对于齿轮 4 来说，它却是主动轮，故在传动比的计算中，其齿数同时出现在计算式的分子和分母中，最终被约去，因而对传动比的大小没有影响。但齿轮 3 参加啮合，就会影响到外啮合齿轮的对数，最终影响齿轮 5 的转向，这种齿轮称为惰轮。

将上式定轴轮系传动比计算式推广到一般情况。设轮 1 为首轮，轮 k 为末轮，为齿轮系中外啮合齿轮的对数，可得平面定轴轮系传动比计算的普遍公式为：

$$i_{1k}=(-1)^m\frac{\text{齿轮系中轮 1 至轮 }k\text{ 之间所有从动轮齿数的连乘积}}{\text{齿轮系中轮 1 至轮 }k\text{ 之间所有主动轮齿数的连乘积}} \tag{5-33}$$

【例题 5-1】　如图 5-64 所示的齿轮系中，已知齿轮 1 为主动轮，其转速 $n_1=1600\text{r/min}$，各轮的齿数分别为 $Z_1=20$、$Z_2=26$、$Z_{2'}=16$、$Z_3=38$、$Z_{3'}=18$、$Z_4=24$。求齿轮 4 的转速大小及转向。

解　由于该齿轮系所有齿轮的几何轴线均互相平行，所以为平面定轴轮系，可按式(5-32)进行计算。图中外啮合齿轮的对数 $m=2$，设齿轮 4 的转速为 n_4，则：

$$i_{14}=\frac{n_1}{n_4}=(-1)^m\frac{Z_2Z_3Z_4}{Z_1Z_{2'}Z_{3'}}=(-1)^2\frac{26\times38\times24}{20\times16\times18}=\frac{13\times19}{60}$$

所以，$n_4=n_1\times\frac{1}{i_{14}}=1600\times\frac{60}{13\times19}=389(\text{r/min})$

因为传动比为正号，所以齿轮 4 的转向与齿轮 1 相同，这从图中所画的箭头也可以看出。

2. 空间定轴轮系传动比

如图 5-65 所示为圆锥齿轮传动及蜗杆传动的空间定轴轮系，其传动比的大小仍可用式(5-32)来计算，但首、末轮的转向关系不能用 $(-1)^m$ 确定。当空间定轴轮系中首轮与末轮的轴线互相平行时，轮系传动比的正负号可用画箭头的方法确定。当空间定轴轮系中首轮与末轮的轴线不平行时，轮系传动比的正负号已没有意义，故在计算公式中不再标正、负号，只需在图上用箭头标出各轮转向即可。

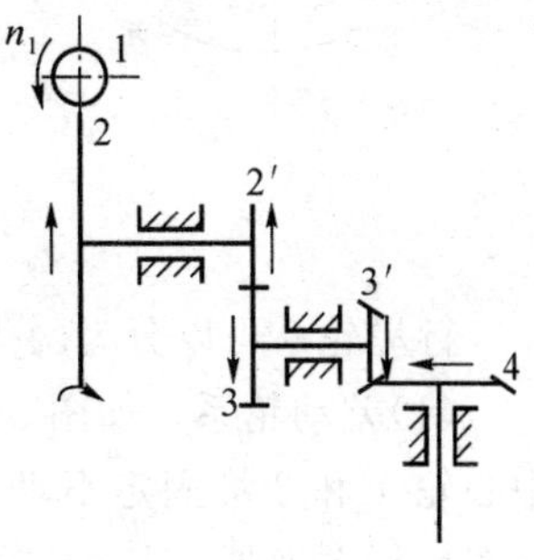

图 5-65　空间定轴轮系

【例题 5-2】　如图 5-65 所示轮系中，已知双头主动蜗杆(右旋)1 的转动方向，其转速 $n_1=60\text{r/min}$。蜗轮 2 及各齿轮的齿数分别为：$Z_2=60$、$Z_{2'}=20$、$Z_3=40$、$Z_{3'}=25$、$Z_4=50$。求齿轮 4 的转速大小及方向。

解　该齿轮系为空间定轴轮系，且首轮与末轮的轴线不平行，故用式(5-32)计算传动比时，式中的 $(-1)^m$ 已无意义，则有：

$$i_{14}=\frac{n_1}{n_4}=\frac{Z_2Z_3Z_4}{Z_1Z_{2'}Z_{3'}}=\frac{60\times40\times50}{2\times20\times25}=120$$

所以　$$n_4=n_1\frac{1}{i_{14}}=60\times\frac{1}{120}=\frac{1}{2}(\text{r/min})$$

齿轮 4 的转向如图 5-65 所示，用画前头的方法确定。

5.10.3 行星轮系的传动比计算

1. 行星轮系的组成

如图 5-66(a))所示为一常见的行星轮系，如上所述，齿轮 1、3 及构件 H 分别绕相互重合的固定轴线 O_1、O_3 和 O_H 转动，齿轮 2 则活套在构件 H 的小轴上，与齿轮 1 及齿轮 3 同时啮合。当齿轮系转动时，齿轮 2 一方面绕自己的轴线转动，另一方面又随构件 H 一起绕轴线 O_H 转动。可见，齿轮 2 的运动和太阳系中的行星一样，既自转又公转。故称其为行星轮，支承行星轮 2 的构件 H 则称为行星架(系杆)。与行星轮 2 啮合并绕固定轴线转动的齿轮 1 及齿轮 3 称为中心轮(或称太阳轮)。行星轮系由中心轮、行星轮、行星架及机架等组成。对于一个单一的行星轮系而言，其中心轮的数目不超过两个，行星轮的数目可以是一个或若干个，而行星架通常只是一个。

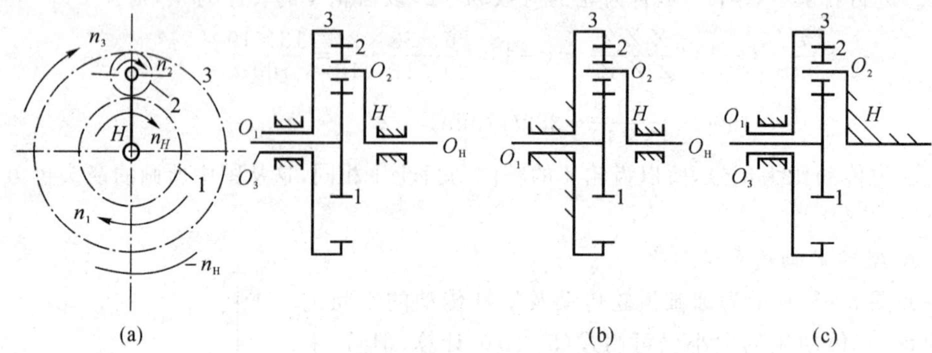

图 5-66 行星轮系传动比分析

行星轮系可以分为两类：

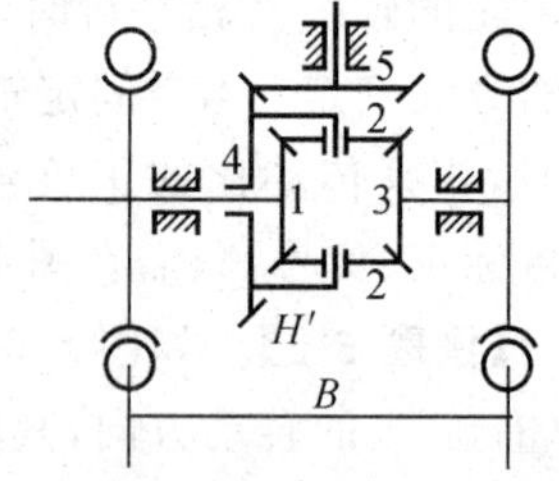

图 5-67 汽车后桥差速器

(1)差动轮系。如图 5-66(a)所示的行星轮系中，两个中心轮 1 和 3 均固定不动，这种行星轮系称为差动轮系。汽车后桥差速器(图 5-67)就采用了差动轮系，其中齿轮 1 和齿轮 3 是中心轮，它们都不固定，齿轮 2 为行星轮，装在行星架 H 上。

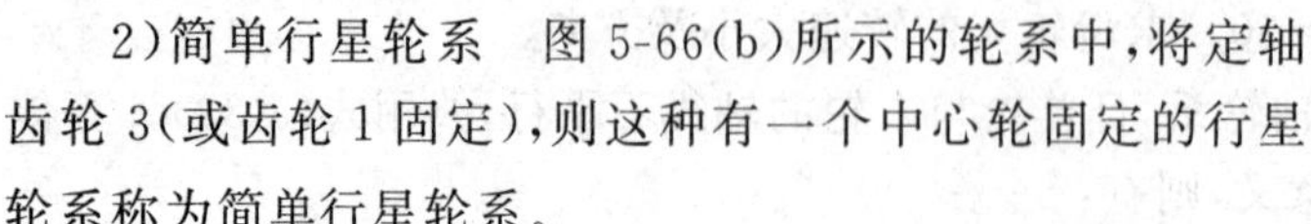

2)简单行星轮系　图 5-66(b)所示的轮系中，将定轴齿轮 3(或齿轮 1 固定)，则这种有一个中心轮固定的行星轮系称为简单行星轮系。

显然，若将构件 H 固定(图 5-66(c))，该行星轮系则变成定轴轮系。

2. 行星轮系的传动比

行星轮系在传动时，由于行星轮的运动不是简单地绕固定轴线的运动，所以其各构件间传动比的大小及转向关系不能直接应用定轴轮系的方法求解，而要用另外的方法。这里介绍一种简便而常用的方法：转化机构法。

在图 5-66(a)所示的行星轮系中，设各构件的转速及转向如图所示。由理论力学的相对运动原理可知，若假想地给整个行星轮系加上一个公共转速"$-n_H$"，使它绕行星架的轴线 O_H 回转，此时，各构件之间的相对运动关系仍保持不变，但行星架的绝对速度为 $n_H+(-n_H)=0$，即行星架成为"静止不动"的构件，行星齿轮就变成定轴齿轮。就是说，行星轮系转化成为定轴轮系了。这种经过一定条件转化所得的假想定轴轮系称为原行星轮系的转化轮系。上述方法称为转化机构法。

行星轮系成为转化轮系后，设其各构件的转速分别为 n_1^H、n_2^H、n_3^H 和 n_H^H，即各构件相对于行星架 H 的转速。现将行星轮系转化前后各构件转速变化情况列于表 5-13 中：

表 5-13　行星轮系转化前后各构件的转速

构件代号	行星轮系中各构件的转速	转化轮系中各构件的转速
1	n_1	$n_1^H=n_1-n_H$
2	n_2	$n_2^H=n_2-n_H$
3	n_3	$n_3^H=n_3-n_H$
H	n_H	$n_H^H=n_H-n_H=0$

行星轮系经转化后，则可以应用定轴轮系传动比的计算方法来求转化轮系中齿轮 1 相对于齿轮 3 的传动比 i_{13}^H。因此可得：

$$i_{13}^H=\frac{n_1^H}{n_3^H}=\frac{n_1-n_H}{n_3-n_H}=(-1)^1\frac{Z_2\cdot Z_3}{Z_1\cdot Z_2}=-\frac{Z_3}{Z_1}$$

即
$$\frac{n_1-n_H}{n_3-n_H}=-\frac{Z_3}{Z_1}$$

上式中，齿数比前面的"—"号表示在转化轮系中齿轮 1 与齿轮 3 的转向相反。i_{13}^H表示在转化轮系中齿轮 1 相对于齿轮 3 的传动比，其大小和方向完全按定轴轮系传动比的计算方法确定。

若设 G、K 为行星轮系中任意两个齿轮，同理可得行星轮系中任意两轮的转速 n_G、n_K 与行星架转速 n_H 之间的关系式为：

$$i_{GK}^H=\frac{n_G-n_H}{n_K-n_H}=(-1)^m\frac{\text{齿轮 }G\text{、}K\text{ 之间所有从动轮齿数的连乘积}}{\text{齿轮 }G\text{、}K\text{ 之间所有主动轮齿数的连乘积}} \tag{5-34}$$

式中，m——转化轮系中齿轮 G、K 之间外啮合的次数。

由上式可知，当各轮的齿数为已知时，若给定转速 n_G、n_K、n_H 中任意两个转速，则另一转速可求。但应注意，将已知两转速代入公式计算时，必须带符号一起代入，如两者转向相反，则其中一个用正号，另一个用负号。汽车后桥的差动轮系即属于这种情况。

在简单行星轮系中，由于有一个中心轮是固定的，其转速为零(设 $n_K=0$)，故只要知道转速 n_G 和 n_H 中任意一个，另一转速则可确定。

在应用式(5-33)时还应注意以下几点：

(1)$i_{GK}^{H} \neq i_{GK}$，前者是转化轮系中 G、K 两轮的传动比 n_G^H/n_K^H。而后者是原行星轮系中 G、K 两轮的传动比 n_G/n_K；

(2)齿轮 G、K 和行星架的轴线必须互相平行或重合；

(3)公式(5-33)也适用于含有圆锥齿轮、蜗杆蜗轮等空间齿轮的行星轮系，不过 G、K 两轮和行星架 H 三者的轴线应互相平行，并且转化轮系传动比 i_{GK}^{H} 的符号只能用画箭头的方法来确定。

【例题 5-3】 如图 5-68 所示的轮系中，$Z_1=120$、$Z_2=45$、$Z_{2'}=27$、$Z_3=48$。设输入转速 $n_1=400\text{r/min}$(顺时针转)、$n_3=200\text{r/min}$(逆时针转)。求行星架 H 的转速 n_H 的大小和转向。

解 该轮系为差动轮系，其中的所有齿轮及行星架 H 的轴线均互相平行或重合。将齿轮 1 看作主动轮，齿轮 3 看作从动轮，并设顺时针转为正，由式(5-33)得：

$$i_{13}^{H}=\frac{n_1-n_H}{n_3-n_H}=(-1)^1\frac{Z_2\cdot Z_3}{Z_1\cdot Z_{2'}}$$

$$\frac{400-n_H}{(-200)-n_H}=-\frac{45\times 48}{120\times 27}$$

$$3\times(400-n_H)=-2\times(-200-n_H)$$

$$n_H=160(\text{r/min})$$

所得结果为正，说明行星架 H 的转向与 n_1 相同。

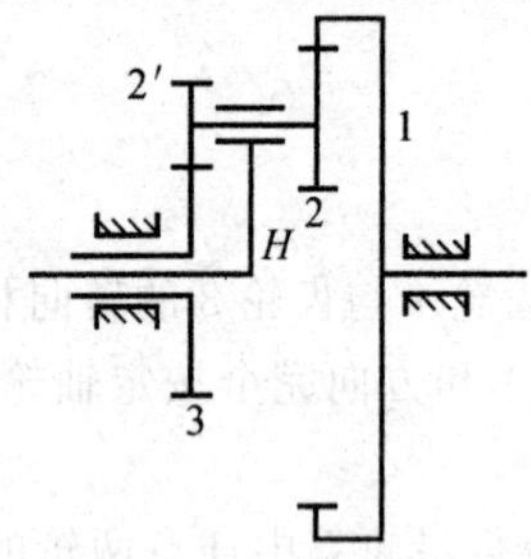

图 5-68 差动轮系

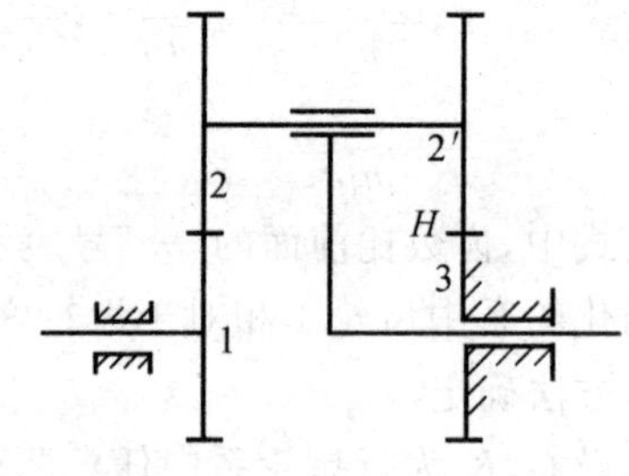

图 5-69 大传动比的行星轮系

【例题 5-4】 如图 5-69 所示为一大传动比的行星轮系，设行星架 H 为主动件，齿轮 1 为从动件。已知 $n_3=0$，各轮齿数分别为：$Z_1=100$、$Z_2=101$、$Z_{2'}=100$、$Z_3=99$，求传动比 i_{H1}。

解 运用式(5-33)得：

$$\frac{n_1-n_H}{n_3-n_H}=(-1)^2\frac{Z_2Z_3}{Z_1Z_{2'}}$$

即

$$\frac{n_1-n_H}{0-n_H}=\frac{101\times 99}{100\times 100}$$

$$i_{H1}=\frac{n_H}{n_1}=10000$$

说明行星架 H 的转速是齿轮 1 的 10000 倍。

【例题 5-5】　如图 5-70 所示为圆锥齿轮组成的差动轮系，已知 $Z_1=Z_2=Z_3$，求齿轮 1、3 和行星架 H 三者转速间的关系。

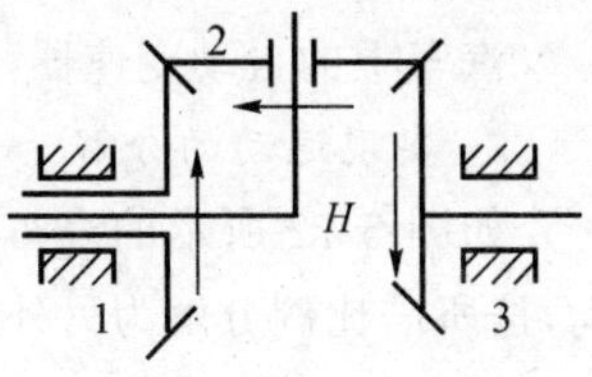

图 5-70　差动轮系

解　该轮系虽由圆锥齿轮组成，但因齿轮 1、3 和行星架 H 三者的轴线互相重合，故可运用式(5-33)进行计算，但式中齿数比的正负号不能用$(-1)^m$ 决定，而应在转化轮系上通过画箭头确定(如图箭头所示)，故 Z_1 轮与 Z_3 转向相反，齿数比取“—”号。有：

$$\frac{n_1-n_H}{n_3-n_H}=-\frac{Z_2\times Z_3}{Z_1\times Z_2}=-\frac{Z_3}{Z_1}=-1$$

得：

$$2n_H=n_1+n_3$$

可见，差动轮系能进行运动的合成和分解，因而，广泛应用于汽车、机床及计算机构中。

5.10.4　轮系在汽车中的应用

1. 实现变速传动

在主动轴转速不变的情况下，利用轮系可以使从动轴得到若干种不同的转速。如图 5-71 所示为变速箱的传动简图。轴 Ⅰ 为输入轴，Ⅲ 为输出轴，4、6 均为滑移齿轮，该变速箱可以使 Ⅲ 轴获得四种不同的转速：

(1) 齿轮 3 和 4 啮合，齿轮 5、6 和离合器 A、B 均脱离；

(2) 齿轮 5 和 6 啮合，齿轮 3、4 和离合器 A、B 均脱离；

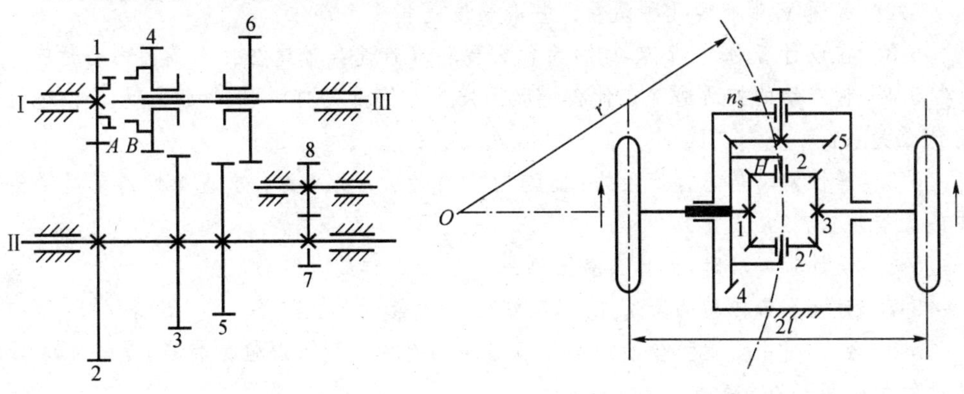

图 5-71　变速箱　　图 5-72　汽车后桥上的差速器

(3) 离合器 A、B 嵌合，齿轮 3、4 和 5、6 均脱离；

(4) 齿轮 6 和 8 啮合，齿轮 3、4、5、6 及离合器 A、B 均脱离，由于惰轮 8 的作用而改变了输出轴Ⅲ的方向。

汽车上的自动变速器，是利用行星轮系实现变速传动。

2. 实现运动的分解

如图 5-72 所示的汽车后桥差速器，是一个差动轮系，可将一个原动基本构件的转动，按所需比例分解为另外两个从动基本构件的不同转动。当汽车转弯时，它能将发动机传到齿轮 5 的运动以不同转速分别传给左、右车轮。

当汽车沿直线行驶时，左、右两轮所滚过的距离相等，所以转速也相同。这时齿轮 1、2、3 和 4 如同一个固联的整体一起转动。当汽车在左转弯时，为保证左、右车轮与地面间仍为纯滚动，以减少轮胎的磨损，就要求右轮的转速比左轮的转速高。这时齿轮 1 和齿轮 3 之间发生相对转动，齿轮 2 和 2′除随齿轮 4(转臂 H)公转外，还绕自己的轴线自转。由齿轮 1、2(2′)、3 和 4 组成的差动轮系，借助于车轮与地面间的摩擦力，将轮 4 的转动根据弯道的半径大小，按需要分解为轮 1 和轮 3 的转动，这时

$$\frac{n_1}{n_2}=\frac{r-l}{r+l}$$

又因为这个差动轮系与图 5-70 所示的机构完全相同，故有

$$2n_4=n_1+n_3$$

二式联立，则可解出两轮转速 n_1 和 n_3。

复习思考题与习题

5-1　常用的带传动有哪几种类型？为什么在相同的条件下，常用 V 带传动？

5-2　普通 V 带有哪几种型号？基准长度是指哪个部位？

5-3　在设计普通 V 带传动时，为什么要验算带速？带速在什么范围内合适？

5-4　带传动的打滑通常在什么情况下发生？刚开始打滑时，紧边拉力与松边拉力有什么关系？

5-5　弹性滑动是怎样产生的？它与打滑有什么区别？为什么说弹性滑动是带传动中的固有现象？

5-6　设计带传动时，为什么要限制最小中心距和最大传动比？

5-7　为什么带传动的紧边在下，而链传动的紧边在上？

5-8　什么叫中心距可分性？渐开线齿轮具有中心距可分性的特点，是否意味着其传动的中心距可以任意地变动？

5-9　何谓“节圆”？何谓“啮合”角？节圆压力角总等于啮合角吗？

5-10　什么叫重合度？齿轮连续传动的条件是什么？

5-11　何谓“标准齿轮”？何谓“变位齿轮”？变位齿轮的主要特点是什么？

5-12　斜齿圆柱齿轮的端面模数和法向模数有何关系？其中哪个模数为标准值？

5-13　何谓斜齿圆柱齿轮的端面和法面？哪个面上的参数符合标准值？其几何尺寸在哪个面上计算？

5-14　齿轮轮齿有哪几种主要失效形式？失效的主要原因是什么？

5-15　怎样选择齿轮的材料和热处理？在软齿面齿轮传动中，为什么小齿轮的齿面硬度要比大齿轮的齿面硬度更高些？硬度差取多少为宜？

5-16　如何区分软齿面齿轮和硬齿面齿轮？闭式软齿面齿轮传动和闭式硬齿面齿轮传动的设计准则有什么不同？

5-17　已知一正常齿制的渐开线标准直齿圆柱齿轮的模数 $m=2.5\text{mm}$，齿数 $Z=30$，压力角 $\alpha=20°$，求该齿轮的主要几何尺寸。

5-18　某机器中的一对正常齿制的渐开线标准直齿圆柱齿轮传动（外啮合），已知其中心距为 $a=96\text{mm}$，其中小齿轮的齿数 $Z_1=32$，齿顶圆直径 $d_{a1}=68\text{mm}$，大齿轮已丢失，求大齿轮的模数及齿数。

5-19　标准直齿圆柱齿轮、斜齿圆柱齿轮、直齿圆锥齿轮的正确啮合条件是什么？

5-20　与齿轮传动比较，说明蜗杆传动的特点及应用范围。

5-21　怎样判定蜗轮的回转方向？试判定题 5-21 图中各蜗杆传动中蜗杆蜗轮的回转方向或螺旋方向：

(a) 判定蜗杆的旋向；(b) 判定 n_2 的方向；(c) 判定 n_1 的方向；(d) 判定 n_2 的方向。

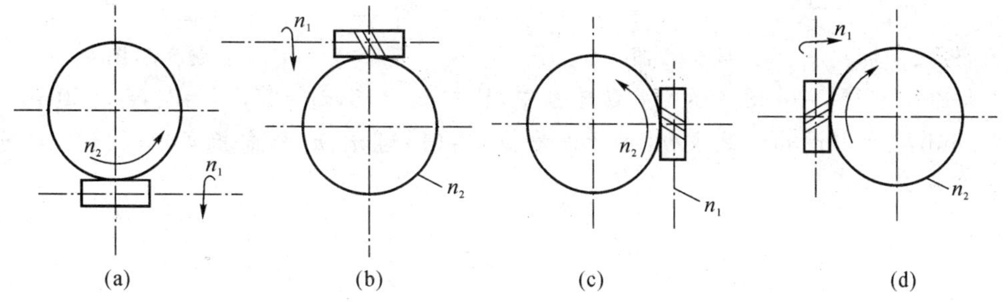

题 5-21 图

5-22　定轴轮系和行星轮系的主要区别是什么？

5-23　在题 5-23 图所示轮系中，已知各轮的齿数为：$z_1=z_2=z_{3'}=z_4=20$，$z_3=z_5=60$；齿轮 1 的转速 $n_1=1440\text{r/min}$，回转方向如图中箭头所示。试求轮 5 的转速 n_5 的大小和方向。

5-24　在题 5-24 图所示轮系中，已知 $z_1=z_7=20$，$(z_2=z_3=30)$，$z_4=16$，$z_5=2$，$(z_6$

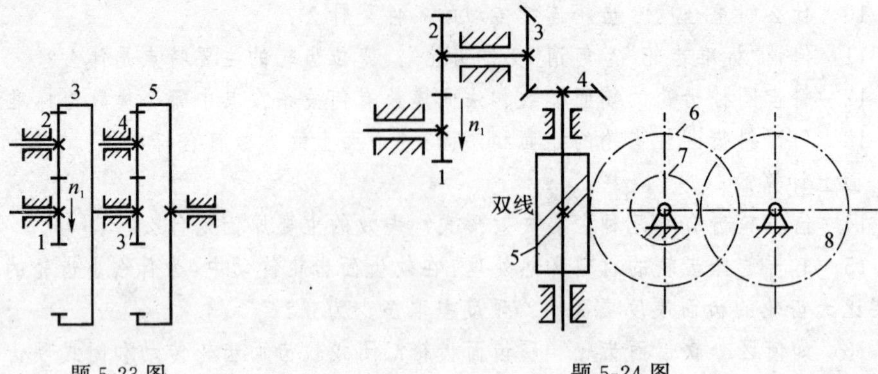

题 5-23 图　　题 5-24 图

$=z_8=60$)，$n_1=1440\text{r/min}$，方向如图，求 n_8 的大小及方向。

5-25　在题 5-25 图所示的周转轮系中，已知 $z_1=z_2=16$，$z_3=48$，$n_1=n_3=60\text{r/min}$ 且方向相反，求 n_H 及 i_{1H} 的值。

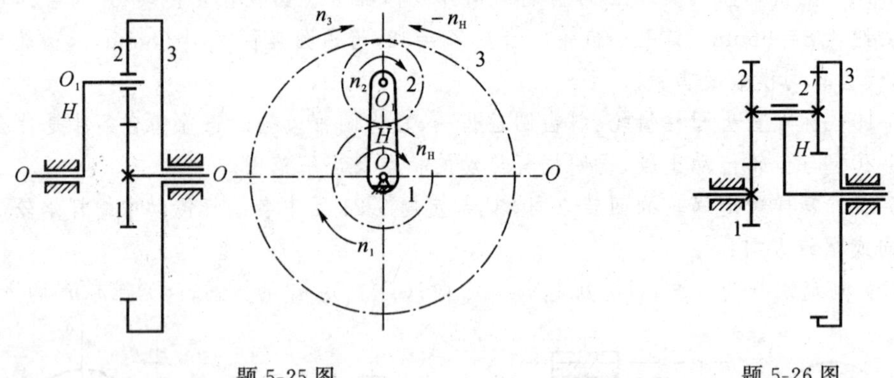

题 5-25 图　　题 5-26 图

5-26　在题 5-26 图所示的差动轮系中，已知 $z_1=15$，$z_2=25$，$z_{2'}=20$，$z_3=60$，$n_1=200\text{r/min}$，$n_3=50\text{r/min}$，试求 n_H 的大小和方向：(1)当 n_1、n_3 转向相同时，(2)当 n_1、n_3 转向相反时。

第 6 章

轴系零部件

6.1 轴

6.1.1 轴的分类及材料

1. 轴的分类

根据轴的功用和承载情况，可将其分为：

(1)传动轴

只传递转矩而不承受或承受很小的弯矩的轴，如汽车中连接变速箱与后桥之间的轴(图 6-1)。

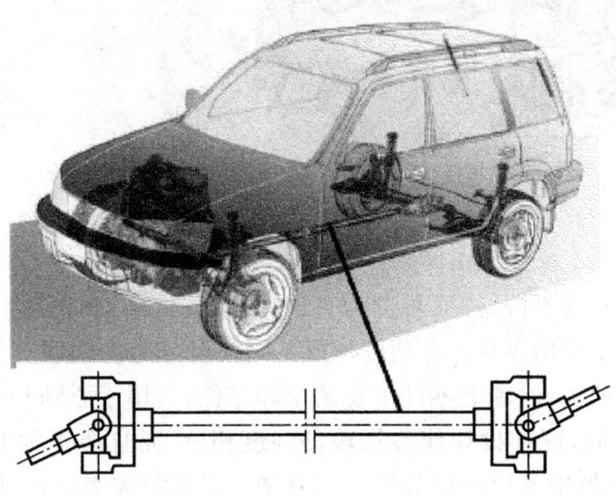

图 6-1 传动轴

(2)转轴

工作时既承受弯矩又承受转矩的轴，如减速器中的轴(图 6-2)。机器中大多数轴都属于转轴。

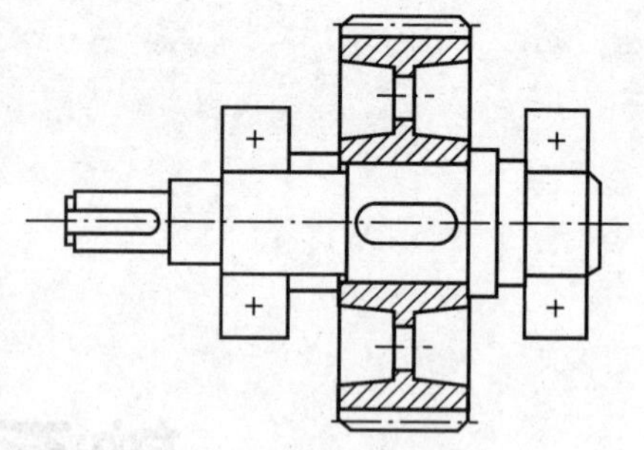

图 6-2 减速器中的轴

(3)心轴

工作时仅承受弯矩而不传递转矩的轴，按其是否转动又分为转动心轴和固定心轴。如图 6-3 所示自行车前轮车轴即为固定心轴；如图 6-4 所示火车轮轴即为转动心轴。

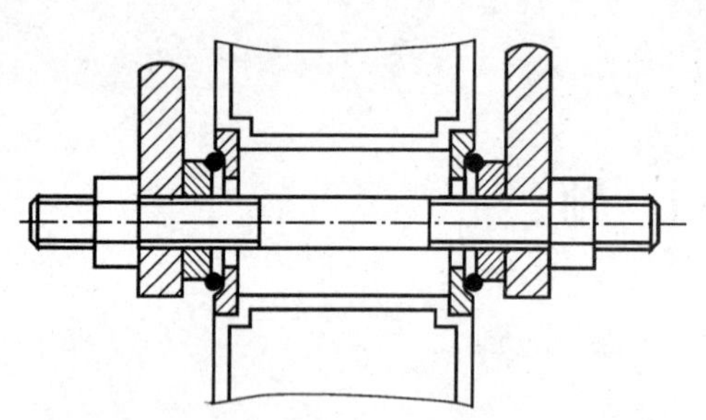

图 6-3 自行车的前轮轴

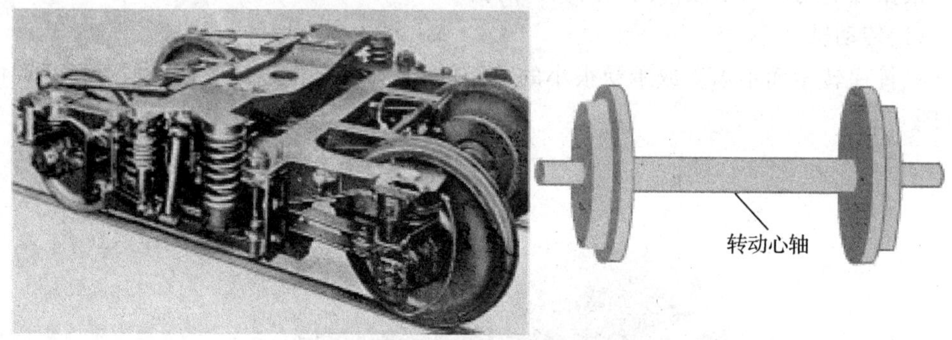

图 6-4 火车机车的轮轴

根据轴线的形状的不同，轴又可分为直轴、曲轴(图 6-5)和挠性钢丝轴(图 6-6)。曲轴和挠性钢丝轴属于专用零件。直轴按外形不同又可分为光轴和阶梯轴。光轴形状简单，应力集中少，易加工，但轴上零件不易装配和定位，常用于心轴和传动轴。阶梯轴各轴段截面的直径不同，这种设计使各轴段的强度相近，而且便于轴上零件的装拆和固定，因此阶梯轴在机器中的应用最为广泛。直轴一般都制成实心轴，但为了减少重量或为了满足有些机器结构上的需要，也可以采用空心轴。

图 6-5　曲轴

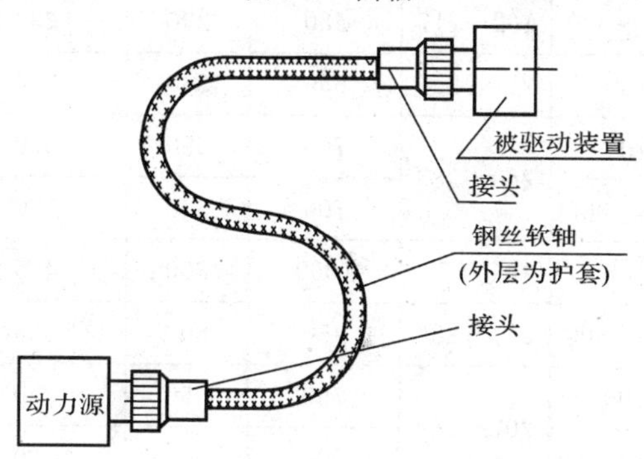

图 6-6　挠性钢丝轴

2. 轴的材料

转轴工作时的应力大多为重复的应力，故轴的主要失效形式是疲劳破坏，因此，对轴的材料的要求是：

(1) 具有足够的疲劳强度；

(2) 对应力集中的敏感性小；

(3) 与滑动零件接触的表面有足够的耐磨性；

(4) 易于加工和热处理。

轴的材料主要是碳素结构钢和合金结构钢，钢轴的毛坯多数用轧制圆钢和锻件。碳钢比合金钢价廉，对应力集中的敏感性较低，同时也可以用热处理(正火或调质等)的办法提高其耐磨性和抗疲劳强度，故轴采用碳钢制造最广泛，常用的碳素钢有 35、40、45 钢，其中最常用的是 45 钢。不重要或低速轻载的轴以及一般传动的轴也可以使用 Q235、Q275 等普通碳钢制造。合金钢比碳钢具有更高的力学性能和更好的淬火性能，但对应力集中比较敏感，且价格较贵，因此，在传递大动力，并要求减小尺寸与质量，提高轴的耐磨性以及处于高温条件下工作的轴，常采用合金钢。

轴的毛坯一般采用热轧圆钢或锻件。对于复杂形状的轴也可以采用高强度铸铁和球墨铸铁，而且价廉、吸振性和耐磨性好，对应力集中的敏感性较低。

轴的常用材料及其主要力学性能见表 6-1

表 6-1　轴的常用材料及其力学性能

材料牌号	热处理	毛坯直径/mm	硬度/HBS	抗拉强度 σ_b/MPa	屈服点 σ_s/MPa	弯曲疲劳极限 σ_{-1}/MPa	应用说明
35	正火	⩽100	149～187	520	270	210	用于一般轴
		＞100～300	143～187	500	260	205	
45	正火	⩽100	170～217	600	300	240	用于较重要的轴，应用广泛
		＞100～300	162～217	580	290	235	
	调质	⩽100	217～255	650	360	270	
40Cr	调质	⩽100	240～286	750	550	350	用于载荷较大而无很大冲击的轴
		＞100～300		700	500	320	
40MnB	调质	⩽100	⩽207	1000	800	485	性能接近 40Cr，用于重要轴
		＞100～300	241～286	750	500	335	
35CrMo	调质	⩽100	207～269	750	550	350	用于重载荷的轴
		＞100～300		700	500	320	
20Cr	渗碳淬火回火	15	表面/HRC 56～62	850	550	375	用于要求强度及韧性均较高的轴
		30		650	400	280	
		⩽60		650	400	280	

6.1.2　轴的结构设计

轴的结构设计包括定出轴的合理外形和全部结构尺寸。

轴的结构主要取决于以下因素：

(1) 轴在机器中的安装位置及形式；

(2) 轴上安装零件的类型、尺寸、数量以及和轴连接的方法；

(3) 载荷的性质、大小、方向及分布情况；

(4) 轴的加工工艺等。

由于影响轴的结构的因素较多，且其结构形式又要随着具体情况的不同而异，所以轴没有标准的结构形式。设计时，必须针对不同情况进行具体的分析。但是，不论何种具体条件，轴的结构都应满足：

(1) 轴和装在轴上的零件要有准确的工作位置；

(2) 轴上零件应便于装拆和调整；

(3) 轴应具有良好的制造工艺性；

(4) 尽量减少应力集中等。

如图 6-7 所示的减速器轴，为典型的阶梯轴结构，轴上安装旋转零件的轴段称为轴头，安装轴承的轴段称为轴颈，截面变化的部位称为轴肩或轴环。

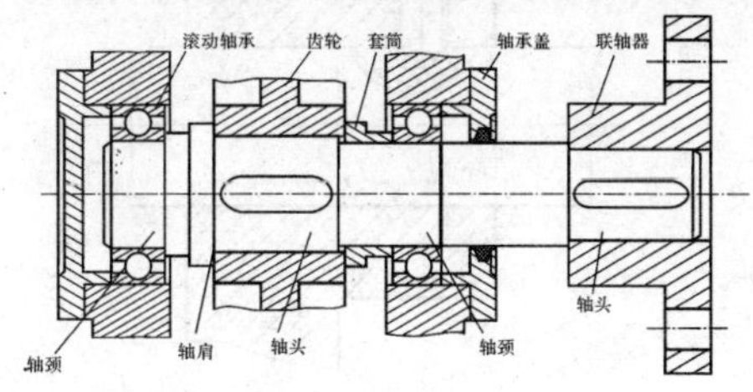

图 6-7 减速器轴

1. 轴和轴上零件的定位与固定

在图 6-7 中，联轴器、齿轮和左端的轴承都是依靠轴肩或轴环做轴向定位的。右端轴承是依靠套筒定位的。轴承盖将轴在箱体上定位。

为使轴上零件的轮毂端面和轴肩贴紧，轴肩和轴环的圆角半径 r 必须小于零件轮毂孔端的圆角半径 R 或倒角 C(图 6-8)，其大小要符合标准，否则无法贴紧。轴肩和轴环的高度 h 必须大于 R 或 C，通常取 $h=[(0.07d+5)\sim(0.1\,d+5)]$mm。轴环的宽度 $b\geqslant 1.4h$。安装滚动轴承处的定位轴肩或轴环的高度必须低于轴承内圈端面高度。

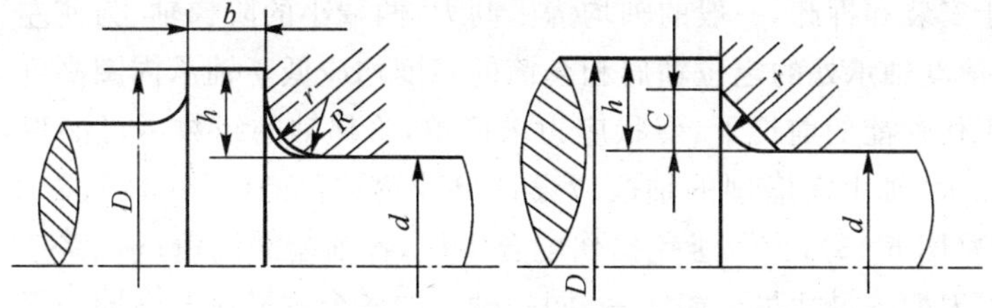

图 6-8 轴肩和轴环的定位

为了防止零件的轴向移动并承受轴向力，必须对轴上零件进行固定。一般采用轴肩、轴环、螺母、套筒及轴端挡圈等轴向定位和固定。其中采用轴肩或轴环做轴固定，结构简单，能承受较大的轴向力；当两零件间距不大时，采用套筒做轴向固定，但不宜于高转速轴；当不宜采用套筒做轴向固定时，可用圆螺母做轴向固定(图 6-9)；对于外伸轴端上的零件固定，则可以采用轴端紧固螺钉(图 6-10)或销(图 6-11)使零件轴向固定。

另外，为使定位面可靠地接触，轴头长度应略小于零件的轮毂长度。

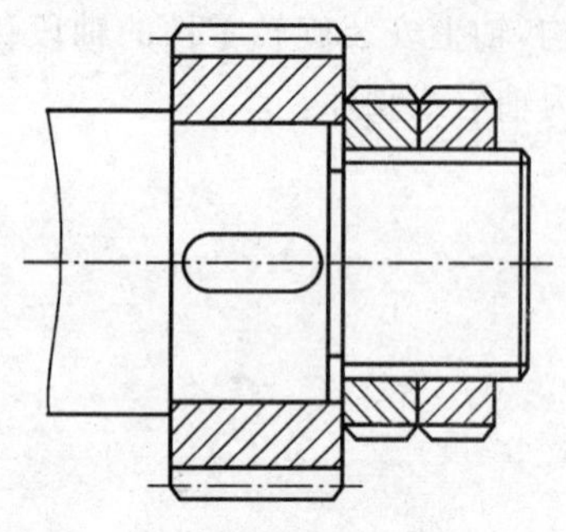
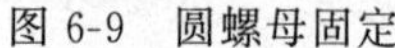

图 6-9　圆螺母固定

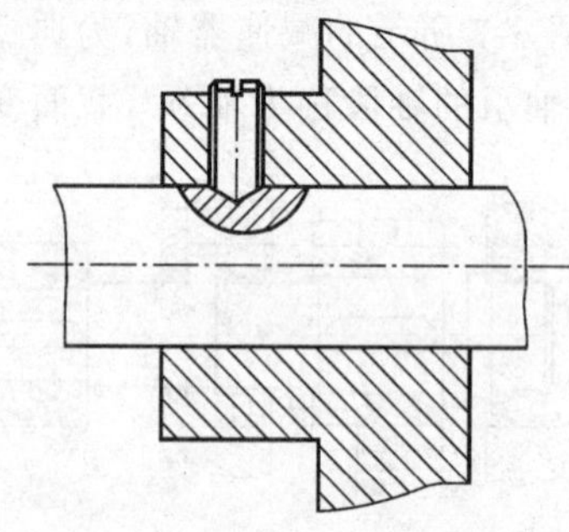

图 6-10　紧固螺钉固定

为了满足机器传递运动和转矩的要求，轴上零件除了需要轴向定位外，还必须有可靠的周向定位。常用的周向定位及固定方法有键、花键、成型连接、弹性环连接、销、过盈配合(图 6-11)及紧固螺钉(图 6-10)等。在图 6-7 中，齿轮与轴之间的周向固定采用了平键连接。

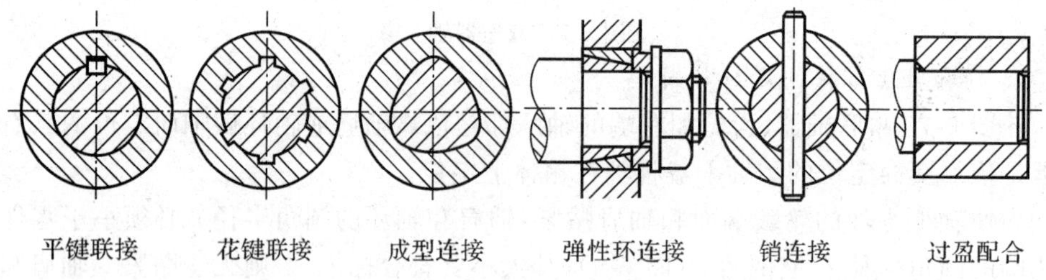

图 6-11　轴向零件的周向定位

2. 轴的结构工艺性

为了便于安装和拆卸，一般的轴均为中间大、两端小的阶梯轴。为使左、右端轴承易于拆卸，安装滚动轴承处的定位轴肩和套筒的高度均应低于轴承内圈高度。

在保证工作性能的前提下，形状应力求简单，阶梯轴的级数尽可能少，而且各段直径不易相差太大；轴上需磨削的轴段应设计出砂轮越程槽(图 6-12)，需车制螺纹的轴段应有退刀槽(图 6-13)；为了避免损伤配合零件，各轴端需倒角；轴上各圆角、倒角、砂轮越程槽及退刀槽等尺寸尽可能统一；同一轴上的各个键槽应开在同一母线位置上(图 6-14)，以便于加工。

上述结构的尺寸均有标准，可查阅相关的设计手册。

3. 提高轴的疲劳强度

减少应力集中和提高轴的表面质量是提高轴的疲劳强度的主要措施。

为了减少应力集中，减少轴截面突变，阶梯轴相邻轴段直径差不能太大，并以较大的圆角半径过渡，尽可能避免在轴上开槽、孔及车制螺纹等，以避免削弱轴的强度和造

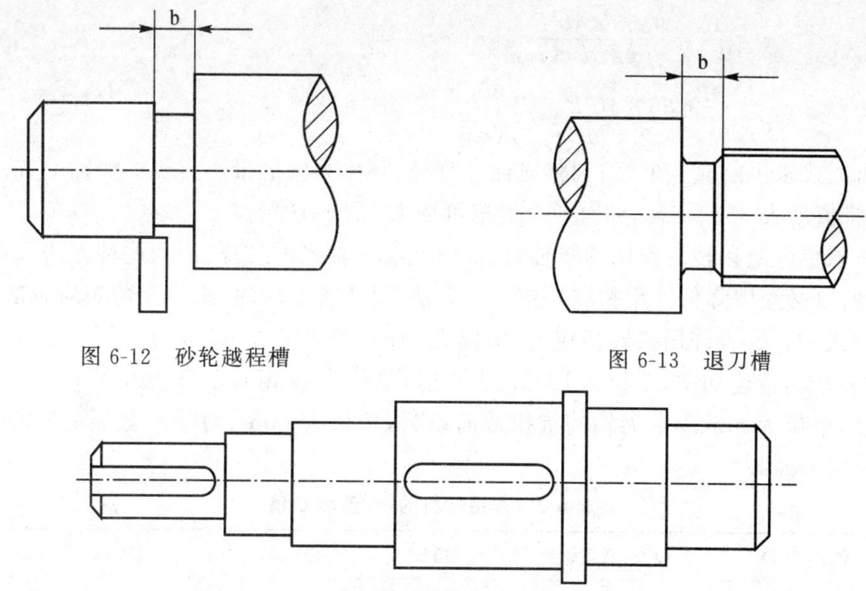

图 6-12　砂轮越程槽

图 6-13　退刀槽

图 6-14　键槽设置在同一母线位置

成应力集中源。

为了提高轴的表面质量，可以降低表面粗糙度，采用碾压、喷丸和表面热处理方法。

4. 轴的直径和长度

轴的直径应满足强度和刚度的要求，并根据具体情况合理确定。轴颈和滚动轴承配合时，其直径必须符合轴承的内径系列；轴头的直径应与配合零件的轮毂内径相同，并符合相应标准；轴上车制螺纹部分的直径，必须符合外螺纹大径的标准系列。

轴各段长度，应根据轴上零件的宽度和零件的相互位置决定。为使轴上零件可靠地固定，应使配合段轴的长度稍小于轮毂宽度 2～3 mm。

6.1.3　轴的强度计算

强度是保证轴能否正常工作的一个最基本条件。轴的强度计算应根据轴的受载情况，采用相应的计算办法。常用的计算办法有两种。

1. 按扭矩强度计算

这一计算办法适用于只传递转矩的传动轴。开始设计轴时，通常还不知道轴上零件的位置及支点情况，无法确定轴的受力情况，只有待轴的结构设计基本完成后，才能对轴进行受力分析及强度计算。因此，一般在进行轴的结构设计前先按纯扭转受力情况对轴的直径进行估算。

设轴在转矩 T 的作用下，产生剪应力 τ。对于圆截面的实心轴，其抗扭强度条件为：

$$\tau=\frac{T}{W_T}=\frac{9.55\times10^6P}{0.2d^3n}\leqslant[\tau]$$

$$d\geqslant\sqrt[3]{\frac{9.55\times10^6P}{0.2[\tau]n}}=C\sqrt[3]{\frac{P}{n}}$$

由上式求出的直径值，需圆整成标准直径，并作为轴的最小直径。如轴上有一个键槽，可将值增大3%～5%，如有两个键槽可增大7%～10%。

对承受弯矩和转矩作用的转轴，也常用此法做轴径的估算。因为这种方法只考虑了转矩，所以必须用降低许用扭转切应力的办法（见表6-2的注）来补偿弯矩对轴的影响。以上公式中，$[\tau]$为许用扭转切应力，单位为MPa（见表6-2）；C为与$[\tau]$有关的系数（见表6-2）；P为传递功率，单位为kW；n为转速，单位为r/min；T单位为N·mm；d为轴的直径，单位为mm；W_T为轴的抗扭截面系数，单位为mm^3，对于圆截面的实心轴$W_T=\pi d^3/16\approx0.2d^3$。

表6-2　常用材料的$[\tau]$值和C值

轴的材料	Q235A，20	35	45	40Cr，35SiMn
$[\tau]$/MPa	12～20	20～30	30～40	40～52
C	160～135	135～118	118～107	107～98

注：当作用在轴上的弯矩比传递的转矩小时或只传递转矩时，$[\tau]$值和C值取较小值；否则取较大值。

此外，在一般减速器中，可用经验公式估算轴的直径。例如，高速输入轴直径可按与其相关联的电机轴的直径D估算，$d=(0.8\sim1.2)D$；各低速轴的直径可按同级齿轮中心距a估算，$d=(0.3\sim0.4)a$。

2. 按弯扭合成强度计算

转轴同时承受扭矩和弯矩，必须按弯曲和扭转组合强度进行计算。完成轴的结构设计后，作用在轴上外载荷的大小、方向、作用点、载荷种类及支点反力等就已确定，可按弯扭合成的理论进行轴危险截面的强度校核。进行强度计算时通常把轴当作置于铰链支座上的梁，轴上零件的自重力可忽略不计，作用于轴上零件的力作为集中力，其作用点取为零件轮毂宽度的中点上。轴的支承反力的作用点与轴承的类型和布置方式有关，一般可近似地取在轴承宽度的中点上。对于一个支座只用一个滚动轴承，或宽颈径比$B/d\leqslant1$的滑动轴承，可近似认为支反力作用于轴承宽度B的中央；对于一个支座采用两个滚动轴承或宽径比$B/d>1$的滑动轴承，支反力的作用点向内侧移动，移动后的距离e见图6-15。

一般计算步骤如下：

(1)画出轴的空间力系图。将轴上作用力分解为水平面分力和垂直面分力，并求出水平面和垂直面上的支点反力。

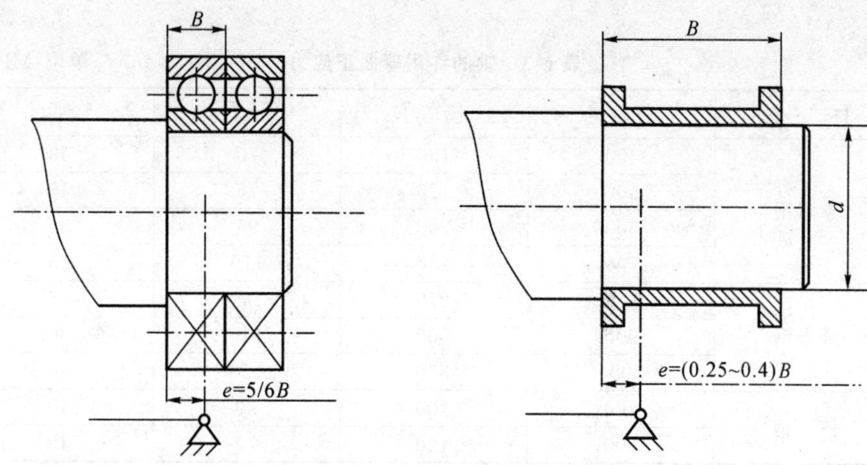

图 6-15　轴的简化支点位置

(2)画出轴的水平面受力图,计算出水平面的支反力和弯矩,作出水平面上的弯矩(M_H)图。

(3)画出轴的垂直面受力图,计算出垂直面的支反力和弯矩,作出垂直面上的弯矩图(M_V)。

(4)计算合成弯矩,并作出合成弯矩 M 图。

(5)作出转矩 T 图。

(6)计算当量弯矩,绘出当量弯矩 M_e 图。

$$M=\sqrt{M_H^2+M_V^2}$$

$$M_e=\sqrt{M^2+(\alpha T)^2}$$

式中,α 是根据转矩性质的不同而引入的修正系数。当转矩为脉动循环时,$\alpha=[\sigma_{-1b}]/[\sigma_{0b}]\approx0.6$;当转矩平稳不变时,$\alpha=[\sigma_{-1b}]/[\sigma_{+1b}]\approx0.3$;当转矩为对称循环时,$\alpha=1$。若转矩的变化规律不清楚时,一般按脉动循环处理。其中:$[\sigma_{-1b}]$、$[\sigma_{0b}]$、$[\sigma_{+1b}]$分别为对称循环、脉动循环及静应力状态下的许用弯曲正应力,其值见表 6-3。表中 σ_b 为弯曲疲劳极限。

(7)校核危险截面的强度。根据当量弯矩图找出危险截面,按弯扭合成的理论进行轴危险截面的强度校核。

$$\sigma_e=\frac{M_e}{W}=\frac{\sqrt{M^2+(\alpha T)^2}}{0.1d^3}\leqslant[\sigma_{-1b}]$$

式中,M_e 是危险截面的当量弯矩,单位为 N·mm;$[\sigma_{-1b}]$见表 6-3。若该截面有键槽,为了补偿对轴的削弱,可将计算出的轴径增大 4%～10%;W 是轴的抗弯截面系数,单位为 mm^3。在同一轴上各截面所受载荷是不同的,设计计算时应选择若干危险截面进行计算。

表 6-3 轴的许用弯曲正应力 单位:MPa

材 料	σ_b	$[\sigma_{-1b}]$	$[\sigma_{0b}]$	$[\sigma_{+1b}]$
碳素钢	400	130	70	40
	500	170	75	45
	600	200	95	55
	700	230	110	65
合金钢	800	270	130	75
	900	300	140	80
	1000	330	150	90
铸 钢	400	100	50	30
	500	120	70	40

对于一般用途的轴,按上述方法计算即可,对重要的轴,尚需作精确的强度校核,其计算方法可查阅有关参考书。

【例题 6-1】 图示为一电动机通过一级直齿圆柱齿轮减速器带动带传动的简图。已知电动机功率为 30kW,转速 $n=970$r/min,减速器效率为 0.92,传动比 $i=4$,单向传动,从动齿轮分度圆直径 $d_2=410$mm,轮毂长度为 105mm,采用深沟球轴承。试设计从动齿轮轴的结构和尺寸。

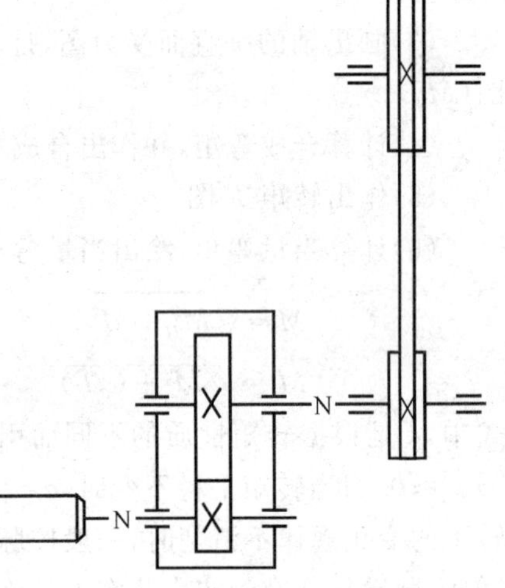

图 6-16 例题 6-1 图

解 (1)求输出轴的转速 n_2 与输出功率 P_2。输入轴的转速 $n_1=n$。

$n_2=n_1/i=970/4=242.5$(r/min)

$P_2=0.92P_1=0.92\times30=27.6$(kW)

(2)选择轴的材料和热处理方法。

轴采用 45 钢正火处理。查表 6-1 得 $\sigma_b=600$MPa。查表 6-3 得$[\sigma_{0b}]=95$MPa、$[\sigma_{-1b}]=55$MPa。

(3)估算轴的最小直径:

取 $C=110$

$$d\geqslant\sqrt[3]{\frac{9.55\times10^6P}{0.2[\tau]n}}=C\sqrt[3]{\frac{P}{n}}=110\sqrt[3]{\frac{27.6}{242.5}}=53.5(\text{mm})$$

考虑到键槽对轴的削弱,$d=53.3\times1.05=55.9$mm,取 $d=60$mm。

(4)轴的结构设计及绘制结构草图

轴的结构设计时，必须按比例绘制轴系结构草图(图 6-17)，同时考虑轴上零件的定位和固定方式，逐步定出轴各部分的尺寸。

1)确定轴上零件的位置和轴上零件的固定方式

因为是单级齿轮减速器，故将齿轮布置在箱体的中央，轴承对称地布置在齿轮的两边，轴的外伸端安装联轴器。

齿轮靠轴环和套筒实现轴向定位和轴向固定，靠平键和过盈配合实现周向固定。两端轴承分别靠轴肩、套筒实现轴向定位，靠过盈配合实现周向固定。轴通过两端轴承端盖实现轴向定位。联轴器靠轴肩、平键和过盈配合分别实现轴向定位和周向固定。

2)确定轴的各段直径

根据结构和强度要求作成阶梯轴：外伸端直径为 60mm(最小直径)。为了使联轴器能轴向定位，在轴的外伸端做一定位轴肩，所以轴承透盖的轴段直径取 63mm。按题意选用两个 210 深沟球轴承，故左、右端轴承处的直径都是 65mm。在 $\phi63$ 和 $\phi65$ 之间的非定位轴肩是方便轴承的拆卸而设置的。为了便于齿轮的装配，齿轮处轴头的直径为 70mm，轴肩直径为 78mm。按轴承安装尺寸要求，根据 210 型轴承查轴承标准，左端轴承处的轴肩直径取 72mm，轴肩圆角半径取 1mm，齿轮与联轴器处的轴肩、轴环的圆角半径取 2mm。

3)确定各轴段的长度

各轴段的长度的确定，一般由传动零件(齿轮、联轴器)的长度，并通过结构设计由经验公式在作图时确定。(略)

4)绘制轴的工作图

(略)

(5)按弯、扭组合作用验算轴的强度

1)画轴的空间受力简图(图 6-17)，其中轴的支承跨度 $L=172\text{mm}$。

从动轴传递转矩：$T_2=9550P_2/n_2=1086.9\text{N}\cdot\text{m}$

作用在齿轮上的圆周力：$F_t=2T_2/d_2=5302.1\text{N}$

作用在齿轮上的径向力：$F_r=F_t\times\tan\alpha=1928.7\text{N}$

2)作垂直平面的弯矩 M_V 图(图 6-17)。

支座反力为

$$R_{AV}=R_{BV}=\frac{F_r}{2}=964.35\text{N}$$

截面 D 处的弯矩为

$$M_{DV}=R_{AV}\times\frac{L}{2}=964.35\times\frac{0.172}{2}=82.9(\text{N}\cdot\text{m})$$

3)作水平面的弯矩 M_H 图(图 6-17)。

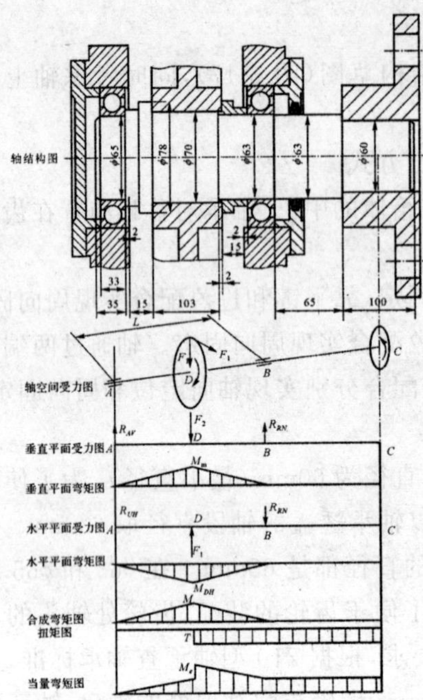

图 6-17　轴的受力分析和结构草图

支座反力

$$R_{AH}=R_{BH}=\frac{Ft}{2}=2651.1\text{N}$$

截面 D 处的弯矩为

$$M_{DH}=-R_{AH}\times\frac{L}{2}=-2651.1\times\frac{0.172}{2}=-228(\text{N}\cdot\text{m})$$

4)作合成弯矩 M 图(图 6-17)。

截面 D 处的合成弯矩为

$$M_D=\sqrt{M_{DH}^2+M_{DV}^2}=\sqrt{(-228)^2+82.9^2}=242.6(\text{N}\cdot\text{m})$$

5)作转矩 T 图(图 6-17)。

6)作当量弯矩 M_e 图(图 6-17)。

因单向转动,可认为转矩为脉动循环变化,故校正系数 $\alpha=\frac{[\sigma_{-1b}]}{[\sigma_{0b}]}=\frac{55}{95}\approx0.58$

则危险截面 D 处的当量弯矩为:

$$Me_D=\sqrt{M_D^2+(\alpha T)^2}=\sqrt{242.6^2+(0.58\times1086.9)^2}$$
$$=242.6(\text{N}\cdot\text{m})$$

危险截面 B 和 C 处的当量弯矩为:

$$Me_B=Me_C=\alpha T=0.58\times1086.9=630.4(\text{N}\cdot\text{m})$$

由强度条件:

$$\sigma_e=\frac{M_e}{W}=\frac{\sqrt{M^2+(\alpha T)^2}}{0.1d^3}\leqslant[\sigma_{-1b}]$$

$$\sigma_{eD}=\frac{M_{eD}}{W}=M_{eD}/0.1d_D^3=(675.47\times1000)/(0.1\times70^3)=19.69\leqslant[\sigma_{-1b}]$$

$$\sigma_{eB}=\frac{M_{eB}}{W}=M_{eB}/0.1d_B^3=(630.4\times1000)/(0.1\times65^3)=22.95\leqslant[\sigma_{-1b}]$$

$$\sigma_{eC}=\frac{M_{eC}}{W}=M_{eC}/0.1d_C^3=(630.4\times1000)/(0.1\times60^3)=29.19\leqslant[\sigma_{-1b}]$$

由此可知轴的结构满足强度的要求,安全。

(6)绘制轴的工作图

(略)

6.2 滑动轴承

6.2.1 滑动轴承的摩擦状态及应用特点

1. 滑动轴承的摩擦状态

摩擦,是指在外力作用下,一物体相对另一物体运动或有运动趋势时,在其接触表面间所产生切向阻力(摩擦力)的现象。根据两表面之间有油、无油,油多、油少的不同情况,可能产生干摩擦、边界摩擦、液体摩擦、混合摩擦等几种摩擦状态。如图 6-18 所示。

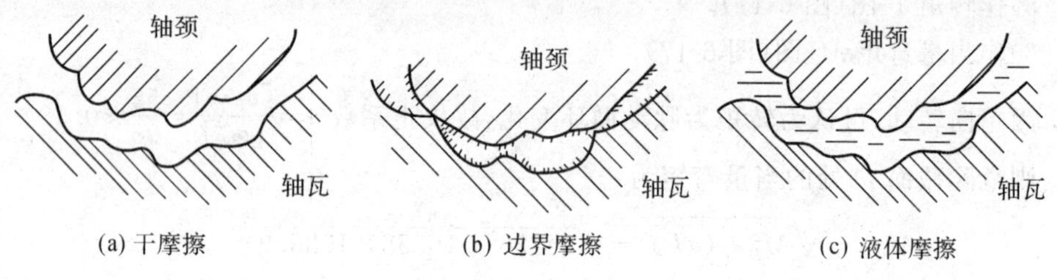

(a) 干摩擦 (b) 边界摩擦 (c) 液体摩擦

图 6-18 摩擦状态

(1)干摩擦:是指表面间无任何润滑剂或保护膜的纯金属接触时的摩擦。对滑动轴承来说是不允许出现干摩擦的,如图 6-18(a)所示。在工程实际中,并不存在真正的干摩擦,因为任何零件的表面不仅因氧化而形成氧化膜,而且多少也会被润滑油所润湿或受到油污。

(2)边界摩擦:被润滑油所润湿或受到油污的表面在重载作用下靠得非常紧,但润滑油的体积性质还不能起作用时,其摩擦特性主要取决于润滑油和金属表面的化学性质。这种能保护金属不致粘着的薄膜,叫边界膜。这时两表面间所形成的摩擦就叫边界摩擦。边界油膜很薄,一般小于 1μm,不足以把粗糙的金属表面完全隔开,如图 6-18(b)所示。

(3)液体摩擦:是指当摩擦面间的油膜厚度大到足以将两个表面完全隔开时的摩擦。这时的油分子已大都不受金属表面的吸附作用的支配而自由移动,摩擦是在流体内部的分子之间进行,摩擦系数极小,不会有磨损。是一种比较理想的工作状态,如图 6-18(c)所示。

(4)混合摩擦:半干摩擦和半液体摩擦都属于混合摩擦。随着油膜厚度的增加,表面直接接触的程度减小,但两金属表面还未完全分离。这时的摩擦叫混合摩擦。磨损仍然存在,但比边界摩擦时小得多了。

根据滑动轴承工作的润滑和摩擦状态,滑动轴承分为液体摩擦滑动轴承、非液体摩擦滑动轴承。

2. 滑动轴承的应用特点

与滚动轴承比,滑动轴承具有较大的承载能力,抗震性好,寿命长,噪音小,特别是液体润滑的滑动轴承可以在很高的转速下工作,油膜有吸振能力,运转平稳,旋转精度高,摩擦系数小,除启动和停车阶段外无磨损,故寿命长。而普通滑动轴承结构简单,制造方便,成本低廉,并可做成对开式以适应安装要求。

为此,滑动轴承适用于以下几种情况:

(1)转速极高,承载特重,回转精度要求特别高;

(2)承受巨大的冲击和振动;

(3)必须采用剖分结构的轴承;

(4)要求径向尺寸特小。

滑动轴承在汽轮机、内燃机、仪表、机床及铁路机车等机械上被广泛应用。此外,在低速、精度要求不高的机械中,如水泥搅拌机、破碎机中也常被采用。

6.2.2　滑动轴承的结构及材料

滑动轴承根据按其承受载荷的方向可分为承受径向载荷的径向滑动轴承和承受轴向载荷的止推滑动轴承。

1. 径向滑动轴承的结构

径向滑动轴承按其结构可分为整体式和对开式。

(1)整体式滑动轴承

如图 6-19 所示,整体式滑动轴承由轴承座、整体轴套组成,轴承座上有油孔,轴套内有油沟,分别用以加油和引油,进行润滑。这种轴承构造简单,它常用于低速、载荷不大的间歇工作的机器上。但有下列缺点:①装拆时轴或轴承需轴向移动,只能从端部装入;②轴套磨损后轴承间隙无法调整。

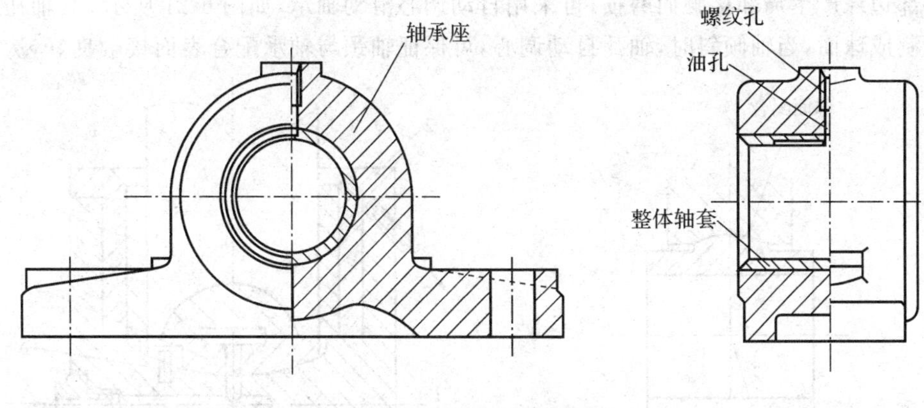

图 6-19　整体式滑动轴承

(2)对开式滑动轴承

如图 6-20 所示,对开式滑动轴承由轴承座、轴承盖、轴瓦、螺栓等组成。轴承盖与轴承座接合处做成台阶型榫口,是为了便于对中。上、下两片轴瓦直接与轴接触,装配后应适度压紧，使其不随轴转动。为了节省贵重金属或其他需要，常在轴瓦内表面贴附一层轴套衬。不重要的轴承也可以不要轴瓦。轴承盖上有螺纹孔，可安装油杯和油管，轴瓦上有油孔和油沟。

对开式滑动轴承按对开面位置可分为平行于底面的正滑动轴承（图 6-20）和与底面呈 45°的斜滑动轴承，以便承受不同方向的载荷。

对开式滑动轴承拆装方便，可调整轴承孔和轴颈间的间隙，因此应用广泛，如汽车发动机中的曲轴就是采用对开式滑动轴承。

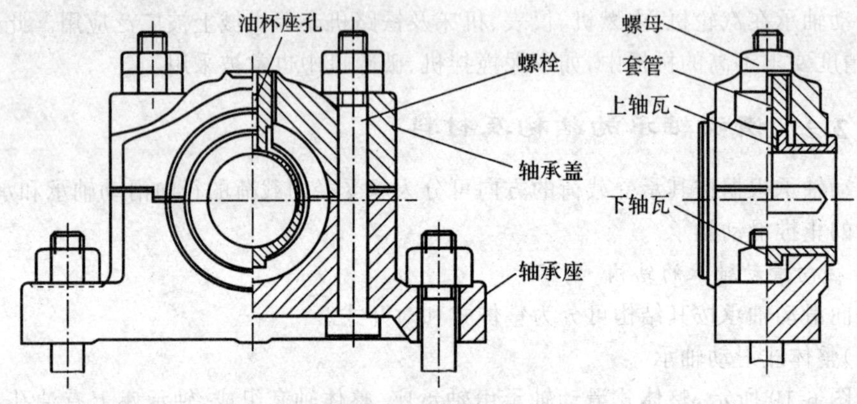

图 6-20 对开式滑动轴承

(3)自动调心式径向滑动轴承

对于轴径较长的滑动轴承，为避免因轴的挠曲或轴承孔的同轴度低而造成轴和轴瓦端部边缘产生局部接触而磨损，可采用自动调心滑动轴承，如图 6-21 所示。其轴瓦外表面制成球面，当轴倾斜时，轴瓦自动调心，可保证轴颈与轴承配合表面接触良好，从而

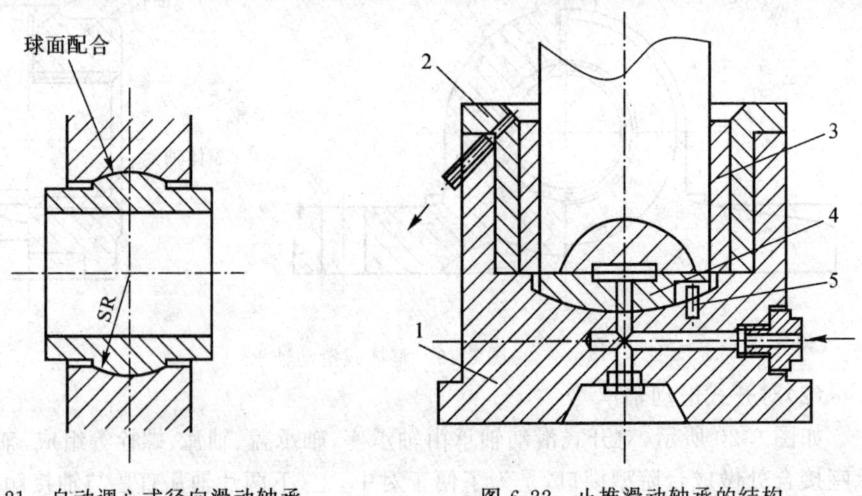

图 6-21 自动调心式径向滑动轴承　　图 6-22 止推滑动轴承的结构

避免产生偏载。

2. 止推滑动轴承的结构

止推滑动轴承的结构如图 6-22 所示，它由轴承座 1、衬套 2、径向轴瓦 3 和止推轴瓦 4 组成。止推轴瓦的底部制成球面，以便对中，并用销钉 5 与轴承座固定，用来防止止推轴瓦随轴转动。动作时润滑油用压力从底部注入，从上部油管导出进行润滑。

止推滑动轴承按支承面的结构，可分为实心、空心、单环和多环四种。如图 6-23(a)所示为实心式，当轴回转时，端面边缘磨损很大，而中心磨损很轻，使轴瓦与轴颈相互之间压力分布不均，故很少使用，而多采用 6-23(b)所示的空心式；如图 6-23(c)所示是单环式，利用轴颈的环形端面作为止推面，结构简单，润滑方便，可承受双向轴向载荷。广泛用于低速、轻载的场合；如图 6-23(d)所示为多环式，承载能力大，可承受双向轴向载荷，只是各环间载荷分布不均匀。

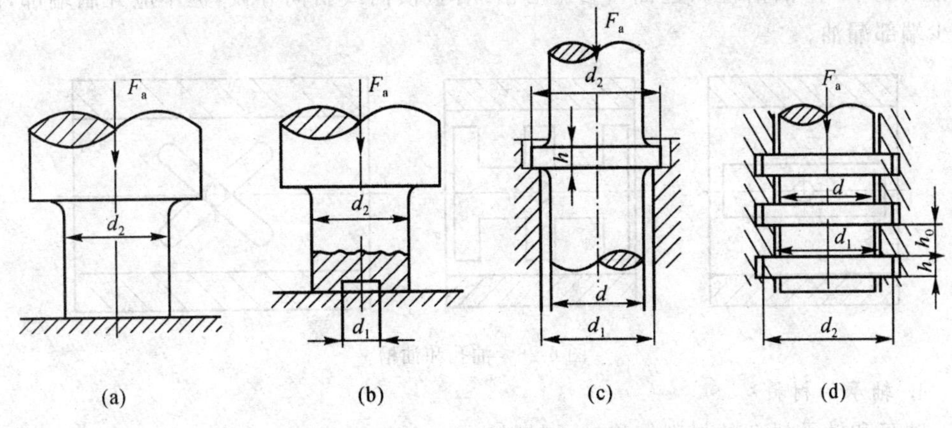

图 6-23　常见止推轴承止推轴颈

3. 轴瓦的结构

轴瓦是滑动轴承主要的组成部分。如图 6-24 所示轴瓦的结构分剖分式和整体式。剖分式轴瓦两端凸缘可防止轴瓦沿轴向窜动，并承受一定的轴向力。为改善轴瓦表面的摩擦性质，常在其内表面上浇铸一层或两层减摩材料(图 6-25)，通常称为轴承衬套，所

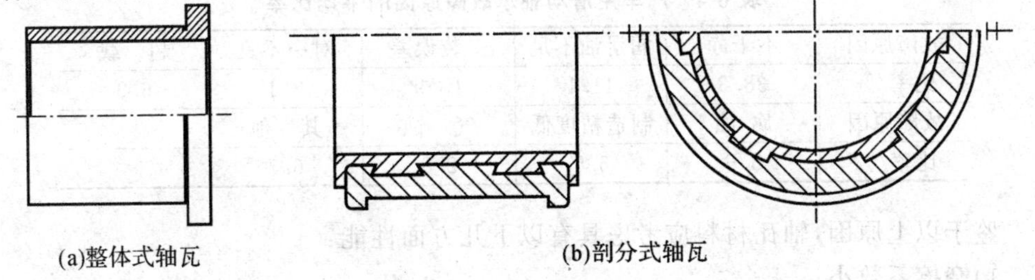

(a)整体式轴瓦　(b)剖分式轴瓦

图 6-24　轴瓦的结构

以轴瓦又有双金属轴瓦和三金属轴瓦。在轴瓦座浇铸轴承衬套时，为使轴承衬套牢固地粘附在其基座上，常在轴瓦基座内部开设沟槽。

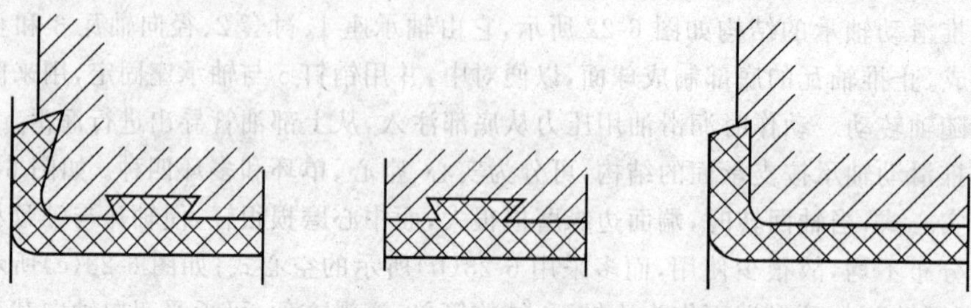

图 6-25 轴承衬套

为保证润滑油的引入和均布在轴瓦工作表面上，在非承载区的轴瓦上制有油孔和油槽(图 6-26)，油槽应以进油口为中心沿纵向、横向或斜向开设，但不应开制端部，以减少端部漏油。

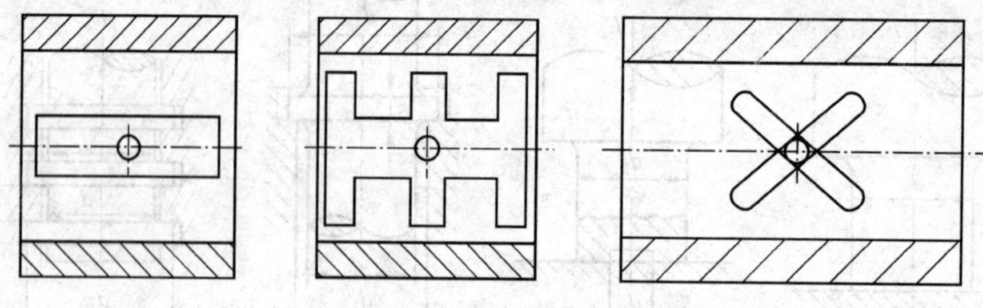

图 6-26 油孔和油槽

4. 轴承的材料

轴瓦和轴承衬套的材料统称轴承材料。

(1)对轴承材料的要求

根据滑动轴承的工作情况，其主要失效形式为：磨损、疲劳损坏、轴承衬脱落和高温时发生胶合或"抱轴"。还可能出现气蚀、电侵蚀、流体侵蚀和微动磨损等失效形式。表 6-4 是汽车用滑动轴承故障原因的平均比率。

表 6-4 汽车用滑动轴承故障原因的平均比率

故障原因	不干净	润滑油不足	安装误差	对中不良	超　载
比率/%	38.3	11.1	15.9	8.1	6.0
故障原因	腐 蚀	制造精度低	气　蚀	其　他	
比率/%	5.6	5.5	2.8	6.7	

鉴于以上原因，轴瓦材料应考虑具有以下几方面性能：

1)摩擦系数小；

2)导热性好，热膨胀性系数小；

3)耐磨性、耐腐蚀性、抗胶合能力强；

4)具有良好的塑性；

5)具有足够的机械强度等。

(2)常用轴承材料

常用金属轴承材料及其许用值和性能见表 6-5。

表 6-5　常用轴承材料

<table>
<tr><th colspan="2">材　料</th><th colspan="4">最大许用值</th><th rowspan="2">应用场合</th></tr>
<tr><th>名称</th><th>牌　号</th><th>[P]/MPa</th><th>[v]/(m/s)</th><th>[Pv]/(MPa.m/s)</th><th>T/C</th></tr>
<tr><td rowspan="4">铸造锡锑轴承合金</td><td rowspan="2">ZSnSb11Cu6</td><td colspan="3">平稳载荷</td><td rowspan="4">150</td><td rowspan="4">用于高速重载的重要轴承，变载荷下易疲劳，价贵</td></tr>
<tr><td>25</td><td>80</td><td>20</td></tr>
<tr><td rowspan="2">ZSnSb8Cu4</td><td colspan="3">冲击载荷</td></tr>
<tr><td>20</td><td>60</td><td>15</td></tr>
<tr><td rowspan="3">铸造铅锑轴承合金</td><td>ZPbSb16Sn16Cu2</td><td>15</td><td>12</td><td>10</td><td rowspan="3">150</td><td rowspan="3">用于中速、重载、变载荷的轴承</td></tr>
<tr><td>ZPbSb15Sn5Cu3</td><td>5</td><td>6</td><td>5</td></tr>
<tr><td>ZPbSb15Sn10</td><td>20</td><td>15</td><td>15</td></tr>
<tr><td rowspan="2">铸造锡青铜</td><td>ZCuSn10P1</td><td>15</td><td>10</td><td>15</td><td rowspan="2">280</td><td rowspan="2">用于中速、中载的轴承</td></tr>
<tr><td>ZCuSn5Pb5Zn5</td><td>5</td><td>3</td><td>10</td></tr>
<tr><td>铸造铝青铜</td><td>ZCuAl10Fe3</td><td>15</td><td>4</td><td>12</td><td>280</td><td>用于润滑充分的低速、重载的轴承</td></tr>
</table>

6.2.3　滑动轴承的润滑

1. 润滑剂

滑动轴承常用的润滑剂是润滑油和润滑脂。有的特殊场合，也可以用固体或气体做润滑剂。

(1)润滑油

润滑油为液态状，是滑动轴承中应用最广泛的润滑剂。润滑油分矿物油、植物油和动物油三种，其中矿物油资源最丰富，价格便宜，适用范围广且不易变质，应用最广。

润滑油最重要的物理性能指标是黏度、它表示润滑油流动时内部摩擦阻力的大小，黏度大小可用动力黏度、运动黏度和相对黏度来表示。黏度越大，润滑油内摩擦阻力也越大，油也越稠，流动性越差。选择润滑油时，以黏度为主要指标，它也是选择轴承用润滑油的主要依据。原则上当转速高、载荷小时用黏度较低油；反之，用高黏度油，高温条件下用黏度应高些。

具体选润滑油时，根据轴承的压强和轴颈圆周速度在表 6-6 中确定油的型号。

表 6-6 滑动轴承润滑油的选择

轴颈圆周速度 v/(m/s)	压强 P＜2MPa 时润滑油牌号	轴颈圆周速度 v/(m/s)	压强 P＝(3～7.5)MPa 时润滑油牌号
＜0.1	L-AN68、110、150	＜0.1	L-AN150
0.1～0.3	L-AN68、100、150	0.1～0.3	L-AN100、150
0.3～2.5	L-AN46、68	0.3～0.6	L-AN100
2.5～5.0	L-AN32、46	0.6～1.2	L-AN68、100
5.0～9.0	L-AN15、22、32	1.2～2.0	L-AN68
＞9.0	L-AN7、10、15		

注：①表中润滑油是以 40°时运动黏度为基本的牌号；②不完全以液体润滑，工作温度＜60°

(2)润滑脂

润滑油是用矿物油与稠化剂(钙、钠、铝等金属皂)混合而成的。它的主要性能指标是稠度(针入度)、滴点和耐水性。针入度，是指用质量为 150g 的标准锥形针，在 5s 内沉入到温度为 25℃的润滑脂中的深度(以 0.1mm 为单位)，它标志着润滑脂的粘稠度。滴点，是指在规定的条件下加热，当润滑脂溶化滴下第一滴时的温度，它表示润滑脂的耐热能力。耐水性，是指润滑脂与水接触时其特性的保持程度。工业上应用最广的是钙基润滑脂(钙脂)。

润滑脂稠度大，不易流失，承载能力大。但物理、化学性质不如润滑油稳定，摩擦功耗大。所以，不宜在高速和温度变化大的场合应用。通常用于轴颈圆周速度 v＜1～2 m/s的场合。

所以润滑脂的选择原则：

1)单位压力高，滑动速度低时选择针入度小的润滑脂；

2)所用润滑脂滴点应高于工作温度约 20～30℃；

3)水淋或潮湿处应选用防水性强的钙基和铝基脂，温度较高处应选用锂基和复合钙基、钠基润滑脂。

具体选择油时可根据轴承的压强、圆周速度和工作温度在表 6-7 中选择润滑脂 。

表 6-7 滑动轴承润滑脂的选择

压强 P/MPa	轴颈圆周速度 v/(m/s)	最高工作温度/℃	选用牌号
1.0～6.5	≤1	＜55～75	3 号钙基脂 2 号钙基脂
1.0～6.5	0.5～5	＜110～120	1 号钙钠基脂 2 号钠基脂
1.0～6.5	0.5～5	－20～120	2 号锂基脂

2. 润滑方式和润滑装置

(1)油润滑方式和润滑装置

向轴承提供润滑剂是形成润滑膜的必要条件，静压轴承和动静压轴承是通过油泵、节流器和油沟向滑动轴承的轴瓦连续供油，形成油膜使得轴瓦与轴颈表面分开。动压滑动轴承的油膜是靠轴颈的转动将润滑油带进轴承间隙，其供油方式有间歇供油和连续供油。间歇供油用于小型、低速或间歇运转的不重要轴承；连续供油用于重要轴承。

连续供油的润滑装置主要有：

1)滴油润滑

如图 6-27 所示为针阀油杯。将手柄放至水平位置，阀口关闭，停止供油；当手柄垂直，阀口开启，可以连续供油。调节螺母，可以调节供油量。

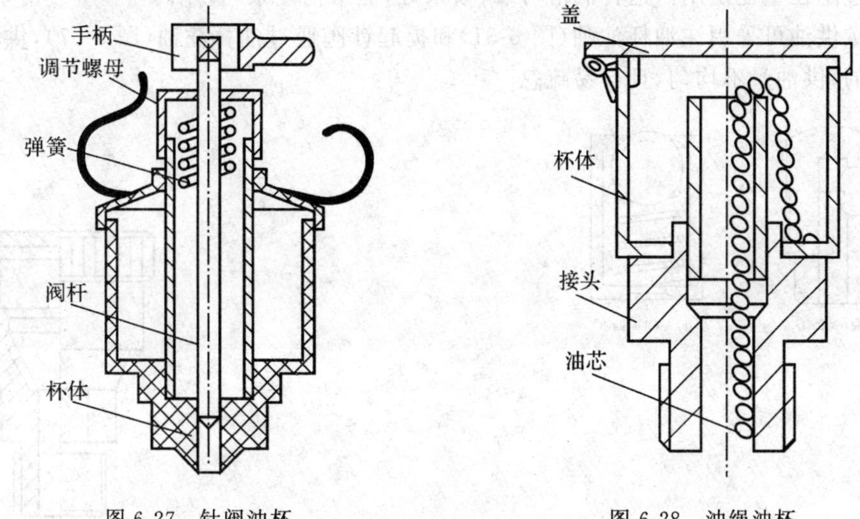

图 6-27　针阀油杯　　图 6-28　油绳油杯

如图 6-28 所示为油绳油杯。利用油绳的毛细管作用实现连续供油，但供油量无法调节。

2)油环润滑

如图 6-29 所示，油环套在轴上，下部浸入油池中，但轴颈旋转时，油环依靠摩擦力被轴带动旋转，将油带到轴颈上进行润滑。这种装置结构简单，供油充分，但轴的转速不能太高或太低。

3)飞溅润滑

利用旋转件(如齿轮、蜗杆或蜗轮等)将油池中的油飞溅到箱壁，在沿油槽流入轴承进行润滑。

4)压力循环润滑

如图 6-30 所示，用油泵将压力油输送至轴承处实现润滑，使用后的油回到油箱，经

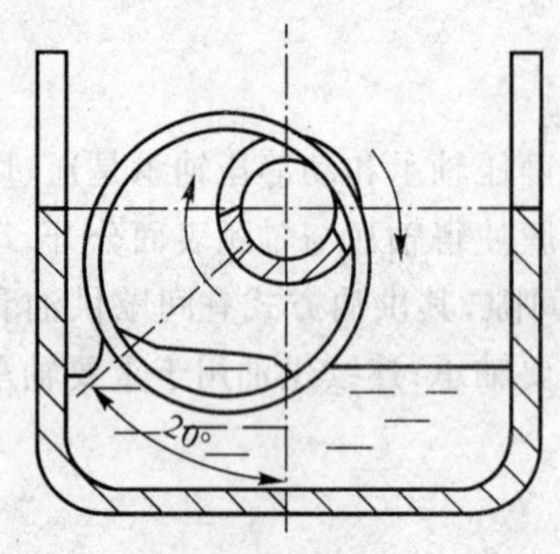

图 6-29 油环润滑

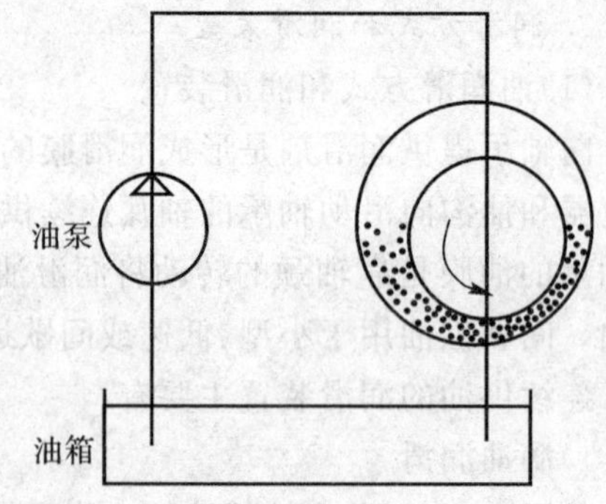

图 6-30 压力循环润滑

过冷却过滤在重复使用。这种润滑可靠、效果好,但结构复杂,费用高。

间歇供油可采用注油杯注油(图 6-31)和提起针阀通过油杯注油(图 6-27),供油是间歇性的,供油量不均匀,且容易疏忽。

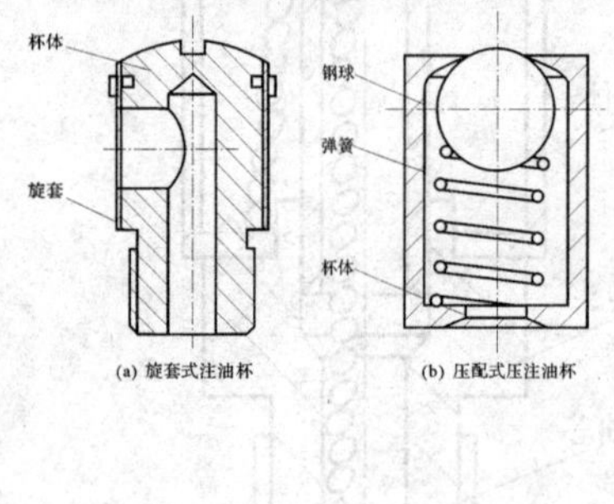

图 6-31 间歇供油油杯

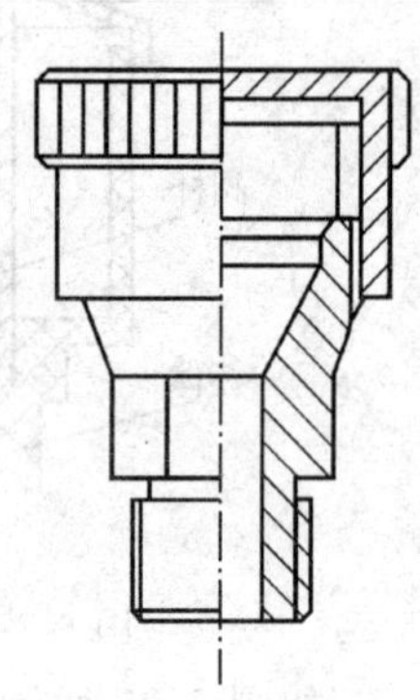
图 6-32 旋盖油杯

(2)脂润滑方法简介

脂润滑只能采用间歇供应。

润滑油脂的加脂方式有人工加脂和脂杯加脂。图 6-32 所示为旋盖油杯,杯中装入润滑脂后,旋转上盖即可将润滑脂挤入轴承。

6.3　滚动轴承

6.3.1　滚动轴承的特点、结构及应用

滚动轴承是标准件，有专门的轴承工厂成批生产。在机械设计中，只需根据工作条件选用合适的滚动轴承类型和尺寸进行组合设计。滚动轴承安装和维修方便，价格也较便宜，故应用很广。

滚动轴承的典型结构如图 6-33 所示，它由内圈 1、外圈 2、滚动体 3 和保持架 4 组成。滚动体的形式较多，有球和各类滚子，如图 6-34 所示。内圈装在轴颈上，外圈装在机座上，当内圈与外圈相对滚动时，滚动体沿滚道滚动，保持架将滚动体均匀隔开。滚动体与内、外圈滚道之间的间隙称为游隙。

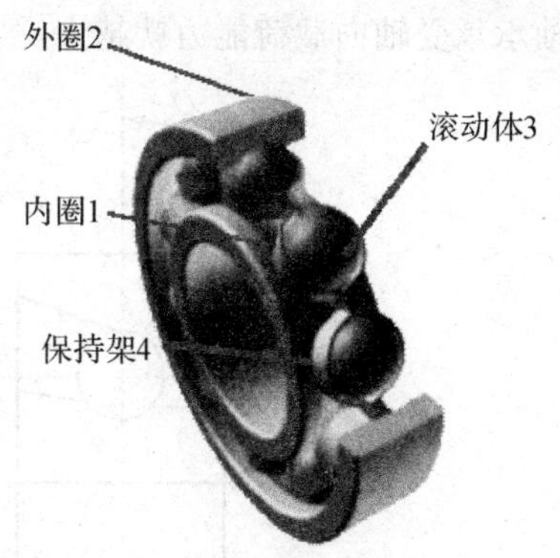

图 6-33　滚动轴承的典型结构

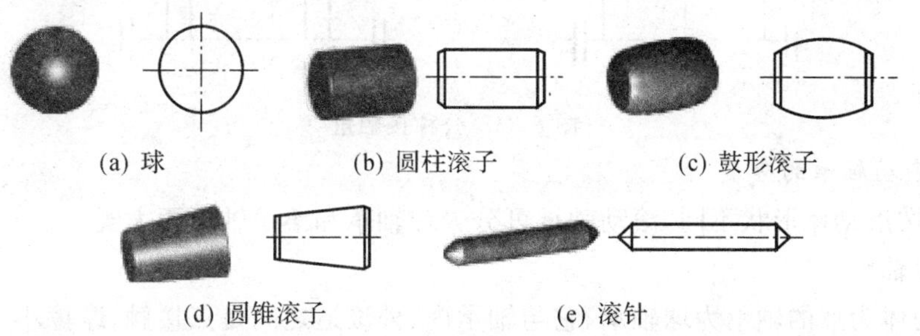

图 6-34　滚动体的形式

与滑动轴承相比，滚动轴承有下列优点：

①在一般工作条件下，摩擦系数比滑动轴承小，且比较稳定，不能随轴承的速度而变化；②采用滚动轴承的机器启动及运转力矩小，功率损耗小；③径向游隙比较小，向心角接触轴承可用预紧的办法消除游隙，运转精度较高；④对于同尺寸的轴颈，滚动轴承的宽度比滑动轴承小，可使机器的轴向结构紧凑；⑤大多数滚动轴承能同时受径向和轴向载荷，故轴承结构较简单；⑥消耗润滑剂少，便于密封，易于维护；⑦标准化程度高，成批量生产，成本较低。

但是滚动轴承也存在一些缺点：

①承受冲击载荷的能力较差；②高速重载下轴承寿命较低；③轴承振动及噪声较大；④径向尺寸比滑动轴承大；⑤轴承不能剖分，位于长轴中间的轴承安装较困难。

6.3.2 滚动轴承的主要类型、代号及选择

1. 公称接触角

滚动体与套圈接触处的法线与轴承径向平面(垂直于轴承轴心线的平面)之间的夹角称为公称接触角 α(图 6-35)。它是滚动轴承的一个重要的参数,公称接触角 α 越大,轴承承受轴向载荷能力就越大。

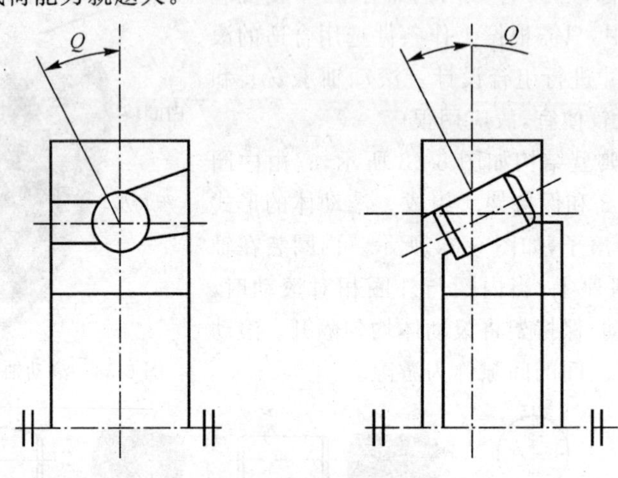

图 6-35 公称接触角

2. 滚动轴承的分类

(1)按滚动体形状不同,滚动轴承可分为球轴承和滚子轴承两大类。

1)球轴承

滚动体为球的轴承为球轴承。它与轴承内、外滚道之间是点接触,摩擦小,但承载能力和耐冲击能力较低;允许的极限转速高。

2)滚子轴承

滚动体为圆柱、圆锥、鼓形和滚针等形状的轴承称为滚子轴承。它与轴承内、外圈滚道之间是线接触,摩擦大,但承载能力和耐冲击能力较高;允许的极限转速低。

(2)按轴承承受载荷的方向和公称接触角的不同,滚动轴承又可分为向心轴承和推力轴承两大类。

1)向心轴承

主要承受径向载荷,公称接触角 $0°\leqslant\alpha\leqslant45°$,$\alpha=0°$的,称为径向接触轴承,除深沟球轴承外,只能承受径向载荷;$0°\leqslant\alpha\leqslant45°$的,称为向心角接触轴承。

2) 推力轴承

主要承受轴向载荷,公称接触角 $45°\leqslant\alpha\leqslant90°$,$\alpha=90°$的,称为轴向接触轴承,只能承受轴向载荷;$45°\leqslant\alpha\leqslant90°$的,称为推力角接触轴承。$\alpha$ 越小,承受径向载荷能力就越大。

3. 滚动轴承的主要类型

常用滚动轴承的主要类型及特性见表 6-8。

表 6-8 常用滚动轴承的主要类型及性能

类型代号	结构简图	性能特点	极限转速比	允许角偏差
1 调心球轴承	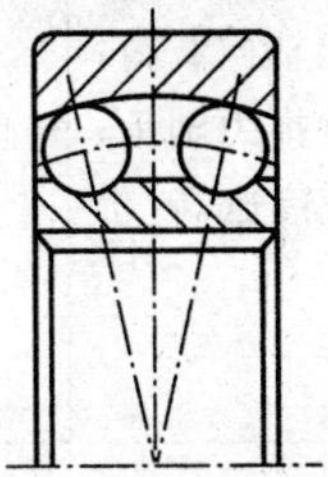	双排钢球，外圈滚道为内球面形，具有自动调心性能。主要承受径向载荷，也能承受不大的双向轴向载荷	中	3°
2 调心滚子轴承	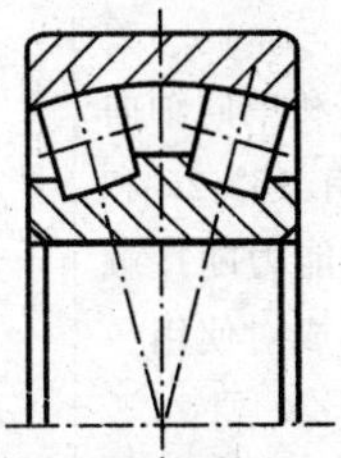	与调心球轴承相似。双排滚子，有较高承载能力。允许角偏斜小于调心球轴承	低	1°～2.5°
3 圆锥滚子轴承	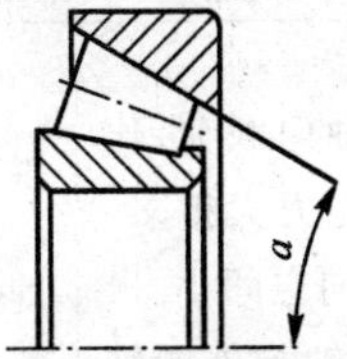	能同时受径向和单向轴向载荷，承载能力大。内、外圈可分离，安装时可调整游隙。成对使用。允许角偏斜较小	中	2′
5 推力球轴承	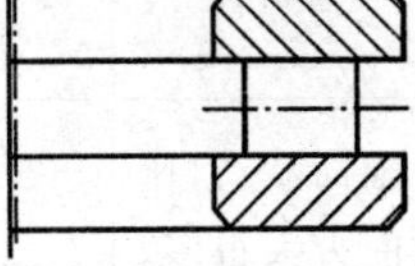	只能受单向轴向载荷。回转时，因钢球离心力与保持架摩擦发热，故极限转速较低。套圈可分离	低	≈0°
5 双向推力球轴承	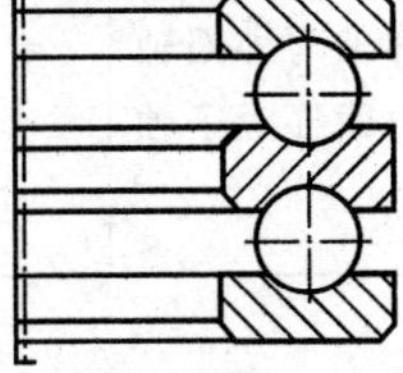	能受双向的轴向载荷。其他同推力球轴承	低	≈0°

续表 1

类型代号	结构简图	性能特点	极限转速比	允许角偏差
6 深沟球轴承	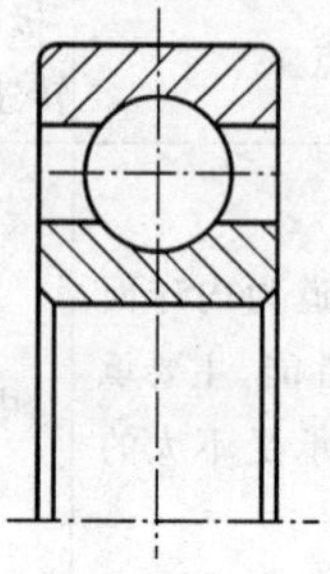	结构简单。主要受径向载荷，也可承受一定的双向轴向载荷；高速装置中可代替推力轴承；摩擦系数小，极限转速高，价廉。应用范围最广	高	8′～16′
7 角接触球轴承	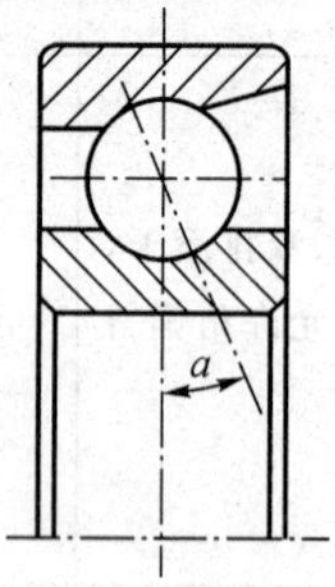	能同时受径向载荷和单向轴向载荷。接触角 α 有 15°、25°和 40°三种，轴向承载能力随接触角增大而提高。需成对使用	高	2′～10′
8 推力圆柱滚子轴承	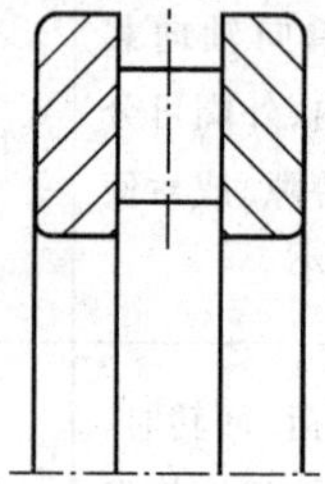	能承受较大单向轴向载荷，比推力球轴承承载能力大得多。轴向刚度高。占轴向空间小。极限转速低，不允许轴与外圈轴线有倾斜，适用于低速场合	低	≈0°
9 推力圆锥滚子轴承	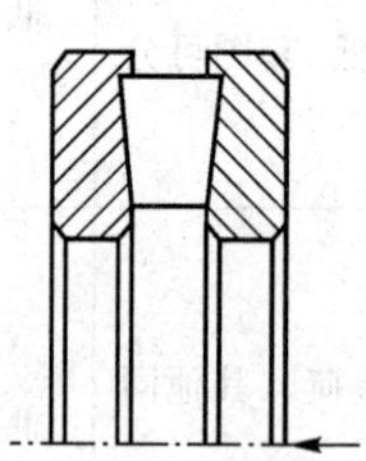	能承受较大单向轴向载荷，比推力球轴承承载能力大得多。轴向刚度高。占轴向空间小。极限转速低，不允许轴与外圈轴线有倾斜，比推力圆柱滚子轴承转速稍高		

续表 2

类型代号	结构简图	性能特点	极限转速比	允许角偏差
N 圆柱滚子轴承	内圈无挡边 NU 外圈无挡边	用以承受较大的径向载荷。内、外圈间可做自由轴向移动，不能受轴向载荷。滚子与套圈间是线接触，只允许有很小角位移	高	2′～4′
NA 滚针轴承		只能承受径向载荷，承载能力大，径向尺寸特小	低	不允许

4. 滚动轴承的代号及类型选择

(1)滚动轴承的代号

滚动轴承是标准件，为了便于组织生产和选择使用，按照国家标准 GBT 272—1993 规定，一般轴承代号由基本代号、前置代号和后置代号三部分组成。代号一般印在轴承的端面上，其排列顺序见表 6-9。

表 6-9　滚动轴承的代号组成

前置代号	基本代号				后置代号
字　母	类型代号	宽度系列代号	直径系列代号	内径代号	字母符号，数字
	数字或字母	一位数字	一位数字	二位数字	

1)基本代号

基本代号表示轴承的基本类型、结构和尺寸,是轴承代号的基础。除滚针轴承外,基本代号由轴承类型代号、尺寸系列代号及内径代号构成,一般由五位数字或字母组成(表 6-9)。

①类型代号 。用数字或字母表示不同类型的轴承,基本代号右起第五位表示。表示方法见表 6-8。

②尺寸代号 。由两位数字组成,轴承尺寸系列代号由轴承的宽(高)度系列代号和直径系列代号组合而成。

基本代号右起第四位数字表示轴承的宽(高)度系列代号,指内径、外径都相同的轴承,对向心轴承,配有不同宽度的尺寸系列,常用代号为 8、0、1、2、3,尺寸依次递增;对推力轴承,配有不同高度的尺寸系列,代号为 7、9、1、2,尺寸依次递增。

基本代号右起第三位表示轴承的直径系列代号,指同一内径的轴承配有不同的外径的尺寸系列,常用 代号为 0、1、2、3、4,尺寸依次递增。

③内径代号。表示轴承公称内径的大小。基本代号右起第一、二位数字表示。其表示方法见表 6-10。

表 6-10 轴承内径代号

内径代号	00	01	02	03	04～96
轴承内径 d/mm	10	12	15	17	数字×5

2)前置、后置代号

前置、后置代号是轴承在结构形状、尺寸、公差、技术等要求等有改变时,在基本代号左、右添加的补充代号。

①前置代号

前置代号表示可分离轴承的各部分的分部件,用字母表示,其代号及其含义可查轴承手册和有关标准。一般轴承无需说明时,无前置代号。

②后置代号

后置代号用字母(或加数字)表示,用以说明轴承的内部结构、密封和防尘圈形状、材料、公差等级、游隙等变化。代号及其含义随技术内容不同而异。表示时,分别用“/”分开。如向心角接触球轴承公称接触角 $\alpha=15°$、$25°$、$40°$时,分别后置代号为 C、AC、B;公称接触角增大的圆锥滚子轴承,后置代号为 B 等。后置代号中公差等级代号的规定见表 6-11。

表 6-11　滚动轴承的公差等级代号

公差等级	0 级	6 级	6x 级	5 级	4 级	2 级
代号	/P0(可省略)	/P6	/P6x*	/P5	/P4	/P2

注:① * 适用于圆锥滚子轴承;②公差等级从左向右依次由低到高。

【例题 6-2】 试说明轴承代号 7210AC 和 NU2208/P6 的含义。

解:

(1)7210AC 的含义

7——角接触球轴承;

2——尺寸系列(0)2(宽度系列 0 省略,直径系列 2);

10——轴承的内径 $d=50$mm;

AC——公称接触角 $\alpha=25°$;

公差等级为 0 级,省略。

NU2208/P6 的含义

NU——内圈无挡边的圆柱滚子轴承;

22——尺寸系列 22(宽度系列 2,直径系列 2);

08——轴承的内径 $d=40$mm;

/P6——公差等级为 6 级。

(2)滚动轴承类型的选择

1)类型的选择

选择滚动轴承类型时,可根据表 6-8 中轴承的工作载荷(大小、性质、方向)、转速的高低、轴的刚度及其他使用要求进行选择。

①载荷的性质

载荷较大时,应选用线接触的滚子轴承;受纯轴向载荷时,应选用推力轴承;主要承受径向载荷时,应选用深沟球轴承;同时承受径向和轴向载荷时,应选择角接触轴承;当轴向载荷比径向载荷大很多时,常用推力轴承和深沟球轴承的组合结构;承受冲击载荷时,宜选用滚子轴承。

注意:推力轴承不能承受径向载荷,圆柱滚子轴承不能承受轴向载荷。

②转速条件

选择轴承时,应注意极限转速。转速较高时,宜用球轴承;转速低时,可用滚子轴承。

③拆装方便

为了便于拆装,可选用内、外圈分离的圆锥滚子轴承。

④经济性

一般球轴承的价格低于滚子轴承。精度越高,价格越高;同精度的轴承,深沟球轴承价格最低。

2)型号选择

对于一般机械轴承型号的选择，可根据轴颈直径选择轴承内径、轴承外廓系列，根据空间位置参考同类型机械选取。

6.3.3 滚动轴承的组合设计

1. 滚动轴承的组合结构设计

为使轴承正常工作，除正确选择轴承类型和尺寸外，还应正确进行轴承的组合设计，轴承的组合设计实际上就是如何在机器中合理的使用轴承。

组合设计中主要应考虑以下几个方面的问题：

①轴承的固定；②轴承组合的调整；③轴承的配合；④轴承的安装与拆卸；⑤轴承的润滑与密封等。

(1)轴承的固定

轴承的固定有三种方式。

1)两端固定

如图 6-36 所示，一端轴承的固定只限制轴沿一个方向的窜动，另一端轴承的固定限制另一方向的窜动，两端轴承的固定共同限制轴的双向窜动。考虑到轴因受热而伸长，在轴承盖与外圈端面之间应留热补偿间隙 $\Delta=0.25\sim0.4$mm。间隙量常用垫片或调整螺钉调节。

特点：结构简单，安装调整容易，适用于温度变化不大的短轴。

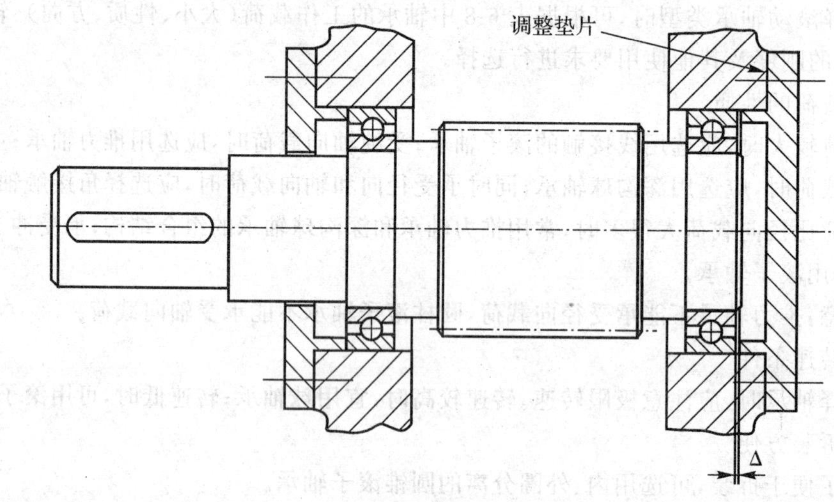

图 6-36 两端固定支承

2)一端固定、一端游动

一端轴承的固定即限制轴的双向窜动;另一端轴承不固定,为游动支承(图 6-37)。可做轴向移动的支承称为移动支承,显然它不能承受轴向载荷。

特点:轴的位置准确,但结构较复杂,适用于温度变化大的长轴。

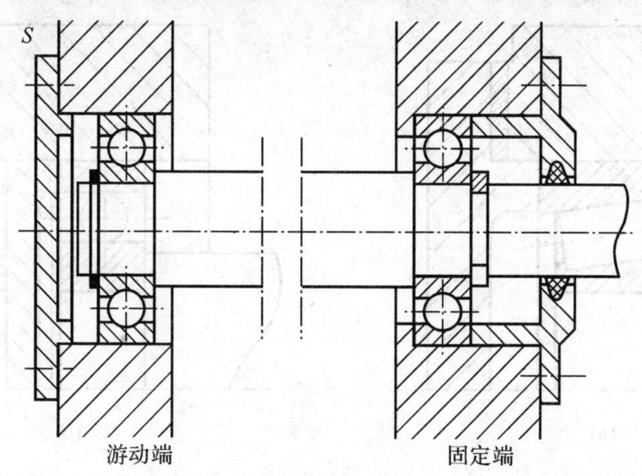

图 6-37　一端固定、一端游动支承

3)两端游动支承

两端轴承的固定均不限制轴的轴向窜动,均为游动支承。如图 6-38 所示,柱齿轮传动中的小齿轮轮轴必须采用两端游动支承,但大齿轮的轴向位置必须固定。

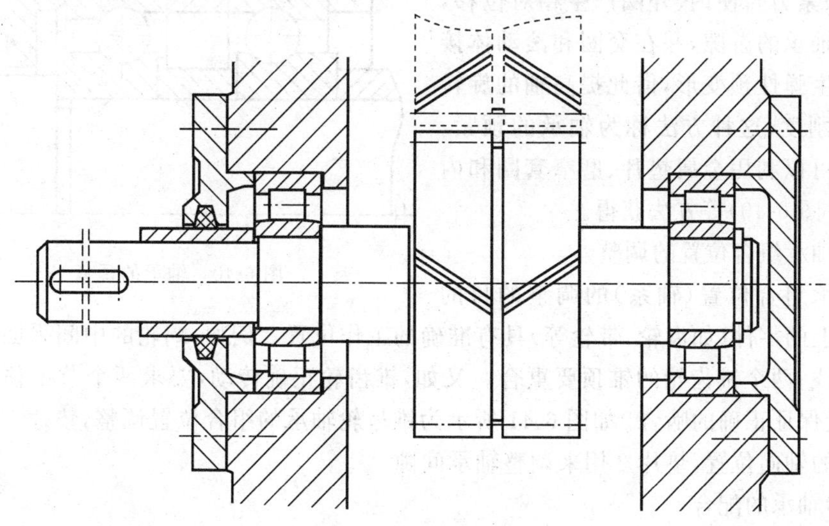

图 6-38　两端游动支承

(2)轴承组合的调整

1)轴向间隙的调整

轴向间隙的调整方法有两种：一是调整轴承端盖与机座间垫片的厚度(图 6-39(a))；二是调整轴承外圈压盖的位置(图 6-39(b))。

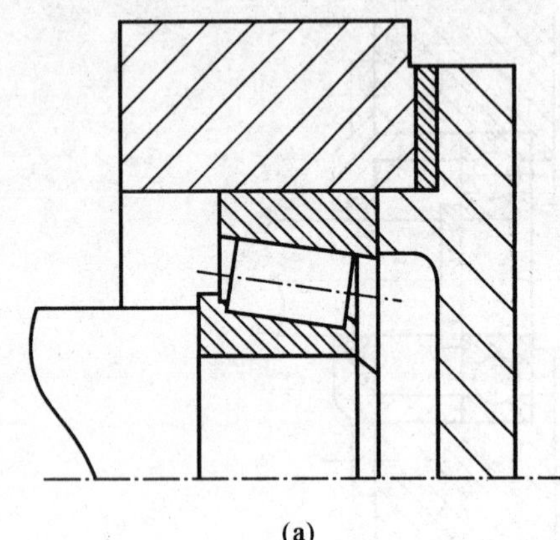

(a)

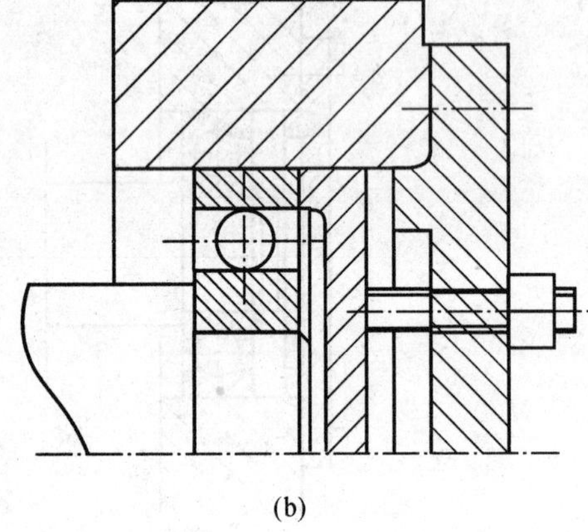

(b)

图 6-39 轴向间隙的调整

2)轴承的预紧

对某些可调游隙式轴承，在安装时用某种方法使轴承中产生并保持一定的轴向力(预紧力)，使内、外圈产生相对位移，以消除轴承的游隙，并在套圈和滚动体接触处产生弹性预变形，借此提高轴的旋转精度和刚度，这种方法称为轴承的预紧。预紧力可以利用金属垫片、磨窄套圈和内外套筒(图 6-40)等方法获得。

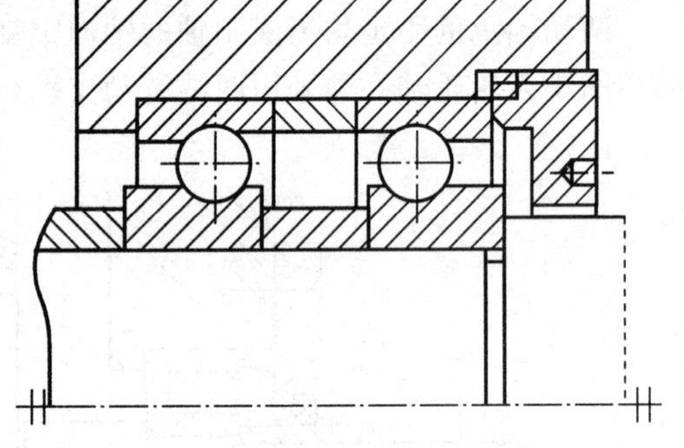

图 6-40 轴承的预紧

3)轴承组合位置的调整

轴承组合位置(轴系)的调整的目的是使轴上的零件(如齿轮、带轮等)具有准确的工作位置。例如，蜗轮的中间平面应通过蜗杆轴线；两个锥齿轮的锥顶要重合。又如，锥齿轮正确传动，要求两个节锥顶点相重合，才能保证正确的啮合。如图 6-41 所示为锥齿轮轴承的组合位置调整，垫片 1 调整锥齿轮轴的轴向位置，垫片 2 用来调整轴承间隙。

(3)轴承的配合

由于滚动轴承是标准件，选择配合时就把它作为基准件，因此内圈与轴采用基孔制，如 n6、m6、k6、js6；外圈与箱体座孔采用基轴制，如 J7、J6、H7、G7。

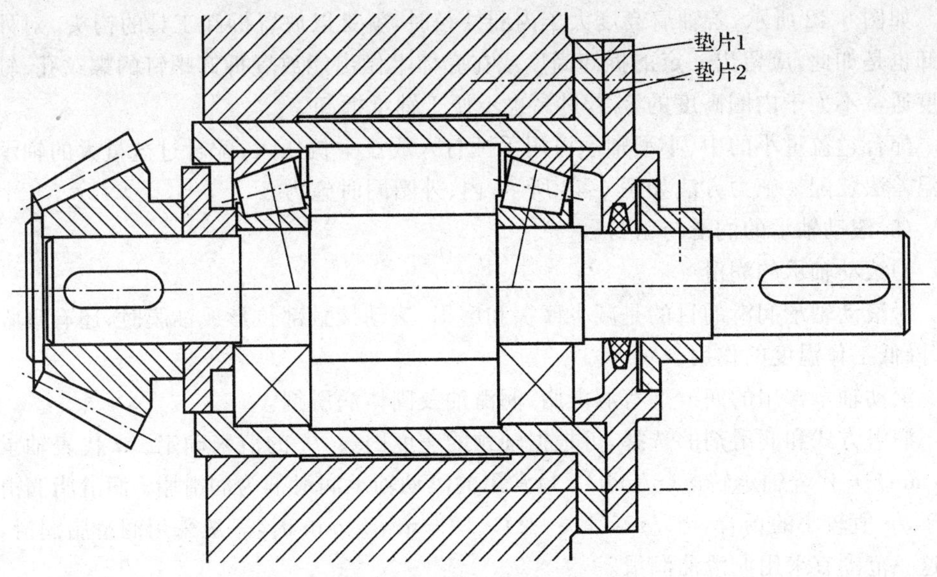

图 6-41　轴承组合位置的调整

选择配合时应考虑载荷的大小、方向和性质以及轴的类型、转速和使用条件等因素。一般来说，转动圈应比固定圈的配合要紧一些，内圈与轴的配合常取过盈配合或过渡配合，如 k6、m6；外圈与座孔的配合常取较松的过渡配合，如 H7、J7、Js7；对于游动支承的轴承，外圈与座孔应取间隙配合，如 G7。

(4)轴承的安装与拆卸

设计轴承时应考虑怎样有利于装拆，以便装拆过程中不致损坏轴承和其他零件。

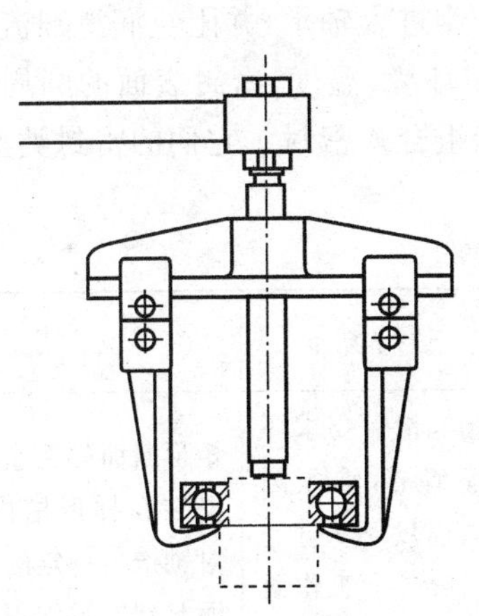

图 6-42　用钩爪器拆卸轴承

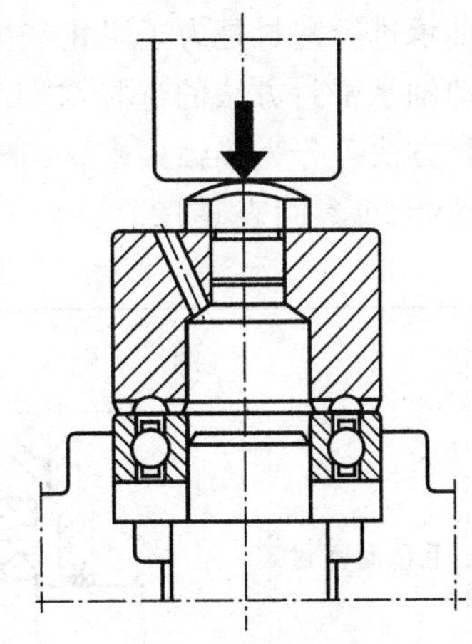

图 6-43　安装轴承时正确的施力方法

如图 6-42 所示，若轴肩高度大于内圈外径时，就难以放置拆卸工具的钩头。对外圈拆卸也是如此，应留出一定的拆卸高度或在壳体上做出能放置拆卸螺钉的螺纹孔。轴肩高度通常不大于内圈高度的 3/4，过高也不便于轴承拆卸。

配合过盈量小的中、小型轴承可用手锤打入或压力机压入；配合过盈量大的轴承常用温差法装配。施力方法如图 6-43 所示，内、外圈同时施力。

(5)滚动轴承的润滑与密封

1)滚动轴承的润滑

对滚动轴承润滑的目的是减少摩擦和磨损。滚动接触部位形成油膜时，还有吸收振动、降低工作温度的作用。

滚动轴承常用的润滑剂有润滑脂、润滑油及固体润滑剂。

润滑方式和润滑剂的选择，可根据轴颈的速度因数 dn 的值来确定。d 代表轴承内径(mm)；n 代表轴承转速(r/min)。最常用的滚动轴承润滑剂为润滑脂。润滑脂润滑适用于 dn 值较小的场合，当 $dn<(1.5\sim2)\times10^5$ mm·r/min 时，一般采用润滑脂润滑，超过这一范围宜采用润滑油润滑。

润滑脂润滑的特点是润滑脂不易流失、便于密封、油膜强度较高，故能承受较大的载荷；而润滑油润滑的优点是比润滑脂润滑摩擦阻力小，并能散热，主要用于高速或工作温度较高的轴承。

润滑油的粘度可按轴承的速度因数 dn 和工作温度 t 来确定，具体方法可查阅有关手册。油量不宜过多，如采用浸油润滑则油面高度不超过最低滚动体的中心，以免造成过大的搅油消耗和热量。高速轴承通常采用滴油或喷雾润滑方法润滑。

2)滚动轴承的密封

对轴承进行密封是为了阻止灰尘、水和其他杂物进入轴承，并阻止润滑剂流失。

滚动轴承密封方法的选择与润滑的种类、工作环境、温度、密封表面的圆周速度有关。密封方法可分为接触式密封、非接触式密封和组合式密封。它们的密封类型、适用范围和性能，可参阅表 6-12。

表 6-12 密封装置

密封类型	图例		适用场合	说明
接触式密封	毛毡圈密封		脂润滑。要求环境清洁，轴颈圆周速度不大于 4～5m/s，工作温度不大于 90℃	矩形断面的毛毡圈被安装在梯形槽内，它对轴产生一定的压力而起到密封作用

续表

密封类型		图　例	适用场合	说　明
	皮碗密封	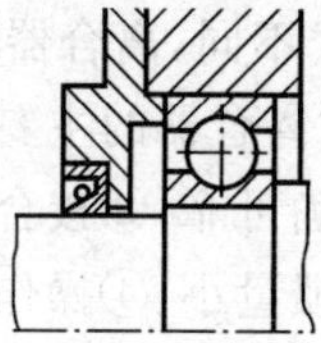	脂或油润滑。圆周速度小于 7m/s,工作温度不大于 100℃	皮碗是标准件。密封唇朝里,目的是防漏油;密封唇朝外,防灰尘、杂质进入
非接触式密封	油沟式密封	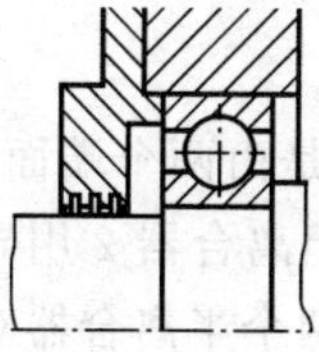	脂润滑。干燥清洁环境	靠轴与盖间的细小环形间隙密封,间隙愈小愈长,效果愈好,间隙 0.1～0.3mm
非接触式密封	迷宫式密封	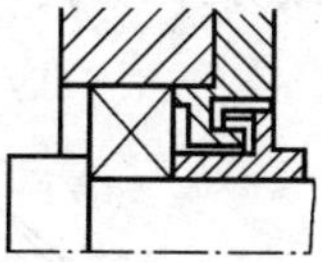	脂或油润滑。密封效果可靠	将旋转件与静止件之间间隙做成迷宫形式,在间隙中充填润滑油或润滑脂以加强密封效果
组合密封		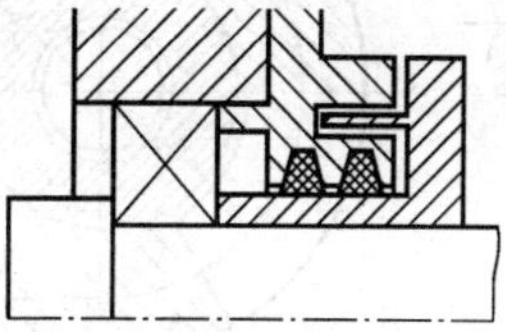	脂或油润滑	这是组合密封的一种形式,毛毡加迷宫,可充分发挥各自优点,提高密封效果。组合方式很多,不一一列举

6.4　离合器、联轴器和制动器

离合器和联轴器都是机械传动中的常用部件,其主要功能是用来连接两轴或轴与其他回转零件,使之一同转动并传递转矩的部件,有时还可以在机器中起安全保护作用。制动器则是用来降低机械的运转速度或迫使机械停止运转的部件。

6.4.1　离合器

1. 离合器的功用

离合器是汽车传动系中直接与发动机相联系的部件,其作用就是使其主动和从动部分可在驾驶员操纵下彻底分离,随后再柔和接合。离合器是可以根据需要在运转或停机时使两轴接合或分离,这是离合器与联轴器的根本区别。离合器的种类很多,部分已标准化，可从有关样本或机械设计手册中选择。

2. 常用离合器

离合器的种类很多，按离合器接合元件传动的工作原理不同，离合器可分为嵌合式离合器和摩擦式离合器；按离合器的操纵方式不同，离合器可分为机械式离合器、气压式离合器、液压式离合器和电磁式离合器。对离合器的主要要求如下：

①接合迅速平稳，分离迅速彻底，工作准确可靠；②接合元件耐磨和易散热，使用寿命长；③结构简单，尺寸小，重量轻，从动部分惯量小；④操作省力，调节维修方便。

下面介绍几种常见的离合器：

(1) 牙嵌式离合器

牙嵌式离合器的结构如图 6-44 所示，它是由两个端面带牙的半离合器 1、2 组成。主动半离合器 1 用平键与主动轴连接，从动半离合器 2 用导向键(或花键)与从动轴连接。主动半离合器上安装有对中环 3，以保证两个半离合器对中。操纵时，通过操纵杆移动滑环 4，使两个半离合器的牙面嵌入(接合)或分开(分离)。

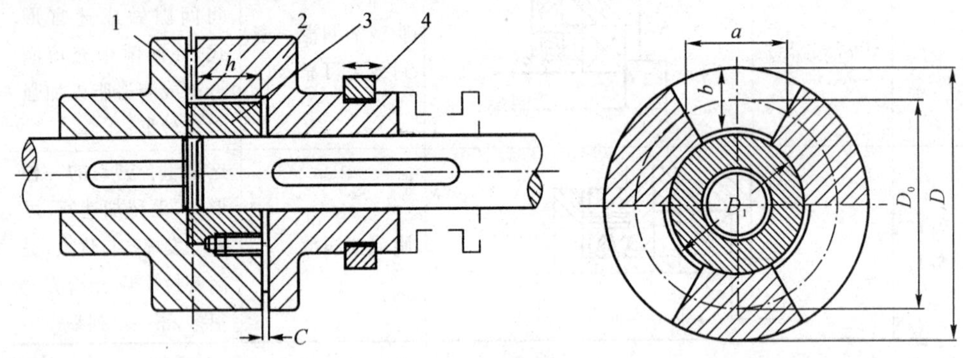

图 6-44 牙嵌式离合器

牙嵌式离合器是靠端面上的凸牙相互传递转矩的。常用的牙形有三角形、矩形、梯形和锯齿形(图 6-45)。三角形牙形的牙数比较多，接合快，可双向传动；但是工作时轴向分力大，易分离，且牙的强度弱，故用于传递小转矩的低速离合器。矩形牙形无轴向分力，但不便于接合与分离，磨损后无法补偿，故使用较少。梯形牙形的强度高，能传递较大的转矩，能自动补偿牙的磨损与间隙，从而减少冲击，故应用较广。锯齿形牙形强度高，只能传递单向转矩，用于特定的工作条件处。

牙嵌式离合器的牙数一般为 3～60。材料常用 45、20Cr、40Cr 或 20CrMnTi。牙的工作表面应有较高的硬度，以提高其耐磨性。

牙嵌式离合器结构简单，尺寸小，离合可靠准确，能传递较大的转矩，且可确保被连接两轴同步转动，故应用较广。缺点是在运转中结合有冲击和噪声，甚至牙齿可能会因受撞击而折断。因此，必须在两轴转速差很小或停车时进行接合。

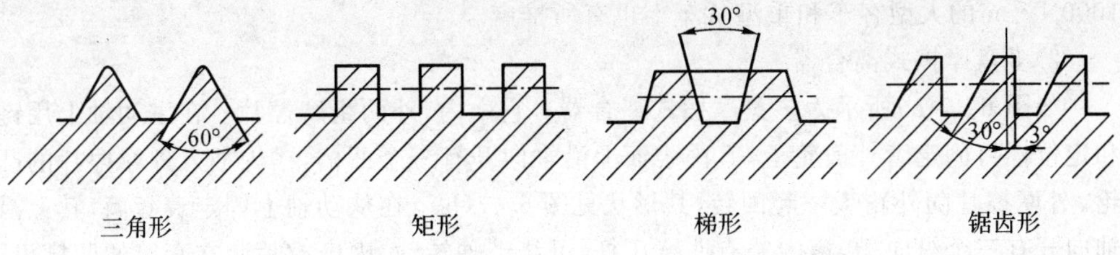

图 6-45　各种牙形图

因此，适用于静止或低速离合器的场合，例如，机床刚度机械，Y38 差动机构，传递扭矩不大。

(2)摩擦式离合器

摩擦式离合器是靠摩擦盘接触面间产生的摩擦力来传递转矩的。摩擦式离合器可在任何转速下实现两轴的接合或分离；接合过程平稳，冲击振动较小，有过载保护作用。但尺寸较大，在接合或分离过程中要产生滑动摩擦，故发热量大，磨损较大。

根据摩擦表面的形状可分为圆盘式和圆锥式。汽车离合器大多是圆盘式摩擦式离合器。圆盘式摩擦式离合器根据圆盘的个数又分为单盘摩擦式离合器和多盘摩擦式离合器。

1)单盘摩擦式离合器

如图 6-46 所示为单盘摩擦式离合器的工作原理图。在主动轴和从动轴上分别安装了摩擦盘，操纵环可以使摩擦盘沿轴向移动实现接合和分离。接合时将从动盘压在主动盘上，主动轴上的转矩即由两盘接触面间产生的摩擦力矩传到从动轴上。

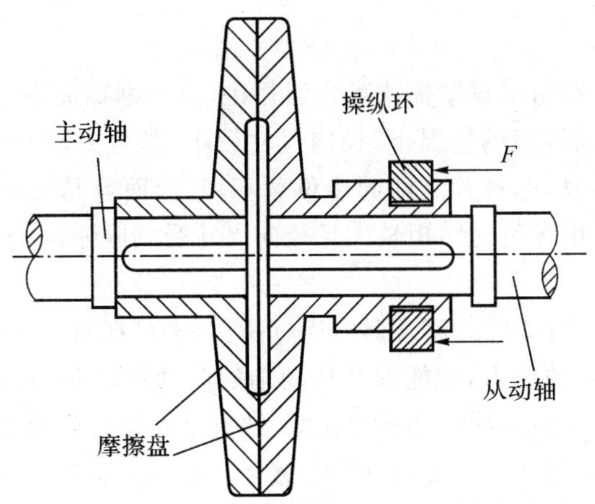

图 6-46　单盘摩擦式离合器

单盘摩擦式离合器的结构简单，散热性好，但所传递的转矩一般在 2000N·m 以下。在布置尺寸允许的条件下，广泛应用于轿车和轻型、微型货车；在发动机转矩不大于

1000N·m的大型客车和重型货车上也有所推广。

2)多盘摩擦式离合器

如图6-47(a)所示为多盘摩擦式离合器。它由内、外两组摩擦片。在主动轴上用键和定位螺钉固定着外毂轮上。其内表面上沿轴向开有三个凹槽,槽内插入外摩擦片的凸轮。外摩擦片随外轮毂一起回转,其形状见图6-47(b)。在从动轴上固定着套筒,其上沿轴向开有三个纵向槽,槽内装有曲臂压杆,可绕销轴转动。内摩擦片装在套筒的凹槽里,因而可带动套筒回转,其形状见图6-47(b)。若将滑环沿导键推向左方时,压杆通过压板便将所有的内、外摩擦片压紧在调节螺母上,此时离合器处于接合状态。若将滑环向右移动,压杆逆时针方向摆动,压板松开,离合器分离。调节螺母旋在套筒上,用以调节摩擦片之间的压力。内摩擦片也可以做成蝶形的,如图6-47(b)所示,当承压时,可被压平,并与外摩擦片贴紧;分离时,靠蝶形内摩擦片的弹力作用使摩擦片自行脱开。

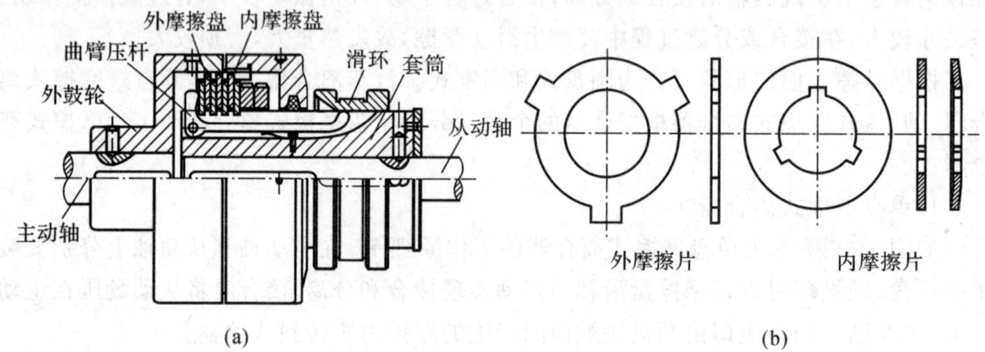

图6-47 多盘摩擦式离合器

多盘摩擦式离合器与单盘摩擦式离合器相比,由于摩擦面数增加,因而传递转矩的能力较大;在传递相同转矩的情况下,径向尺寸较小,踏板力较小,接合平顺柔和,但是中间压盘通风散热不良,摩擦片之间起步负载不均,因而容易烧坏摩擦片,分离也不够彻底。这种结构一般用在传递转矩较大且径向尺寸受到限制的场合。主要应用于重型牵引车和自卸车上。

和牙嵌离合器相比,摩擦式离合器的优点是:两轴可在有较大转速差的情况下接合和分离;改变摩擦面间的压力,就能调节从动轴的启动加速时间;接合时的冲击振动很小;过载时将打滑,可保护其他零件不受损坏。缺点是在接合和分离过程中,摩擦片面的相对滑动会造成发热和磨损,需及时更换摩擦片。摩擦离合器适用于经常启动、制动或经常改变转速和转动方向的场合。

总之,摩擦式离合器广泛应用在各种机械上,如汽车、拖拉机、飞机、起重机等。如跃进汽车用单盘摩擦式离合器,机车、柴油机多用多盘摩擦式离合器,解放汽车用双片摩擦式离合器。

(3)超越离合器

超越离合器(又称定向离合器)是用来传递单向转矩的离合器。如图 6-48 所示为超越离合器结构原理图。

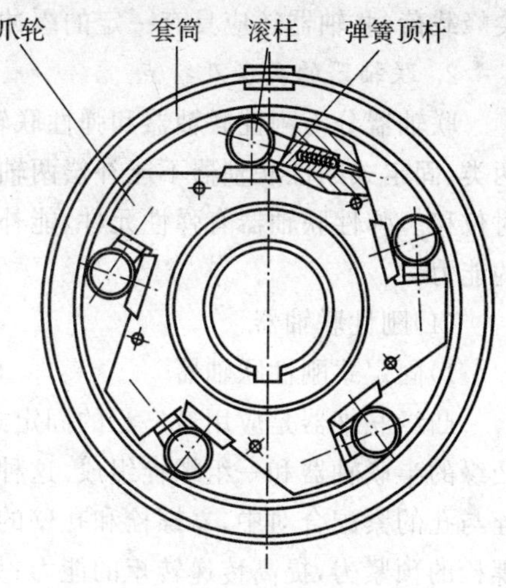

图 6-48　超越离合器

当爪轮为主动轮并做顺时针回转时,滚柱将被摩擦力转动而滚向空隙的收缩部分,并楔紧在爪轮和套筒间,使套筒随爪轮一同回转,离合器即进入接合状态。当爪轮反向回转时,滚柱即被滚到空隙的宽敞部分,这时离合器即处于分离状态。因而定向离合器只能传递单方向的转矩,可在机械中用来防止逆转及完成单向传动。

超越离合器依靠摩擦力传递转矩,故工作平稳,可在高转速差下接合。但对制造精度要求较高。一般用于内燃机等启动装置中。

6.4.2　联轴器

1. 联轴器的功用

联轴器和离合器都是用于轴与轴的对接,使两轴一起转动,并传递转矩。与离合器不同的是,只有在停车时,联轴器才能用拆卸的方法把两轴分开。

实际中,由于制造、安装的误差以及工作中零件的变形等原因,往往使联轴器所连接的两轴的轴心线不能够很好的重合,两轴在工作中会产生相对偏移。被联两轴可能出现的相对偏移有:轴向位移(图 6-49(a)),同轴线;径向位移(图 6-49(b)),轴线平行,但不重合;角位移(图 6-49(c)),轴线倾斜。实际中的两轴,有时可能只产生某一种相对位移,但有时可能同时产生两种或三种相对位移形式,称为综合位移(图 6-49(d))。

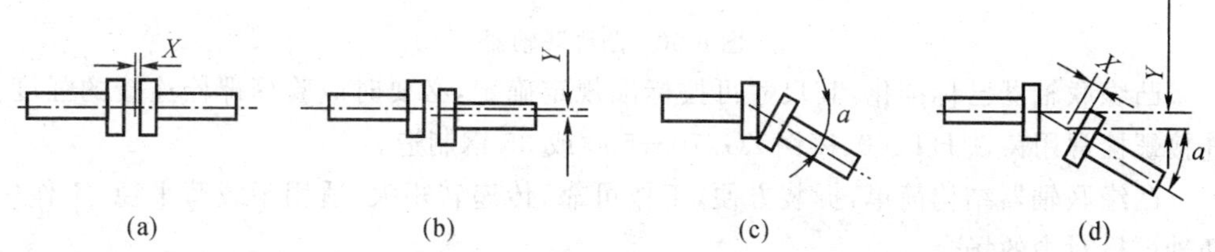

图 6-49　两轴之间的相对位移

两轴相对偏移的出现,将在轴、轴承和联轴器上引起附加载荷,甚至出现剧烈振动。因此,联轴器还应具有一定的补偿两轴偏移的能力,以消除或降低被联两轴相对偏移引起的附加载荷,改善传动性能,延长机器寿命。为了减少机械传动系统的振动,降低冲击尖峰载荷,联轴器还应具有一定的缓冲减震性能。

2. 联轴器的类型及特点

联轴器分为刚性联轴器和弹性联轴器两大类。刚性联轴器又分为固定式和可移式两类。固定式刚性联轴器不能补偿两轴的相对位移;可移式刚性联轴器能补偿两轴的相对位移。弹性联轴器有弹性元件,能补偿两轴的相对位移,并具有吸收振动和缓和冲击的能力。

(1)刚性联轴器

1)固定式刚性联轴器

凸缘联轴器是应用最广泛的固定式联轴器,如图 6-50 所示。凸缘联轴器由两个带凸缘的半联轴器和一组螺栓组成。这种联轴器有两种对中方式:一种是通过铰制孔用螺栓与孔的紧配合对中,靠螺栓和孔壁的之间的挤压来传递转矩,采用这种结构可以减轻螺栓的预紧力,提高传递转矩的能力;另一种是通过分别具有凸槽和凹槽的两个半联轴器的相互嵌合来对中,半联轴器采用普通螺栓连接,依靠凸缘结合面的摩擦力传递转矩。当尺寸相同时前者传递的转矩较大,且装拆时轴不必做轴向移动。

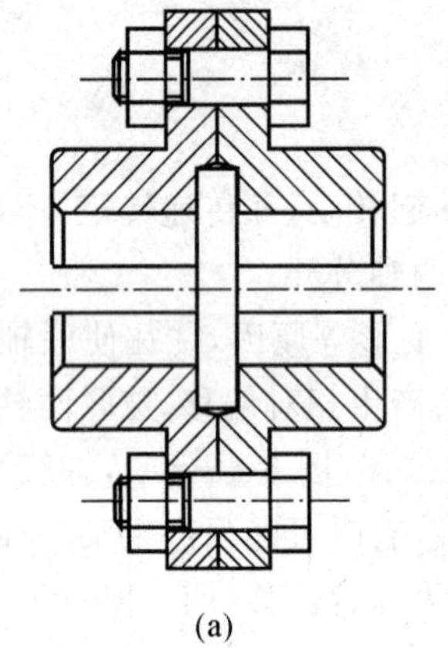
(a)

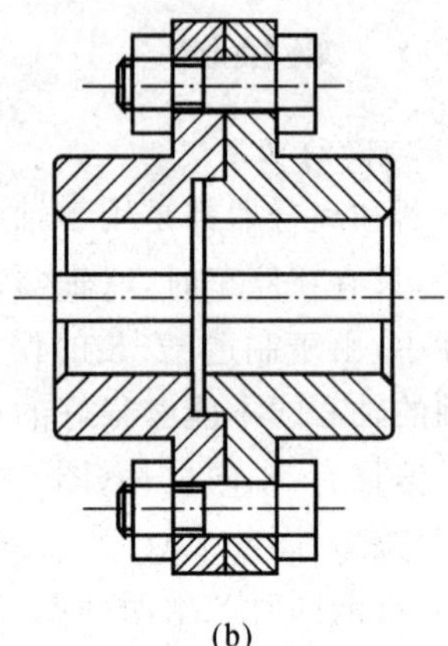
(b)

图 6-50 凸缘联轴器

凸缘联轴器已标准化,其尺寸可按标准规定确定,必要时应验算螺栓连接的强度。连接螺栓常用铸铁 HT200、铸钢 ZG270－500 或 35 钢制造。

凸缘联轴器结构简单,拆装方便,工作可靠,传递转矩大,适用于载荷平稳、工作中两轴严格对中的场合。

2)可移式刚性联轴器

可移式刚性联轴器的组成零件间构成动连接,具有某一方向或几个方向的活动度,因此能补偿两轴的相对位移。常用的可移式刚性联轴器有以下几种。

①齿式联轴器

如图 6-51 所示，齿轮联轴器主要由两个具有外齿的半联轴器 1、2 和两个具有内齿的外壳 3、4 组成。半联轴器 1、2 通过键分别同主、从动轴连接，外壳 3、4 用螺栓连接起来，利用内、外齿轮的啮合实现两轴的连接。内、外齿环上轮齿齿数相等，通常采用压力角为 20°的渐开线齿廓。

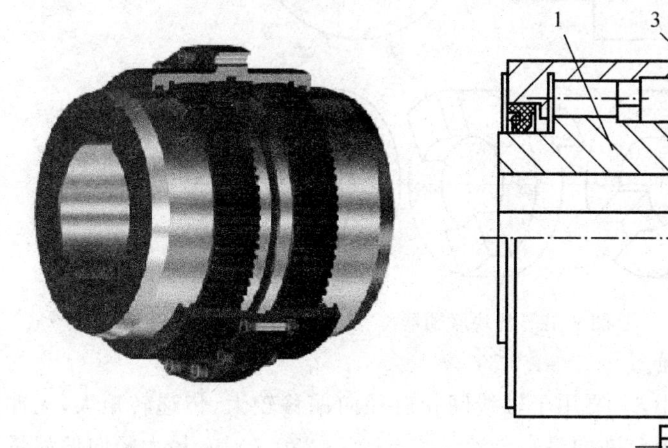

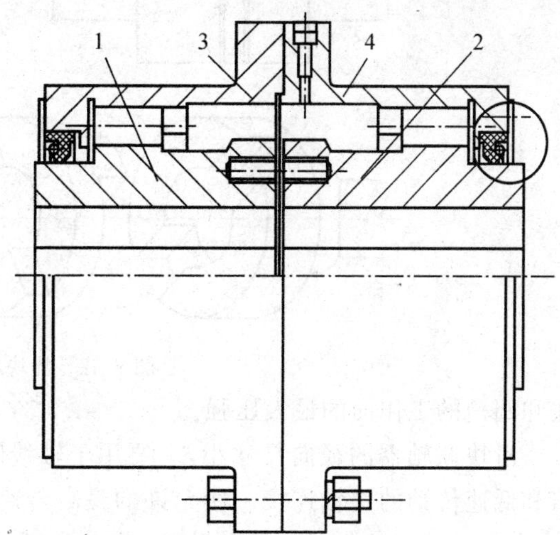

6-51　齿式联轴器

这类联轴器能传递很大的转矩，并允许有较大的偏移量，所允许的最大径向偏移 Δy 为 2.4～6.3mm，角偏移 $\Delta\alpha < 30'$，安装精度要求不高，因此在重型机械中应用较多。其缺点是结构复杂，质量较大，成本较高。

②十字滑块联轴器

如图 6-52 所示，滑块联轴器由两个端面上开有凹槽的半联轴器 1、3 和两面均有凸块的浮动盘 2 所组成。凹槽的中心线分别通过两轴的中心，两凸块的中心线相互垂直并通过浮动盘的中心。两半联轴器通过键分别和主、从动轴连接。浮动盘的两个凸块分别嵌装在主、从动轴上两半联轴器的凹槽中，从而构成一动连接。中间盘沿径向滑动补偿径向位移，并能补偿角度位移。

如果被连接两轴的轴线有径向偏移，则联轴器转动时，中间浮动盘的两凸块将在两半联轴器的凹槽中来回滑动形成移动副，浮动盘做偏心回转。为避免浮动盘在偏心回转时产生过大的离心力，应当限制联轴器的工作转速和两轴的偏心距，并将浮动盘制成中空以减轻重量。

滑块联轴器的两半联轴器常用 45 钢制造，尺寸较大时用 ZG310－570 制造。浮动盘一般用 45 钢制造，并经表面淬火 HRC48～58。为了避免过早磨损，必要时可验算凸

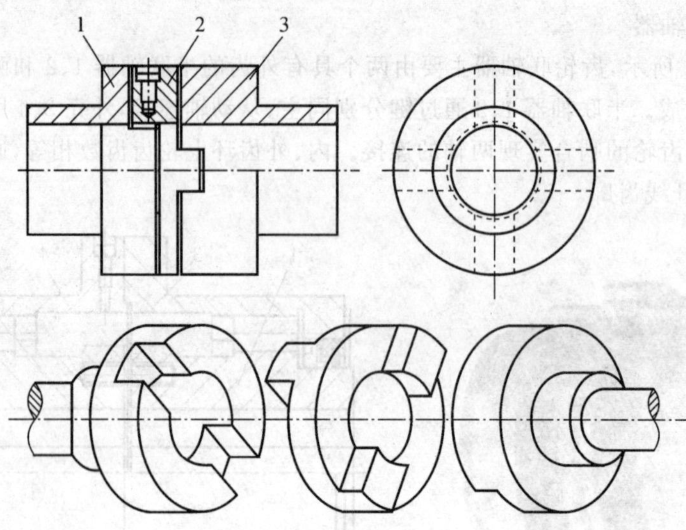

图 6-52 滑块联轴器

块和凹槽的工作面的最大压强。

滑块联轴器的径向尺寸小，主要用于轴线间相对径向偏移较大，传递转矩大，无冲击和低速传动的两轴连接。所允许的最高转速 $n_{max}=100\sim250$r/min，最大径向偏移量 Δy 为 $0.04d$(d 为轴径)，角偏移 $\Delta\alpha$ 为 $30'$。

③万向联轴器

如图 6-53 所示，万向联轴器由两个叉形接头 1、3 和十字轴 2 组成，利用中间连接件十字轴连接的两叉形半联轴器均能绕十字轴的轴线转动，从而使联轴器的两轴线能成任意角度 α，一般 α 最大可达 40°～50°。但夹角越大，传动效率越低。万向联轴器单个使用时，当主动轴以等角速度转动时，从动轴作变角速度回转，从而在传动中引起附加动载荷。为避免这种现象，可采用两个万向联轴器成对使用，使两次角速度变化的影响相互抵消，使主动轴和从动轴同步转动。

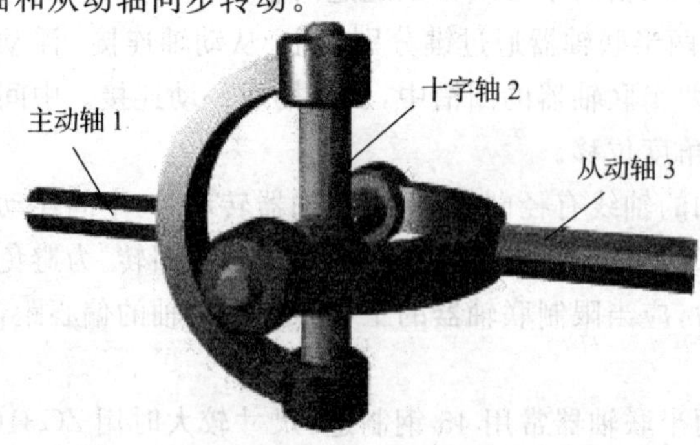

图 6-53 万向联轴器结构简图

万向联轴器的材料常用合金钢制造，以获得较高的耐磨性和较小的尺寸。万向联轴器能补偿较大的角位移，结构紧凑，使用、维护方便，广泛用于汽车、工程机械等的传动系统中。

(2)弹性联轴器

弹性联轴器是利用联轴器中的弹性元件的变形来补偿两轴间的相对移动，并缓和冲击和吸收振动。

1)弹性套柱销联轴器

如图 6-54 所示，这种联轴器的结构与凸缘联轴器相似，只是用套有弹性套的柱销代替了连接螺栓。因为通过蛹状的弹性套传递转矩，故可缓冲减振。弹性套的材料常用耐油橡胶，并做成截面形状如图中网纹部分所示，以提高其弹性。半联轴器与轴的配合孔可做成圆柱形或圆锥形。

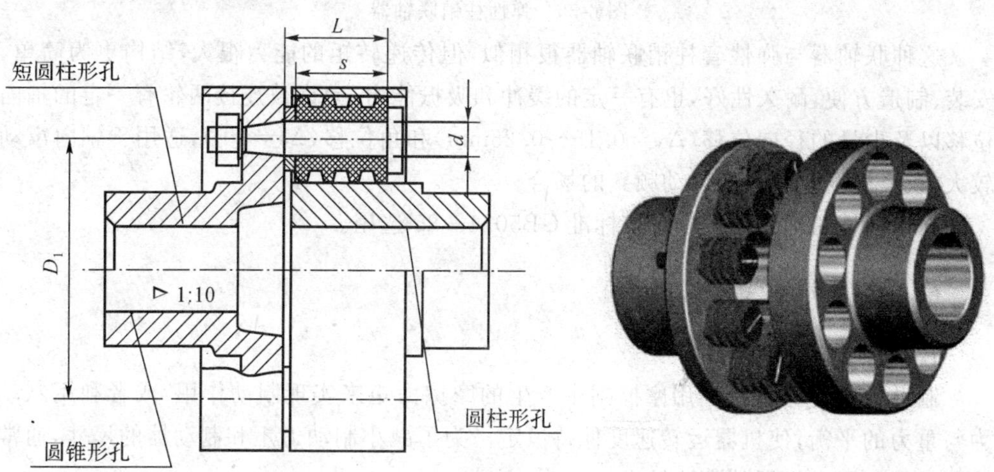

图 6-54　弹性套柱销联轴器

制造联轴器的材料常用 HT 200，有时也采用 35 钢或 ZG270－500；柱销材料多用 35 钢。弹性套柱销联轴器已经标准化，可按标准 GB4323－84 选用，必要时应验算弹性套上的压强和轴销的弯曲强度。

这种联轴器制造容易，装拆方便，成本较低，但弹性套易磨损，寿命较短。它适用于连接载荷平稳，允许正反转或启动频繁的传递中、小转矩的轴的场合。

2)弹性柱销联轴器

如图 6-55 所示，弹性柱销联轴器是用非金属材料制成若干柱销来实现两个半联轴器的连接。柱销一端制成鼓形，以提高位移补偿能力。为防止销滑出，两侧设有挡板。柱销材料主要为 MC 尼龙，具有一定的弹性，可缓和冲击。缺点是易吸潮变形，尺寸稳定性差，工作温度限于－20～60℃。

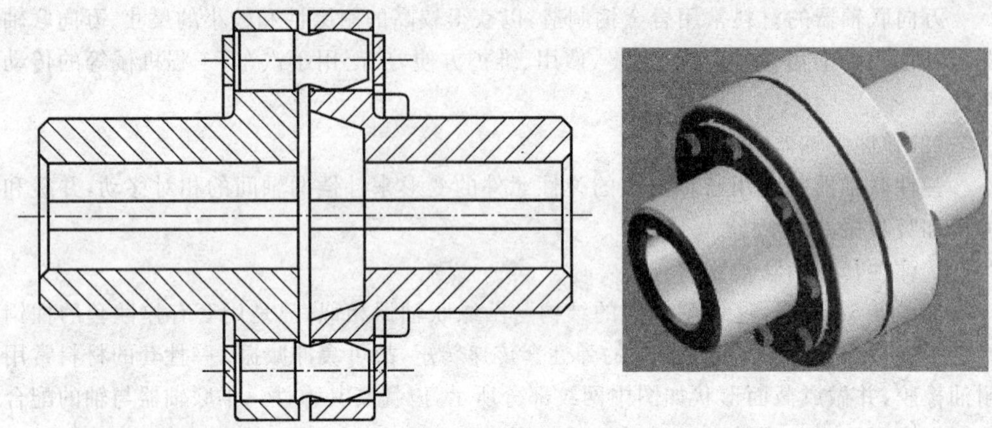

图 6-55 弹性柱销联轴器

这种联轴器与弹性套柱销联轴器很相似，但传递转矩的能力很大，结构更为简单，安装、制造方便，耐久性好，也有一定的缓冲和吸振能力，允许被连接两轮有一定的轴向位移以及少量的径向位移（Δy＝0.15～0.25mm）和角位移（$\Delta \alpha$＝30′），适用于轴向窜动较大、正反转变化较多和启动频繁的场合。

弹性柱销联轴器的尺寸可按标准 GB5014－85 选用。

6.4.3 制动器

1. 制动器的功用

制动器工作原理是利用摩擦副中产生的摩擦力矩来实现制动作用，或者利用制动力与重力的平衡，使机器运转速度保持恒定。为了减小制动力矩和制动器的尺寸，通常将制动器配置在机器的高速轴上。

2. 制动器的类型及特点

按用途可分为：停止式和调速式。停止式起停止和支持运动物体的作用；调速式除上述作用外，还可调节物体运动速度。

按结构特征可分为：块式、带式和盘式。

按操纵方式可分为：手动、自动和混合式。

按工作状态可分为：常开式和常闭式。常开式经常处于松闸状态，必须施加外力才能实现制动；常闭式经常处于合闸即制动状态，只有施加外力才能解除制动状态。起重机械中的提升机构常采用常闭式制动器，而各种车辆的主制动器则采用常开式。

这里介绍几种常用的制动器：

(1)短行程电磁铁双瓦块式制动器

短行程电磁铁双瓦块式制动器的工作原理如图 6-56 所示。在图示状态中，电磁铁线圈 5 断电，主弹簧 8 将左、右两制动臂 4 收扰，两个瓦块 3 同时闸紧制动轮 10，此时为制动状态。当电磁铁线圈通电时，电磁铁 6 绕 O 点逆时针转动，迫使推杆 7 向右移动，于是主弹簧 8 被压缩，左、右两制动臂 4 的上端距离增大，两瓦块 3 离开制动轮 10，制动器处于开启状态。将两个制动臂对称布置在制动轮两侧，并将两个瓦块铰接在其上，这样可使两瓦块下的正压力相等及两制动臂上的合闸力相等，从而消除制动轮上的横向力。将电磁铁装在制动臂上，可使制动行程较短(小于 5mm)。主弹簧的压力可由位于其端部、装在推杆 7 上的螺母来调节。两制动臂的张开程度由限位螺钉 2 调节限定

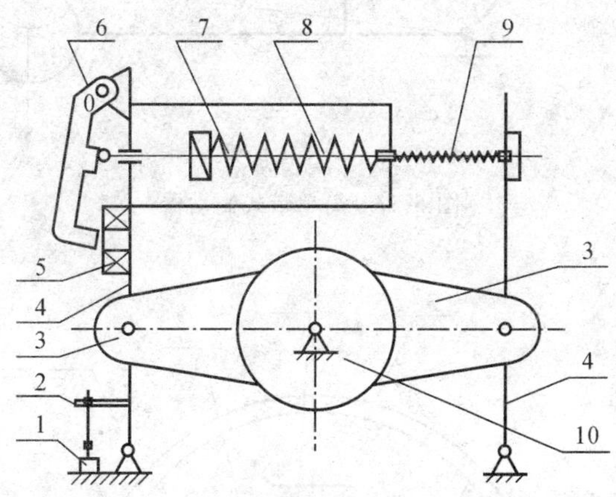

图 6-56　短行程电磁铁双瓦块式制动器

这种制动器的优点是：制动和开启迅速，尺寸小、重量轻，更换瓦块、电磁铁方便，并易于调整瓦块和制动轮之间间隙。缺点是：制动时冲击力较大，开启时所需的电磁铁吸引力大，电磁铁的尺寸和电能消耗也因此较大。

(2)带式制动器

带式制动器是由包在制动轮上的制动带与制动轮之间产生的摩擦力矩来制动的，如图 6-57 所示为简单带式制动器。在重锤 3 的作用下，制动带 1 紧包在制动轮 2 上，从而实现制动。松闸时，则由电磁铁 4 或人力提升重锤来实现。带式制动器结构简单；由于包角大，制动力矩也很大。但因制动带磨损不均匀，易断裂，对轴的横向作用力也大。

(3)内张蹄式制动器

如图 6-58 所示，内张蹄式制动器的工作原理是：两个制动蹄 1 分别与机架的制动底板铰接，制动轮 3 与被制动轴连接。制动轮内圆柱表面装有耐磨材料制的摩擦瓦 6。当压力油进入油缸 4 后，推动左、右两活塞，两制动蹄在活塞的推动力 F 作用下，压紧制动轮内圆柱面，从而实现制动。松闸时，将油路卸压，弹簧 5 收缩，使制动蹄离开制动轮，实现松闸。

3. 制动器的选用

一些应用广泛的制动器已标准化，有系列产品可供选择。额定制动力矩是表征制动

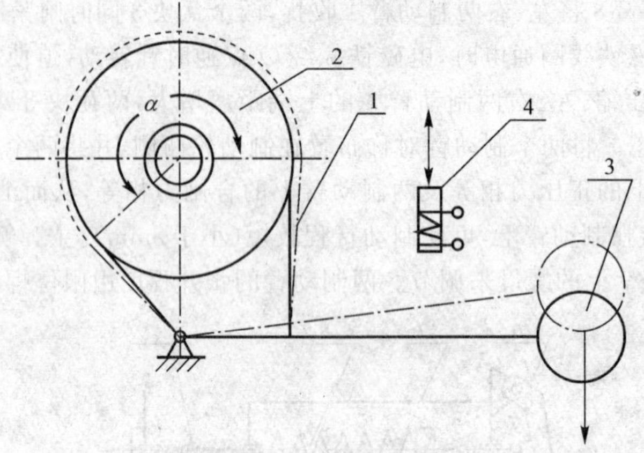

图 6-57　简单带式制动器

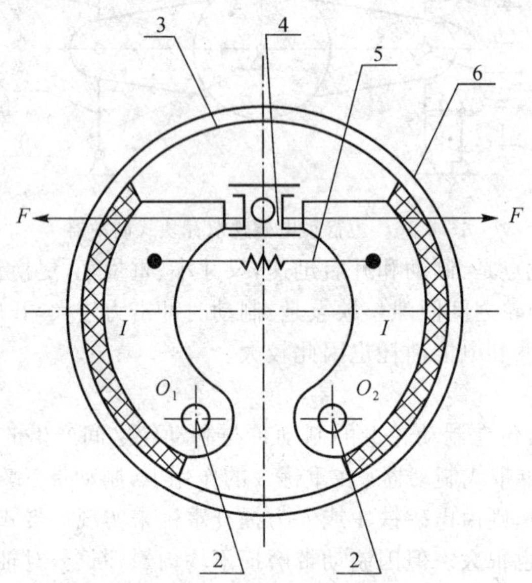

图 6-58　内张蹄式制动器

器工作能力的主要参数,制动力矩是选择制动器型号的主要依据,所需制动力矩根据不同机械设备的具体情况确定。选择制动器时,为了使制动安全可靠,一般将所需制动力矩适当加大,即按计算制动力矩 Tzc 来选择制动器的型号。

6.5　连　接

连接是将两个或两个以上的零件联合成一体的结构。为了便于机器的制造、安装、运输、维修以及提高劳动生产率等，常采用不同的连接方式将零、部件合成一个整体。连接分为三大类。

1. 不可拆连接

当拆开连接时，至少要破坏或损伤连接中的一个零件，这种连接称为不可拆卸连接。如焊接、铆接、胶结等。

2. 可拆连接

当拆开连接时，无需破坏或损伤连接中的任意一个零件，这种连接方式称为可拆连接。如轮毂连接和螺纹连接等。

3. 过盈配合连接

过盈配合连接是利用包容件和被包容件的过盈量，将两个零件联成一体的结构，是介于可拆连接和不可拆连接之间的一种连接。过盈配合连接的优点是结构简单，缺点是配合表面要求加工精度高、表面粗糙度数值低，成本高。

这里主要介绍几种常见的可拆连接。

6.5.1　轴毂连接

常见的轴毂连接有键连接、花键连接和销连接等。键连接是一种应用很广泛的可拆连接，主要用于轴与轴上零件的周向相对固定，以传递运动或转矩。销连接通常用于确定零件间的相对位置，是组合加工和装配时的重要辅助零件。

1. 键连接

键是标准零件，主要是用来实现轴和轮毂(如齿轮、带轮、蜗轮、凸轮等)之间的周向固定并用来传递运动和转矩。有些类型的键也可以实现轴上零件的轴向固定或轴向移动。这种连接结构简单、工作可靠、拆装方便，因此获得广泛应用。

键连接可分为平键连接、半圆键连接、楔键连接、切向键连接和花键连接。

(1)平键连接

平键依靠键的两侧面传递转矩。键的上面与轮毂键槽底面间有间隙，为非工作面，不影响轴与轮毂的同心精度，拆装方便。按照用途，平键连接又可分为三种：普通平键连接、导向平键连接和滑键连接。

如图 6-59 所示为普通平键，这种键应用最广。键的端面形状有圆头(A 型)、方头(B 型)和单圆头(C 型)三种。A 型平键键槽用端铣刀加工，键在槽中固定好，但槽对轴的应力集中影响比较大。B 型平键键槽用盘铣刀加工，槽对轴的应力集中影响比较小，但对尺寸较大的键，要用紧定螺钉压紧，以防松动。C型平键常用于轴的端面连接，轴上键槽常用端铣刀铣通。

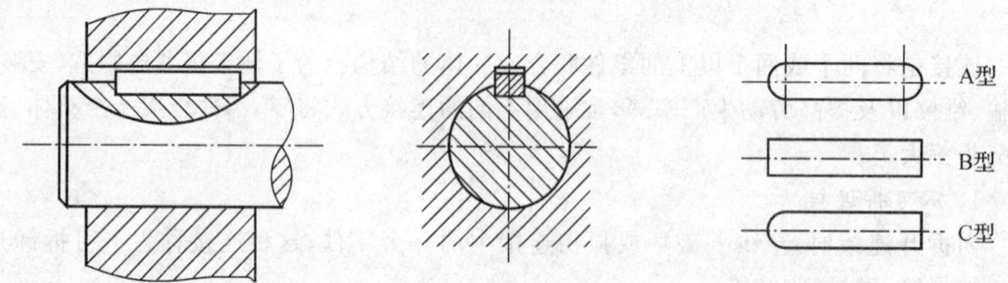

图 6-59 普通平键的类型

当轮毂在轴上需沿轴向移动时，可采用导向平键连接(图 6-60)，如汽车变速器中的滑动齿轮与轴之间的连接。导向平键是加长的普通平键，为了放松，用两个螺钉固定在轴槽中，为了拆装方便，在键的中部制有其键螺孔。轮毂上的键槽与键是间隙配合，当轮毂移动时，键起导向作用。

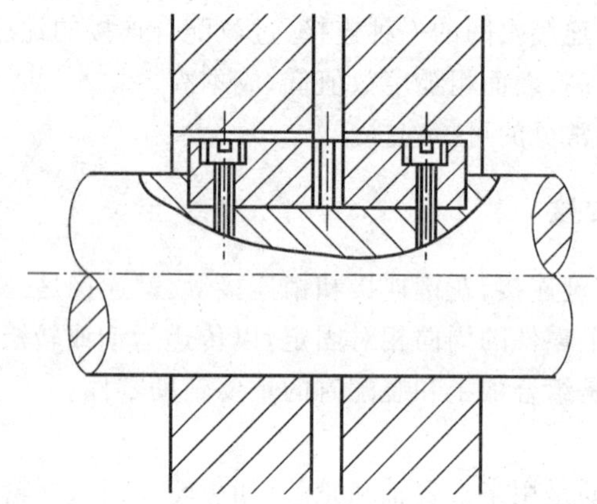

图 6-60 导向平键连接

若轴上零件沿轴向移动距离长时，可采用如图 6-61 所示的滑键连接。滑键固定在轮毂上，随传动零件沿键槽移动。

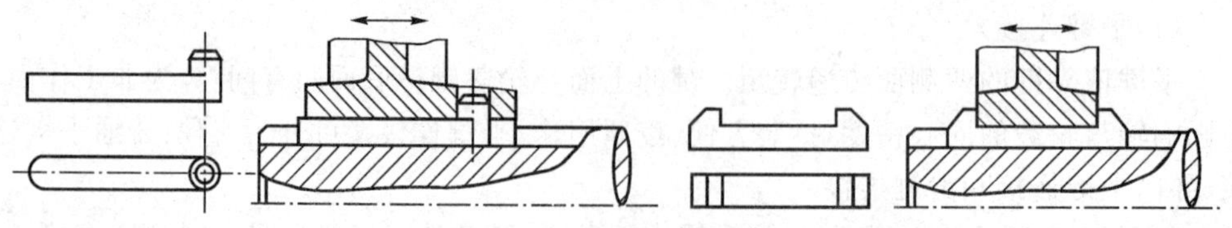

图 6-61 滑键连接

(2)半圆键连接

如图 6-62 所示为半圆键连接，它能在轴的键槽内摆动，以适应轮毂键槽底面的斜度，装配方便，定心性好，所以适合锥型轴头与轮毂的连接；但轴槽过深，对轴的削弱比较大，主要用于轻载连接。

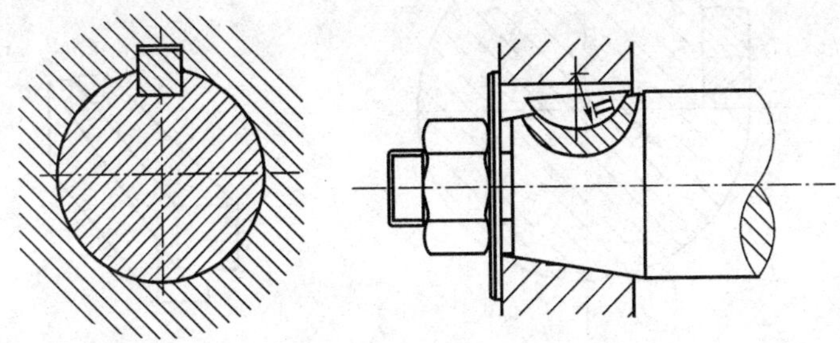

图 6-62　半圆键连接

(3)楔键连接

用于楔键连接的键具有一个斜面。由于斜面的楔紧影响，使轮毂与轴产生偏心，所以楔键连接的定心精度不高。

如图 6-63 所示，楔键的上、下表面是工作面，键的上表面和轮毂键槽底面，都有 1：100 的斜度。键楔入键槽后，工作面产生很大的预紧力并靠工作面的摩擦力传递转矩。它能承受单向的轴向力和轴向固定作用。楔键分普通楔键(图 6-63(b))和钩头楔键(图 6-63(a))两种。钩头楔键的钩头是为了便于拆卸用的，因此装配时须留有拆卸位置。外露钩头随轴转动，容易发生事故，应加以防护罩。

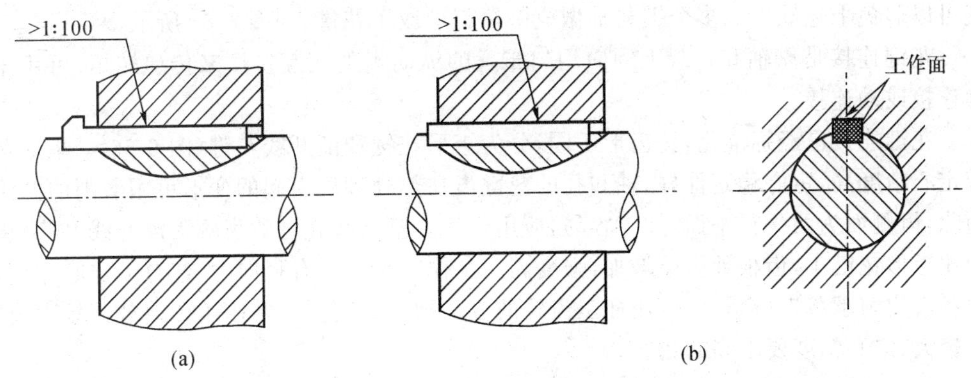

图 6-63　楔键连接

(4)切向键连接

如图 6-64 所示为切向键连接，它由一对楔键组成。装配时两个键楔紧，键的窄面是工作面，其中一个工作面在通过轴心线的平面内，工作面的压力沿轴线的切线方向作用,能传递很大的转矩。当双向传递转矩时,需用两队切向键并分布成1200～1300(图6-69)。切向键主要用于轴径大于100mm,对中性要求不严而载荷很大的重型机械。

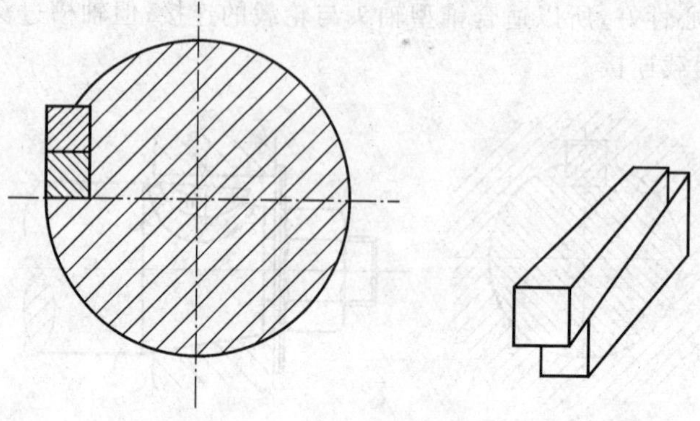

图 6-64 切向键连接

(5)花键连接

如果使用一个平键不能满足轴所传递的扭矩的要求时,可在同一轴毂连接处均匀布置两个或三个平键。而且由于载荷分布不均的影响,在同一轴毂连接处均匀布置2(3)个平键时,只相当于1.5(2)个平键所能传递的扭矩。显然,键槽愈多,对轴的削弱就愈大。如果把键和轴做成一体就可以避免上述缺点。多个键与轴做成一体就形成了花键,如图6-65所示。

图 6-65 花键

花键连接是靠轴和轮毂上周向均匀布置的纵向齿的相互挤压来传递转矩,可用于静连接或动连接。

花键连接已经标准化,按齿形不同,分为矩形花键和渐开线花键(图6-66)。矩形花键定心精度高,定心稳定性好,轴和孔的花键齿在热处理后引起的变形可用磨削的办法消除,齿侧面为两平行平面,加工容易,应用广泛。渐开线花键的齿廓为渐开线,应力集中比矩形花键小,齿根处齿厚增加,强度高。工作时齿面上有径向力,起自动定心作用,使各齿均匀承载,寿命长。可用加工齿轮的方法加工,工艺好,常用于传递载荷较大、轴径较大、定心精度要求高的场合。

与平键比较,花键的特点是:

1)键齿多,承载能力强;

2)键槽较浅,应力集中小,对轴和毂的强度削弱小;

3)键齿均布,受力均匀;

4)轴上零件与轴的对中性和导向性好;

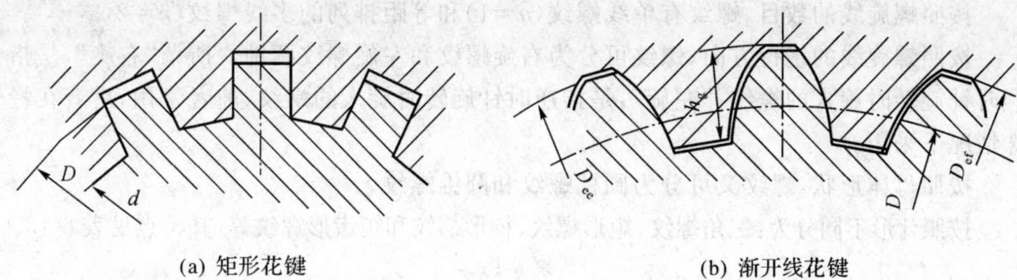

图 6-66　矩形花键和渐开线花键

5)加工需要专用设备,成本较高;

故花键一般使用于定心精度要求较高,载荷较大的场合。

2. 销连接

销连接主要用于定位。即固定零件间的相对位置,它是组合加工和装配时的主要辅助零件,既可传递不大的转矩,也可作为安全装置中的过载剪断元件。

如图 6-67 所示。按销的形状不同,可分为圆柱销和圆锥销。圆柱销利用过盈配合固定,多次拆卸会降低定位精度和可靠性。圆锥销常用的锥度为 1∶50,装配方便,定位精度高,多次拆卸不会影响定位精度。

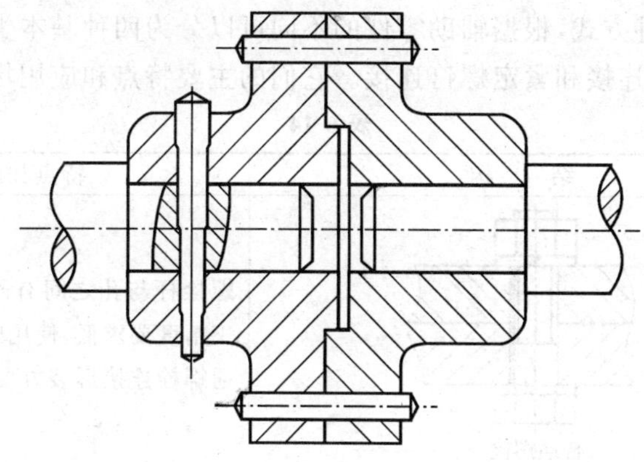

图 6-67　联轴器上的销连接

6.5.2　螺纹连接

在机械制图课中已介绍过螺纹的形成、分类及螺纹的主要参数,这里主要介绍螺纹连接的有关知识。

1. 螺纹的类型

按用途不同,螺纹可分为连接螺纹和传动螺纹。连接螺纹要求自锁性好,而传动螺纹要求效率 η 高。

按照螺旋线的数目，螺纹有单线螺纹($n=1$)和等距排列的多线螺纹($n=2,3,\cdots$)。

按照螺旋线的绕行方向，螺纹可分为右旋螺纹和左旋螺纹两钟。所谓“右旋”，是指顺时针旋转时旋入的螺纹；“左旋”，是指逆时针旋转时旋入的螺纹。前者常用，后着在特殊情况下采用。

按照母体形状，螺纹又可分为圆柱螺纹和圆锥螺纹。

按照牙形不同分为：三角螺纹、矩形螺纹、梯形螺纹和矩齿形螺纹等，其特点见表 6-13。

表 6-13

	牙型斜角β	自锁性	效率	加工	强度
普通螺纹	30°	易	低	易	高
矩形螺纹	0°	不易	高	不易	低
梯形螺纹	15°	较易	较高	较易	较高
矩齿形螺纹	3°	不易	较高	较易	较高

注：目前：除了矩形螺纹尚无标准以外，其他三种均已标准化。使用时，可查阅标准。

2. 螺纹连接的类型

螺纹连接是一种可拆卸、结构简单、拆装方便、连接可靠、成本低廉的连接方式，所以被广泛应用。实现螺纹连接，通常有两种方式：一是在被连接件上直接做出内、外螺纹，把两个被连接件直接拧在一起；二是利用具有内、外螺纹的辅助零件（螺纹紧固件）来实现。对于第二种方式，根据辅助零件的不同可以分为四种基本类型，即：螺栓联接、双头螺柱连接、螺钉连接和紧定螺钉连接。它们的主要特点和应用场合见表 6-14。

表 6-14

类型	结　构	特点和应用
螺栓连接	普通螺栓	螺栓杆与孔之间有间隙，杆与孔的加工精度要求低，使用时需拧紧螺母。普通螺栓连接拆装方便，应用很广泛
	铰制孔螺栓	螺栓杆与孔之间没有间隙，能承受与螺栓轴线方向垂直的横向载荷并起定位作用。

续表

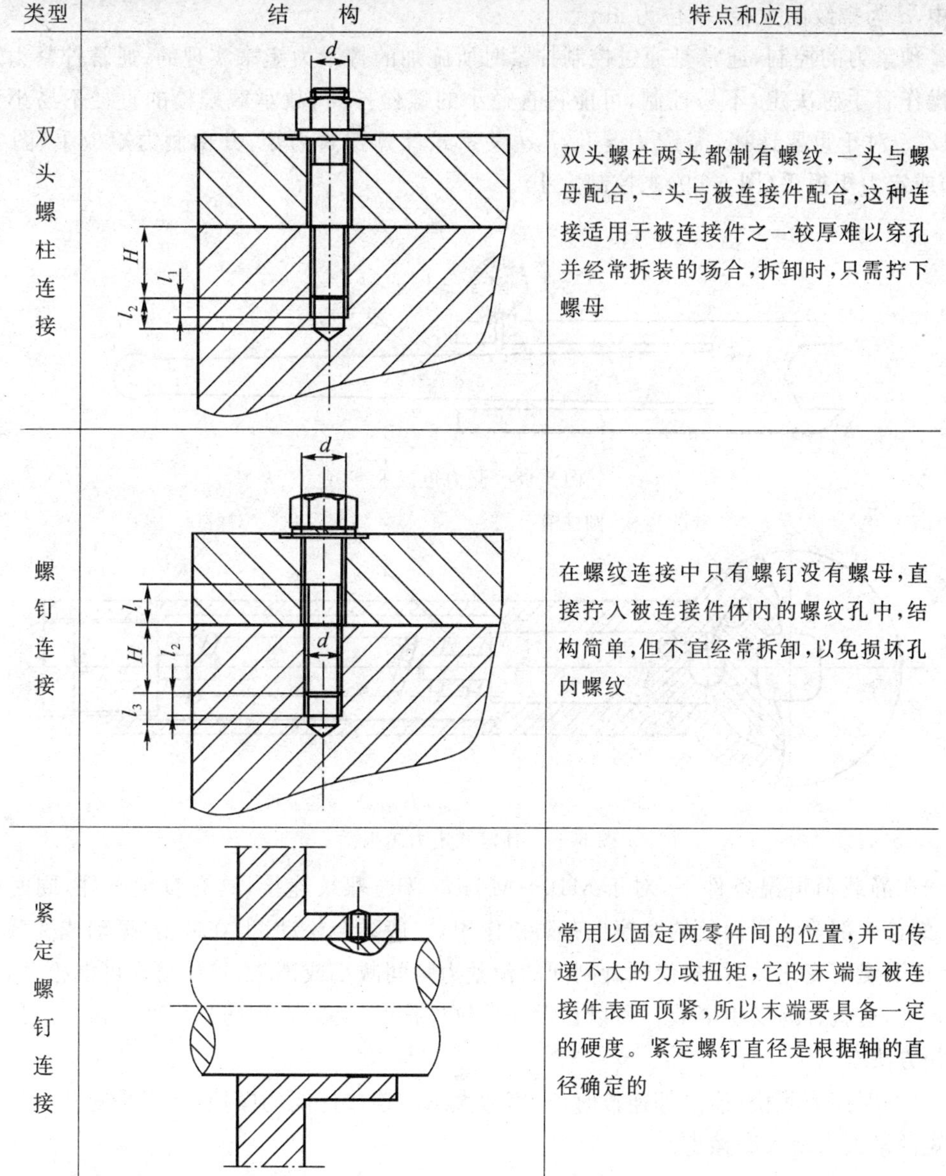

类型	结　构	特点和应用
双头螺柱连接		双头螺柱两头都制有螺纹，一头与螺母配合，一头与被连接件配合，这种连接适用于被连接件之一较厚难以穿孔并经常拆装的场合，拆卸时，只需拧下螺母
螺钉连接		在螺纹连接中只有螺钉没有螺母，直接拧入被连接件体内的螺纹孔中，结构简单，但不宜经常拆卸，以免损坏孔内螺纹
紧定螺钉连接		常用以固定两零件间的位置，并可传递不大的力或扭矩，它的末端与被连接件表面顶紧，所以末端要具备一定的硬度。紧定螺钉直径是根据轴的直径确定的

3. 螺纹连接的预紧和防松

在多数情况下，螺纹连接在装配时需要拧紧，称为“预紧”。预紧使连接中的零件受到的力，称为“预紧力”。预紧的目的是为了防止工作时连接出现缝隙和滑移，以保证连接的紧密性和可靠性。通常，拧紧力矩 T(N·mm)和螺栓轴向预紧力 F_0 间的关系为：

$$T \approx 0.2F_o d$$

式中,d 为螺纹的大径,单位为 mm。

预紧力的控制,通常是通过控制拧紧时所施加的拧紧力矩来实现的。通常拧紧力矩由操作者手感决定,不易控制,可能将直径小的螺栓拧断,故承载螺栓的直径不易小于 M12 。对于重要连接,需按 $T \approx 0.2F_o d$ 关系式计算拧紧力矩,并由测力矩扳手(图 6-68)或定力矩扳手(图 6-69)来控制大小 。

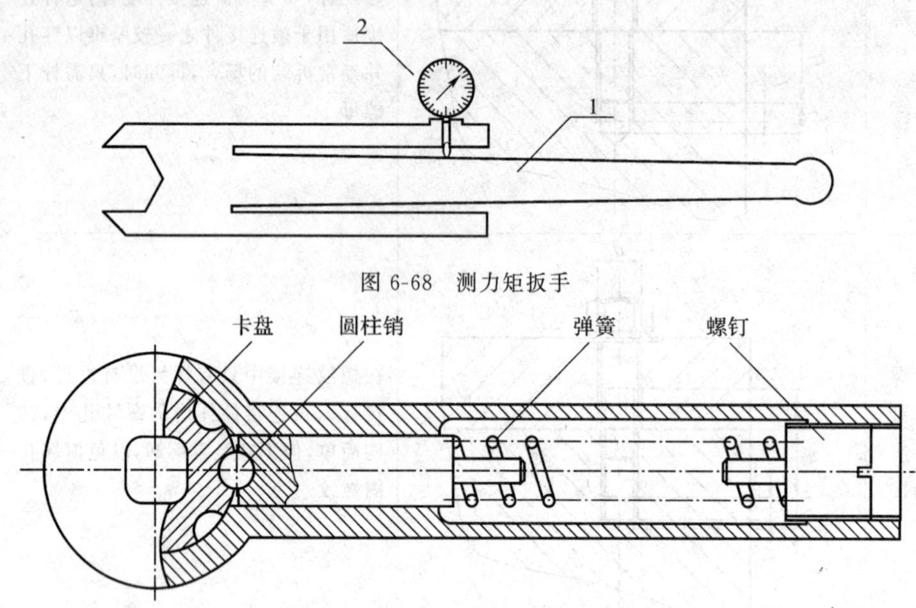

图 6-68 测力矩扳手

图 6-69 预定式定力矩扳手

在静载荷恒温条件下,对于 M10～M64 的普通螺纹连接,具有自锁条件,同时螺母、螺栓头部等承压面处的摩擦也有防松作用,一般不会松动。但在冲击、振动或变载荷下,或当温度变化大时,会使螺旋副间的预紧力瞬间减小或消失,连接就有可能松动,甚至松开,这就容易发生事故。所以在设计螺纹连接时,必须考虑防松问题。螺纹连接的防松方法有以下几种。

(1)摩擦力防松。连接件连接时,利用增大螺纹连接件间的摩擦,而不是随外力或外力矩的增大来增大摩擦力。

如图 6-70(a)所示,利用弹簧垫片的弹性增大摩擦力防松,如发动机缸盖螺母。如 6-70(b)所示,利用双螺母相互压紧增大摩擦力防松。如图 6-70(c)所示,利用自锁螺母防松,螺母一端制成非圆形收口或开缝后径向收口。当螺母拧紧后,收口涨开,利用收口的回弹力使旋合螺纹间压紧,实现防松。

(2)机械防松。利用附加零件的形状或改变螺纹连接形状,使被连接件不能相对运动。

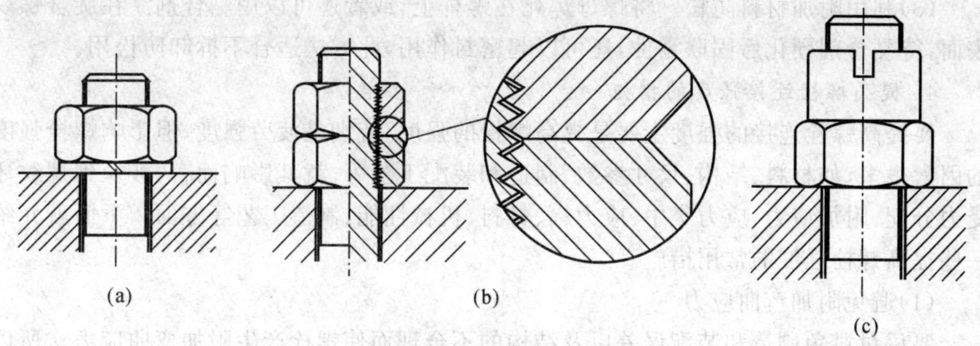

图 6-70　摩擦力防松装置

如图 6-71(a)所示，采用六角槽螺母配开口销防松。如图 6-71(b)所示，采用单耳止推垫圈防松。如图 6-71(c)所示，采用串联钢丝防松。

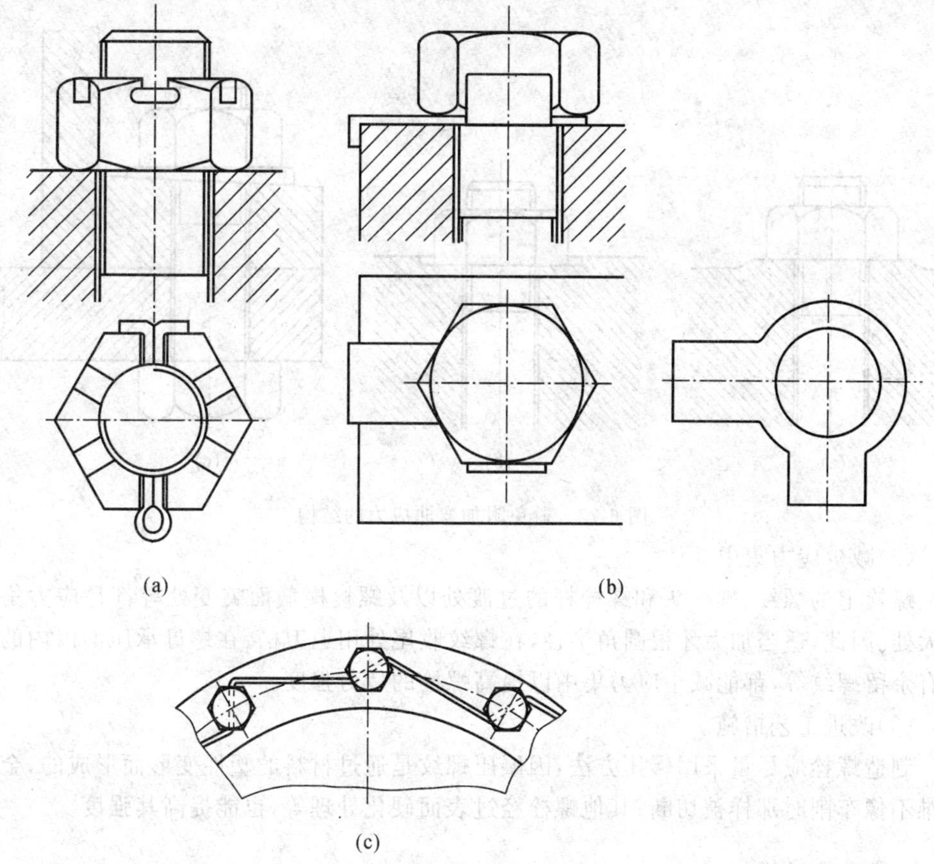

(a)　(b)

(c)

图 6-71　机械防松装置

(3)利用附加材料防松。将螺母焊死在螺杆上，或者还可以用黏合剂涂在旋合螺纹表面，待黏合剂硬化后固联零件，还可以起密封作用，此方法适合不拆卸防松用。

4. 提高螺栓连接强度的措施

要提高螺栓连接的强度主要是提高螺栓的强度，特别是疲劳强度。但影响螺栓强度的因素很多，如材料、结构、尺寸参数、制造和装配工艺等。就其影响而言，涉及到螺纹牙受力分配、附加应力、应力集中、应力幅、材料、机械性能、制造工艺等方面。下面就介绍一些提高螺栓强度的常用措施。

(1)避免附加弯曲应力

要尽量避免制造和装配误差以及结构的不合理而使螺栓产生附加弯曲应力。所以保证被连接件的螺母和螺栓头支承面平整，并与螺栓轴线相互垂直。对于在铸、锻件等的粗糙表面上安装螺栓时，应制成凸台(图 6-72(a))或沉头座(图 6-72(b))。当支承面为倾斜表面时，应采用斜面垫圈(图 6-72(c))等。

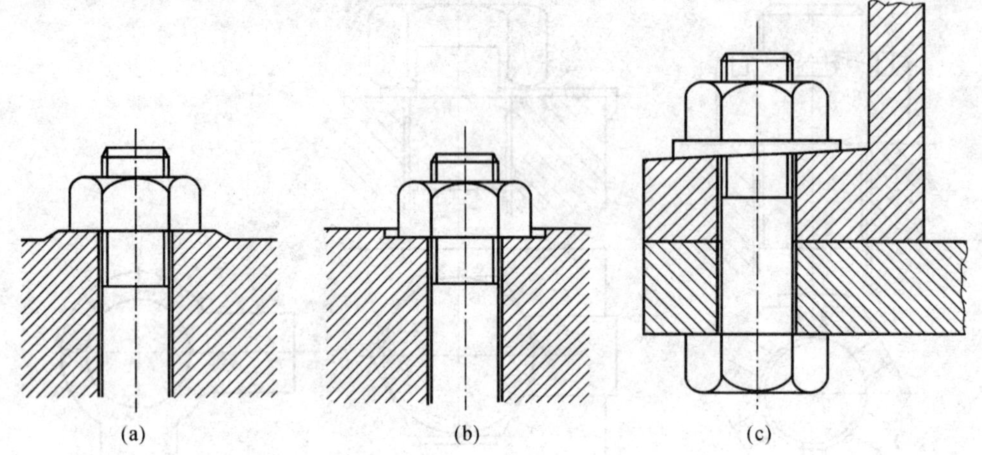

图 6-72 避免附加弯曲应力的结构

(2)减少应力集中

螺栓上的螺纹、螺栓头和螺栓杆的过渡处以及螺栓横截面突变处等都是应力集中较大处。因此，适当加大牙根圆角半径，在螺纹收尾处用退刀槽、在螺母承压面以内的栓杆有余留螺纹等，都能减小应力集中以提高螺栓的疲劳强度。

(3)改进工艺措施

制造螺栓应尽量采用碾压方法，因碾压螺纹是通过材料的塑性变形而形成的，金属纤维不像车削时那样被切断；其他螺栓经过表面硬化处理等，也能提高其强度。

复习思考题与习题

6-1　轴的功用主要是什么？按承受的载荷不同可以分为哪几种？各适用于什么场合？

6-2　轴的常用材料有哪些？各适用于什么场合？怎么选择？

6-3　轴上零件的轴向固定和周向固定方式有哪几种？

6-4　指出图中结构的不合理之处并改正。

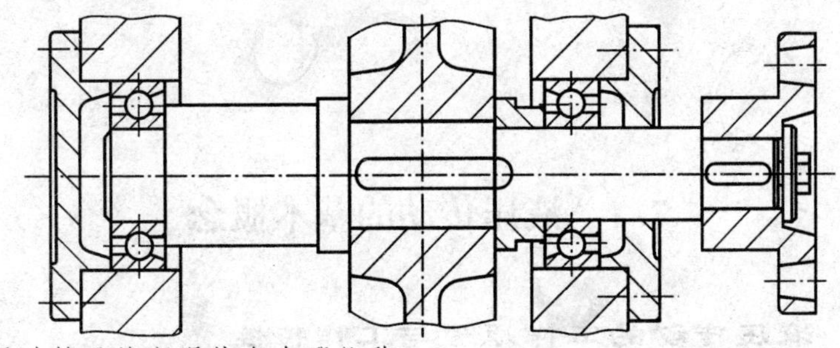

6-5　滑动轴承的润滑状态有哪几种？

6-6　滑动轴承有什么特点？主要适用什么场合？

6-7　滚动轴承与滑动轴承比有什么特点？主要适用的场合？其润滑方式有哪些？

6-8　试说明轴承代号 7207C 和 30310/P6x 的含义。

6-9　什么类型的滚动轴承在安装时需要调整游隙？常采用哪些方法调整？

6-10　联轴器和离合器的主要功用是什么？有什么特点？

6-11　常用的离合器有哪些类型？

6-12　试简述摩擦式离合器的工作原理，它有什么优、缺点？

6-13　常用联轴器的主要类型有哪些？怎样选用？

6-14　制动器的主要功用是什么？简述其工作原理。

第 7 章

液压传动

7.1 液压传动的基本概念

7.1.1 液压传动的工作原理与工作特性

液压传动是以液体为传动介质，主要利用液体的压力能来进行能量传递和控制的传动方式。液压传动通过能量转换装置(液压泵)，将原动机输入的机械能转换为液体的压力能，通过密封管道、控制元件等，经另一个能量转换装置(液压缸或液压马达)，将液体的压力能又转换成机械能输出，实现直线运动或回转运动。

液压传动系统基于流体力学的帕斯卡原理工作，通过各种元件组成所需功能的基本回路，再由若干基本回路有机结合成具有一定控制功能的传动系统，从而实现能量的转换、传递和控制。因此，要研究液压传动及其控制技术，首先要了解传动介质物理性质及其力学特性，研究各类液压元件的结构、工作原理和性能以及研究各种液压基本回路的性能和特点，并在此基础上对液压传动控制系统进行分析和设计。

对于不同的液压装置与设备，它们的液压传动系统虽然不同，但液压传动的基本工作原理是相同的。现以如图 7-1 所示的手动液压千斤顶为例，说明液压传动的工作原理。手动液压千斤顶由大缸体 10 和大活塞 11 组成举升液压缸；由手动杠杆 1、小活塞 2、小缸体 3、进油单向阀 4 和排油单向阀 7 组成手动液压泵。

当手动杠杆摆动时，小活塞做往复运动。小活塞上移，泵腔(小缸体 3)内的容积扩大而形成局部真空，油箱中的油液在大气压力的作用下，经进油单向阀 4 进入泵腔内；小活塞下移，泵腔内的油液的压力升高，进油单向阀 4 关闭，并顶开排油单向阀 7 进入液压缸，使大活塞带动重物一起上升。反复上下扳动杠杆，重物就会逐步升起。手动泵停止工作，大活塞停止运动；打开截止阀 9，油液在重力的作用下排回油箱，大活塞落回

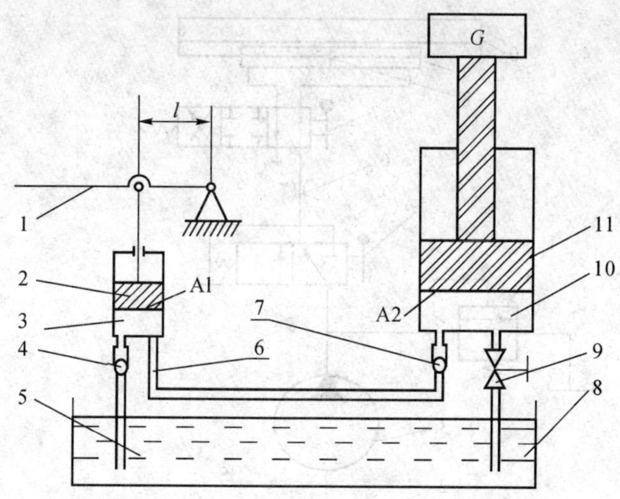

1——杠杆；2——小活塞；3——小缸体；4——进油单向阀；5，8——油箱；
6——油管；7——排油单向阀；9——截止阀；10——大缸体；11——大活塞

图 7-1　液压千斤顶工作原理图

原位。

从千斤顶工作过程可归纳出液压传动的基本特点：以液体为工作介质，依靠处于密封工作容积内的液体压力能来传递能量；工作压力的高低取决于外负载；速度的大小取决于流量；压力和流量是液压传动中最基本、最重要的两个参数。

7.1.2　液压系统的组成与图形符号

如图 7-2 所示为一机床工作台的液压传动系统，它由液压泵、溢流阀、节流阀、换向阀、液压缸、油箱以及连接管道的等组成。

其工作原理是：液压泵 3 由电动机带动旋转，从油箱 1 经过滤油器 2 吸油，液压泵排出的压力油先经节流阀 6 再经换向阀 7(设换向阀手柄向右扳动，阀芯处于右端位置)进入液压缸 9 的左腔，推动活塞 8 和工作台 10 向右运动。液压右腔的油液经换向阀 7 和回油管道返回油箱。若换向阀芯处于左端位置(手柄向左扳动)时，活塞及工作台反向运动。改变节流阀 6 的开口大小，可以改变进入液压缸的液压油流量实现工作台运动速度的调节，多余的液压流量经溢流阀 4 排回油箱。液压缸的工作压力由活塞运动所克服的负载决定。液压泵工作压力由溢流阀 4 调定，其值略高于液压缸的工作压力，系统的最高工作压力不会超过溢流阀的调定值。

由以上两例可见，液压传动系统由以下 5 部分组成：

(1)动力元件。即液压泵，它可将机械能转化成液压能，是一个能量转化装置。

(2)执行元件。即液压缸或液压马达，其作用是将液压能重新转化成机械能，克服负

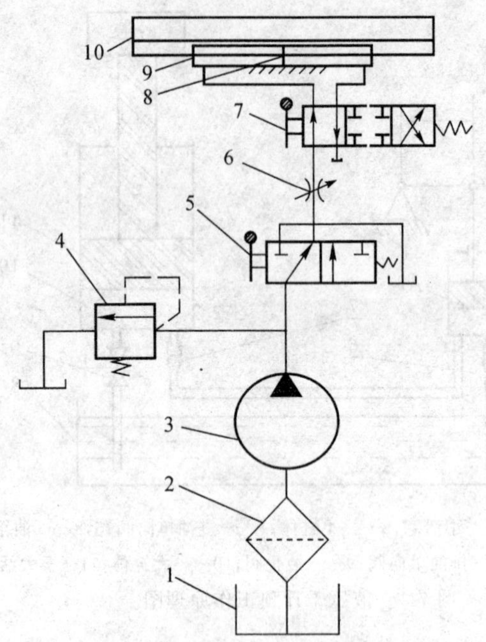

1——油箱；2——滤油器；3——液压泵；4——溢流阀；5——开停阀；
6——节流阀；7——换向阀；8——活塞；9——液压缸；10——工作台

图 7-2 机床工作台液压系统的图形符号图

载，带动机器完成所需的运动。

(3)控制元件。压力、流量和方向控制阀，它们的作用是控制和调节系统中液体的压力、流量和流动方向，以保证执行元件达到所要求的输出力(或力矩)、运动速度和运动方向。

(4)辅助元件。保证系统正常工作所需要的辅助装置，包括油箱、油管、滤油器和指示仪表等。

(5)传动介质。即液压油。

7.1.3 液压传动的主要优缺点

液压传动的主要优点：

(1)可以在运行过程中实现大范围的无级调速；

(2)在同等输出功率下，液压传动装置的体积小、重量轻、运动惯量小、动态性能好；

(3)采用液压传动可实现无间隙传动，运动平稳；

(4)便于实现自动工作循环和自动过载保护；

(5)由于一般采用油作为传动介质，因此，液压元件有自我润滑作用，有较长的使用寿命；

(6)液压元件都是标准化、系列化的产品，便于设计、制造和推广应用。

液压传动的主要缺点：

(1)损失大、效率低、发热大；

(2)液压传动系统中存在的泄漏和油液的压缩性，影响了传动的准确性，不易实现定比传动；

(3)液压传动对油温的变化比较敏感，不宜在很高和很低的温度下工作；

(4)液压元件加工精度要求高，造价高；

(5)液压系统的故障比较难查找，对操作人员的技术水平要求高。

7.1.4　液压系统的基本参数

1. 液体的压力

液体在单位面积上所承受的法向作用力称为压力。通常用 p 表示

$$p=\frac{F}{A} \tag{7-1}$$

式中，F——作用力，N；

A——有效作用面积，m^2。

在国际单位制中，压力的单位是 N/m^2(牛顿/m^2)，称为帕斯卡，简称为帕(Pa)。在工程中常采用它的倍数单位 kPa(千帕)或 MPa(兆帕)。$1MPa=10^3kPa=10^6Pa=10^6N/m^2$

2. 流量与流速

单位时间内，流过液压缸或管道某一过流断面的液体体积称为流量。若在时间 t 内，流过液压缸或管道的液体体积为 V，则流量 q_v 为：

$$q_v=\frac{V}{t}=\frac{Al}{t}=Av \tag{7-2}$$

式中，A——过流断面面积(活塞的有效作用面积)，m^2；

l——油液流过的距离，m；

v——流速，m/s。

液压系统中，工程制流量常以 L/min(升/分)为单位；国际单位制单位用 m^3/s(立方米每秒)。

由式(7-2)可得流速公式

$$v=\frac{q_v}{A} \tag{7-3}$$

液压缸大活塞的运动速度与输入的流量成正比，且各过流断面处流量与其有效作用面积成反比。当液体通过常见孔口、缝隙等时，流量主要取决于管路的几何特征、液体

的粘度、管路两端的压力差等，其流量公式各不相同，经过薄壁孔口及管嘴流量为

$$q_v=\mu A\sqrt{\frac{2\Delta p}{\rho}} \tag{7-4}$$

式中，Δp——孔口前后压差，Pa；

A——孔口面积，m^2；

ρ——流体的密度，kg/m^3；

μ——流量系数；

q_v——流量，m^3/s。

3. 液压功率

$$P=\frac{q_v p}{600} \tag{7-5}$$

式中，P——液压功率，kW；

q_v——流量，L/min；

p——压力，10^5Pa。

7.1.5 液压油

1. 液压油的物理性质

(1)密度

单位体积液体的质量称为液体的密度，通常用 $\rho(kg/m^3)$表示。

$$\rho=\frac{m}{V} \tag{7-6}$$

式中，m——液体的质量，kg

V——液体的体积，m^3。

(2)可压缩性

液体具有比钢铁大得多的可压缩性。通常用体积压缩系数 K 和体积弹性模量 E 表示。

$$K=-\frac{\Delta V/V_0}{\Delta p} \tag{7-7}$$

$$E=\frac{1}{K} \tag{7-8}$$

式中，ΔV——液压油的体积变化量，m^3；

V_0——常温下的液压油初始体积，m^3；

Δp——压强变化量，Pa。

(3) 粘性

液体在外力作用下流动时，其流动受到牵制，且在流动截面上各点的流速不同。各

层液体间有相互牵制作用,这种相互牵制的力称作液体内的摩擦力或粘性力。液体的粘性用粘度来表示,常用的粘度有动力粘度和运动粘度等。

当压力增加时,粘度有所增加;液体的粘度对温度很敏感,温度略升高,粘度显著降低。

2. 液压油的基本要求和选用

为了正确选用液压油,需要了解对液压油的使用要求,熟悉液压油的品种及其性能,掌握液压油的选择方法。对液压油的基本要求:

(1)良好的化学稳定性;

(2)良好的润滑性能,以减小元件之间的磨损;

(3)质地纯净,不含或含有极少量的杂质、水分和水溶性酸碱等;

(4)适当的粘度和良好的粘温特性;

(5)凝固点和流动温度较低,以保证油液能在较低温度下使用;

(6)自燃点和闪点要高;

(7)有较快地排除油中游离空气和较好地与油中水分分离的能力;

(8)没有腐蚀性,防锈性能好,有良好的相容性。

正确而合理地选用液压油,是保证液压系统正常和高效率工作的条件。选用液压油时常常采用两种方法:一种是按液压元件生产厂样本,或说明书所推荐的油类品种和规格,选用液压油;另一种是根据液压系统的具体情况,如工作压力高低、工作温度高低、运动速度大小、液压元件的种类等因素,全面地考虑选用液压油。

7.2 液压元件

7.2.1 液压泵

液压泵是将原动机的机械能转换成油液的压力能,为油压系统提供具有一定压力和流量的液体,它是液压系统的动力元件。

1. 液压泵的工作原理

图 7-3 是液压泵的工作原理,柱塞与缸体孔之间形成密封容积。柱塞 2 靠弹簧 4 压紧在偏心轮 1 上,偏心轮 1 的转动使柱塞 2 做往复运动。柱塞 2 向右移动时,油腔 a(它是一个密封的工作腔)的容积由小变大,形成局部真空,大气压力迫使油箱中的油液通过吸油管顶开单向阀 5,进人油腔 a 中,这就是泵的吸油过程。当柱塞 2 向左移动时,油腔 a 的容积由大变小,迫使其中的油液顶开单向阀 6 流向系统中去,这就是泵的压油过程。偏心轮不断的旋转,泵就不断的吸油和压油。可见,液压泵是靠密封容积的变化来实现吸油和压油的,因此称为容积式液压泵。

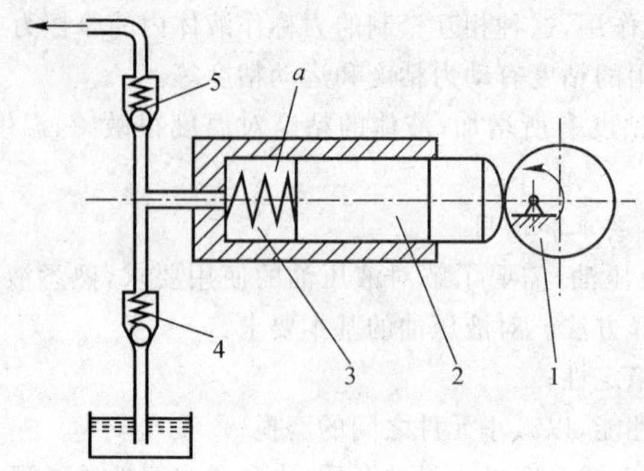

1——偏心轮；2——柱塞；3——缸体；4——弹簧；5、6——单向阀

图 7-3 液压泵的工作原理

由上可知，容积式液压泵正常工作的必要条件是：

(1)应具有一个或若干个能周期性变化的密封容积，如图 7-3 中的油腔 a。泵的输油量与密封腔的数目、密封容积变化的大小及速率成正比。

(2)应有配流装置，即保证在吸油过程中密封容积与油箱相通，同时关闭供油通路；压油时，与供油管路相通而与油箱切断，即将吸、压油腔隔开。如图 7-3 中单向阀 5 和 6 就是配流装置，它随着泵的结构不同而采用不同的形式。

(3)吸油过程中，油箱必须与大气相通。

2. 液压泵的常用种类

液压泵的种类很多，目前最常用的有：齿轮泵、叶片泵、柱塞泵等。按泵的输油方向能否改变可分为单向泵和双向泵；按其输出的流量能否调节可分为定量泵和变量泵；按额定压力的高低又可分为低压泵、中压泵和高压泵等三类。

3. 液压泵的主要性能参数

(1)液压泵的压力；

(2)液压泵的排量和流量；

(3)液压泵的功率；

(4)液压泵的效率。

4. 典型液压泵介绍

(1)外啮合式齿轮泵的工作原理

如图 7-4 所示为外啮合式齿轮泵的工作原理。泵体内装有一对齿数相同相互啮合的齿轮，齿轮的两端面靠泵端盖(图中未画出)密封。泵体、端盖和齿轮的各齿槽组成了密封容积。这种泵无专门的配流装置，而是靠两齿轮沿齿宽方向的啮合线起配流装置的作用，即把密封容积分成吸油腔和压油腔两部分，在吸油与压油过程中互不相通。当齿

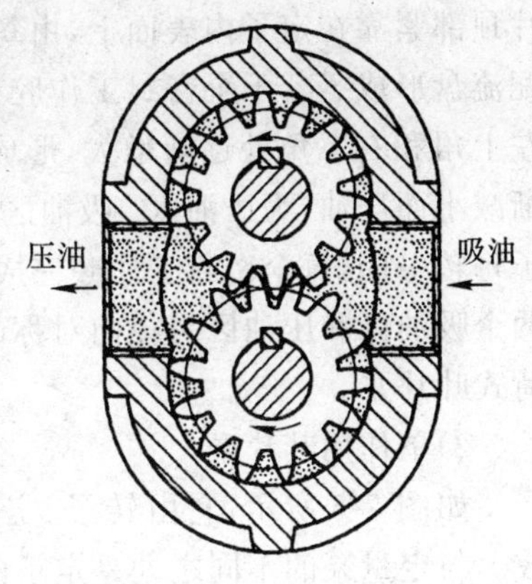

图 7-4　外啮合式齿轮泵工作原理

轮按图示箭头方向旋转时，右侧油腔由于轮齿逐渐脱开啮合，使密封容积逐渐增大而形成局部真空，油箱中的油液在大气压作用下，经油管进入油腔，充满齿槽，并随着齿轮的旋转被带到左腔。而左边的油腔，由于轮齿逐渐进入啮合，使密封容积逐渐减小，齿槽中的油液受到挤压，从排油口排出。当齿轮不断旋转时，吸油腔不断吸油，压油腔不断排油。

外啮合式齿轮泵结构简单，尺寸小，重量轻，制造方便，价格低廉，工作可靠，自吸能力强(允许的吸油真空度大)，对油液污染不敏感，维护容易。但一些机件要承受不平衡径向力，磨损严重，泄漏大，工作压力的提高受到限制，此外，它的流量脉动大，因而压力脉动和噪声都较大。外啮合式齿轮泵主要用于低压或不重要的场合。

(2)叶片泵

叶片泵分双作用式和单作用式两大类，前者是定量泵，后者是变量泵，叶片泵在液压系统中得到了广泛应用。叶片泵具有流量均匀，运转平稳，噪声小等优点。但结构比较复杂，自吸能力差，对油液污染比较敏感。

1)双作用叶片泵

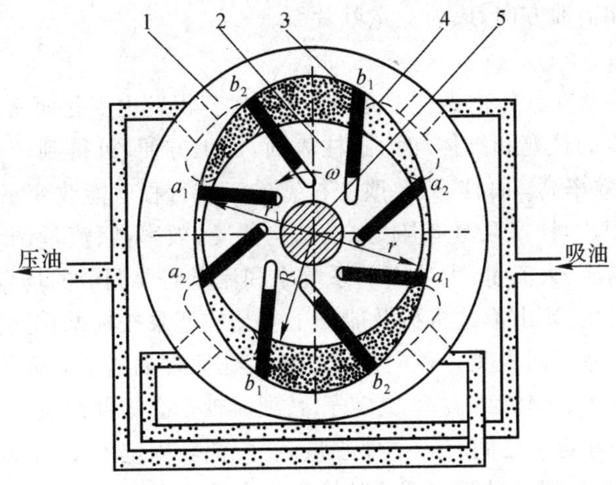

图 7-5　双作用叶片泵工作原理

如图 7-5 所示为双作用叶片泵的工作原理，它主要由定子 1 、转子 2 、叶片 3 等组成。转子和定子同心安装，定子内表面近似椭圆形，它由两段长半径 R 圆弧、两段短半径 r 圆弧和四段过渡曲线组成。转子旋转时，由于离心力和叶片根部油压的作用，使叶片顶部紧靠在定子内表面上，由每两个叶片之间和定子的内表面、转子的外表面及前后配流盘形成了若干个密封工作腔。如图中转子顺时针方向旋转时，密封工作腔的容积在左上角和右下角处逐渐增大，形成局部真空而吸油，为吸油区；在右上角和左下角处逐渐减小而压油，为压油区。吸油区和压油区之间有一段封油区把它们隔开。这种泵的转子每转一周，每个密封工作腔完成吸油、压油各两次，故称为双作用叶片泵。又因为泵的两个吸油区和压油区是径向对称的，使作用在转子上的径向液压力平衡，所以又称为卸荷式叶片泵。

2)单作用叶片泵

如图 7-6 所示，它由转子、定子、叶片等组成。与定量泵的不同之处是定子的内孔是一个与转子偏心安装的圆环，两侧的配流盘上开有两个配流油窗口：一个是吸油窗口，一个是压油窗口。这样，转子每转一转，转子、定子、叶片和配油盘之间形成的密封容积只变化一次，完成一次吸油和压油，因此称为单作用式叶片泵。由于转子单方向承受压油腔油压的作用，径向力不平衡，所以又称为非卸荷式叶片泵。这种泵的工作压力不宜过高，其最大特点是只要改变转子和定子的偏心距 e 和偏心方向，就可以改变输油量和输油方向，成为变量叶片泵。

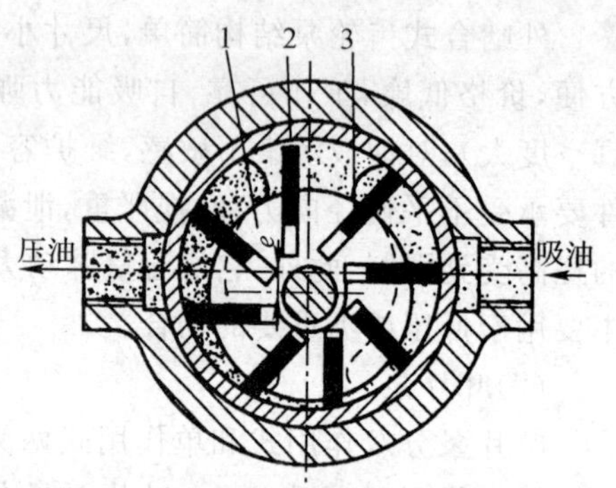

图 7-6　单作用式叶片泵工作原理

3)径向柱塞泵

柱塞泵是靠柱塞在缸体内做往复运动，使密封容积发生变化而实现吸油和压油的。由于构成密封容积的柱塞和缸体均为圆柱表面，加工方便，可得到较高的配合精度，故密封性能好，容积效率高。而且，只要改变柱塞的工作行程就能改变泵的流量。所以，与齿轮泵和叶片泵相比，柱塞泵具有压力高、结构紧凑、效率高、流量调节方便等优点，故广泛应用于需要高压、大流量、大功率的系统中和流量需要调节的场合，如龙门刨床、拉床、液压机、工程机械、矿山冶金机械及船舶上等。柱塞泵按柱塞排列方向不同，分为径向柱塞泵和轴向柱塞泵两大类。径向柱塞泵的工作原理如图 7-7 所示。

它主要由柱塞 1 、缸体 2 、衬套 3、定子 4、配流轴 5 等零件组成，柱塞径向均布在转子柱塞孔中。转子和定子之间有一个偏心量 e。配流轴固定不动，上部和下部各做成一个缺口，此两缺口又分别通过所在部位的两个轴向孔与泵的吸、压油口连通。当转子按图示方向旋转时，上半周的柱塞在离心力作用下外伸，通过配流轴吸油；下半周的柱塞则受定子内表面的推压作用而缩回．通过配流轴压油；移动定子改变偏心距的大小，便可改变柱塞的行程，从而改变泵的排量。若改变偏心距的方向，则可改变吸、压油的方向。因此，径向柱塞泵可以做成单向或双向变量泵。

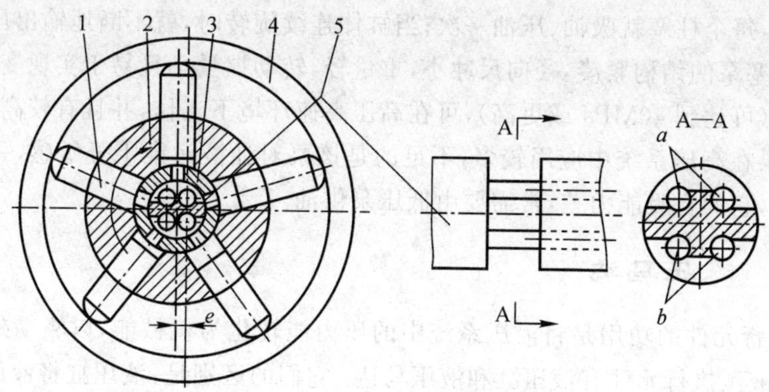

图 7-7　径向柱塞泵的工作原理

径向柱塞泵的优点是流量大，工作压力较高，便于做成多排柱塞的形式，轴向尺寸小，工作可靠等。其缺点是径向尺寸大，自吸能力差，且配流轴受到径向不平衡液压力的作用，易于磨损，泄漏间隙不能补偿。这些缺点限制了泵的转速和压力的提高。

4）轴向柱塞泵

如图 7-8 所示为轴向(斜盘式)柱塞泵工作原理及结构简图。传动轴和缸体固连在一起，缸体上在直径为 D_p 的圆周上均匀地排列着若干个轴向孔，柱塞在孔内可以自由滑动。斜盘的轴线与传动轴呈 γ 角(称为斜盘倾角)。柱塞靠机械装置(如弹簧等)或底部的低压油作用，使其球形端部紧压在斜盘上。当传动轴按着图示方向带动缸体一起回转时(斜盘和配油盘不动)，柱塞在其自下向上回转的半周内从缸体孔中逐渐向外伸出，柱塞密封工作腔(由柱塞端面与缸体内孔所围成的容腔)的容积不断扩大，形成部分真空，将液压油从油箱经油管、进油窗口 a 吸进来；柱塞在其自上而下回转的半周内又向缸体孔内逐渐缩回，使密封工作腔的容积不断减小，将油液从配油窗口 b 向外压出。缸

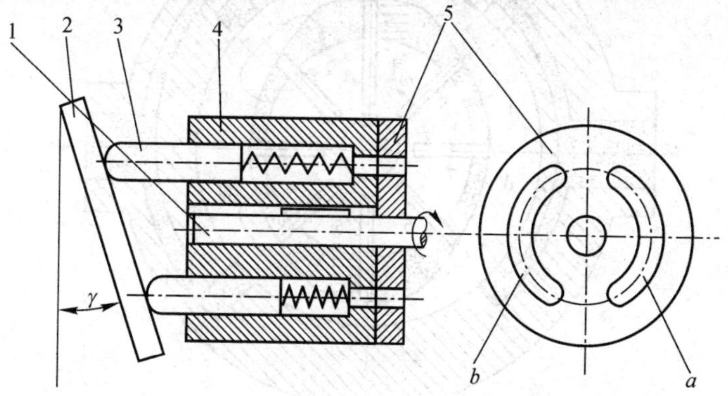

1——传动轴；2——斜盘；3——柱塞；4——缸体；5——配油盘

图 7-8　轴向柱塞泵的工作原理

体每转一周，每个柱塞就吸油、压油一次；当缸体连续旋转时，就不断地输出压力油。

轴向柱塞泵的结构紧凑，径向尺寸小，重量轻，转动惯量小且易于实现变量，压力可以提得很高(可达到 40MPa 或更高)，可在高压高速环境下工作，并且有较高容积效率。因此，这种泵在高压系统中应用较多，不足的是该泵对油液污染十分敏感，一般需要精过滤。同时，它的自吸能力差，常需要由低压泵供油。

7.2.2 液压马达

液压执行元件的功用是将液压系统中的压力能转化为机械能，以驱动外部工作部件。常用的液压执行元件有液压缸和液压马达。它们的区别是：液压缸将液压能转换成直线运动(或往复直线运动)的机械能，而液压马达则是将液压能转换成旋转运动的机械能。

液压马达按结构可分为齿轮式、叶片式和柱塞式三大类；按速度的大小可分为高速马达、中速马达和低速马达三大类。

1. 双作用叶片式液压马达

如图 7-9 所示为双作用式液压马达工作原理图。将压力油通入马达的窗口，并使窗口接回油。这样，叶片 2、4、6、8 的两侧液压力相等，叶片 1、3、5、7 的一侧接进油口，另一侧通回油口。转子受到的合力矩使转子按顺时针方向转动。当定子长短径差值越大、转子直径越大、输入的油压越高时，液压马达的输出转矩也就越大。当改变输油方向时，液压马达反转。

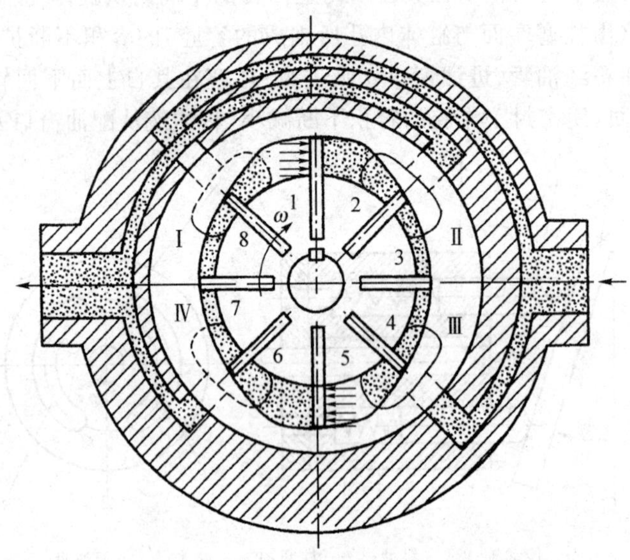

图 7-9 双作用叶片式液压马达的工作原理

叶片式液压马达体积小，转动惯量小，动作灵敏，但其泄漏量较大，低速工作时不稳定。因此，叶片式液压马达适用于转速高、转矩小和要求换向频率较高的场合。

2. 轴向柱塞式液压马达

如图 7-10 所示为轴向柱塞式液压马达工作原理图。

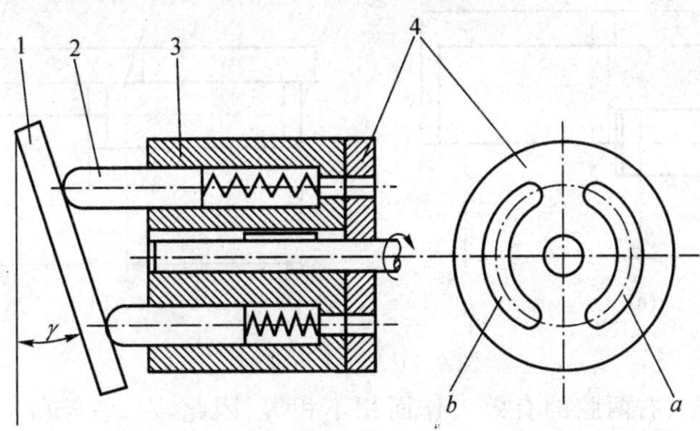

1——斜盘；2——柱塞；3——回转缸体；4——配油盘

图 7-10　轴向柱塞式液压马达的工作原理

斜盘 1 和配流盘 4 固定不动，缸体 3 及其上的柱塞 2 可绕缸体的水平轴线旋转。当压力油经配流盘通入缸孔、进入柱塞底部时，推动柱塞压向斜盘。这时斜盘对柱塞产生一反作用力 F。由于斜盘有一倾斜角 γ，所以 F 可分解为两个分力：一个是轴向分力 F_x 平行于柱塞轴线，并与作用在柱塞上的液压力平衡；另一个分力 F_y 垂直于柱塞轴线。分力 F_y 对缸体轴线产生力矩，输出转矩和转速。轴向柱塞式液压马达可以在较低的转速下工作，最低转速为 2r/min，而且调速范围较大，最高转速可达到 1000r/min 以上，已被广泛用于机床及各种自动控制的液压系统中，如电液脉冲液压马达。

7.2.3　液压缸

液压缸是液压传动系统中的执行元件，它是将液压能转换成机械能的能量转换装置。液压缸输出的是力和位移。液压缸的机构简单，工作可靠，在汽车的各种液压传动装置中应用较为广泛。

液压缸（油缸）按其作用方式，分为单作用式和双作用式两大类。单作用式液压缸由于液压力推动活塞向一个方向运动，而反向运动则依靠重力或弹簧力等实现；双作用式液压缸，其正、反两个方向的运动都依靠液压力来实现。液压缸按结构不同，可分为活塞式、柱塞式、伸缩式和组合式液压缸。

1. 活塞式液压缸

活塞式液压缸有单杆活塞缸和双杆活塞缸两种。

（1）单杆活塞缸

单杆活塞缸只有一端有活塞伸出。按其安装方式的不同，有固定缸式（油缸固定，图7-11(a)）和固定杆式（活塞杆固定，图7-11(b)）两种。单杆活塞缸在汽车中应用最为普遍，如转向加力油缸及车厢举升油缸均为单杆活塞缸。

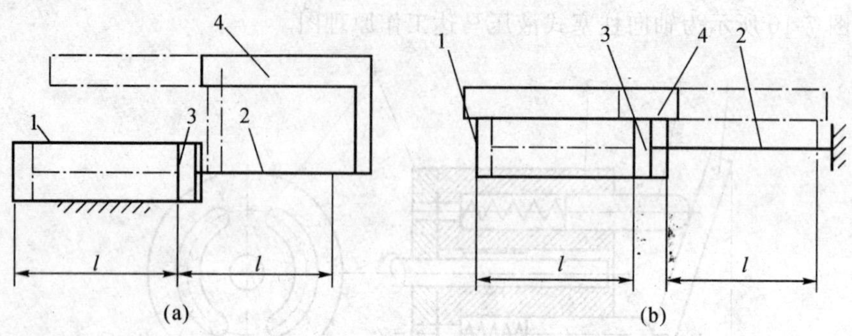

图 7-11 单杆活塞缸

单杆活塞缸左、右两腔的有效工作面积不相等，因此，左、右腔所产生的推力和左、右方向的速度也不相等。当液压油进入无杆腔时（图7-12(a)），活塞缸的推力 F_1 为：

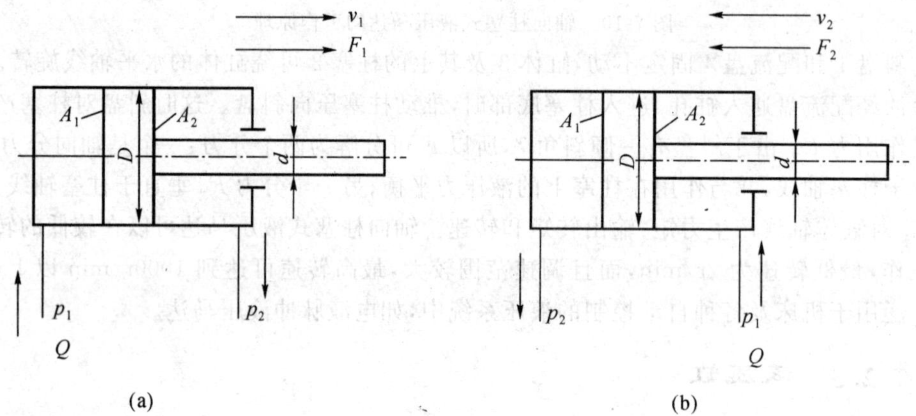

图 7-12 单杆活塞缸推力

$$F_1 = p_1A_1 - p_2A_2 = \frac{\pi}{4}[D^2p_1 - (D^2 - d^2)p_2] \tag{7-9}$$

若不计回油压力，则推力 F_1 为：

$$F_1 = \frac{\pi}{4}D^2p_1 \tag{7-10}$$

式中，A_1、A_2——无杆腔、有杆腔的有效工作面积；

D、d——活塞、活塞杆的直径。

若输入的流量为 Q，则速度 v_1 为：

$$v_1=\frac{Q}{\pi D^2/4}=\frac{4Q}{\pi D^2} \tag{7-11}$$

若压力油进入有杆腔，如图 7-12(b)所示，则液压缸的推力 F_2 为：

$$F_2=p_1A_2-p_2A_1=\frac{\pi}{4}[(D^2-d^2)p_1-p_2D^2] \tag{7-12}$$

若不计回油压力，则推力 F_2 为：

$$F_2=\frac{\pi}{4}(D^2-d^2)p_1 \tag{7-13}$$

液压缸活塞的速度 v_2 为：

$$v_2=\frac{Q}{\pi(D^2-d^2)/4}=\frac{4Q}{\pi(D^2-d^2)} \tag{7-14}$$

如果把两个方向上的速度 v_2 和 v_1 的比值，称为速度比 φ，则：

$$\varphi=\frac{v_2}{v_1}=\frac{D^2}{D^2-d^2} \tag{7-15}$$

上式说明，活塞杆直径 d 越小，速度比越接近于 1，则两个方向的速度差值也就越来越小；反之，活塞杆直径越大，速度比则越大，两个方向的速度差值也就越大。

(2)双杆活塞缸

如图 7-13 所示为双杆活塞缸简图，油缸两端都有活塞杆伸出。当两活塞直径相同，缸两腔的供油压力和流量都相等时，活塞(或缸体)两个方向的运动速度和推力也都相等。双杆活塞式液压缸的输出推力、运动速度为：

$$F=\frac{\pi}{4}(D^2-d^2)(p_1-p_2) \tag{7-16}$$

$$v=\frac{4Q}{\pi(D^2-d^2)} \tag{7-17}$$

式中，Q 为液压缸的流量。

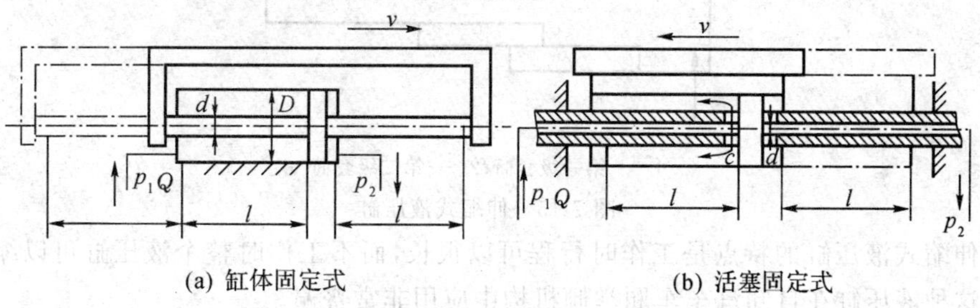

(a) 缸体固定式　　(b) 活塞固定式

图 7-13　双杆活塞缸

2. 柱塞式液压缸

如图 7-14 所示为柱塞式液压缸，这是一种单作用油缸，即在液压油作用下单方向运动，它的回程需要有外力的作用，例如弹簧力等。柱塞缸的柱塞与缸筒不接触，运动时由导向套来导向，因此，缸筒内壁只需粗加工，故工艺性较好，维修方便，汽车离合器助

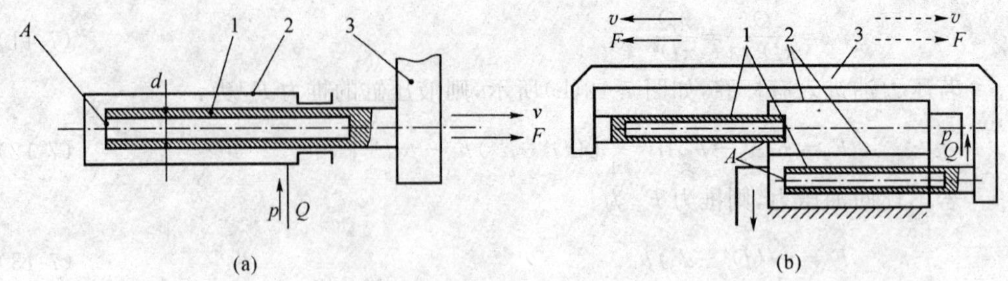

图 7-14 柱塞式液压缸

力机构有的采用这种油缸。

柱塞缸产生的推力 F 和运动速度 v 分别为

$$F=Ap=\pi d^2 p/4 \tag{7-18}$$

$$v=4Q/\pi d^2 \tag{7-19}$$

3. 其他液压缸

(1)伸缩式液压缸

伸缩式液压缸又称为多级液压缸，它由多个套筒缸套装而成，如图 7-15 所示为单作用伸缩液压缸工作原理图。伸出时，按套筒 1、2 的有效工作面积由大到小依次伸出；缩回时，按套筒有效工作面积由小到大依次缩回；回程靠外力(如重力)缩回。

由于各级套筒的有效工作面积不同，在输入油压和流量不变的情况下，液压缸的推力和速度是变化的：先动作的套筒速度低、推力大；后动作的推力小、速度高。这一特点与自卸汽车车厢举升时负载阻力的变化正相适应。

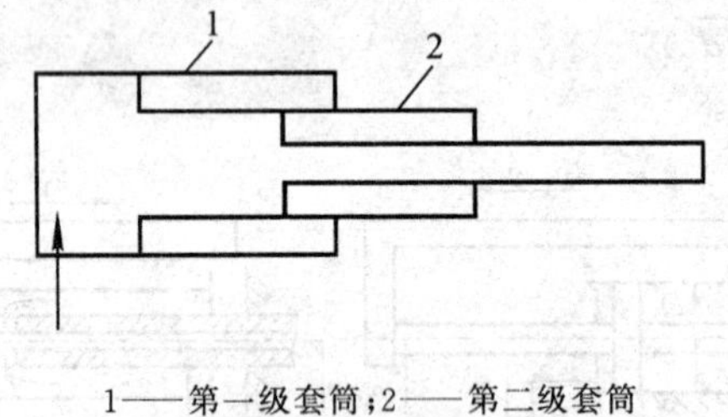

1——第一级套筒；2——第二级套筒

图 7-15 伸缩式液压缸

伸缩式液压缸的特点是工作时行程可以很长，而不工作时整个液压缸可以缩得很短。这种液压缸在自卸汽车车厢举倾机构中应用非常普遍。

(2)齿条液压缸

齿条液压缸是由两个活塞和一套齿条齿轮传动装置组成。如图 7-16 所示，齿条与活塞杆制成一体，当液压油从一端进入缸内时，推动活塞向另一端移动，活塞杆上的齿条便推动齿轮传动，另一端的回油从油口排出。

也有的齿条油缸缸体与齿条制成一体，活塞杆两端固定。当液压油从一端进入缸内时，推动缸体向一端移动，缸体上的齿条便推动齿轮转动，另一端的回油从油口排出。

齿条油缸用于汽车动力转向器实验台上，实验时驱动转向器运转，并作为动力转向器的加载装置。

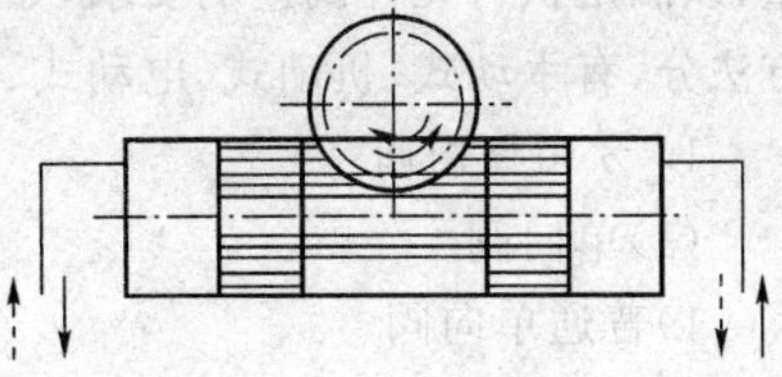

图 7-16 齿条液压缸

4. 液压缸的结构

如图 7-17 所示为用于挖掘机的典型液压缸结构，其最大工作压力可达 31.5MPa。它由缸筒、活塞、活塞环、支承环、导向套及密封圈等组成。缸筒 1 用无缝钢管制作，并与前缸盖焊接在一起，内壁的粗糙度很低，缸筒上有两个通油孔。活塞 2 依靠支承环 4 导向，密封采用 Y 型密封圈 5。活塞杆 3 依靠导向套 6、8 导向，并采用 V 型密封圈 7 密封。液压缸另一端盖 9 与缸筒采用螺纹连接。螺母 10 的作用是调整 V 型密封圈的松紧。在液压缸的前端盖和活塞杆的头部都有耳环，用以将液压缸铰接在支座上。因此，这种液压缸在进行往复运动的同时，轴线可以随工作的需要自由摆动。

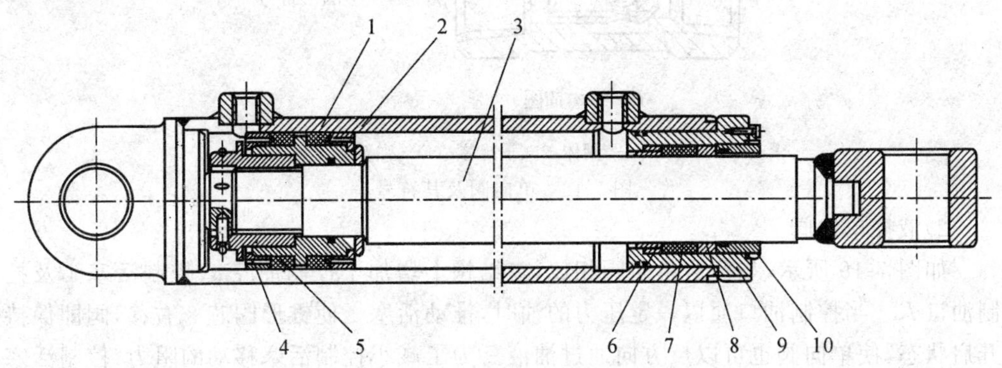

图 7-17 挖掘机用单杆活塞缸结构

由上述油缸的结构可以看出，油缸由缸筒组件、活塞组件、耳环与铰轴和排气装置等基本部分组成。

7.2.4 液压控制阀

液压阀用以控制或调节液压系统中的方向、压力和流量。液压阀性能的优劣，工作是否可靠，对整个液压系统能否正常工作将产生直接影响。液压阀的种类很多，通常按照它在系统中的功用分为方向控制阀、压力控制阀和流量控制阀三大类。

方向控制阀用来控制液压系统中的液流方向，以满足执行元件所需运动方向的要求，如单向阀、换向阀。压力控制阀用来控制液压系统中的压力，以满足执行元件所需力或力矩的要求，如溢流阀、减压阀、顺序阀等。流量控制阀用来控制液压系统中油液的流量，以满足执行元件调速的要求，如节流阀、调速阀、分流阀等。此外，按液压控制阀操纵方法分，有手动式、机动式、电动式、液动式和电液动式等多种。

1. 方向控制阀

(1)单向阀

1)普通单向阀

普通单向阀(简称单向阀)亦称止回阀、逆止阀，其作用是液流只能从一个方向通过，反向则不通。图 7-18(a)所示为管式普通单向阀，当压力油从左端油口 P_1 注入时，油液推力克服弹簧 3 作用在阀芯 2 上的力，使阀芯 2 向右移动，打开阀口，并通过阀芯 2 上的径向孔 a、轴向孔 b，从阀体右端油口 P_2 流出。当压力油从右端流入时，液压力和弹簧力方向相同，使阀芯压紧在阀体 1 的阀座上，阀口关闭，油液则无法通过。如图 7-18(b)所示为单向阀的图形符号。

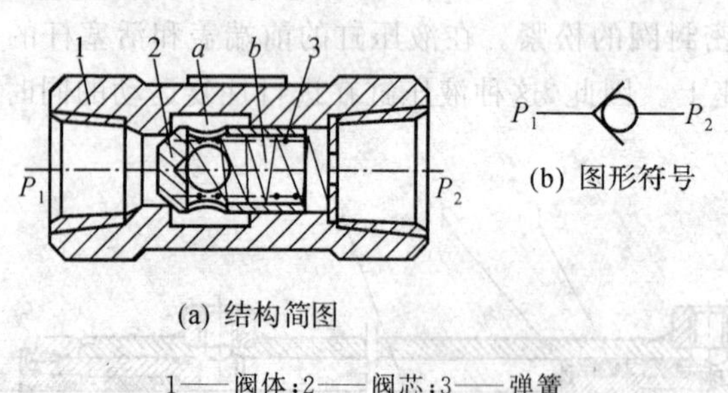

(a) 结构简图　(b) 图形符号

1——阀体；2——阀芯；3——弹簧

图 7-18　单向阀及其符号

2)液控单向阀

如图 7-19 所示，与普通单向阀相比，在结构上增加了控制油腔 a、控制活塞 1 及控制油口 K。当控制油口通以一定压力的油时，推动活塞 1 使锥形阀芯 2 右移，阀即保持开启状态，使单向阀也可以反方向通过油液。为了减小控制活塞移动的阻力，控制活塞制成台阶状并设一外泄油口 L，控制油的压力不应低于油路压力的 30%～50%。

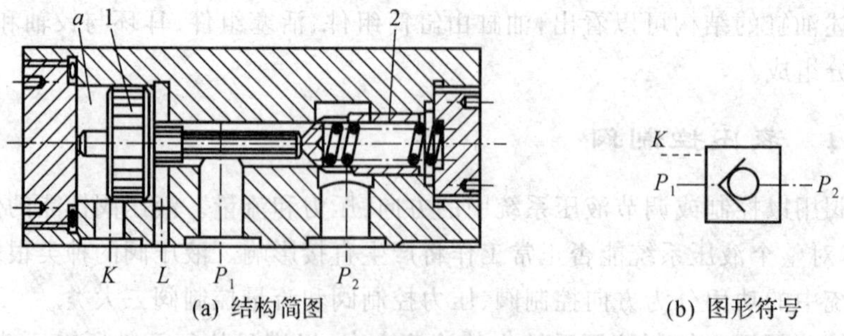

(a) 结构简图　(b) 图形符号

1——控制活塞；2——锥形阀芯

图 7-19　液控单向阀及其符号

(2)换向阀

换向阀用于接通、切断或改变液压系统中油液的流通方向。换向阀的种类很多,在汽车液压系统中应用很广。根据阀芯的运动方式,换向阀可分为转阀式与滑阀式两大类;根据操纵方式的不同,可分为手动、机动(亦称行程)、液动、电磁、电液动等;根据阀的工作位置数和控制通道数,可分为二位二通、二位三通、……三位四通、三位五通等。

尽管换向阀的种类繁多,但基本工作原理都是利用阀芯相对于阀体转动(转阀)或移动(滑阀)来使油路接通、切断或改变油液流动方向。

1)换向阀职能符号的规定和含义

①用方框表示换向阀的位,有几个方框就是几位阀。

②方框内的箭头表示处在这一位上的油口接通情况,表示油流的实际流向。

③方框内符号$\perp$或$\top$表示此油口被阀芯封闭。

④方框上与外部连接的接口即表示通油口,接口数即通油口数,亦即阀的通数。

⑤通常,阀与泵或供油路相连的进油口用字母 P 表示;阀与系统的回油路(油箱)相连的回油口用字母 O 表示;阀与执行元件相连的油口,称为工作油口,用字母 A、B 表示。

2)转阀式换向阀(转阀)

转阀由阀芯和阀体等组成。阀体上有 4 个通油口:进油口 P 接液压泵,回油口 T 接油箱,工作油口 A、B 接执行元件。工作时,阀体不动;阀芯可相对于阀体转动;转到不同的位置时,相应的油口接通和断开,使执行元件得到不同的运动,如图 7-20 所示。

转阀密封性比较差,阀芯上的径向力不平衡,但其结构简单,一般在中低压系统中做先导阀或小流量换向阀,如自卸汽车车厢举升机构中用做操纵阀。

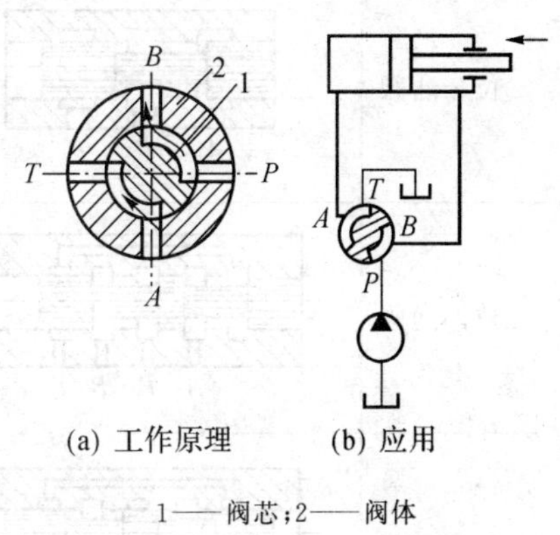

(a) 工作原理 (b) 应用

1——阀芯;2——阀体

图 7-20 转阀工作原理图

3)滑阀式换向阀(换向阀)

滑阀式换向阀(简称换向阀)是靠阀芯在阀体内轴向移动改变液流方向的。与转阀相比较,它主要的优点是:易于实现径向力平衡,因而换向时所需的操纵力小,易于实现多通路控制,工作可靠,制造简单。

如图 7-21 所示为换向阀的工作原理,换向阀由阀芯和阀体组成。其工作是靠阀芯在阀体内做轴向运动而使相应的油路接通和断开。阀芯是一个具有多少台肩的圆柱体,阀体内腔中相应地开有若干个沉槽。如图(a)所示位置,P 与 B 接通、A 与 T 接通,执行元件向左运动;当阀芯向右运动到图(b)所示位置时,P 与 A 接通、B 与 T 接通,执行元件向右运动。表 7-1 表示最常见的换向阀结构形式。

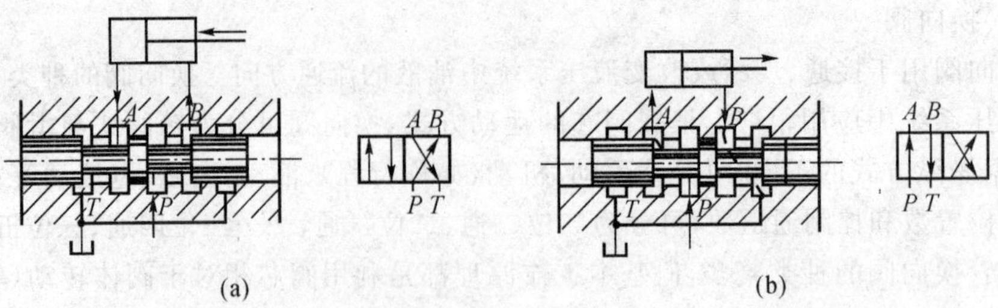

图 7-21 换向阀工作原理图

表 7-1 换向阀主体部分的结构形式

<table>
<tr><th>名称</th><th>结构原理图</th><th>图形符号</th><th colspan="3">使用场合</th></tr>
<tr><td>二位二通阀</td><td>A P</td><td>A
P</td><td colspan="3">控制油路的接通与断开(相当于一个开关)</td></tr>
<tr><td>二位三通阀</td><td>A P B</td><td>A B
P</td><td colspan="3">控制液流方向(从一个方向换成另一个方向)</td></tr>
<tr><td>二位四通阀</td><td>A P B T</td><td>A B
P.T</td><td rowspan="2">控制执行元件换向</td><td>不能使执行元件在任一位置上停止运动</td><td rowspan="2">执行元件正、反向运动时回油方式相同</td></tr>
<tr><td>三位四通阀</td><td>A P B T</td><td>A B
P T</td><td>能使执行元件在任一位置上停止运动</td></tr>
</table>

4)中位机能

多位换向阀处于不同位置时,其各油口的连通情况是不同的,控制机能也不一样。因此,把滑阀阀口的连通形式称为滑阀机能。对于三位阀来说,则把阀芯处于中位时各油口的连通形式称为滑阀的中位机能(三位阀的左、右位分别称为左、右位机能)。表 7-2 列出了阀的常见中位机能、符号及其结构形式。不难看出,不同的中位机能阀体的结构基本相同,不同的只是阀芯。由此可见,不同的中位机能是依靠改变阀芯的形状和尺寸得到的。

表 7-2　三位换向阀的中位机能

形式	滑阀状态	中位符号		形式	滑阀状态	中位符号	
		三位四通	三位五通			三位四通	三位五通
O	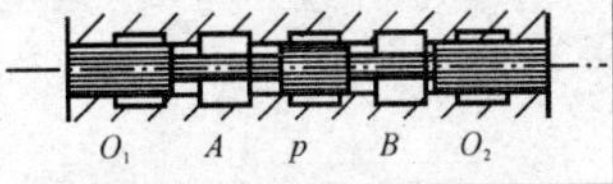 O_1 A P B O_2	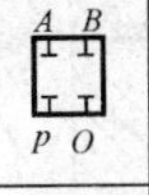 A B P O	 A B O_1 P O_2	K	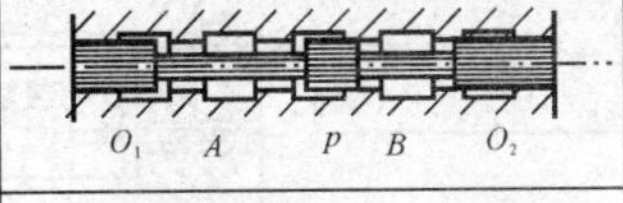 O_1 A P B O_2	 A B P O	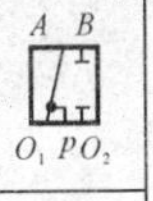 A B O_1 P O_2
H	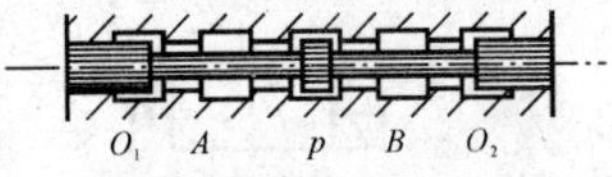 O_1 A P B O_2	 A B P O	 A B O_1 P O_2	X	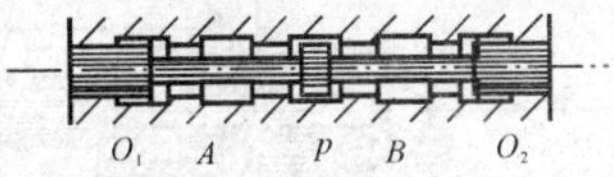 O_1 A P B O_2	 A B P O	 A B O_1 P O_2
Y	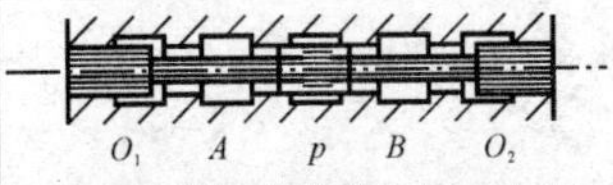 O_1 A P B O_2	 A B P O	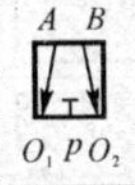 A B O_1 P O_2	M	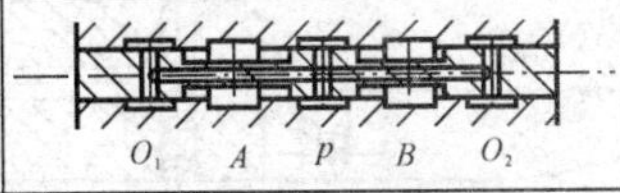 O_1 A P B O_2	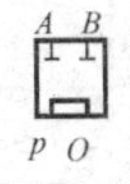 A B P O	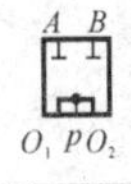 A B O_1 P O_2
J	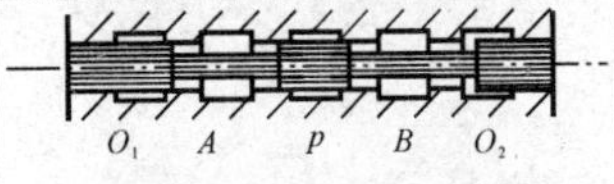 O_1 A P B O_2	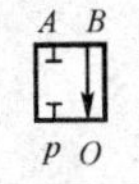 A B P O	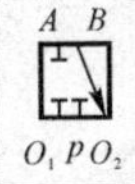 A B O_1 P O_2	U	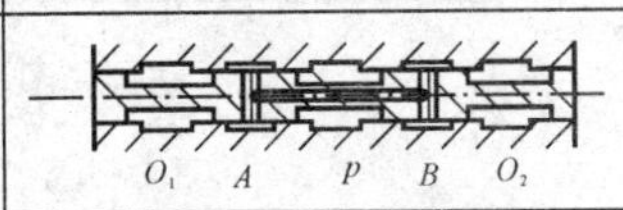 O_1 A P B O_2	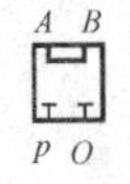 A B P O	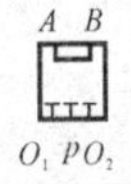 A B O_1 P O_2
C	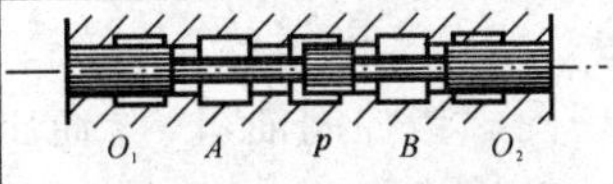 O_1 A P B O_2	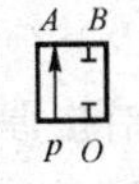 A B P O	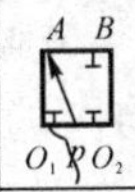 A B O_1 P O_2	N	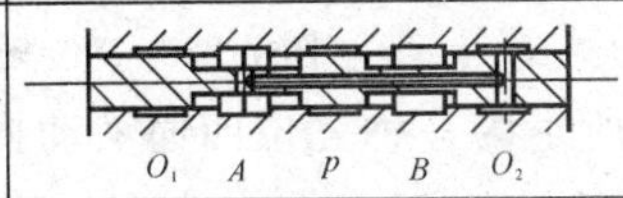 O_1 A P B O_2	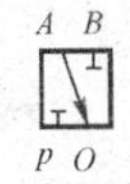 A B P O	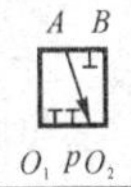 A B O_1 P O_2
P	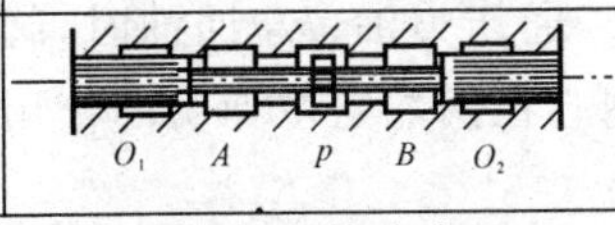 O_1 A P B O_2	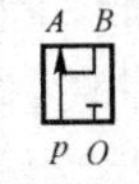 A B P O	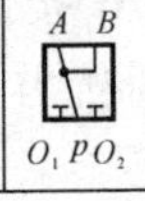 A B O_1 P O_2				

5)其他类型换向阀

①电磁式换向阀：电磁换向阀简称为电磁阀，它是借助电磁铁的吸力推动阀芯动作的。电磁阀用途非常广泛，它不但在汽车固定实验设备上被应用，而且在汽车上也获得了广泛应用。电磁阀是连接电气控制系统和液压系统的元件，它使液流能够受电气信号的控制，从而使液压系统的自动化程度大大提高。

如图 7-22 所示，是二位三通电磁阀的结构图和职能符号图。该阀是由电磁铁（左半部分）和滑阀（右半部分）两部分组成。当电磁铁断电时，弹簧将阀芯推向左端，这时油口 P 与 A 接通，而与 B 断开；当电磁铁通电时，推杆将阀芯推向右端，这时油口 P 与 A 关闭，而与 B 接通。

电磁阀上的电磁铁有交流和直流两种。交流电磁铁电源简单，启动力大，反应速度较快，换向时间短；但其启动电流大，在阀芯被卡住时会使电磁铁线圈烧毁，换向冲击大，工作可靠性较差。直流电磁铁在工作或过载情况下，其电流基本不变，因此不会因阀芯被卡住而烧毁电磁线圈，工作可靠，换向冲击小；但需要直流电源，并且启动力小，反应速度较慢，换向时间长。

②液动式换向阀：液动式换向阀是利用压力油来改变阀芯位置的。当流量较大时，作用在阀芯上的摩擦力及液动力将很大。若采用电磁阀势必要采用规格较高的电磁铁，同时由于电磁阀换向过快，换向冲击也较大。在这种场合，一般采用液动或电液换向阀。

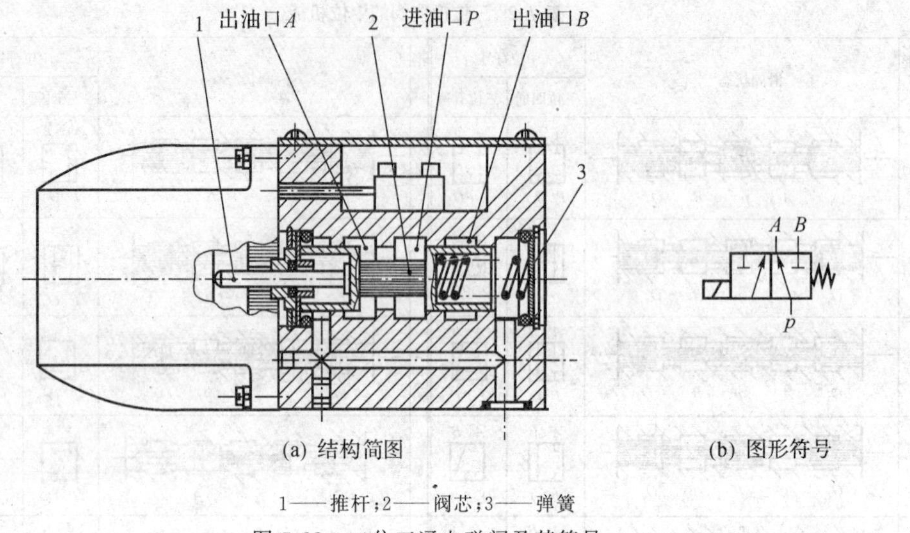

(a) 结构简图 (b) 图形符号

1——推杆;2——阀芯;3——弹簧

图 7-22 二位三通电磁阀及其符号

如图 7-23 所示为一种三位四通液动换向阀的结构原理图。当控制油口 K_1 通压力油、K_2 回油时,阀芯右移,P 与 A 接通,O 与 B 接通;当 K_2 通压力油、K_1 回油时,阀芯左移,P 与 B 通,O 与 A 通;当 K_1、K_2 都不通压力油时,阀芯在两端定位弹簧的作用下处于中立位置。

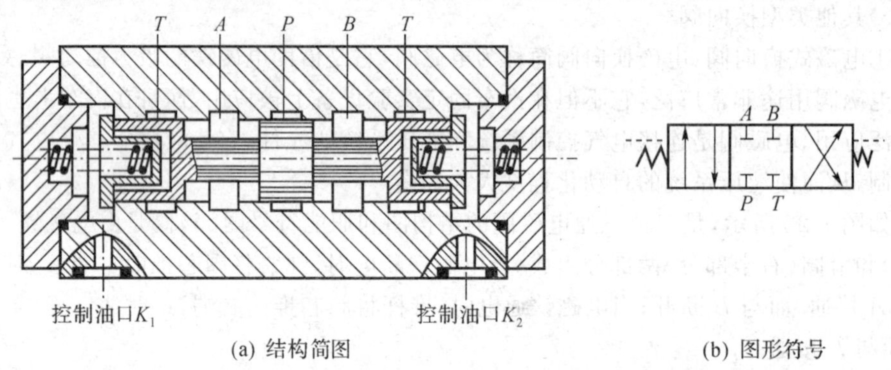

(a) 结构简图 (b) 图形符号

图 7-23 液动式换向阀及其符号

③电液式换向阀:电液式换向阀是由一个普通的电磁阀和液动阀组合而成。其中电磁阀是先导阀,用于改变控制油液的方向;液动换向阀是主阀,它在控制油液的作用下,改变阀芯位置,使油路换向。由于油液的作用不会很大,因而可实现小容量的电磁阀来控制大流量的换向阀。

如图 7-24 所示,当电磁阀左、右电磁铁未通电时,电磁阀的阀芯在两端弹簧作用下处于中立位置,由于电磁阀是 Y 型,故液动换向阀两端与油箱连通,液动换向阀阀芯

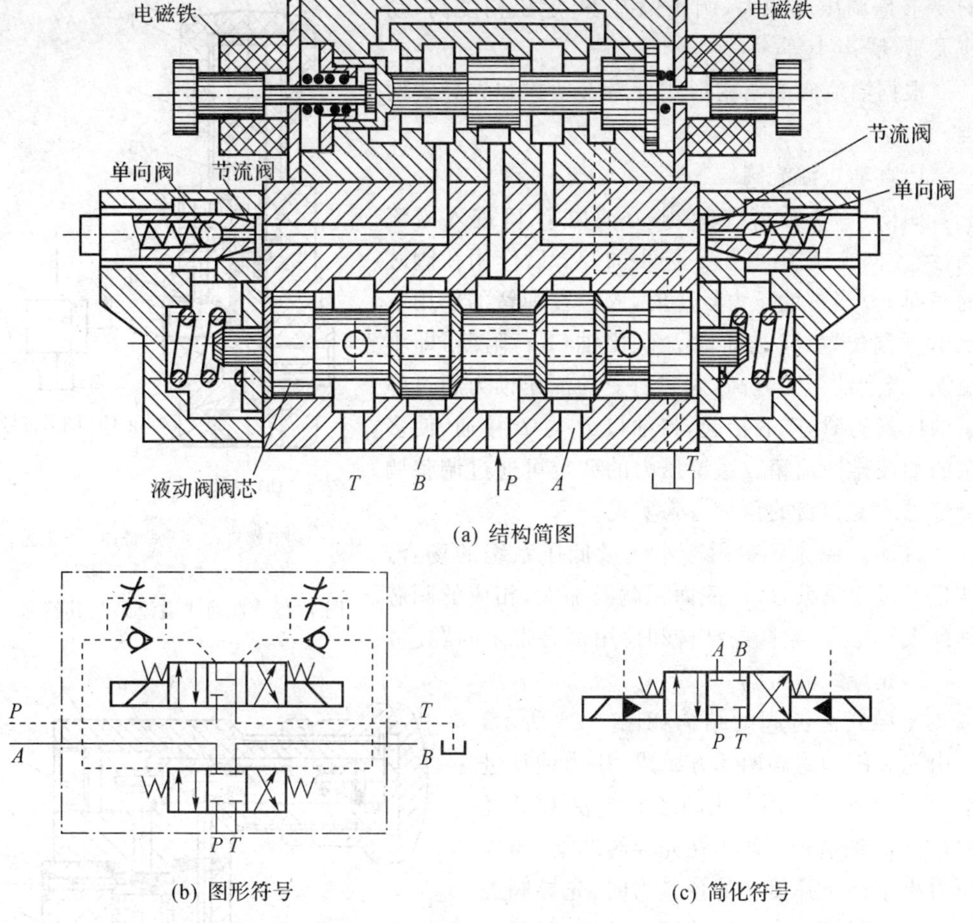

(a) 结构简图

(b) 图形符号

(c) 简化符号

图 7-24　电液式换向阀及其符号

也在左、右弹簧作用下处于中立位置。当左端电磁铁通电时，电磁阀阀芯移至右端，由 P 口进入的压力油经电磁阀油路及左端单向阀进入液动换向阀的左端油腔，而液动换向阀右端的油则可经右端节流阀及电磁阀上的通道与油箱连通，液动换向阀芯即在左端液压推力作用下移至右端，即液动换向阀左位工作，其主油路的通油状态为 P 通 A，B 通 T。

2．压力控制阀

压力控制阀的功用用来控制系统的压力。从工作原理看来，各种压力控制阀都是利用做用于阀芯上的液压力与弹簧力相平衡的原理进行工作的。

(1)溢流阀

溢流阀的用途是通过对油液的溢流，从而实现对系统的定压、稳压作用。对溢流阀的要求是调压范围大，调压偏差小，定压精度高，动作灵敏，噪声小等。

根据溢流阀的结构形式分为直动式和先导式两类。

1)直动式溢流阀

如图 7-25 所示，被控压力油由 P 口进入溢流阀，经径向孔 f、阻尼孔 g 进入油腔 c 后作用在阀芯的底面上。当进油压力较小时，阀芯在弹簧的作用下处于下端位置，将进油口 P 和出油口 T 阻断，即不溢流。当进油压力升高，阀芯所受的油压推力超过弹簧的压紧力时，阀芯抬起，将油口 P 与 T 接通，使多余的油液排回油箱。系统压力的调定可通过调整调节螺母改变弹簧的预紧力来实现。

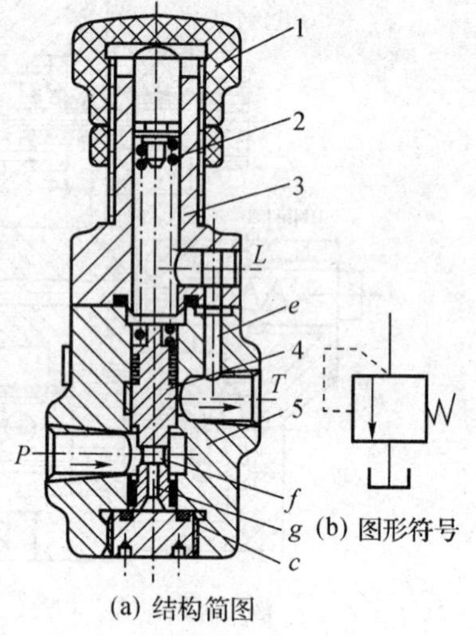

(a) 结构简图

1——调节螺钉；2——弹簧；3——上盖；4——阀芯；5——阀体

图 7-25 直动式溢流阀及其符号

直动式溢流阀多用于小流量低压系统的场合，如果通过流量大，阀口截面积就要加大，相应的阀芯和弹簧都很大，给阀的结构和使用都会带来问题。

2)先导式溢流阀

先导式溢流阀的结构如图 7-26 所示，它由先导阀和主阀两部分组成。压力油从进油口 P 进入后作用在主阀芯的下腔 f，并经阻尼孔 e、油道 c、d 作用在先导阀芯上。当作用力小于调压弹簧 2 的预紧力时，先导阀关闭。此时阻尼孔内没有油液流动，不起阻尼作用，主阀芯上、下两腔的压力相同，溢流阀不溢流。当油液的压力大于弹簧的预紧力时，先导阀打开，压力油经阻尼孔 e、油道 c、d、a 流入油箱，致使油液流经阻尼时产生压力降，主阀上腔压力小于下腔压力，主阀芯上移，阀口打开，实现溢流。调节先导阀弹簧的，可调节溢流压力。阀体上有一个远程控制口 K，当 K 口通过二位二通阀接油箱时，主阀芯在很小的液压力作用下便可打开，实现溢流，此时泵卸荷；若 K 口与一个调节压力较低的先导阀入口连接时，便可实现远程调压的作用。

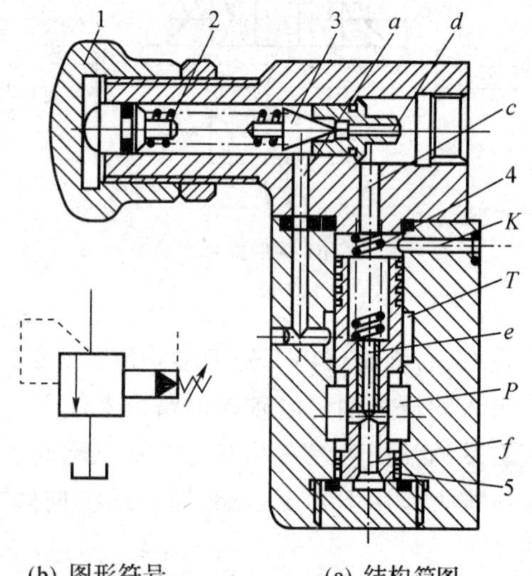

(b) 图形符号　　(a) 结构简图

1——调压手轮；2——调压弹簧；3——先导阀芯；4——主阀弹簧；5——主阀芯

图 7-26 先导式溢流阀

(2)减压阀

减压阀是利用流体流过缝隙产生压降的原理,使出口压力低于进口压力的压力控制阀,按调节要求的不同,可分为定值减压阀、定比减压阀和定差减压阀三种。其中,定差减压阀应用较广,简称减压阀。它使液压系统中某一支路的压力低于系统压力且保持压力恒定,常用于夹紧、控制、润滑等油路中。

减压阀也有直动式和先导式之分,其中先导式应用较多。先导式典型结构如图7-27所示。压力油由阀的进油口 P_1 流入,经减压阀 f 减压后从出油口 P_2 流出。出口压力油经阀体与端盖上的通道及主阀芯上的阻尼孔 e 流到主阀芯的上腔和下腔,并作用在先导阀芯上。当出口油液压力低于先导阀的调定压力时,先导阀芯关闭,主阀芯关闭,主阀芯上、下两腔压力相等,主阀芯在弹簧作用下处于最下端,减压口 f 开度为最大,阀处于非工作状态。当出口压力达到先导阀调定压力时,先导阀芯移动,阀口打开,主阀弹簧腔的油液便由外泄口 L 流回油箱。由于油液在主阀芯阻尼孔内流动,使主阀芯两端产生压力差,主阀芯在压差作用下克服弹簧力抬起,减压口 f 减小,压降增大,使出口压力下降到调定值。

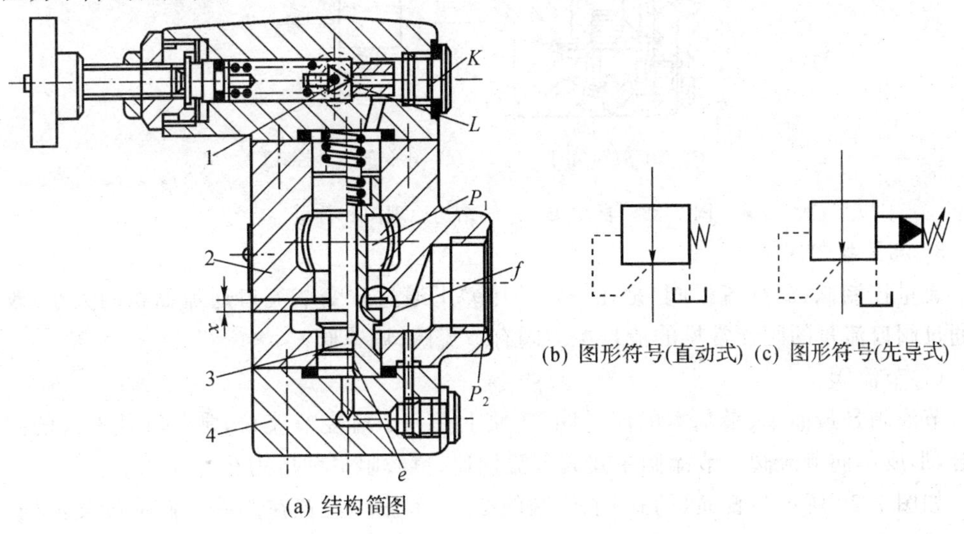

(a) 结构简图 (b) 图形符号(直动式) (c) 图形符号(先导式)

1——先导阀芯;2——阀体;3——主阀芯;4——端盖

图7-27 先导式减压阀

(3)顺序阀

顺序阀的功用是利用油路的压力来控制几个油缸的动作顺序,或利用油路的压力来控制向几条油路的供油顺序。例如,汽车自动变速器的液压换挡控制系统,要求优先向控制油路供油,并保证主油压升高到一定值时才能进入换挡油路,这就需要采用顺序阀。如图7-28所示为顺序阀的结构原理图和符号。压力油从进口 P_1(两个)进入,经阀体 4 上的孔道 a 和端盖 7 上的阻尼孔 b 流到控制活塞底部。当作用在控制活塞上的液压力能克服阀芯 1 上的弹簧力，阀芯上移，油液便从 P_2 流出。该阀称为内控式顺序阀，简称顺序阀，其图形符号如图 7-28(b)所示。若将图 7-28(a)中的端盖 7 旋转 90°安装，切断进油口通向控制活塞下腔的通道，并去除外控口 G 的螺塞，引入控制压力油，便成为外控式顺序阀，称为液控顺序阀，其图形符号如图 7-28(c)所示。

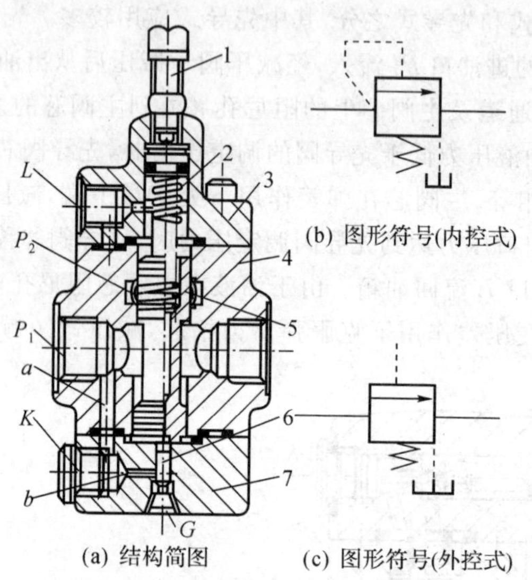

图 7-28　直动式顺序阀结构原理图和符号

3. 流量控制阀

流量控制阀(简称流量阀)是在一定的压差下通过改变节流口通流面积的大小，改变通过阀口流量的阀。常见的流量控制阀有节流阀、调速阀。

(1)节流阀

节流阀是最简单、最基本的流量阀，实质上是一个可变节流口，常与其他形式的阀组合，形成单向节流阀。节流阀主要起节流调速、负载阻尼和压力缓冲作用。

如图 7-29 所示为普通(简式)节流阀的结构，节流口位置在阀芯与阀体的交汇处。压力油从进油口 P_1 进入，经阀芯 2 下的节流口，从出油口 P_2 流出。调节手轮，阀芯随着轴向移动，从而调节阀芯下端的环形通流截面积(即节流口)，调节通过阀的流量。阀芯所在轴上还有径向、横向孔，作用是排除弹簧腔泄漏的油液。该阀应用于要求不高的系统。

(2)调速阀

节流阀的开口调定后，通过节流阀的流量是随负载的变化而变化，因而造成执行元件速度的不稳定，所以节流阀只能应用于负载变化不大，速度稳定性要求不高的液压系

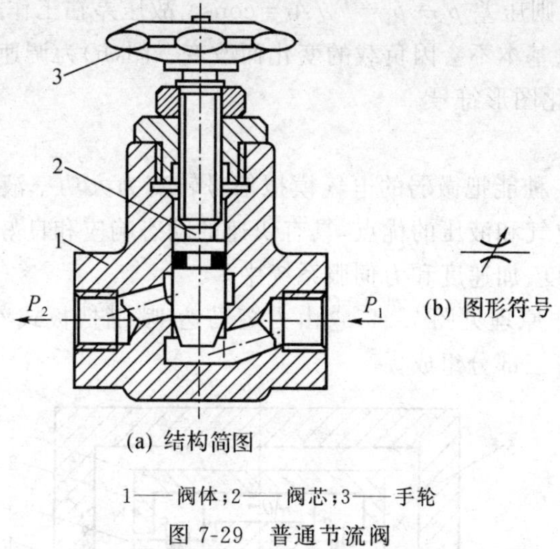

(a) 结构简图

1——阀体；2——阀芯；3——手轮

图 7-29　普通节流阀

统中。当负载变化较大，速度稳定性要求又较高时，应采用调速阀。

调速阀工作原理如图 7-30 所示，压力为 p_1 的压力油进入调速阀后流经减压阀的阀口 g，压力降为 p_2，然后经节流阀节流口流出，此时压力降为 p_3（出口负载压力）。从图可以看出，p_2 经 e 引到 c、经 e 引到 d，p_3 经 a 引到 b，弹簧力为 F_s，列出平衡方程式为：

$$F_s + p_3 A_b = p_2 (A_d + A_c) \tag{7-20}$$

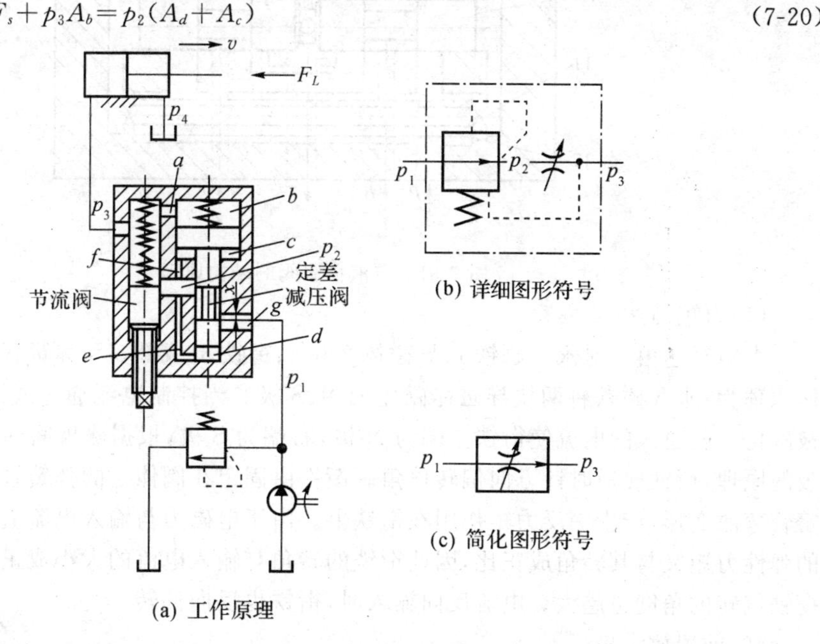

(a) 工作原理

图 7-30　调速阀的工作原理

且 $A_b=A_d+A_c$，则压差 $p_3-p_2=F_s/A_b=\text{const}$，故压差在工作过程中基本不变。这样通过节流口的流量基本不会因负载的变化而改变。图(b)为调速阀的详细图形符号，图(c)为调速阀的简化图形符号。

4. 电液伺服阀

电液伺服阀是一种能把微弱的电气模拟信号转变为大功率液压能(能量、压力)的伺服阀。它集中了电气和液压的优点，具有快速的动态响应和良好的静态特性，已广泛应用于电液位置、速度、加速度和力伺服系统中。

电液伺服阀工作原理见图 7-31，它由力矩马达、喷嘴挡板式液压前置放大极和四边滑阀功率放大极等三部分组成。

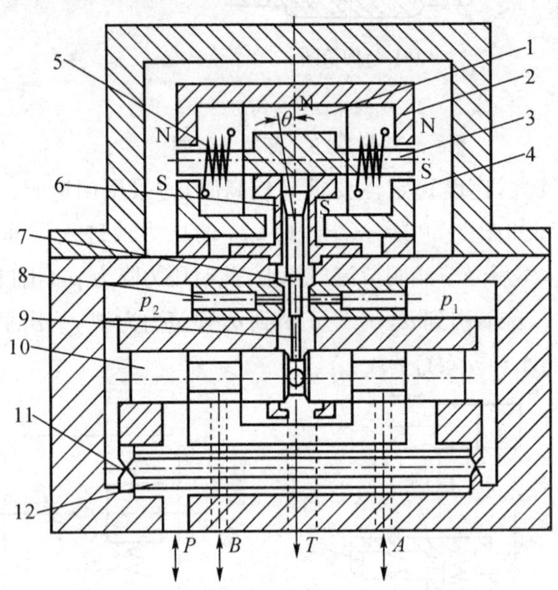

图 7-31 电液伺服阀的结构原理

(1)力矩马达

力矩马达由一对永久磁铁 1、导磁体 2 和 4、衔铁 3、线圈 5 和弹簧管 6 等组成。其工作原理为：永久磁铁将两块导磁体磁化为 N、S 极。当控制电流通过线圈 12 时，衔铁 3 被磁化。若通入的电流使衔铁左端为 N 极，右端为 S 极，根据磁极间同性相斥、异性相吸的原理，衔铁向逆时针方向偏转口角。衔铁由固定在阀体上的弹簧管 6 支撑，这时弹簧管弯曲变形，产生一反力矩作用在衔铁上。由于电磁力与输入电流值成正比，弹簧管的弹性力矩又与其转角成正比，因此衔铁的转角与输入电流的大小成正比。电流越大，衔铁偏转的角度也越大。电流反向输入时，衔铁也反向偏转。

(2)前置放大极

力矩马达产生的力矩很小，不能直接用来驱动四边控制滑阀，必须先进行放大。前置放大极由挡板 7(与衔铁固连在一起)、喷嘴 8、回流节流孔 11 和滤油器 12 组成。工作原理为:力矩马达使衔铁偏转,挡板 7 也一起偏转。挡板偏离中间对称位置后,喷嘴腔内的油液压力 p_1、p_2 发生变化。若衔铁带动挡板逆时针偏转时,挡板的节流间隙右侧减少,左侧增大。于是,压力 p_1 增大,p_2 减小,滑阀在压力差的作用下向左移动。

(3)功率放大极

功率放大极由滑阀和阀体组成。其作用是将前置放大极输入的滑阀位移信号进一步放大,实现控制功率的转换和放大。工作原理为:当电流使衔铁和挡板做逆时针方向偏转时,滑阀受压差作用而向左移动,这时油源的压力油从滑阀左侧通道进入液压马达,回油经滑阀右侧通道,经中间空腔流回油箱,使液压马达旋转。与此同时,随着滑阀向左移动,使挡板在两喷嘴的偏移量减小,实现了反馈作用。当这种反馈作用使挡板又恢复到中位时,滑阀受力平衡而停止在一个新的位置不动,并有相应的流量输出。

5. 电液比例控制阀

电液比例控制阀是一种按输入的电气信号连续地、按比例地对油液的压力、流量或方向进行远距离控制的阀。与手动调节的普通液压阀相比,电液比例控制阀能够提高液压系统参数的控制水平;与电液伺服阀相比,电液比例控制阀在某些性能上稍差一些,但它结构简单、成本低,所以广泛应用于要求对液压参数进行连续控制或程序控制,但对控制精度和动态特性要求不太高的液压系统中。

电液比例控制阀的构成,相当于在普通液压阀上装上一个比例电磁铁,以代替原有的控制部分。根据用途和工作特点的不同,电液比例控制阀可以分为电液比例压力阀、电液比例流量阀和电液比例方向阀三大类。

(1)电液比例压力阀及应用

电液比例压力阀可分为直动式与先导式两种类型,如图 7-32 所示为直接检测型先

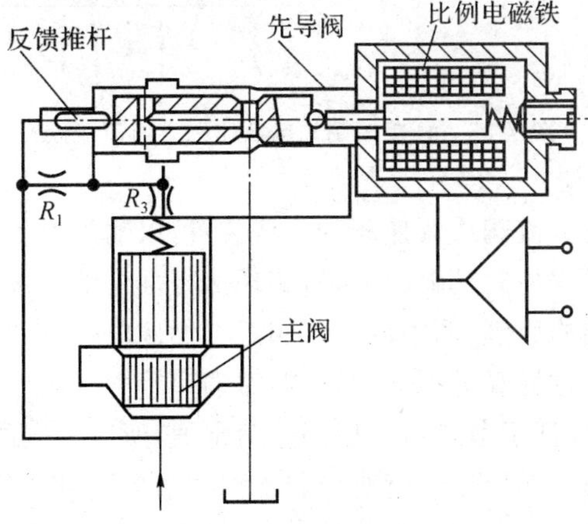

图 7-32　直接检测型先导式电液比例溢流阀的结构原理

导式电液比例溢流阀的结构原理图。由图可知阀的先导阀为一滑阀，阀的进口压力直接作用在先导滑阀反馈推杆左端，与作用在先导滑阀阀芯另一端的电磁力相平衡，从而控制先导滑阀阀芯另一端的电磁力相平衡，通过控制先导滑阀阀芯的左端来控制主阀芯阀口的开度。工作时调节输入电流的大小，保证电液比例溢流阀的进口压力与电磁吸力成正比，达到调节阀进口压力的目的。

先导阀与主阀上腔之间的动压反馈阻尼 R_3 在阀处于稳态时没有流量通过，因此主阀上腔压力与先导阀左腔压力相等。当液阻 R_3 使主阀上腔压力高于或低于先导阀左腔压力时，不但直接阻碍主阀芯移动，而且还反馈给先导滑阀的两端，进一步对主阀芯的运动启动压反馈作用。因此，直接检测型先导式电液比例阀的动态特性及压力稳定性好，超调量小。

(2)电液比例换向阀

用比例电磁铁取代电磁铁换向阀中的普通电磁铁，便构成直接控制式电液比例方向节流阀，如图 7-33 所示。由于使用了比例电磁铁，阀芯不仅可以换位而且换位的行程可以连续地或按比例变化，因而连通油口间的通流面积也可以连续地或按比例变化，所以比例换向阀不仅能控制执行元件的运动方向，而且能控制其速度。

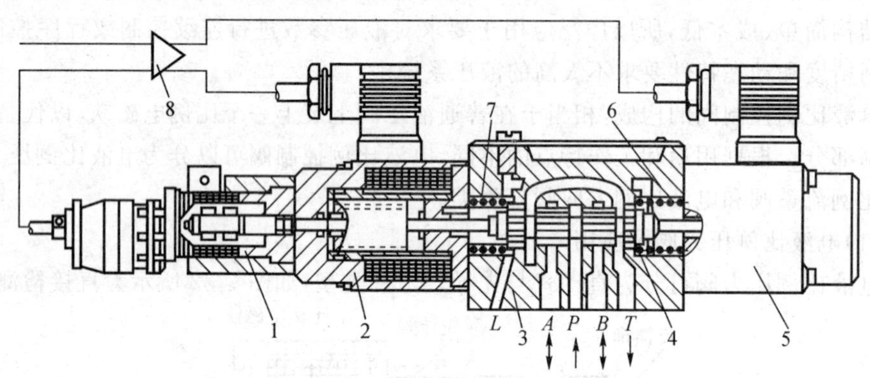

图 7-33 直接控制式电液比例方向节流阀

(3)电液比例调速阀

用比例电磁铁取代节流阀或调速阀的手调装置，以输入电信号控制节流口开度，便可连续地或按比例地远程控制其输出流量，实现执行部件的速度调节。如图 7-34 所示是电液比例调速阀的结构原理。图中的节流阀芯由比例电磁铁的推杆操纵，输入的电信号不同，则电磁力不同，推杆受力不同，与阀芯左端弹簧力平衡后，便有不同的节流口开度。由于定差减压阀已保证了节流口前后压差为定值，所以一定的输入电流就对应一定的输出流量，不同的输入信号变化，就对应着不同的输出流量变化。

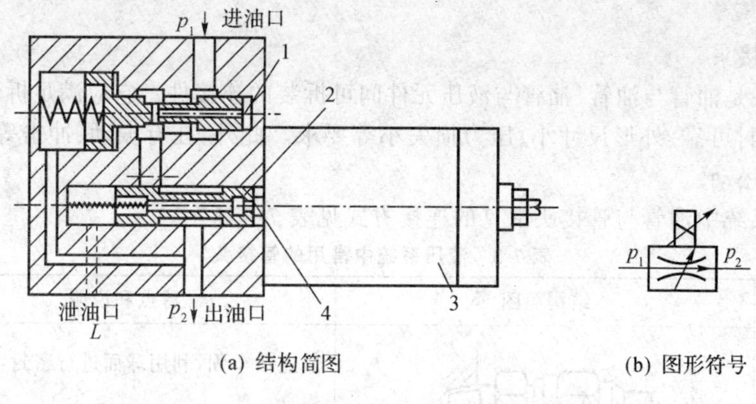

(a) 结构简图　(b) 图形符号

图 7-34　电液比例调速阀

7.2.5　液压辅助元件

液压系统的辅助装置包括油管及管接头、滤油器、密封装置、油箱、冷却器及蓄能器等。这些装置对保证液压系统正常工作起着非常重要的作用。如果选择或使用不当，不但会直接影响系统的工作性能，甚至会使系统无法工作，因此，必须给以足够重视。

1. 油管和管接头

(1)油管的种类和选择

油管一般常用钢管、铜管和橡胶软管等，采用哪种油管，主要由工作压力、安装位置及使用环境等条件决定。

1)钢管

钢管能承受高压，价格低廉，抗腐蚀，刚度较好，不易使油液氧化，但装配、弯曲较困难。在压力较高的管道中，优先采用钢管。无缝钢管有冷拔和热轧两种，冷拔钢管的外径尺寸精确，质地均匀，强度高。一般多选用 10 号、15 号冷拔无缝钢管。

2)紫铜管

紫铜管加工性能好，容易弯曲成所需的形状，安装方便，且管壁光滑，摩擦阻力小。但耐压力低，抗震能力弱，只适用于中、低压油路。此外，紫铜管的散热性和耐腐蚀性较好，故用于回油管和散热器中较多。

3)橡胶软管

橡胶软管用于有相对运动的两部件间的连接，它不怕振动，能吸收系统中液压冲击，装配方便。但软管制造困难，寿命短，成本高，固定连接时一般不采用。橡胶软管分为高压软管和低压软管两种。高压橡胶软管由夹有几层钢丝编织的耐油橡胶制成，钢丝层数越多，耐压越高，最高使用压力可达 35～40MPa，高压橡胶软管在汽车上应用普遍。低压橡胶软管由夹有帆布或棉线的耐油橡胶或聚氯乙烯，多用于压力低的回油路中。

(2)管接头

管接头是油管与油管、油管与液压元件间可拆装的连接件。它应满足拆装方便、连接牢固、密封可靠、外形尺寸小、压力损失小等要求。此外,在有振动、冲击等外力作用下,不应该松动。

液压系统中油管与管接头常见的连接方式见表 7-3 所示。

表 7-3 液压系统中常用的管接头

种类	结构简图	特点和说明
焊接式	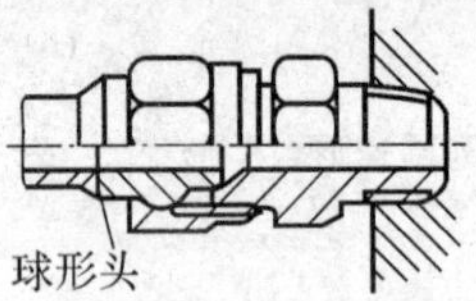 球形头	1. 连接牢固,利用球面进行密封,简单可靠 2. 焊接工艺必须保证质量,必须采用厚壁钢管,拆装不便
卡套式	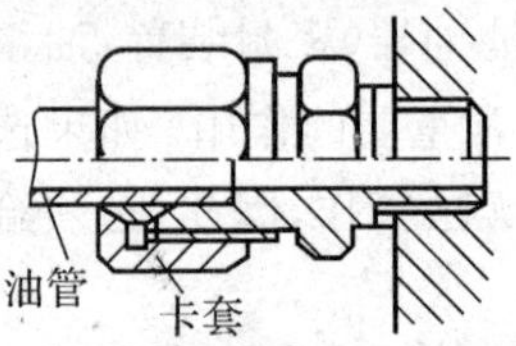 油管 卡套	1. 用卡套卡住油管进行密封,轴向尺寸要求不严,拆装简便 2. 对油管径向尺寸精度要求较高,为此要采用冷拔无缝钢管
扩口式	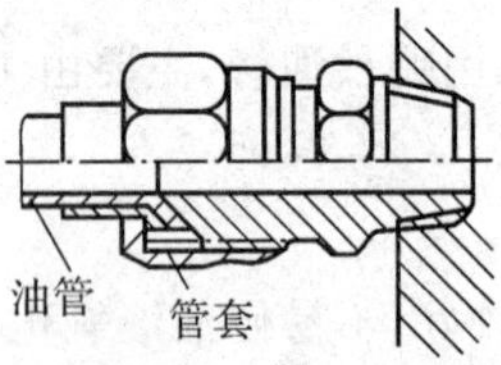 油管 管套	1. 用油管管端的扩口在管套的压紧下进行密封,结构简单 2. 适用于铜管、薄壁钢管、尼龙管和塑料管等低压管道的连接
扣压式	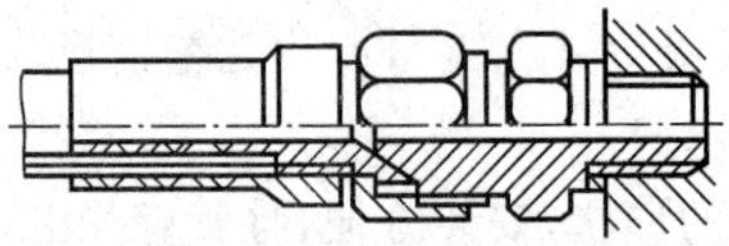	1. 用来连接高压软管 2. 在中、低压系统中应用
固定铰接	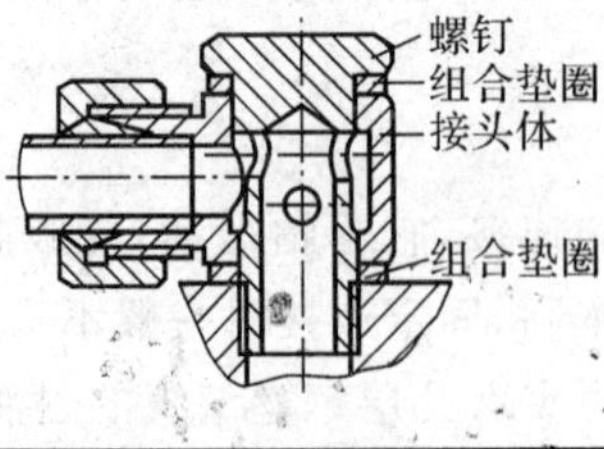 螺钉 组合垫圈 接头体 组合垫圈	1. 是直角接头,优点是可以随意调整布管方向,安装方便,占用空间小 2. 接头与管子的连接方法,除本图所示的卡套式外,还可用焊接式 3. 中间有通油孔的固定螺钉把两个组合垫圈压紧在接头体上进行密封

2. 密封装置

液压传动是利用油做介质来传递的，因此，必须防止油的内外泄漏，以减少能量损失，保证液压系统正常工作。密封装置的功用就是防止液压油的泄漏、外部空气及尘埃进入系统。密封装置按密封部分的运动情况可分为静密封和动密封两大类。静密封，是指密封部位无相对运动零件之间的密封，主要有螺纹连接处、平面及圆柱面结合处等；动密封，是指密封部位具有相对运动（包括往复运动和旋转运动）的零件之间的密封。

按密封原理的不同，密封装置又可分为间隙密封和密封件密封两类。

间隙密封，是依靠减少相互配合零件之间的配合间隙来防止液压油的泄漏，以保证密封的。例如，控制阀的阀体和阀芯、柱塞泵的柱塞和缸体的配合面、叶片泵的转子与叶片等。为了减少间隙配合的泄漏量，除加工时要保证配合面有很高的光洁度和几何精度外，特别重要的是控制间隙的大小。为此，有的采用分组装配，有的选配，也有的采用配研的办法，因而造成某些零件不能互换，这在拆装时要特别注意。

密封件密封，是指密封零件的配合面上装有密封件（通常是各种密封圈）进行密封的。密封件材料应用最广的是耐油橡胶（丁腈橡胶）。采用聚氨脂，其耐磨性和耐油能力均比耐油橡胶高，是一种更理想的密封圈材料. 有的防尘圈用聚四氟乙烯、尼龙等材料制作。

对密封装置的基本要求是：在一定的工作压力下密封可靠，相对运动零件间因密封装置所造成的摩擦阻力要小，耐磨性要高，磨损后能自动补偿；结构简单，拆装方便。

目前密封件多用其断面形状命名，常用的有 O 形、Y 形、小 Y 形、V 形等。它们都属于自紧式密封，即依靠密封圈材料的预先压缩产生初始压紧力，而在工作油压作用下，密封材料进一步变形，使压紧力增加，从而使密封性能也增强，密封件磨损后有一定的自动补偿能力。O 形密封圈的主要优点是结构简单，制造容易，使用方便，密封可靠，运动摩擦阻力小，高低压都可用，在一般液压传动中应用非常普遍。

3. 滤油器

(1)滤油器的功用及过滤精度

滤油器的功用是滤掉油液中的杂质，使油液的污染程度控制在允许范围之内。如果液压油中存在颗粒状杂质，就会造成元件相对运动表面的磨损、滑阀卡住、节流孔或间隙堵塞，以致影响液压系统的工作和寿命。

任何形式的滤油器，其工作原理都是依靠具有一定尺寸过滤孔的滤芯过滤污染物。滤油器的过滤精度，是指油液通过滤油器时，滤芯能够滤除的最小杂质颗粒的大小，以直径的公称尺寸（为单位）来表示。颗粒愈小，滤油器的过滤精度愈高。一般把滤油器分为四类：粗的（$d \geqslant 100\mu m$）；普通的（$d = 10 \sim 100\mu m$）；精的（$d = 5 \sim 10\mu m$）；超精的（$d = 1 \sim 5\mu m$）。液压系统压力 $P < 14MPa$ 愈高，相对运动表面的配合间隙愈小，要求的过滤精度就愈高。当系统压力 $P < 14MPa$ 时，过滤精度为 $25 \sim 50\mu m$；当 $14MPa \leqslant P <$

21MPa 时，过滤精度为 25μm；当 $P \geqslant$ 21MPa 时，过滤精度为 10μm；对液压伺服系统，则过滤精度为 5μm。

(2)滤油器的类型、结构及特点

常用滤油器按其滤芯形式可分为网式、线隙式、纸芯式、烧结式、磁性式等多种。磁性式滤油器是利用永久磁铁来吸附油液中铁屑和带磁性的磨料，一般与其他滤油器组合使用。

1)网式滤油器

网式滤油器(图 7-35)是用铜网蒙在骨架上做成的。过滤精度与网孔大小、铜网层数有关，分为三种标准等级，有 80μm(200 目，即每英寸长度上有 200 个网孔)、100μm(150 目)、180μm(100 目)。压力损失不超过 0.25×10^5Pa。

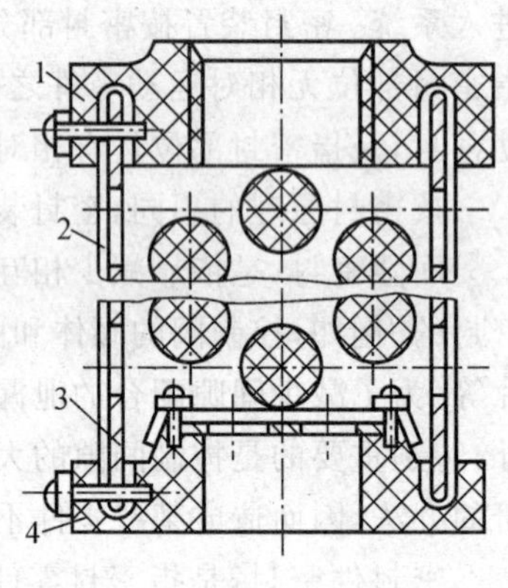

图 7-35 网式滤油器

网式滤油器的特点是结构简单，通油能力大，压力损失小，清洗方便，但过滤精度低。主要用在泵的吸油管路上，以保护油泵。安装时，网的底面不宜太靠近油管吸入口，否则会使吸油不畅，一般油管吸入口到网底的距离应保持网高的 2/3 。

2)线隙式滤油器

线隙式滤油器的结构如图 7-36 所示，它由端盖、壳体、带孔眼的筒形骨架和绕在骨架外部的铜线或铝线滤芯组成。滤油器工作时，油液从 a 孔进入滤油器内，经滤芯线间的缝隙进入滤芯内部后，再由孔 b 流出。

这种滤油器的特点是结构简单，过滤精度较高，通油能力大，应用较为普遍。它具有三种精度等级，分别为 30、50、80μm，在额定流量下，压力损失为$(0.3 \sim 0.6) \times 10^5$Pa。

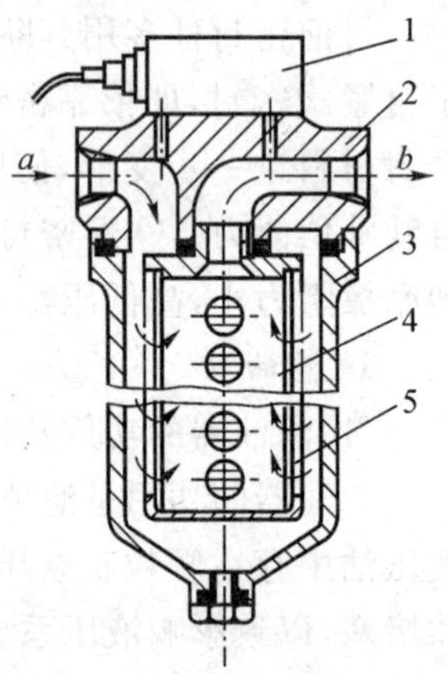

图 7-36 线隙式滤油器

3)纸芯式滤油器

纸芯式滤油器以滤纸(机油微孔滤纸等)为过滤材料，把过滤纸绕在带孔的镀锡铁皮骨架上制成滤芯(图 7-37)。为了增加滤芯的过滤面积，常把滤纸折叠成辐射形。

这种滤油器的过滤精度有 10μm 和 20μm 两种规格，压力损失为$(0.1 \sim 0.4) \times 10^5$Pa。其主要特点是过滤精度高，但通油能力差，易被杂质堵塞，堵塞后又无法清洗，在使用中应定期更换滤芯。一般用于需要精过滤的场合。

4)烧结式滤油器

如图 7-38 所示为烧结式滤油器结构，它由端盖 1 、壳体 2 及滤芯 3 组成。滤芯是由

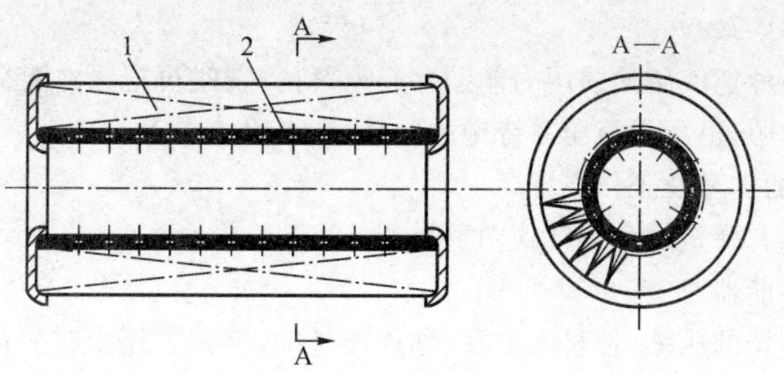

图 7-37　纸芯式滤油器纸芯

颗粒状青铜粉压制后烧结而成，利用颗粒间的微孔滤去油中杂质。因此，过滤精度与微孔的大小有关，选择不同粒度的粉末制成不同壁厚的滤芯就能获得不同的过滤精度。

这种滤油器的过滤精度在 10～100μm，压力损失为(0.3～2)×10^5Pa。它的特点是：滤芯强度高，抗腐蚀性好，过滤精度高，适用于精过滤；缺点是：颗粒容易脱落，堵塞后不易清洗。

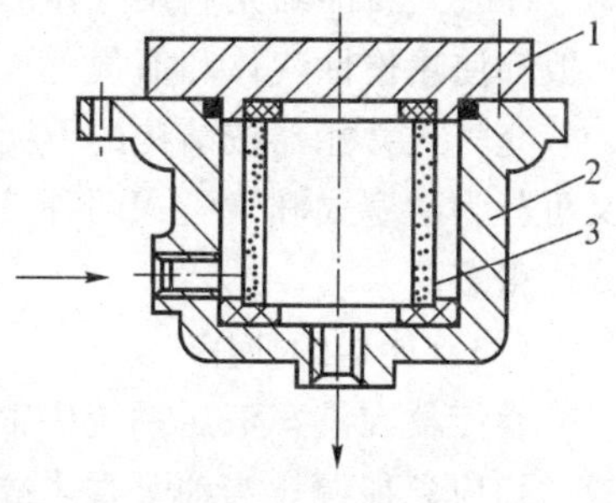

1——端盖；2——壳体；3——滤芯

图 7-38　烧结式滤油器

(3)滤油器的安装

1)安装在液压泵的吸油管道上

安装在液压泵的吸油管道上，使油泵的吸油阻力增加，而且，当滤油器堵塞时，使液压泵的工作条件恶化。为此，要求滤油器有较大的通油能力和较小的压力损失(不超过 0.1～0.2×10^5Pa)，一般多用精度较低的网式滤油器，其主要作用是保护液压泵。

2)安装在液压泵的出油口

这种安装方式可以保护液压系统中除液压泵以外的其他元件。由于滤油器在高压下工作，要求滤油器应有足够的强度，其最大压力降不能超过 3.5×10^5Pa。为了避免由于滤油器的堵塞而引起液压泵过载，可与滤油器并联一旁通阀，但滤油器压力差超过最大允许值时，旁通阀开启。也有的在滤油器上还设置压力差指示器，当滤油器压力差达到一定值时，指示器压力开关被触动，安装在驾驶室仪表板上的指示灯发亮，警告驾驶员滤油器滤芯需要更换。

3)安装在回油管路上

这种安装方式不能直接防止杂质进入液压泵和其他元件，而只能循环地除去油液中的部分杂质。它的优点是允许滤油器有较大的压力降；由于是在低压回路上，故可用强度较低、刚度较小的滤油器。在汽车上，这种滤油器安装方法应用非常普遍。为防备滤油器堵塞，也要并联一旁通阀。旁通阀的开启压力也应高于滤油器最大允许压力差。

4. 蓄能器

蓄能器是一种把液压油的压力能贮存起来,待需要时再把压力能释放出去的装置。它可做辅助动力源,也可做液压系统中的脉动、冲击吸收器等。

(1)蓄能器的类型及工作原理

蓄能器主要有弹簧式和冲气式两种类型。

1)弹簧式蓄能器

它是利用弹簧的压缩、伸长来贮存、释放能量的。弹簧力作用在活塞上,蓄能器充油时,弹簧被压缩,弹簧力增大,因而相应的油压升高。由于弹簧伸缩时其作用是变化的,所以蓄能器所提供的油压力也是变化的。

2)冲气式蓄能器

冲气式蓄能器是利用气体的压缩、膨胀来贮存、释放能量的。为安全起见,所充气体一般都使用惰性气体和氮气。

充气式蓄能器按结构的不同,可分为油气不分隔式和油气分隔式两类。油气分隔式又可分为活塞式和气囊式两种。这种蓄能器输出的压力也是变化的,但其变化量比弹簧式小得多。

(2)蓄能器的使用

蓄能器在汽车液压系统中常做应急能源、缓和压力冲击和吸收振动等。

1)应急能源。当油泵发生故障而使系统供油中断时,蓄能器可做应急能源,继续向系统供油,供油的多少决定于蓄能器的容量。例如,大型矿用自卸汽车液压动力转向系统及全液压动力制动系统常采用蓄能器作为应急能源。

2)在汽车自动变速器液压动力换挡系统中,蓄能器常被用来控制换挡时间和离合器结合时油压的增长速率,使换挡平顺。

3)系统保压。在汽车防抱死系统中,利用电动油泵向蓄能器充油,使蓄能器油压保持在一定控制范围内。当制动轮缸需要增压时,蓄能器向制动轮缸充油,使汽车处于最佳制动状态。

(3)蓄能器的使用、安装

使用、安装蓄能器时应注意以下几点:

1)气囊式蓄能器应垂直安装(油口朝下)。否则,气囊会受到浮力而与壳体单边接触,妨碍其正常伸缩且加快其磨损。

2)蓄能器与液压泵之间应安装单向阀,以防止液压泵停转时,蓄能器内储存的压力油倒流。蓄能器与管路系统之间应安装截止阀,以便在系统长期停止工作以及充气和检修时,将蓄能器与主油路切断。

5. 油箱

油箱的主要功能是:储油、散热、分离油液中的气体及沉淀污物,油箱分为开式与闭式油箱。开式油箱与大气相通，后者则不然。本书主要介绍开式油箱。

油箱除储存必需的油量外，还应有液压回路中的油全回到油箱时不溢出的预备空间，即油箱油面高度最高不超过油箱的 80%，最低使进口滤油器不吸入空气。而油箱的有效容积(油箱的 80%容积)一般为泵流量的 3～5 倍。行走机械、有冷却装置的机械，油箱的容量选小值；固定设备、没有冷却装置靠油箱散热设备则选大值。

根据系统的压力概略如下：

低压系统，$V=(2\sim4)Q$；

中压系统，$V=(4\sim5)Q$；

高压系统，$V=(5\sim7)Q$；

工程机械(行走机械)，$V=(1.5\sim2)Q$。

式中，Q——液压泵的流量。

一般油箱中的油温在 30～50℃ 范围内比较合适，最高不超过 65 ℃。固定装置油温应在 40～55℃范围。移动装置，如车辆、工程机械等，最高油温允许达到 65℃，特殊情况下允许达到 85 ℃。为了避免漏油，高压系统推荐油温不超过 50℃。

7.3　液压基本回路

所谓基本回路，是指能够完成某种特定控制功能的液压元件和管道的组合。例如，用来调节液压泵供油压力的调压回路，改变液压执行元件工作速度的调速回路等都是常见的液压基本回路。所谓全局为局部之总和，因而熟悉和掌握液压基本回路的功能，有助于更好地分析、使用和设计各种液压传动系统。液压系统中常用回路包括多种，本书限于篇幅，只介绍压力控制回路及调压回路。

7.3.1　压力控制回路

压力控制回路是利用压力控制阀来控制系统整体或某一部分的压力，以满足液压执行元件对力或转矩要求的回路，这类回路包括调压、减压、增压、卸荷和平衡等多种回路。

1. 调压回路

功用：使液压系统整体或部分的压力保持恒定或不超过某个数值。

在定量泵系统中，液压泵的供油压力可以通过溢流阀来调节。在变量泵系统中，用安全阀来限定系统的最高压力，防止系统过载。若系统中需要两种以上的压力，则可采用多级调压回路。

(1)单级调压回路：如图 7-39 所示，在液压泵 1 出口处设置并联的溢流阀 2，即可组成单级调压回路，从而控制液压系统的最高压力值。

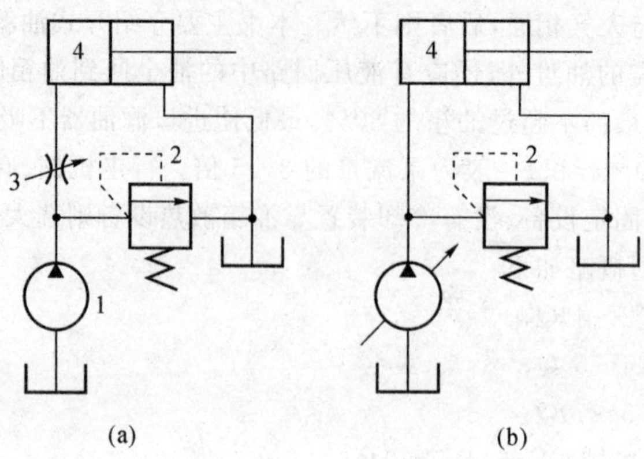

图 7-39 单级调压回路

(2)二级调压回路:如图 7-40 所示,是应用于压力机的一种双级调压回路实例。图中活塞 1 下降为工作行程,由高压溢流阀 4 调节活塞上升为非工作行程,其压力由低压溢流阀 3 调节,且只需克服运动部件自身的重量和摩擦阻力即可。溢流阀 3、4 的规格都必须按液压泵最大供油量来选择。

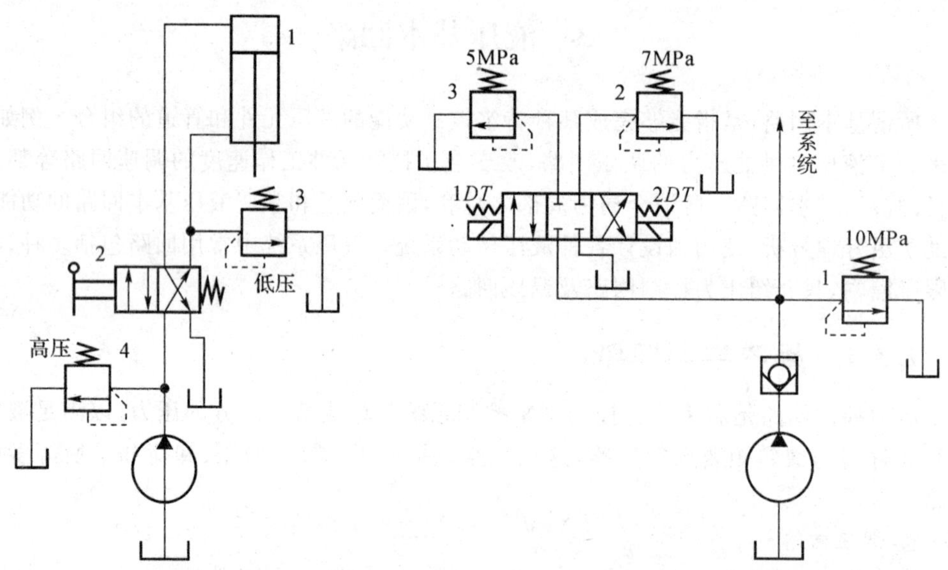

图 7-40 二级调压回路

图 7-41 三级调压回路

(3) 多级调压回路:如图 7-41 所示的由溢流阀 1、2、3 分别控制系统的压力,从而组成了三级调压回路。在这种调压回路中,阀 2 和阀 3 的调定压力要小于阀 1 的调定压力,但阀 2 和阀 3 的调定压力之间没有什么一定的关系。

2. 减压回路

功用:使系统中的某一部分油路具有较低的稳定压力。

最常见的减压回路通过定值减压阀与主油路相连,如图 7-42 所示。回路中的单向阀供主油路压力降低(低于减压阀调整压力)时防止油液倒流,起短时保压之用。

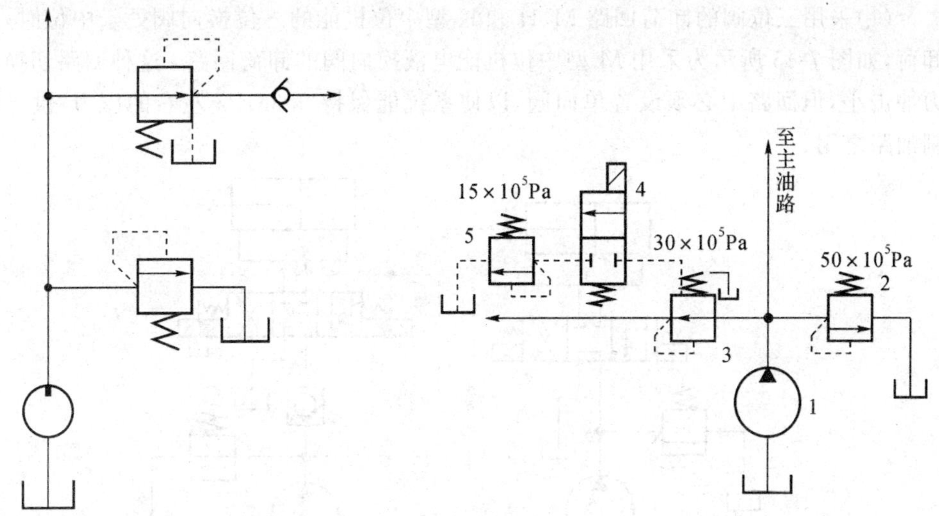

图 7-42　单级减压回路　　　图 7-43　二级减压回路

减压回路中也可以采用类似两级或多级调压的方法获得两级或多级减压,如图 7-43 所示为二级减压回路。图中 3 为带遥控口的先导式减压阀。将阀的遥控口通过二位二通阀 4 与一调压阀 5 相连,就可以在减压回路上获得两种预定的二次压力。在图示位置上,二次压力由阀 3 调定,当阀 4 切换时,二次压力由阀 5 调定。为了能在减压回路上调出二级压力来,阀 5 的调压值必须小于阀 3。

3. 增压回路

当液压系统中的某一支油路需要压力较高但流量又不大的压力油,若采用高压泵不经济,或者根本就没有这样高压力的液压泵时,就要采用增压回路。增压回路包括单作用增压缸的增压回路及连续增压回路,如图 7-44 所示为单作用增压缸的增压回路。

图中 5 为补油油箱,当增压缸柱塞向左运动时,向柱塞缸补油。这种增压回路的增压比等于增压缸中左边的活塞面积与右边的柱塞面积之比。

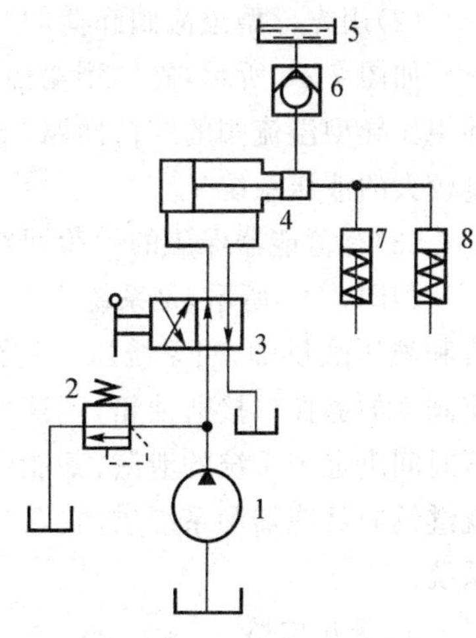

图 7-44　单作用增压缸的增压回路

4. 卸荷回路

功用:在液压泵驱动电动机不频繁启闭的情况下,使液压泵在功率损耗接近于零的情况下运转,以减少功率损耗,降低系统发热,延长泵和电机的寿命。下面介绍几种典型的卸荷回路。

(1)采用三位阀的卸荷回路 M、H 和 K 型中位机能的三位换向阀处于中位时,泵即卸荷,如图 7-45 所示为采用 M 型中位机能电液换向阀的卸荷回路。这种回路切换时压力冲击小,但回路中必须设置单向阀,以使系统能保持 0.3MPa 左右的压力,供操纵控制油路之用。

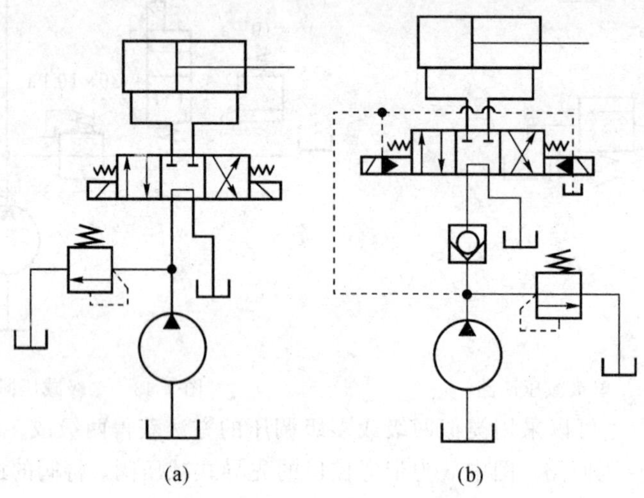

图 7-45 M 型中位机能电液换向阀的卸荷回路

(2)用先导型溢流阀卸荷的卸荷回路。

如图 7-46 所示,先导型溢流阀的远程控制口直接与二位二通电磁阀相连,构成一种用先导型溢流阀的卸荷回路。这种卸荷回路卸荷压力小,切换时冲击也小,适合于流量较大的液压系统。

(3)有蓄能器保压的卸荷回路。

如图 7-47 所示,是系统中有蓄能器保压的卸荷回路。在图示位置上,液压泵向蓄能器和液压缸供油,当系统压力达到卸荷阀(液控顺序阀)7 的调定值时,阀 7 动作,使溢流阀 2 的遥控口接通油箱,则液压泵 1 卸荷。此后由蓄能器 5 来保持液压缸的压力,保压时间决定于系统的泄漏、蓄能器的容量等。当压力降低到一定数值时,阀 7 关闭,泵 1 就继续向蓄能器和系统供油。这种回路适用于液压缸的活塞较长时间作用在物件上的系统。

5. 保压回路

功用:保压回路的功用是使系统在液压缸不动或

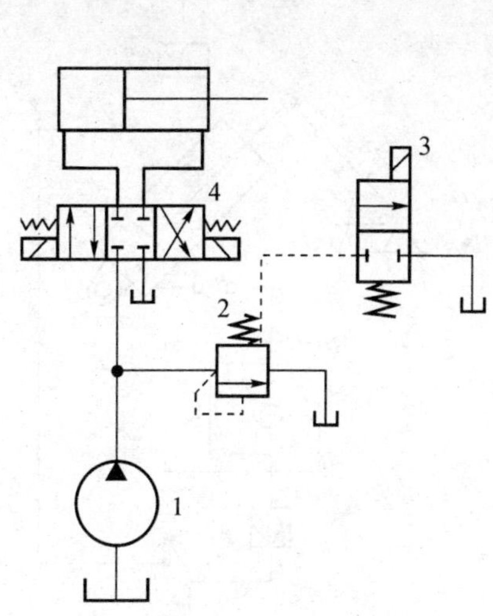

图 7-46　先导式溢流阀用于系统卸荷

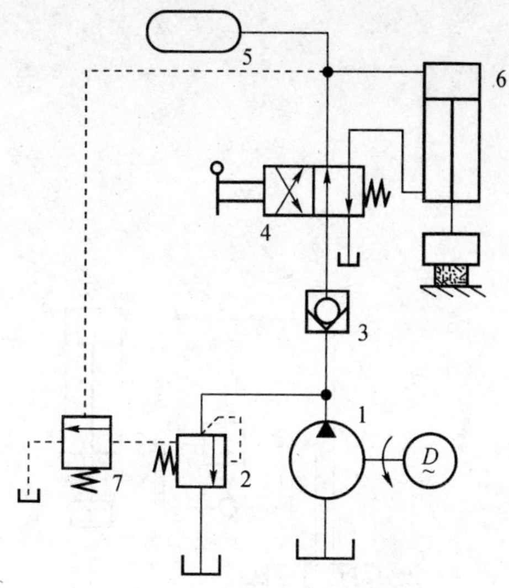

图 7-47　用蓄能器保压的卸荷回路

仅有极小的位移下稳定地维持住压力。

最简单的保压回路是使用密封性能较好的液控单向阀的回路，但是阀类元件处的泄漏使这种回路的保压时间不能维持很久。如图 7-48 所示为一种采用液控单向阀和电接触式压力表的自动补油式保压回路，其工作原理如下：当换向阀 2 右位接入回路时，液压缸由液控单向阀 3 保压；当液压缸上腔压力下降到预定下限值时，电接触式压力表又发出信号，使换向阀右位接入回路，这时液压泵给液压缸上腔补油，使其压力回升；换向阀左位接入回路时，活塞快速向上退回。这种回路保压时间长，压力稳定性高，适应于保压性能较高的高压系统，如液压机。

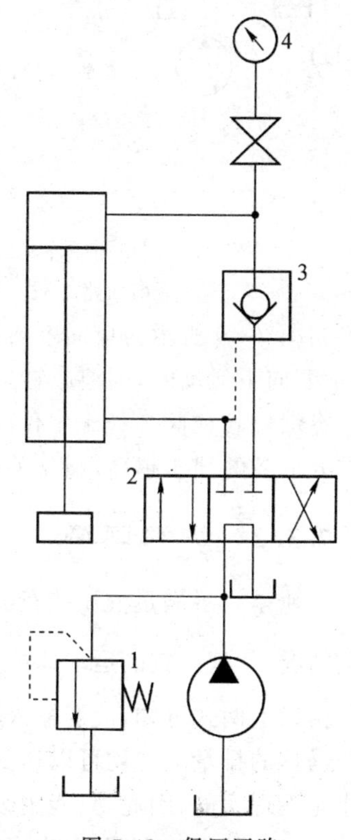

图 7-48　保压回路

6. 平衡回路

功用：在于防止垂直或倾斜放置的液压缸和与之相连的工作部件因自重而自行下落。

(1)用单向顺序阀的平衡回路

如图 7-49 所示为采用单向顺序阀的平衡回路。单向顺序阀 4 的调定压力应调到足以平衡移动部件的自重 W。

(2)单向节流阀和液控单向阀的平衡回路

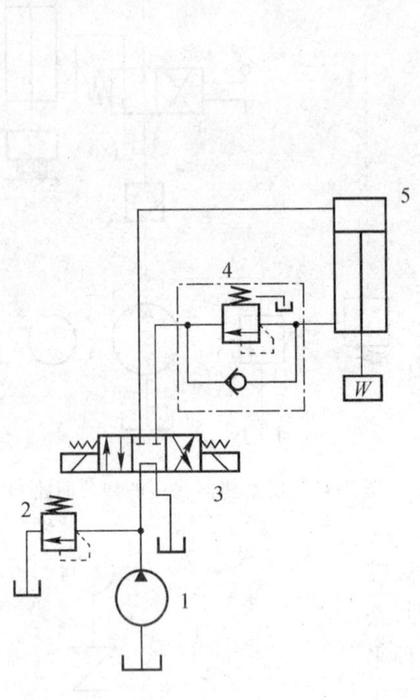

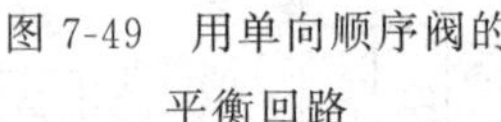
图 7-49　用单向顺序阀的平衡回路

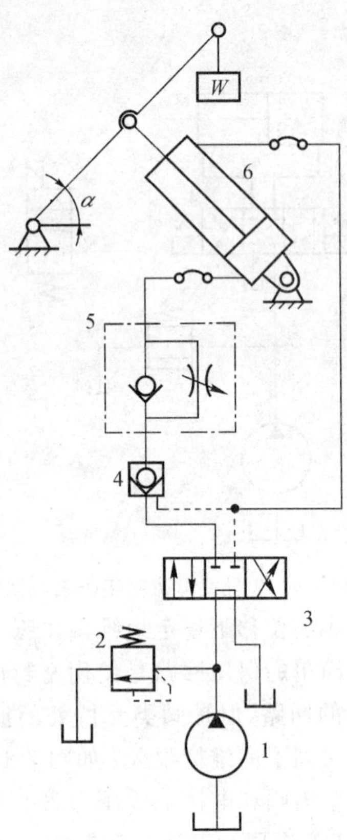

图 7-50　用单向节流阀和液控单向阀的平衡回路

如图 7-50 所示为单向节流阀和液控单向阀组成的平衡回路。当液压缸 6 上腔进油，活塞向下运动时，因液压缸下腔的回油经节流阀产生背压，故活塞下行运动较平稳。当泵突然停转或阀 3 处于中位时，液控单向阀 4 将回路锁紧，并且重物的重量越大，液压缸 6 下腔的油压越高，阀 4 关得越紧，其密封性越好。

7.3.2　调速回路

调速是为了满足液压执行元件对工作速度的要求，在不考虑液压油的压缩性和泄漏的情况下，液压缸的运动速度为：$v=\frac{q}{A}$；液压马达的转速：$n=\frac{q}{V_M}$。

由以上两式可知，改变输入液压执行元件的流量 q 或改变液压缸的有效面积 A（或液压马达的排量 V_M）均可以达到改变速度的目的。但改变液压缸工作面积的方法在实际中是不现实的，因此，只能用改变进入液压执行元件的流量或用改变变量泵或变量液压马达排量的方法来调速。为了改变进入液压执行元件的流量，可采用变量液压泵来供油，也可采用定量泵和流量控制阀，以改变通过流量阀流量的方法。用定量泵和流量阀来调速时，称为节流调速；用改变变量泵或变量液压马达的排量调速时，称为容积调速；用变量泵和流量阀来达到调速目的时，则称为容积节流调速。

1. 节流调速回路

节流调速回路的工作原理是通过改变回路中流量控制元件(节流阀和调速阀)通流截面积的大小来控制流入执行元件或自执行元件流出的流量，以调节其运动速度。根根流量阀在回路中的位置不同，分为进油节流调速、回油节流调速和旁路节流调速三种回路。前两种回路称为定压式节流调速回路，后一种由于回路的供油压力随负载的变化而变化又称为变压式节流调速回路。

(1)进油节流调速回路(图 7-51)

这种回路的调速范围较大，当节流阀的过流断面积 A_T 调定后，速度随负载的增大而减小，故负载特性软。适用于低速轻载场合。

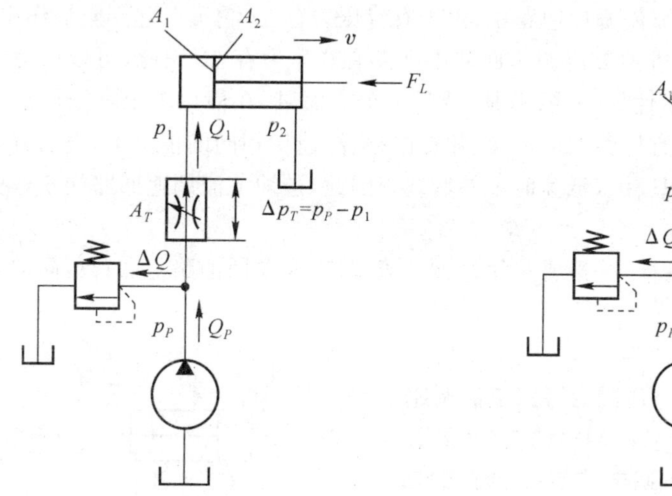

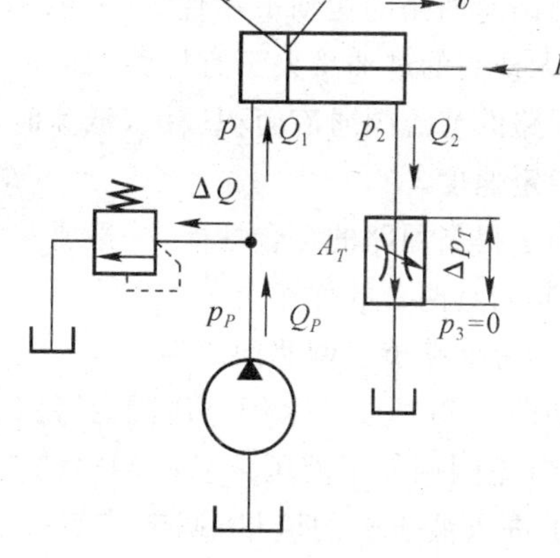

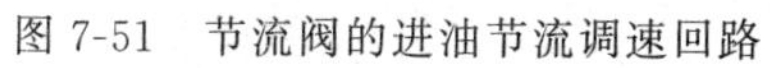
图 7-51　节流阀的进油节流调速回路

图 7-52　节流阀的回油节流调速回路

(2)回油节流调速回路(图 7-52)

进油节流调速回路的效率和回油节流调速回路的效率相同。但是，应当指出，在回油节流调速回路中，液压缸工作腔和回油腔的压力都比进油节流调速回路高，特别是在负载变化大，尤其是当 $F=0$ 时，回油腔的背压有可能比液压泵的供油压力还要高，这样会使节流功率损失大大提高，且加大泄漏，因而其效率实际上比进油调速回路要低。

进油与回油节流调速回路不同之处：

1)承受负值负载的能力。回油节流调速回路的节流阀使液压缸回油腔形成一定的背压，在负值负载时，背压能阻止工作部件的前冲，而进油节流调速由于回油腔没有背压力，因而不能在负值负载下工作。

2)停车后的启动性能。长期停车后液压缸油腔内的油液会流回油箱，当液压泵重新向液压缸供油时，在回油节流调速回路中，由于进油路上没有节流阀控制流量，会使活塞前冲；而在进油节流调速回路中，由于进油路上有节流阀控制流量，故活塞前冲很小，甚至没有前冲。

3)实现压力控制的方便性。在进油节流调速回路中，进油腔的压力将随负载而变化，当工作部件碰到止挡块而停止后，其压力将升到溢流阀的调定压力，利用这一压力变化来实现压力控制是很方便的；但在回油节流调速回路中，只有回油腔的压力才会随负载而变化，当工作部件碰到止挡块后，其压力将降至零，虽然也可以利用这一压力变化来实现压力控制，但其可靠性差，一般均不采用。

4)发热及泄漏的影响。在进油节流调速回路中，经过节流阀发热后的液压油将直接进入液压缸的进油腔；而在回油节流调速回路中，经过节流阀发热后的液压油将直接流回油箱冷却。因此，发热和泄漏对进油节流调速的影响均大于对回油节流调速的影响。

5)运动平稳性。在回油节流调速回路中，由于有背压力存在，它可以起到阻尼作用，同时空气也不易渗入，而在进油节流调速回路中则没有背压力存在，因此，可以认为回油节流调速回路的运动平稳性好一些；但是，从另一个方面讲，在使用单出杆液压缸的场合，无杆腔的进油量大于有杆腔的回油量。故在缸径、缸速均相同的情况下，进油节流调速回路的节流阀通流面积较大，低速时不易堵塞。因此，进油节流调速回路能获得更低的稳定速度。

为了提高回路的综合性能，一般常采用进油节流调速，并在回油路上加背压阀的回路，使其兼具两者的优点

(3)旁油路节流调速回路

如图 7-53 所示为采用节流阀的旁路节流调速回路，节流阀调节了液压泵溢回油箱的流量，从而控制了进入液压缸的流量，调节节流阀的通流面积，即可实现调速，由于溢流已由节流阀承担，故溢流阀实际上是安全阀，常态时关闭，过载时打开，其调定压力为最大工作压力的 1.1～1.2 倍，故液压泵工作过程中的压力完全取决于负载而不恒定，所以这种调速方式又称变压式节流调速。

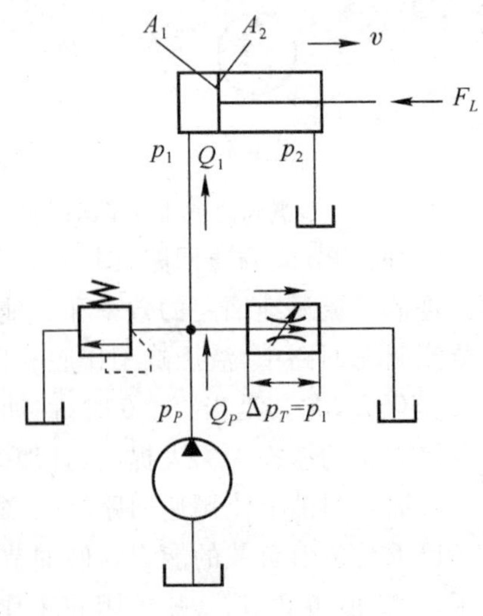

图 7-53　节流阀的回油节流调速回路

(4)采用调速阀的节流调速回路

使用节流阀的节流调速回路，速度负载特性都比较“软”，变载荷下的运动平稳性都比较差，为了克服这个缺点，回路中的节流阀可用调速阀来代替。由于调速阀本身能在负载变化的条件下保

证节流阀进出油口间的压差基本不变,因而使用调速阀后,节流调速回路的速度负载特性将得到改善。调速阀的工作压差一般最小需 0.5MPa,高压调速阀需 1.0MPa 左右。

2. 容积调速回路

容积调速回路是用改变泵或马达的排量来实现调速的。主要优点是没有节流损失和回流损失,因而效率高,油液温升小,适用于高速、大功率调速系统。缺点是变量泵和变量马达的结构较复杂,成本较高。

根据油路的循环方式,容积调速回路可以分为开式回路或闭式回路。在开式回路中,液压泵从油箱吸油,液压执行元件的回油直接回油箱。这种回路结构简单,油液在油箱中能得到充分冷却,但油箱体积较大,空气和脏物易进入回路。在闭式回路中,执行元件的回油直接与泵的吸油腔相连,结构紧凑,只需很小的补油箱,空气和脏物不易进入回路,但油液的冷却条件差,先附设辅助泵补油、冷却和换油,补油泵的流量一般为主泵流量的 10%~15%。

容积调速回路通常有三种基本形式:变量泵和定量液压执行元件组成的容积调速回路;定量泵和变量马达组成的容积调速回路;变量泵和变量马达组成的容积调速回路。

(1)变量泵和定量液压执行元件的容积调速回路

如图 7-54 所示为开式回路。改变变量泵的排量就能达到调速的目的。图中 3 为安全阀,用以防止系统过载,平时不打开。

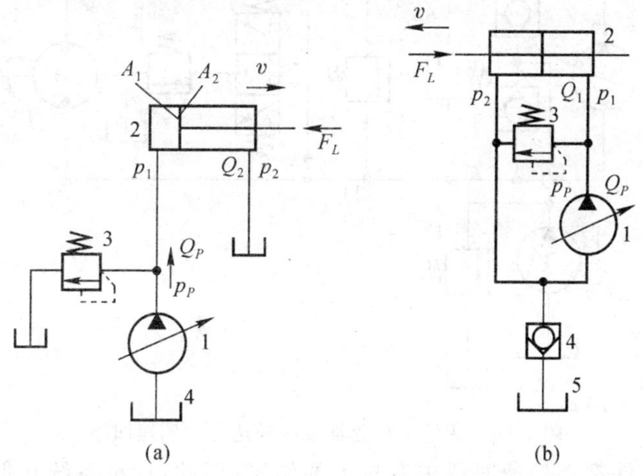

图 7-54　变量泵—液压缸容积调速回路

由于变量泵有泄漏,活塞运动速度会随负载的加大而减小。负载增大至某值时,在低速下会出现活塞停止运动的现象,这时变量泵的理论流量等于泄漏量,可见这种回路在低速下的承载能力是很差的。

(2)定量泵和变量液压马达的容积调速回路

如图 7-55 所示为这种调速回路的油路结构图。其中 3 为安全阀,4 是用来补油和改善吸油条件的辅助泵,5 为辅助泵定压的溢流阀。

由于液压泵的转速和排量均为常数,当负载功率恒定时,马达输出功率 P_M 和回路工作压力 p 都恒定不变,因为马达的输出转矩 T_M 与马达的排量 V_M 成正比,马达的转速则与 V_M 成反比。所以这种回路称为恒功率调速回路。

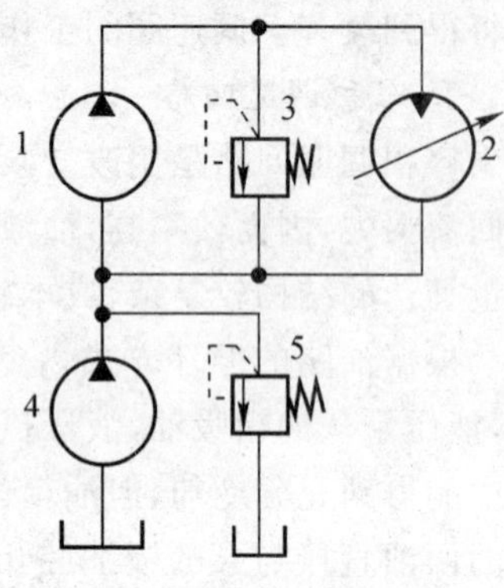

图 7-55　定量泵和变量液压马达的容积调速回路

(3)变量泵和变量液压马达容积调速回路

如图 7-56 所示为这种调速回路的油路结构。图中 1 为辅助泵,12 为给泵 1 定压的溢流阀,单向阀 4、5 用于双向补油,溢流阀 6、7 用于两个方向上的安全阀,压差式的液动换向阀 8 用于回路中的热交换,溢流阀 9 用于定回油路的排油压力,双向变量泵 2 既可以改变流量,又可以改变供油方向,用以实现液压马达的调速和换向。

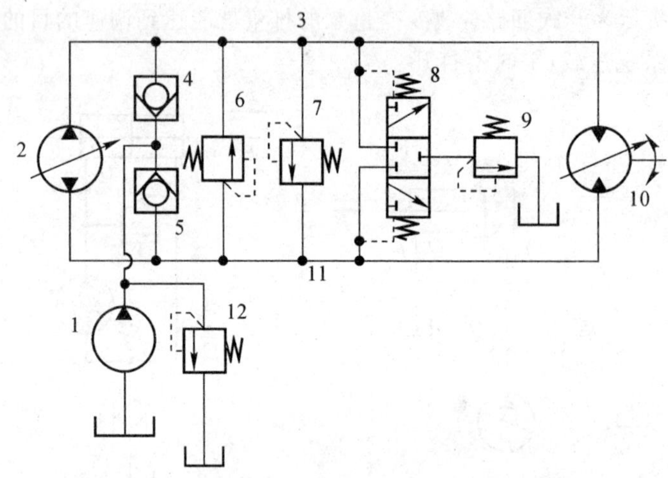

图 7-56　变量泵和变量液压马达容积调速回路

一般工作部件都在低速时要求有较大的转矩,因此,这种系统在低速范围内调速时,先将液压马达的排量调为最大(使马达能获得最大输出转矩),然后改变泵的输油量,当变量泵的排量由小变大,直至达到最大输油量时,液压马达转速亦随之升高,输出功率随之线性增加,此时液压马达处于恒转矩状态;若要进一步加大液压马达转速,则可将变量马达的排量由大调小,此时输出转矩随之降低,而泵则处于最大功率输出状态不变,故液压马达亦处于恒功率输出状态。

7.4　汽车典型液压系统实例

7.4.1　自动变速器液压控制系统

1. 液压控制系统工作原理

电控液力机械自动变速器(AT)是目前普通使用的一种自动变速器,主要由液力变矩器、行星齿轮变速器和电子液压换挡控制系统三大部分组成。其中电子液压换挡控制系统由电控单元、传感器、液压控制回路和执行器组成。液压控制系统原理见图 7-57 所示。

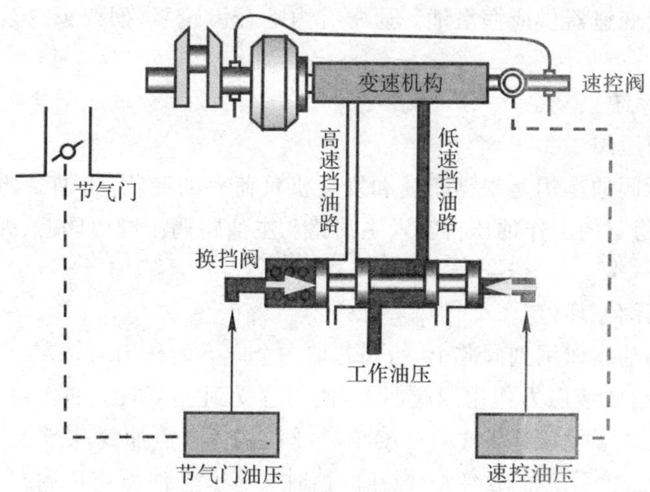

图 7-57　液控系统原理示意图

节气门对应的节气门阀产生节气门油压,速控阀产生与车速相对应的速控油压,换挡阀控制换挡油路,控制系统的工作油压在换挡阀的控制下通过高挡油路进入变速机构,使自动变速器挂上高挡,通过低挡油路进入变速机构,使自动变速器挂上低挡。

当汽车负载大,节气门开度大,车速低时,节气门阀输出的节气门油压高,速控阀输出的速控油压低,换挡阀左侧大于右侧油压,阀芯右移,工作油压将通过换挡阀、低速挡油路进入变速机构,使低挡离合器或制动器结合,自动变速器挂上低挡。

当汽车负栽小,车速高时,节气门阀输出的节气门油压低,速控阀输出的速控油压高,换挡阀中左侧油压低于右侧油压,阀芯左移,工作油压将通过换挡阀、高速挡油路进入变速机构,使高挡离合器或制动器结合,自动变速器挂上高挡。

从上述分析可以看出,换挡阀的移动,主要取决于换挡阀左、右侧节气门油压和速控油压的油压差,阀芯移动,将使不同的离合器、制动器接合,从而使变速机构输出不同的挡位。

2. 液压控制系统各装置组成件的结构与工作原理

自动变速器液压控制系统由动力源、执行机构和控制机构组成。动力源指油泵，执行机构包括各离合器、制动器的液压缸，控制机构包括主油路调压阀、手动阀、换挡阀及锁止离合器控制阀等。

(1)油泵

是电控液力机械自动变速器中的动力源。除了向控制机构、执行机构供给压力油以实现换挡外，还给液力变矩器提供冷却补偿油，向行星齿轮变速器供应润滑油。

油泵位于液力变矩器和行星齿轮之间，由液力变矩器的泵轮通过一轴套驱动。油泵向控制机构、执行机构供给压力油以实现换挡，同时还给液力变矩器提供冷却补偿油，以及向行星齿轮变速器供应润滑油。通常有内啮合齿轮泵、摆线齿轮泵和叶片泵等定量泵。

(2)主油路系统

1)主油路调压阀

主油路调压阀的作用是根据车速和发动机负荷率的变化，将油泵的压力精确地调至规定值，形成稳定的工作油压再输入主油路。主油路调压阀由阀芯、弹簧、柱塞、柱塞套等组成。

主油路调压阀原理：

来自油泵的油压作用到阀芯上，给阀芯加一个向下的作用力，节气门阀输出的油压力作用到柱塞上，此液压力作用到阀芯上，使阀芯受到一个向上的作用力，弹簧作用到阀芯上一个向上的弹力，当节气门开度小时，阀芯下移，泄油缝隙增大，系统油压减小(图 7-58(a))；反之，系统油压增大；当挂倒挡时又有一个油压作用到差径的柱塞上，柱塞上移，使阀芯又受到一个向上的作用力，由于向上的作用力增大，阀芯上移，所以系统油压增大(图 7-58(b))。

2)主油路副调压阀

主油路副调压阀的作用是将根据汽车行驶速度和节气门开度的变化，自动调节液力变矩器的液压，并保证各摩擦副润滑的油压和流向液压油冷却装置的油压，实际上是一个限压滑阀。作用是当发动机熄火后，主油路副调压阀在弹簧力的作用下，把液力变矩器的油路关闭，防止 ATF 从液力变矩器外流而导致液力变矩器打滑或变速器换挡时间滞后，以保证下一次启动工作时液力变矩器正常传递转矩。另外，当发动机转速升高时，油温会随着液力变矩器油压的升高而升高，摩擦损失增大，此时主油路副调压阀打开通向液压油冷却装置的油路以便进行冷却，保证 ATF 的正常油温。

3)换挡阀组

换挡阀组包括手动换挡阀和换挡阀。换挡阀组通过改变液压操纵油路的方向来控

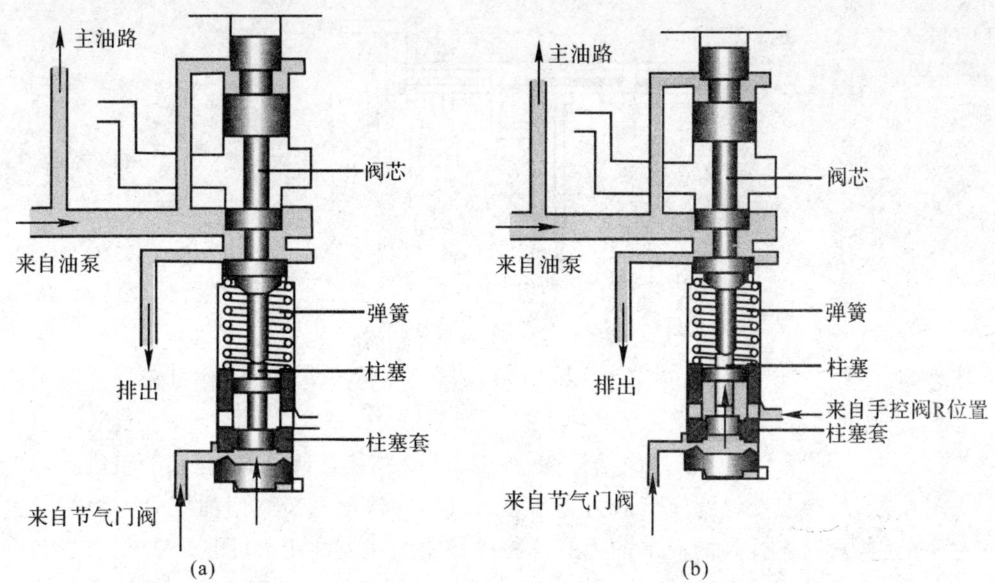

图 7-58　主油路调压阀工作原理图

制执行机构的工作，使自动变速器完成换挡动作。主要介绍换挡阀工作原理。

①手动阀

驾驶室内的变速器选档操纵手柄通过一定的连杆机构与手动阀相连，手动阀是安装在控制系统阀板总成中的多路换向阀，驾驶员操纵换挡操纵手柄可以带动手柄阀移动，其作用是根据不同的选档杆位置依次将管路压力油接入相应各档（“*P*”、“*R*”、“*N*”、“*D*”、“2”或“*L*”档油路）。选档杆的作用与普通手动变速器的操纵杆不同，手动变速器操纵杆的工作位置就是变速器的挡位，变速器有几个挡位，换挡位数并不对应。对四挡自动变速器的工作方式由自动变速器选档杆的位置决定，与挡位数并不对应。对四挡自动变速器，如将选档杆置于前进挡“*D*”位时，变速器可根据换挡信号在 1—4 挡之间自动变换；如将选挡杆置于前进低挡“2”（或 *S* 位）时，自动变速器只能在 1—2 挡间自动变换；当选挡杆置于前进低挡“1”位（或 *L* 位）时，自动变速器只能限制在 1 档工作。

如图 7-59 所示为手动阀结构简图，该阀的左端通过连杆与选挡手柄相连。进油道与油泵主油路相连，操纵选挡杆，移动手动换挡阀使其分别处于 *P*、*R*、*N*、*D*、2 和 *L*（选挡杆位置因车型而异）等位置，压力油通向换挡执行元件。当选挡杆位于 *N* 位和 *P* 位时，由手动换挡阀通往操纵油路的油道被关闭，操纵油路中无控制油压；当挡杆分别处于 *D*、2、*L* 或 *R* 位时，手动换挡阀分别接通来自油泵的管路压力至各挡位的操纵油路，则液压系统按照驾驶员选择的挡位完成相应的工作。

②换挡阀

换挡阀实际上是弹簧液压作用式的方向控制阀，只有两个工作位置，所以只能在两

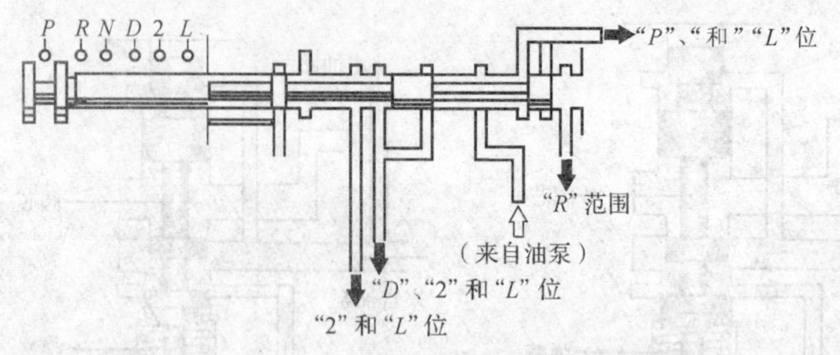

图 7-59 自动变速器手动阀

个挡之间变换。下面将分别介绍 1－2 挡换挡阀和 2－3 挡换挡阀工作过程。

1－2 挡换挡阀

1－2 挡换挡阀主要由低－倒挡柱塞、弹簧、1－2 挡换挡阀阀芯、柱塞等组成。

工作原理：阀芯受到的向下的力有来自节气门阀输出的节气门油压力和弹簧产生的向下的弹力；阀芯受到的向上的力有速控阀输出的速控油压力(图 7-60)。当节气门开度大、车速低时，节气门阀输出的节气门油压力及弹簧弹力大于速控阀输出的速控油压力，阀芯下移，切断手控阀与制动器 $B2$ 之间的油路，此时变速器处于 1 挡(图 7-61)。

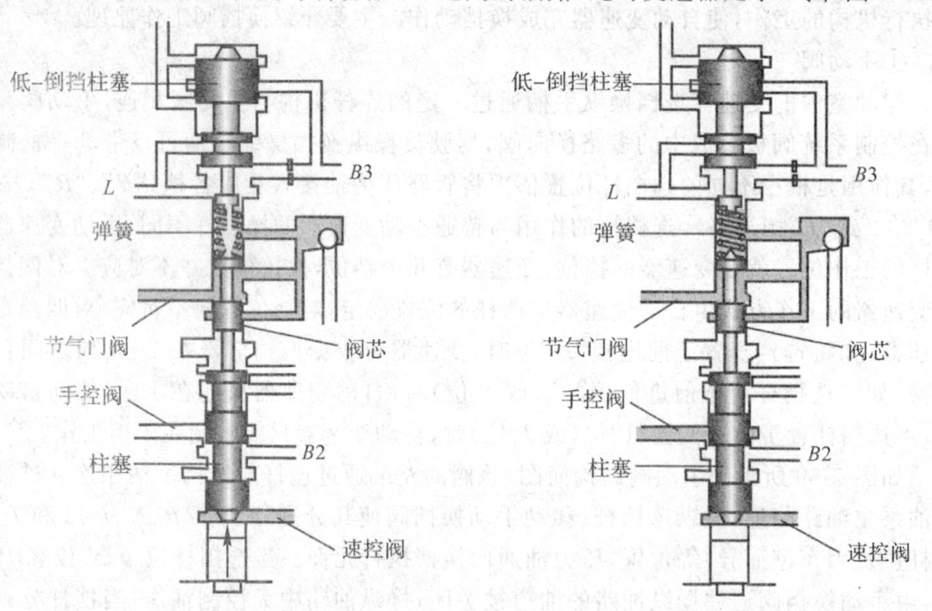

图 7-60 1－2 档结构示意图　　图 7-61 变速器处于 1 挡位置

当节气门开度小、车速高时，节气门阀输出的节气门油压力及弹簧弹力小于速控阀输出的速控油压力，阀芯上移，接通手控阀与制动器 $B2$ 之间的油路，制动器 $B2$ 工作，此时变速器处于 2 挡(图 7-62)。

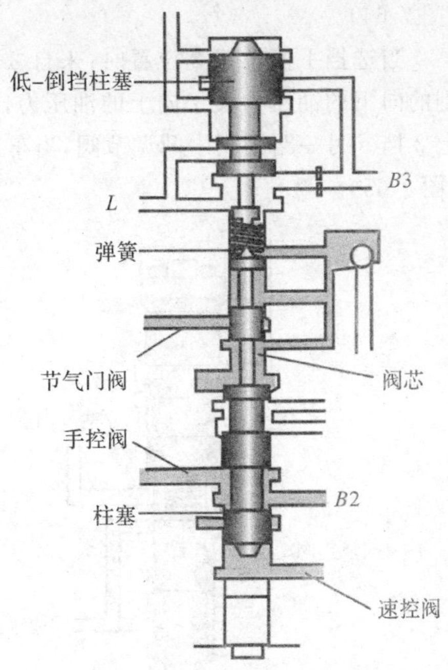

图 7-62　变速器处于2挡位置

当选挡手柄位于 R 和 L 位置时，阀芯上腔又加一个控制油压，阀芯向下的油压力大于向上的油压力，则阀芯不能上移，同时接通了通向制动器 $B3$ 的油路。

2—3挡换挡阀

工作原理：阀芯受到的向下的力有来自节气门阀输出的节气门油压力和弹簧弹力，向上的力有从速控阀来的速控油压力。当节气门开度大、车速低时，节气门油压力及弹簧弹力大于速控油压力，阀芯下移，切断了通向离合器 $C2$ 的油路，此时变速器具有2挡(图7-63)。

当节气门开度小、车速高时，节气门油压力及弹簧弹力小于速控油压力，阀芯上移，接通来自1—2挡换挡阀与离合器 $C2$ 之间的油路，离合器 $C2$ 工作，此时变速器处于3挡(图7-64)。

当挂倒挡时，来自手控阀 R 位置的油压将通过换挡阀进入离合器 $C2$，离合器 $C2$ 工作

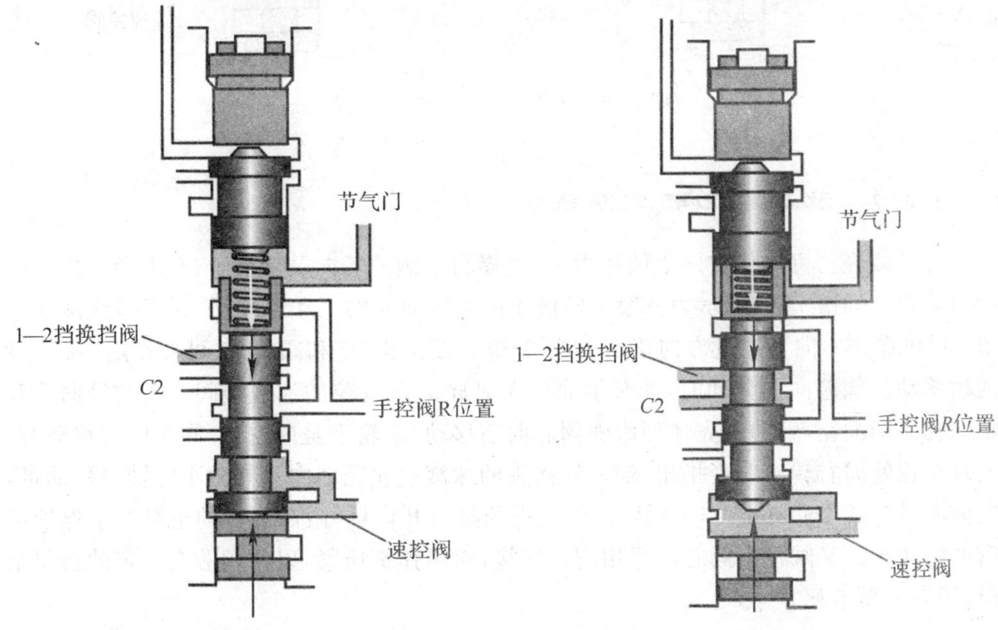

图 7-63　变速器处于2档位置　　图 7-64　变速器处于3档位置

(图 7-64)。

当选挡手柄位于 2 位置时,来自 3—2 挡顺序阀的油压将作用在阀芯上,使阀芯受到的向下的油压力大于向上的油压力,阀芯不能上移,使变速器最高只有 2 挡,不能挂上 3 挡。另一路则到中间调节阀,当车速较高时,可通过 1—2 挡换挡阀进入制动器 $B1$ (图 7-65)。

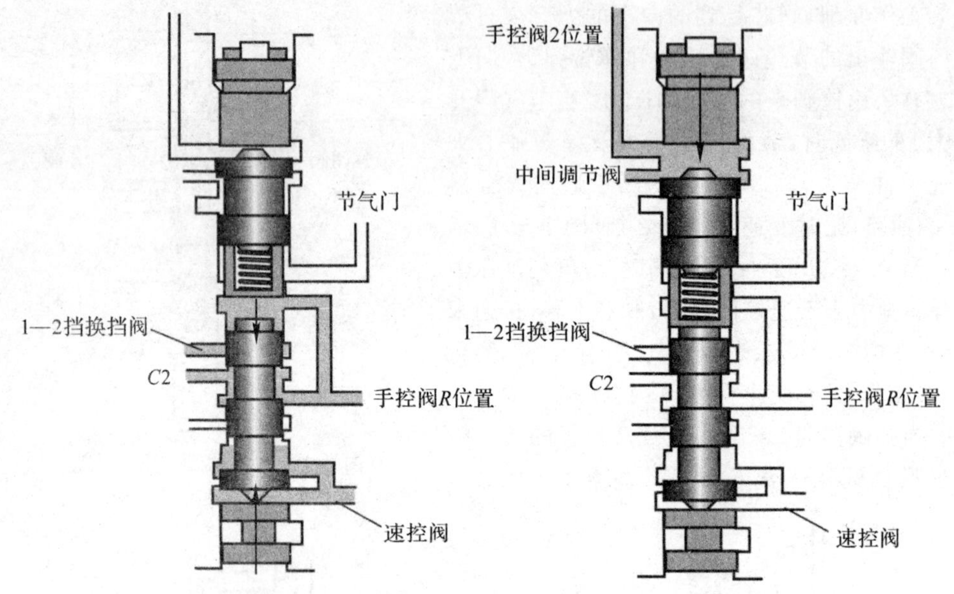

图 7-65　变速器处于 2—3 档位置

7.4.2　液压助力转向系统

为了减轻司机操作方向盘的体力劳动,提高车辆的转向灵活性,汽车上会采用转向助力装置。如图 7-66 所示为一般车辆液压助力转向器的工作原理图,属于节流随动系统。司机操作方向盘通过方向机 2、摇臂 3、输入铰接头 12 和阀杆 11 可带动随动阀芯 9 前后移动。阀芯向前移动时,油泵供油进入油缸 a 腔,b 腔的油液经阀芯上的径向孔和轴向孔流回油箱,转向器壳体便跟随阀芯向前移动,车轮于是向左转。阀芯向后移动时,同理车轮就向右转。应当指出,输入铰接头的球窝座在壳体内只有微小的轴向移动量,向前向后各约 2～3mm,作为对随动阀提供的必要开口量,限制的目的也是为了保护精密的随动阀。又阀杆和阀芯不采用刚性连接,而用弹簧压紧,以使阀芯有一定的自位余量,阀芯不易卡死。

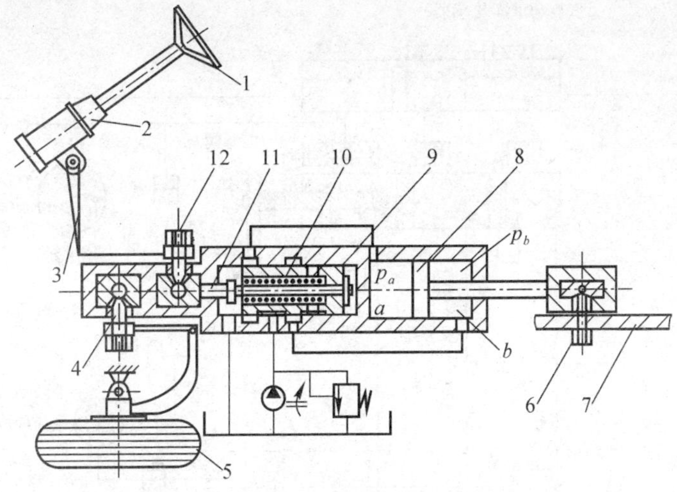

图 7-66　液压助力转向系统

7.4.3　汽车防滑液压控制系统

ABS(Anti-Lick brake system)即防抱死制动系统，其主要功用是在汽车制动时防止车轮抱死。无论是气压制动系统还是液压制动系统，ABS 均是在普通制动系统的基础上增加了传感器、ABS 执行机构和 ABS 电脑三部分。

液压制动系统 ABS 广泛应用于轿车和轻型载货汽车上，目前液压制动系统中装用的 ABS，按其液压控制部分的结构原理不同主要可分为整体式、分离式和 ABS-Ⅵ两种类型。其主要区别是：整体式 ABS 中，制动压力调节器与制动主缸结合为一个整体，其结构更为紧凑，在美国车上常装用此类型 ABS。在分离式 ABS 中，制动压力调节器与制动主缸分别为独立的总成。日本丰田公司生产的各型车装用的 ABS 一般均属此类型；ABS-Ⅵ在美国通用公司生产的各型车和韩国大宇车上常用，它装有三个带控制阀的活塞泵(制动压力调节器)。两前轮备用一个，两后轮共用一个。

气压制动系统 ABS 主要用于中、重型载货汽车上，所装用的 ABS 按其结构原理主要分为两种类型：用于四轮后驱动气压制动汽车上的 ABS 和用于汽车列车上的 ABS。

气顶液制动系统 ABS 兼有气压和液压两种制动系统的特点，应用于部分中、重型汽车上。气顶液制动系统 ABS 按其结构原理又可分为两种类型：一种是通过对气顶液动力缸输入空气压力来控制制动压力的 ABS；另一种是直接控制由气顶液动力缸输出到各车轮制动器的制动液压力的 ABS。

本节以液压制动系统 ABS 为例说明其工作原理。

1. 整体式液压制动系统 ABS

整体式液压制动系统 ABS(克莱斯勒 VOYAGR 子弹头车)工作原理如图 7-67 所示。

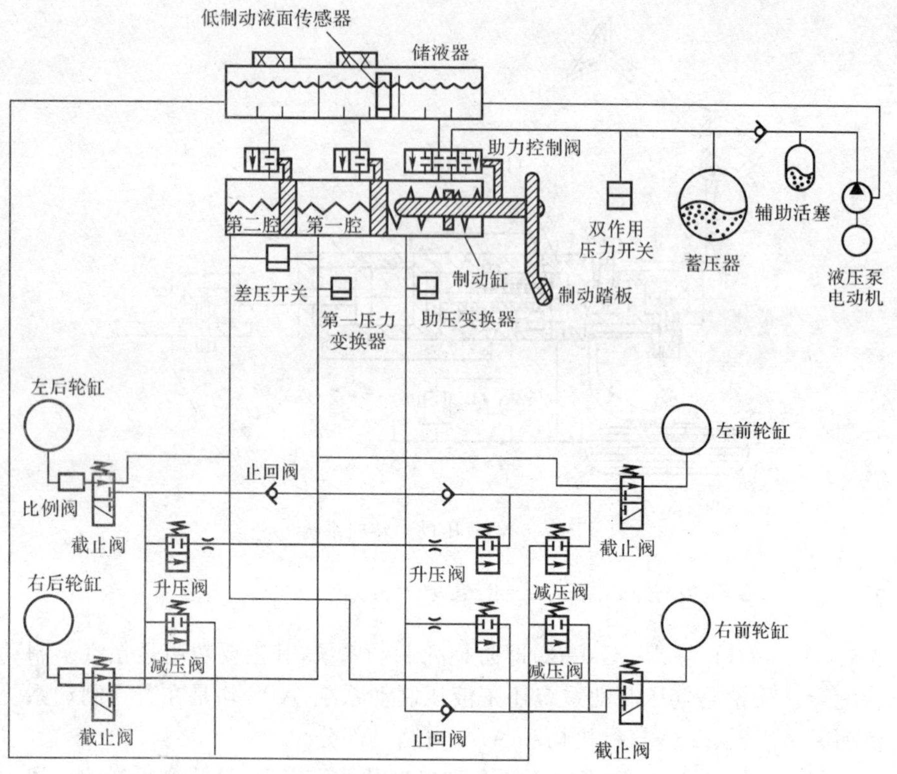

图 7-67　整体式液压制动系统 ABS 工作原理

在普通制动模式(ABS 不起作用)时,ABS 电脑不发出指令,升压阀和止回阀关闭使来自助力控制阀的制动液不能进入制动轮缸,减压阀关闭使制动轮缸内的制动液不能流回储液箱,截止阀打开使各制动轮缸分别与制动主缸的第一、二腔相通,这样制动轮缸内的制动压力随着制动主缸内压力的变化而变化。

在防抱死制动模式(ABS 起作用)时,ABS 电脑根据所接收的信号向执行机构发出指令,增大、减小或保持各制动轮缸内的制动压力,以使各车轮保持理想的制动状态。当 ABS 电脑检测到某一车轮的滑移率过大需“减压”时,串联在制动主缸与制动轮缸间的截止阀和串联在助力控制阀与制动轮缸间的升压阀均会接收电脑指令而关闭,串联在制动轮缸与储液器间的减压阀则接收电脑指令而打开,使制动轮缸内的制动液经减压阀流回储液器,从而减小该车轮上的制动压力,防止其抱死。当某一车轮滑移率过小而需“增压”时,用于控制该轮制动压力的截止阀和减压阀均关闭,而升压阀打开,使助力控制阀内的制动液经升压阀注入制动轮缸,从而使该轮上的制动压力增加;当需“保持”某一制动轮缸内的制动压力时,则用于控制该轮制动压力的截止阀、减压阀和升压阀均关闭,使制动轮缸内的制动液既不能流出也不能注入,从而保持压力不变。

2. 分离式液压制动系统 ABS(图 7-68)

在普通制动模式(ABS 不起作用)时,ABS 电脑不发出指令,电磁阀的电磁线圈和液压泵、电动机电源断开,电磁阀在回位弹簧作用下使其到制动主缸和制动轮缸的通道接通,而电磁阀到液压泵的通道关闭。这样.当踩下制动踏板时,来自制动主缸的制动液经电磁阀进入制功轮缸;放松制动踏板时,制动轮缸内的制动液可经电磁阀和与电磁阀并联的止回阀两个通道流回制动主缸。装在液压泵出口侧的止回阀使制动液不能从制动主缸流回液压泵,在此制动模式时,制动轮缸内的制动压力随着制动主缸内压力的变化而变化。

在防抱死制动模式(ABS 起作用)时,ABS 电脑根据所接收的信号向执行机构发出指令,控制各制动轮缸内的制动压力,以便各车轮保持理想的制动状态。

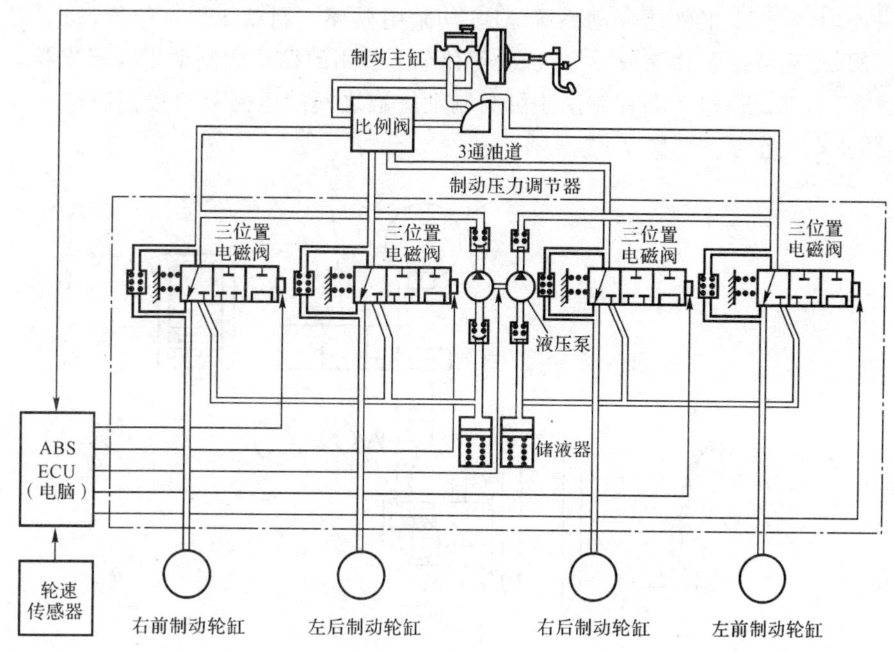

图 7-68　分离式液压制动系统 ABS 工作原理

当某一车轮的滑移率过大需减小制动压力时,ABS 电脑接通相应电磁阀的电磁线圈电源,电磁阀在磁力作用下动作,使其到制动主缸的通道关闭,而电磁阀到制动轮缸和储液器的通道接通,这样制动轮缸内的制动液经电磁阀流回储液器,从而减小该车轮上的制动压力,防止车轮抱死。同时,ABS 电脑接通液压泵电动机电源,将储液器内的制动液泵送到制动主缸。制动液不能经止回阀从制动主缸流向制动轮缸或回流到液压泵,也不能经止回阀从液压泵回流到储液器。此工作过程称为“减压”。

当某一车轮滑移率过小而需增大制动压力时,ABS 电脑切断相应电磁阀的电磁线圈电源和液压泵电动机电源，液压泵停止工作，电磁阀回到普通制动模式时的工作位置，来自制动主缸的制动液经电磁阀进入制动轮缸，以增大该轮上的制动压力。此工作过程称为“增压”。

当车轮滑移率在控制范围之内时，ABS 电脑给相应电磁阀的电磁线圈提供一个较小的电流，使电磁阀处于中间位置，电磁阀到制动主缸和储液器的通道均关闭，同时切断液压泵电动机电源，使液压泵停止工作，从而使制动轮缸内的制动压力保持现有状态。此工作过程称为“保压”。

3. 制动压力调节器

制动压力调节器根据 ABS 电脑的指令，通过电磁阀的动作来自动调节车轮制动器的制动压力。下面介绍循环式制动压力调节器的工作原理及工作过程。

目前，多数汽车的液压制动系统 ABS 均采用循环式制动压力调节器，调节器主要由电磁阀、电动液压泵和储液器等组成。各种车上装用的循环式制动压力调节器工作原理基本相同，都是通过串联在制动主缸与制动轮缸之间的电磁阀直接控制轮缸的制动压力，其基本工作原理如图 7-69 所示。

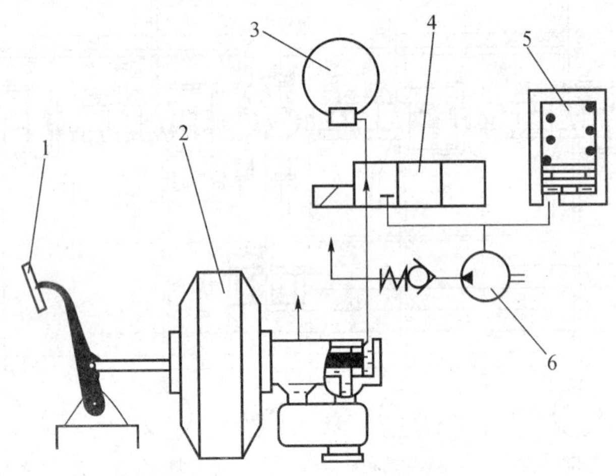

1——制动踏板；2——制动主缸；3——制动轮缸；4——电磁阀；5——储液器；6——液压泵

图 7-69 循环式制动压力调节器工作原理

在普通制动模式时，电磁阀使其到制动主缸和制动轮缸通道接通，液压泵不工作，这样，来自制动主缸的制动液经电磁阀进入制动轮缸，制动轮缸内的制动压力随着制动主缸内压力的变化而变化。

当制动轮缸需“减压”时，电磁阀关闭通向制动主缸的通道，将制动轮缸和回油通道接通，这样，制动轮缸内的制动液经电磁阀流回储液器，从而减小该车轮上的制动压力。同时，液压泵工作，将储液器内的制动液泵送到制动主缸或储液器。

当制动轮缸需“保压”时，电磁阀处于中间位置，电磁阀将所有通道关闭，同时切断液压泵电动机电源，使液压泵停止工作，从而使制动轮缸内的制动压力保持现有状态。

当制动轮缸需"增压"时，液压泵停止工作，电磁阀回到普通制动模式时的工作位置，来自制动主缸的制动液经电磁阀进入制动轮缸，以增大该轮上的制动压力。

循环式制动压力调节器具体的工作过程如下。

(1)常规制动过程：常规制动过程如图 7-70 所示，电磁阀不通电，衔铁在图示位置，主缸和轮缸管路相通.制动主缸可随时控制制动压力的增减。此时电动泵不工作。

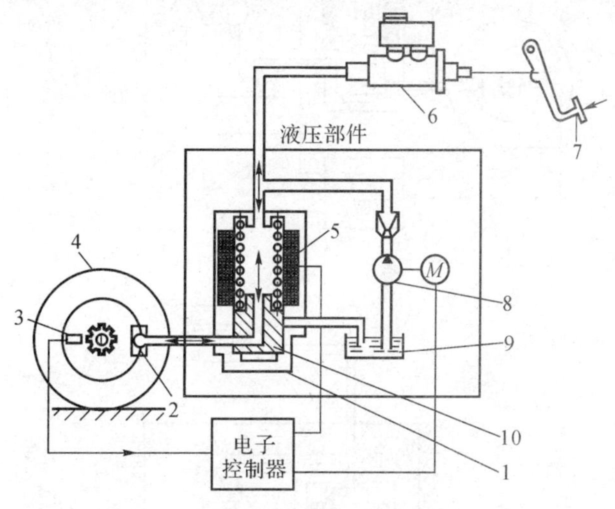

图 7-70　常规制动过程

(2)减压过程：当电脑给电磁阀提供较大电流时，柱塞移至上端.制动主缸和制动轮缸的通路被断开，制动轮缸和储液器接通，轮缸的制动液流入储液器，制动压力降低。与此同时，电动机带动电动泵工作，把流回储液器的制动液加压后送回制动主缸，如图 7-71所示。

(3)保压过程：当电脑给电磁阀通较小电流时，柱塞移至如图 7-72 所示位置，所有的通路都被断开，制动器制动压力保持不变。

(4)增压过程：当电脑对电磁阀断电后，柱塞又回到如图 7-73 所示位置。制动主缸和制动轮缸再次相通，主缸的高压制动液再次进入制动轮缸，增加制动压力。增压和减压的速度可直接通过电磁阀的进出油口来控制。

7.4.4　汽车液压悬架系统

对汽车悬架系统的要求是：既要有能使车辆具有软弹簧般的舒适性，又要有能保证车辆具有良好操纵的稳定性。而传统的悬架系统，一旦参数选定，在车辆行驶过程中就无法进行调节，因此使悬架性能的进一步提高受到很大限制。随着电子技术的发展，为进一步提高悬架系统的性能提供了良好的前景。目前，轿车上采用的电子控制悬架系统

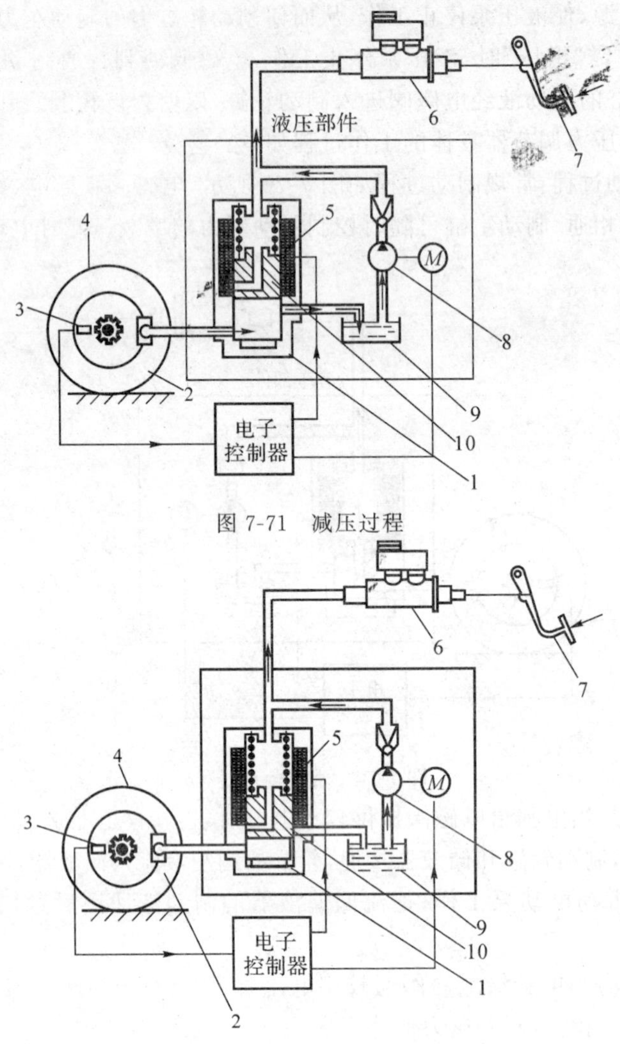

图 7-71 减压过程

图 7-72 保压过程

基本上具有三个功能：一是具有车高调节功能。不管车辆负载在规定范围内如何变化，都可以保证车高一定，可大大减少汽车在转向时产生的侧倾。当车辆在凸凹不平的道路上行驶时可提高车身高度，当车辆高速行驶时，又可使车身高度降低，以减少风阻并提高车辆的操纵稳定性。二是具有衰减力调节功能。其作用是提高车辆的操纵稳定性，在急转弯、急加速和紧急制动时可以抑制车辆姿态的变化（减少俯仰角、后仰角、侧倾角）。三是具有控制悬架系统减震力和弹性元件的弹性或刚性系数功能。利用弹性元件弹性或刚性系数的变化，控制车辆起步时的姿势。

电子控制悬架系统按悬架系统结构形式分，可分为电控空气悬架系统和电控液压

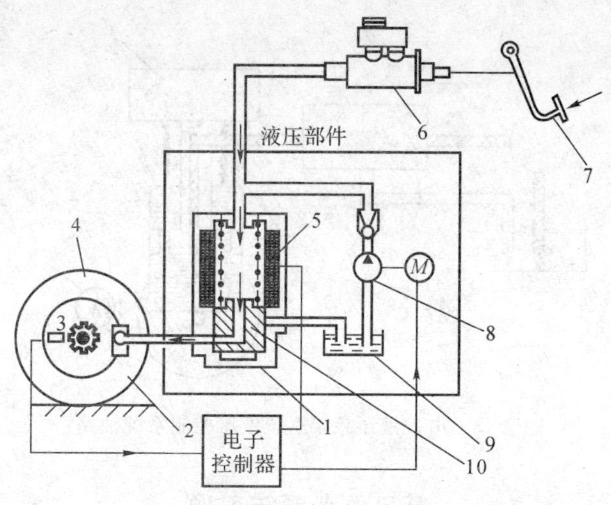

图 7-73　增压过程

悬架系统两种。在此主要介绍电控液压悬架系统的组成和工作原理。

电子控制液压悬架系统由动力源、压力控制阀、液压悬架缸、传感器、ECU 等组成。如图 7-74 所示为液压悬架系统工作原理。作为动力源的油泵产生压力油，供给各车轮的液压悬架缸，使其独立工作。当汽车转向发生侧倾时，汽车外侧车轮的油缸油压升高，内侧车轮油缸的油压降低，油压信号被送至 ECU，ECU 根据此信号来控制车身的侧倾。由于在车身上分别装有上下、前后、横向、车高等高精度的加速度传感器，这些传感器信号送人 ECU，经分析后，对油压进行调节，可使转弯时的侧倾最小。同理，在汽车紧急制动、急加速或在恶劣路向上行驶时，液压控制系统对相应的油缸的油压进行控制，使车身的姿势变化最小。液压控制系统油路如图 7-75 所示。

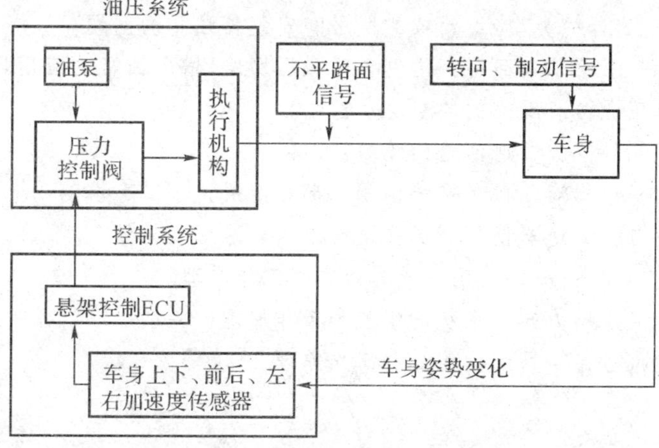

图 7-74　电控液压悬架系统工作原理

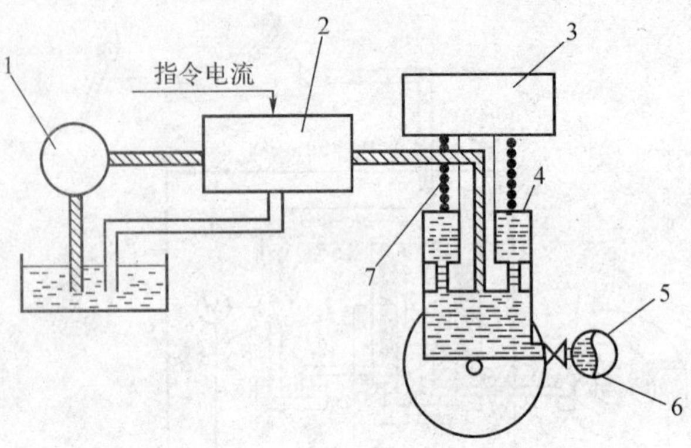

图 7-75 电控液压悬架系统液压控制系统油路

复习思考题与习题

7-1 何谓液压传动(即液压传动的定义是什么)?

7-2 简述液压传动的系统组成部分以及各组成部分的作用。

7-3 简述液压泵的工作原理。

7-4 在常用泵中,哪一种泵自吸能力最好? 哪一种最差? 为什么?

7-5 液压缸的主要组成部分有哪些?按结构形式分,液压缸有哪些类型?它们的特点分别是什么?

7-6 什么是换向阀的“位”和“通”? 换向阀有几种控制方式?

7-7 简述先导式溢流阀的工作原理。

7-8 节流阀为什么能改变流量?

7-9 简述过滤器的类型,过滤器的使用和安装需注意的问题。

7-10 什么是液压基本回路? 举例说明减压回路、增压回路的应用场合。

7-11 如何实现两液压缸的同步运动?

7-12 简述几种节流调速回路的优缺点。

7-13 自动变速器液压控制系统由哪几部分组成?

7-14 简述自动变速器换挡阀工作过程。

7-15 简述 ABS 系统的液压系统的组成和工作原理。

7-16 简述液压助力转向系统的组成和工作原理。

7-17 简述液压悬架系统的组成和工作原理。

参考文献

1. 王利贤主编. 汽车材料. 北京:电子工业出版社,2002
2. 李明惠主编. 汽车应用材料. 北京:机械工业出版社,2002
3. 许德珠主编. 机械工程材料. 北京:高等教育出版社,2001
4. 金善勤主编. 汽车材料与热加工. 上海:上海交通大学出版社,1998
5. 胡如夫主编. 工程力学. 杭州:浙江大学出版社,2004
6. 张秉荣主编. 工程力学. 北京:机械工业出版社,2003
7. 哈工大理论力学教研组编. 理论力学. 北京:高等教育出版社,2003
8. 刘鸿文主编. 材料力学(上)(第4版). 北京:高等教育出版社,2004
9. 蔡广新主编. 汽车机械基础. 北京:高等教育出版社,2003
10. 凤勇主编. 汽车机械基础. 北京:人民交通出版社,2006
11. 卢晓春主编. 汽车机械基础. 北京:机械工业出版社,2003
12. 刘跃南主编. 机械基础. 北京:高等教育出版社,2000
13. 陈立德主编. 机械设计基础. 北京:高等教育出版社,2000
14. 贾铭新主编. 液压传动与控制. 北京:国防工业出版社,2001
15. 齐晓杰主编. 汽车液压与气压传动. 北京:机械工业出版社,2005
16. 左键民主编. 液压与气压传动. 北京:机械工业出版社,2000